HISTOIRE
DES ORIGINES
DU CHRISTIANISME

LIVRE SEPTIÈME

QUI COMPREND LE RÈGNE DE MARC-AURÈLE

(161-180)

CALMANN LÉVY, ÉDITEUR

ŒUVRES COMPLÈTES
D'ERNEST RENAN

HISTOIRE DES ORIGINES DU CHRISTIANISME
Sept volumes in-8º. — Prix de chaque volume : 7 fr. 50

Vie de Jésus.	Les Évangiles et la seconde géné-
Les Apôtres.	ration chrétienne.
Saint Paul, avec une carte des voyages de saint Paul.	L'Église chrétienne.
	Marc-Aurèle et la fin du monde
L'Antechrist.	antique.

En préparation : Index général aux sept volumes de l'Histoire des Origines du Christianisme.

FORMAT IN-8º

Le Livre de Job, traduit de l'hébreu, avec une étude sur l'âge et le caractère du poème. Un volume.	7 fr. 50
Le Cantique des cantiques, traduit de l'hébreu, avec une étude sur le plan, l'âge et le caractère du poème. Un volume.	6 fr. »
Histoire générale des langues sémitiques. Un volume.	12 fr. »
Études d'histoire religieuse. Un volume.	7 fr. 50
Averroès et l'averroïsme, essai historique. Un volume.	7 fr. 50
Essais de morale et de critique. Un volume.	7 fr. 50
Mélanges d'histoire et de voyages. Un volume.	7 fr. 50
Questions contemporaines. Un volume.	7 fr. 50
La Réforme intellectuelle et morale. Un volume.	7 fr. 50
Dialogues philosophiques. Un volume.	7 fr. 50
De l'origine du langage. Un volume.	6 fr. »
Caliban, drame philosophique. Un demi-volume.	3 fr. »
L'Eau de Jouvence, drame philosophique. Un demi-volume.	3 fr. »
Vie de Jésus, édition illustrée.	4 fr. »

BROCHURES

La Chaire d'hébreu au Collège de France.	1 fr. »
De la part des peuples sémitiques dans l'histoire de la civilisation.	1 fr. »
Discours de réception a l'Académie.	1 fr. »
Lettre a un ami d'Allemagne.	» fr. 50
La Monarchie constitutionnelle en France.	1 fr. »
La part de la famille et de l'État dans l'éducation.	» fr. 50
Spinoza, conférence donnée à la Haye.	1 fr. »

MISSION DE PHÉNICIE
Cet ouvrage se compose d'un volume in-4º de texte de 888 pages et d'un volume in-folio de planches, composé de 70 planches, un titre et une table des planches. . . . . 200 fr. »

FORMAT GRAND IN-18

Conférences d'Angleterre.	3 fr. 50
Études d'histoire religieuse.	3 fr. 50
Vie de Jésus, édition populaire.	1 fr. 25

VICTOR LE CLERC ET ERNEST RENAN
HISTOIRE LITTÉRAIRE DE LA FRANCE AU XIVᵉ SIÈCLE
Deux volumes grand in-8º. — Prix : 16 francs.

Paris. — Typ. A. Quantin, 7, rue Saint-Benoît. — (1501)

MARC-AURÈLE

ET

LA FIN DU MONDE ANTIQUE

PAR

ERNEST RENAN

DE L'ACADÉMIE FRANÇAISE
ET DE
L'ACADÉMIE DES INSCRIPTIONS ET BELLES-LETTRES

PARIS
CALMANN LÉVY, ÉDITEUR
ANCIENNE MAISON MICHEL LÉVY FRÈRES
3, RUE AUBER, 3
—
1882
Droits de reproduction et de traduction réservés.

MARC-AURÈLE

ET

LA FIN DU MONDE ANTIQUE

PRÉFACE

Ce volume termine la série des essais que j'ai consacrés à l'histoire des origines du christianisme. Il contient l'exposé des développements de l'Église chrétienne durant le règne de Marc-Aurèle et le tableau parallèle des efforts de la philosophie pour améliorer la société civile. Le IIe siècle de notre ère a eu la double gloire de fonder définitivement le christianisme, c'est-à-dire le grand principe qui a opéré la réformation des mœurs par la foi au surnaturel, et de voir se dérouler, grâce à la prédication stoïcienne et sans aucun élément de merveilleux, la plus belle tentative d'école laïque de vertu que le monde ait connue jusqu'ici. Ces deux tentatives furent étrangères l'une à l'autre et se contrarièrent plus qu'elles ne s'aidèrent réciproquement; mais le triomphe du christianisme n'est explicable que quand on s'est bien rendu compte de ce qu'il y eut dans la tentative philosophique de force et d'insuffisance. Marc-Aurèle est à cet égard le sujet d'étude auquel il faut sans cesse revenir. Il résume tout ce qu'il y eut de bon dans le monde antique, et il offre à la critique cet avantage de se présenter à elle sans voile, grâce à un écrit intime d'une sincérité et d'une authenticité incontestées.

Plus que jamais je pense que la période des origines, l'embryogénie du christianisme, si l'on peut s'exprimer ainsi, finit vers la mort de Marc-Aurèle, en 180. A cette date, l'enfant a tous ses organes; il est détaché de sa mère; il vivra désormais de sa vie propre. La mort de Marc-Aurèle peut d'ailleurs être considérée comme marquant la fin de la civilisation antique. Ce qui se fait de bien après cela ne se fait plus par le principe hellénico-romain; le principe judéo-syrien l'emporte, et, quoique plus de cent ans doivent s'écouler avant son plein triomphe, on voit bien déjà que l'avenir est à lui. Le IIIe siècle est l'agonie d'un monde qui, au IIe siècle, est plein encore de vie et de force.

Loin de moi la pensée de rabaisser les temps qui suivent l'époque où j'ai dû m'arrêter. Il y a dans l'histoire des jours tristes ; il n'y a pas de jours stériles et sans intérêt. Le développement du christianisme reste un spectacle hautement attachant tandis que les Églises chrétiennes comptent des hommes tels que saint Irénée, Clément d'Alexandrie, Tertullien, Origène. Le travail d'organisation qui s'opère à Rome, en Afrique, au temps de saint Cyprien, du pape Corneille, doit être étudié avec le soin le plus extrême. Les martyrs du temps de Dèce et de Dioclétien ne le cèdent pas en héroïsme à ceux de Rome, de Smyrne et de Lyon au Ier et au IIe siècle. Mais c'est là ce qu'on appelle *l'histoire ecclésiastique,* histoire éminemment curieuse, digne d'être faite avec amour et avec tous les raffinements de la science la plus attentive, mais essentiellement distincte cependant de l'histoire des origines chrétiennes, c'est-à-dire de l'analyse des transformations successives que le germe déposé par Jésus au sein de l'humanité a subies avant de devenir une Église complète et durable. Il faut des méthodes toutes différentes pour traiter les âges divers d'une grande formation, soit religieuse, soit politique. La recherche des origines suppose un esprit philosophique, une vive intuition de ce qui est certain, probable ou plausible, un sentiment profond de la vie et de ses métamorphoses, un art particulier pour tirer des rares textes que l'on possède tout ce qu'ils renferment en fait de révélations sur des situations psychologiques fort éloignées de nous. A l'histoire d'une institution déjà complète, comme est l'Église chrétienne au IIIe siècle et à plus forte raison dans les siècles suivants, les qualités de jugement et de solide érudition d'un Tillemont suffisent presque. Voilà pourquoi le XVIIe siècle, qui a fait faire de si grands progrès à l'histoire ecclésiastique, n'a jamais abordé le problème des origines. Le XVIIe siècle n'avait de goût que pour ce qui peut s'exprimer avec les apparences de la certitude. Telle recherche dont le résultat ne saurait être que d'entrevoir des possibilités, des nuances fugitives, telle narration qui s'interdit de raconter comment une chose s'est passée, mais qui se borne à dire : « Voici une ou deux des manières dont on peut concevoir que la chose s'est passée », ne pouvaient être de son goût. En présence des questions d'origine, le XVIIe siècle ou prenait tout avec une crédulité naïve, ou supprimait ce qu'il sentait à demi fabuleux. L'intelligence des états obscurs, antérieurs à la réflexion claire, c'est-à-dire justement des états où la conscience humaine se montre surtout créatrice et féconde, est la conquête intellectuelle du XIXe siècle. J'ai cherché, sans autre passion qu'une très vive curiosité, à faire l'application des méthodes de critique qui ont prévalu de nos jours en ces délicates matières à la plus importante apparition religieuse qui ait une place dans l'histoire. Depuis ma jeunesse, j'ai préparé ce travail. La rédaction des sept volumes dont il se compose m'a pris vingt ans. L'index général qui paraît en même temps que ce volume permettra de se retrouver facilement dans une œuvre qu'il ne dépendait pas de moi de rendre moins complexe et moins chargée de détails.

Je remercie la bonté infinie de m'avoir donné le temps et l'ardeur nécessaires pour remplir ce difficile programme. Puisqu'il peut me rester quelques années de travail, je les consacrerai à compléter par un autre côté le sujet dont j'ai fait le centre de mes réflexions. Pour être strictement logique, j'aurais dû commencer une *Histoire des origines du christianisme* par une histoire du peuple juif. Le christianisme commence au viii⁰ siècle avant J.-C., au moment où les grands prophètes, s'emparant du peuple d'Israël, en font le peuple de Dieu, chargé d'inaugurer dans le monde le culte pur. Jusque-là, le culte d'Israël n'avait pas essentiellement différé de ce culte égoïste, intéressé, qui fut celui de toutes les tribus voisines et que nous révèle l'inscription du roi Mésa, par exemple. Une révolution fut accomplie le jour où un inspiré, n'appartenant pas au sacerdoce, osa dire : « Pouvez-vous croire que Dieu se plaise à la fumée de vos victimes, à la graisse de vos boucs? Laissez là tous ces sacrifices qui lui donnent la nausée; faites le bien. » Isaïe est en ce sens le premier fondateur du christianisme. Jésus n'a fait au fond que dire, en un langage populaire et charmant, ce que l'on avait dit sept cent cinquante ans avant lui en hébreu classique. Montrer comment la religion d'Israël, qui à l'origine n'avait peut-être aucune supériorité sur les cultes d'Ammon ou de Moab, devint une religion morale, et comment l'histoire religieuse du peuple juif a été un progrès constant vers le culte en esprit et en vérité, voilà certes ce qu'il aurait fallu montrer avant d'introduire Jésus sur la scène des faits. Mais la vie est courte et de durée incertaine. J'allai donc au plus pressé; je me jetai au milieu du sujet, et je commençai par la vie de Jésus, supposant connues les révolutions antérieures de la religion juive. Maintenant qu'il m'a été donné de traiter, avec tout le soin que je désirais, la partie à laquelle je tenais le plus, je dois reprendre l'histoire antérieure et y consacrer ce qui me reste encore de force et d'activité.

MARC-AURÈLE

ET

LA FIN DU MONDE ANTIQUE

CHAPITRE PREMIER.

AVÈNEMENT DE MARC-AURÈLE.

Antonin mourut le 7 mars 161, dans son palais de Lorium, avec le calme d'un sage accompli. Quand il sentit la mort approcher, il régla comme un simple particulier ses affaires de famille, et ordonna de transporter dans la chambre de son fils adoptif, Marc-Aurèle, la statue d'or de la Fortune, qui devait toujours se trouver dans l'appartement de l'empereur. Au tribun de service, il donna pour mot d'ordre *Æquanimitas;* puis, se retournant, il parut s'endormir. Tous les ordres de l'État rivalisèrent d'hommages envers sa mémoire. On établit en son honneur des sacerdoces, des jeux, des confréries. Sa piété, sa clémence, sa sainteté, furent l'objet d'unanimes éloges.

On remarquait que, pendant tout son règne, il n'avait fait verser ni une goutte de sang romain ni une goutte de sang étranger ! On le comparait à Numa pour la piété, pour la religieuse observance des cérémonies, et aussi pour le bonheur et la sécurité qu'il avait su donner à l'empire[1].

Antonin aurait eu sans compétiteur la réputation du meilleur des souverains, s'il n'avait désigné pour son héritier un homme comparable à lui par la bonté, la modestie, et qui joignait à ces qualités l'éclat, le talent, le charme qui font vivre une image dans le souvenir de l'humanité. Simple, aimable, plein d'une douce gaieté, Antonin fut philosophe sans le dire, presque sans le savoir[2]. Marc-Aurèle le fut avec un naturel et une sincérité admirables, mais avec réflexion. A quelques égards, Antonin fut le plus grand. Sa bonté ne lui fit pas commettre de fautes ; il ne fut pas tourmenté du mal intérieur qui rongea sans relâche le cœur de son fils adoptif. Ce mal étrange, cette étude inquiète de soi-même, ce démon du scrupule, cette fièvre de perfection sont les signes d'une nature moins forte que distinguée. Les plus belles pensées sont celles qu'on n'écrit pas ; mais ajoutons

---

1. Jules Capitolin, *Ant. le Pieux*, 12, 13; Dion Cassius (Xiphilin), LXX, 2, 3; Eutrope, VIII, 8.
2. Jules Capitolin, *Ant. le Pieux*, 11.

que nous ignorerions Antonin, si Marc-Aurèle ne nous avait transmis de son père adoptif ce portrait exquis, où il semble s'être appliqué, par humilité, à peindre l'image d'un homme encore meilleur que lui. Antonin est comme un Christ qui n'aurait pas eu d'Évangile; Marc-Aurèle est comme un Christ qui aurait lui-même écrit le sien.

C'est la gloire des souverains que deux modèles de vertu irréprochable se trouvent dans leurs rangs, et que les plus belles leçons de patience et de détachement soient venues d'une condition qu'on suppose volontiers livrée à toutes les séductions du plaisir et de la vanité. Le trône aide parfois à la vertu ; certainement Marc-Aurèle n'a été ce qu'il fut que parce qu'il a exercé le pouvoir suprême. Il est des facultés que cette position exceptionnelle met seule en exercice, des côtés de la réalité qu'elle fait mieux voir. Désavantageuse pour la gloire, puisque le souverain, serviteur de tous, ne peut laisser son originalité propre s'épanouir librement, une telle situation, quand on y apporte une âme élevée, est très favorable au développement du genre particulier de talent qui constitue le moraliste. Le souverain vraiment digne de ce nom, observe l'humanité de haut et d'une manière très complète. Son point de vue est à peu près celui de l'historien philosophe;

ce qui résulte de ces coups d'œil d'ensemble jetés sur notre pauvre espèce, c'est un sentiment doux, mêlé de résignation, de pitié, d'espérance. La froideur de l'artiste ne peut appartenir au souverain. La condition de l'art, c'est la liberté ; or le souverain, assujetti qu'il est aux préjugés de la société moyenne, est le moins libre des hommes. Il n'a pas droit sur ses opinions ; à peine a-t-il droit sur ses goûts. Un Gœthe couronné ne pourrait pas professer ce royal dédain des idées bourgeoises, cette haute indifférence pour les résultats pratiques, qui sont le trait essentiel de l'artiste ; mais on peut se figurer l'âme du bon souverain comme celle d'un Gœthe attendri, d'un Gœthe converti au bien, arrivé à voir qu'il y a quelque chose de plus grand que l'art, amené à l'estime des hommes par la noblesse habituelle de ses pensées et par le sentiment de sa propre bonté.

Tels furent, à la tête du plus grand empire qui ait jamais existé, ces deux admirables souverains, Antonin le Pieux et Marc-Aurèle. L'histoire n'a offert qu'un autre exemple de cette hérédité de la sagesse sur le trône, en la personne des trois grands empereurs mongols Baber, Humaïoun, Akbar, dont le dernier présente avec Marc-Aurèle des traits si frappants de ressemblance. Le salutaire principe de l'adoption avait fait de la cour impériale, au IIe siècle, une vraie pépinière de vertu. Le noble et habile Nerva, en posant ce principe, assura le bonheur du genre humain pendant près de cent ans, et donna au monde le plus beau siècle de progrès dont la mémoire ait été conservée.

C'est Marc-Aurèle lui-même qui nous a tracé, dans le premier livre de ses *Pensées*, cet arrière-plan admirable, où se meuvent, dans une lumière céleste, les nobles et pures figures de son père, de sa mère, de son aïeul, de ses maîtres. Grâce à lui, nous pouvons comprendre ce que les vieilles familles romaines, qui avaient vu le règne des mauvais empereurs, gardaient encore d'honnêteté, de dignité, de droiture, d'esprit civil et, si j'ose le dire, républicain. On y vivait dans l'admiration de Caton, de Brutus, de Thraséa et des grands stoïciens dont l'âme n'avait pas plié sous la tyrannie. Le règne de Domitien y était abhorré. Les sages qui l'avaient traversé sans fléchir étaient honorés comme des héros. L'avènement des Antonins ne fut que l'arrivée au pouvoir de la société dont Tacite nous a transmis les justes colères, société de sages formée par la ligue de tous ceux qu'avait révoltés le despotisme des premiers Césars.

Ni le faste puéril des royautés orientales, fondées

sur la bassesse et la stupidité des hommes, ni l'orgueil pédantesque des royautés du moyen âge, fondées sur un sentiment exagéré de l'hérédité et sur la foi naïve des races germaniques dans les droits du sang, ne peuvent nous donner une idée de cette souveraineté toute républicaine de Nerva, de Trajan, d'Adrien, d'Antonin, de Marc-Aurèle. Rien du prince héréditaire ou par droit divin; rien non plus du chef militaire : c'était une sorte de grande magistrature civile, sans rien qui ressemblât à une cour, ni qui enlevât à l'empereur le caractère d'un particulier. Marc-Aurèle, notamment, ne fut ni peu ni beaucoup un roi dans le sens propre du mot; sa fortune était immense, mais toute patrimoniale; son aversion pour « les Césars[1] », qu'il envisage comme des espèces de Sardanapales, magnifiques, débauchés et cruels, éclate à chaque instant. La civilité de ses mœurs était extrême; il rendit au Sénat toute son ancienne importance; quand il était à Rome, il ne manquait jamais une séance, et ne quittait sa place que quand le consul avait prononcé la formule : *Nihil vos moramur, Patres conscripti.*

La souveraineté, ainsi possédée en commun par un groupe d'hommes d'élite, lesquels se la léguaient ou se la partageaient selon les besoins du moment,

---

[1]. Les empereurs avant Nerva. Cf. *Pensées*, VI, 30.

perdit une partie de cet attrait qui la rend si dangereuse. On arriva au trône sans l'avoir brigué, mais aussi sans le devoir à sa naissance ni à une sorte de droit abstrait; on y arriva désabusé, ennuyé des hommes, préparé de longue main. L'empire fut un fardeau, qu'on accepta à son heure, sans que l'on songeât à devancer cette heure. Marc-Aurèle y fut désigné si jeune, que l'idée de régner n'eut guère chez lui de commencement et n'exerça pas sur son esprit un moment de séduction. A huit ans, quand il était déjà *præsul* des prêtres saliens, Adrien remarqua ce doux enfant triste et l'aima pour son bon naturel, sa docilité, son incapacité de mentir. A dix-huit ans, l'empire lui était assuré. Il l'attendit patiemment durant vingt-deux années. Le soir où Antonin, se sentant mourir, fit porter dans la chambre de son héritier la statue de la Fortune, il n'y eut pour celui-ci ni surprise ni joie. Il était depuis longtemps blasé sur toutes les joies sans les avoir goûtées; il en avait vu, par la profondeur de sa philosophie, l'absolue vanité.

Sa jeunesse avait été calme et douce[1], partagée entre les plaisirs de la vie à la campagne, les exer-

---

1. « Fuit a prima infantia gravis. » Capitolin, *Ant. le Phil.*, 2. « Adeo ut, in infantia quoque, vultum nec ex gaudio nec ex mœrore mutaret. » Eutrope, VIII, 11 ; Galien, *De libris propriis*, 2.

cices de rhétorique latine à la manière un peu frivole de son maître Fronton[1], et les méditations de la philosophie[2]. La pédagogie grecque était arrivée à sa perfection, et, comme il arrive en ces sortes de choses, la perfection approchait de la décadence. Les lettrés et les philosophes se partageaient l'opinion et se livraient d'ardents combats. Les rhéteurs ne songeaient qu'à l'ornement affecté du discours; les philosophes conseillaient presque la sécheresse et la négligence de l'expression[3]. Malgré son amitié pour Fronton et les adjurations de ce dernier[4], Marc-Aurèle fut bientôt un adepte de la philosophie[5]. Junius Rusticus devint son maître favori et le gagna totalement à la sévère discipline qu'il opposait à l'ostentation des rhéteurs. Rusticus resta toujours le confident et le conseiller intime de son auguste élève, qui reconnaissait tenir de lui son goût d'un style simple, d'une tenue digne et sérieuse, sans parler d'un bienfait supérieur encore : « Je lui dois d'avoir connu les *Entretiens* d'Épictète, qu'il me prêta

---

1. Fronton, *Epist. ad M. Cæs.*, II, 2, 17, etc.
2. Jules Capitolin, *Ant. le Phil.*, 2 ; Athénagore, *Leg.*, 1.
3. Fragment de la *Rhétorique* de Chrysippe, dans Plutarque, *De stoic. repugn.*, 28. Cf. Cic., *De fin.*, IV, III, 6.
4. Fronton, *Epist. ad M. Cæs.*, I, 8 ; *ad Ant. Imp.*, I, 2 ; *De eloq.*, 3. Cf. *Epist. ad Verum*, I, 1.
5. *Pensées*, VI, 12 ; VIII, 1.

de sa propre bibliothèque[1] ». Claudius Severus, le péripatéticien, travailla dans le même sens et acquit définitivement le jeune Marc à la philosophie. Marc avait l'habitude de l'appeler son frère[2] et paraît avoir eu pour lui un profond attachement.

La philosophie était alors une sorte de profession religieuse, impliquant des mortifications, des règles presque monastiques. Dès l'âge de douze ans, Marc revêtit le manteau philosophique, apprit à coucher sur la dure et à pratiquer toutes les austérités de l'ascétisme stoïcien. Il fallut les instances de sa mère pour le décider à étendre quelques peaux sur sa couche. Sa santé fut plus d'une fois compromise par cet excès de rigueur[3]. Cela ne l'empêchait pas de présider aux fêtes, de remplir ses devoirs de prince de la jeunesse avec cet air affable qui était chez lui le résultat du plus haut détachement[4].

Ses heures étaient coupées comme celles d'un religieux. Malgré sa frêle santé, il put, grâce à la sobriété de son régime et à la règle de ses mœurs[5],

---

1. *Pensées*, I, 7, 17; III, 5. Jules Capitolin, 3.
2. *Pensées*, I, 14.
3. Capitolin, 2; *Pensées*, I, 3; Dion Cassius, LXXI, 34.
4. Capitolin, *Ant. le Phil.*, 4.
5. Capitolin, 4; Dion Cassius, LXXI, 1, 6, 34, 36; Julien, *Cæs.*, p. 328, 333 et suiv.; Ælius Aristide, orat. IX, Opp., I, Dindorf, p. 109-110; Galien, *De ther.*, 2.

mener une vie de travail et de fatigue. Il n'avait pas ce qu'on appelle de l'esprit[1], et il eut très peu de passions[2]. L'esprit va bien rarement sans quelque malignité ; il habitue à prendre les choses par des tours qui ne sont ceux ni de la parfaite bonté ni du génie. Marc ne comprit parfaitement que le devoir. Ce qui lui manqua, ce fut, à sa naissance, le baiser d'une fée, une chose très philosophique à sa manière, je veux dire l'art de céder à la nature, la gaieté, qui apprend que l'*abstine et sustine* n'est pas tout et que la vie doit aussi pouvoir se résumer en « sourire et jouir ».

Dans tous les arts, il eut pour maîtres les professeurs les plus éminents : Claudius Severus, qui lui enseigna le péripatétisme ; Apollonius de Chalcis, qu'Antonin avait fait venir d'Orient exprès pour lui confier son fils adoptif, et qui paraît avoir été un parfait précepteur ; Sextus de Chéronée, neveu de Plutarque, stoïcien accompli ; Diognète, qui lui fit aimer l'ascétisme ; Claudius Maximus, toujours plein de belles sentences ; Alexandre de Cotyée, qui lui apprit le grec ; Hérode Atticus, qui lui récitait les anciennes harangues d'Athènes[3]. Son extérieur était

---

1. *Pensées*, V, 5.
2. *Pensées*, VIII, 1 ; cf. I, 22.
3. Capit., *Ant. le Pieux*, 10 ; *Ant. le Phil.*, 2, 3 ; *Pensées*, I,

celui de ses maîtres eux-mêmes : habits simples et modestes, barbe peu soignée, corps exténué et réduit à rien, yeux battus par le travail[1]. Aucune étude, même celle de la peinture, ne lui resta étrangère[2]. Le grec lui devint familier; quand il réfléchissait aux sujets philosophiques, il pensait en cette langue; mais son esprit solide voyait la fadaise des exercices littéraires où l'éducation hellénique se perdait[3]; son style grec, bien que correct, a quelque chose d'artificiel qui sent le thème. La morale était pour lui le dernier mot de l'existence, et il y portait une constante application.

Comment ces pédagogues respectables, mais un peu poseurs, réussirent-ils à former un tel homme? Voilà ce qu'on se demande avec quelque surprise. A en juger d'après les analogies ordinaires, il y avait toute apparence qu'une éducation ainsi surchauffée tournerait au plus mal. C'est qu'à vrai dire, au-dessus de ces maîtres appelés de tous les coins du monde, Marc eut un maître unique, qu'il révéra par-dessus tout; ce fut Antonin. La valeur morale de l'homme est en proportion de sa faculté d'ad-

p. 5 et suiv.; Eusèbe, *Chron.*, p. 168, 169, Schœne; Lucien, *Démonax*, 31; Ælius Arist., *Éloge d'Alex.*, Opp., I, p. 134, Dindorf.
1. Julien, *Cœs.*, p. 333, Spanh.; Dion Cass., LXXI, 1.
2 Capit., *Ant. Phil.*, 4.
3. *Pensées*, I, 7, 17.

mirer. C'est pour avoir vu à côté de lui et compris avec amour le plus beau modèle de la vie parfaite que Marc-Aurèle fut ce qu'il a été.

Prends garde de te césariser, de déteindre ; cela arrive. Conserve-toi simple, bon, pur, grave, ennemi du faste, ami de la justice, religieux, bienveillant, humain, ferme dans la pratique des devoirs. Fais tous tes efforts pour demeurer tel que la philosophie a voulu te rendre : révère les dieux, veille à la conservation des hommes. La vie est courte ; le seul fruit de la vie terrestre, c'est de maintenir son âme dans une disposition sainte, de faire des actions utiles à la société. Agis toujours comme un disciple d'Antonin ; rappelle-toi sa constance dans l'accomplissement des prescriptions de la raison, l'égalité de son humeur dans toutes les situations, sa sainteté, la sérénité de son visage, sa douceur extrême, son mépris pour la vaine gloire, son application à pénétrer le sens des choses ; comment il ne laissa jamais rien passer avant de l'avoir bien examiné, bien compris ; comment il supportait les reproches injustes sans récriminer ; comment il ne faisait rien avec précipitation ; comment il n'écoutait pas les délateurs ; comment il étudiait avec soin les caractères et les actions ; ni médisant, ni méticuleux, ni soupçonneux, ni sophiste ; se contentant de si peu dans l'habitation, le coucher, les vêtements, la nourriture, le service ; laborieux, patient, sobre, à ce point qu'il pouvait s'occuper jusqu'au soir de la même affaire sans avoir besoin de sortir pour ses nécessités, sinon à l'heure accoutumée. Et cette amitié toujours constante, égale, et cette bonté à supporter la contradiction, et cette joie à recevoir un avis meilleur que le sien, et cette piété sans superstition !... Pense à cela, pour que ta dernière heure te trouve, comme lui, avec la conscience du bien accompli[1].

La conséquence de cette philosophie austère aurait pu être la roideur et la dureté. C'est ici que la bonté rare de la nature de Marc-Aurèle éclate dans tout son jour. Sa sévérité n'est que pour lui. Le fruit de cette grande tension d'âme, c'est une bienveillance infinie. Toute sa vie fut une étude à rendre le bien pour le mal. Après quelque triste expérience de la perversité humaine, il ne trouve, le soir, à noter que ce qui suit : « Si tu le peux, corrige-les ; dans le cas contraire, souviens-toi que c'est pour l'exercer envers eux que t'a été donnée la bienveillance. Les dieux eux-mêmes sont bienveillants pour ces êtres ; ils les aident (tant leur bonté est grande !) à se donner santé, richesse et gloire. Il t'est permis de faire comme les dieux[2]. » Un autre jour, les hommes furent bien méchants, car voici ce qu'il écrivit sur ses tablettes : « Tel est l'ordre de la nature : des gens de cette sorte doivent, de toute nécessité, agir ainsi. Vouloir qu'il en soit autrement, c'est vouloir que le figuier ne produise pas de figues. Souviens-toi, en un mot, de ceci : Dans un temps bien court, toi et lui, vous

---

1. *Pensées,* VI, 30. Cf. I, 16.
2. *Pensées,* IX, 11. Cf. IX, 27, 38 ; XI, 13.

mourrez ; bientôt après, vos noms ne survivront plus[1]. » Ces réflexions d'universel pardon reviennent sans cesse. A peine se mêle-t-il parfois à cette ravissante bonté un imperceptible sourire. « La meilleure manière de se venger des méchants, c'est de ne pas se rendre semblable à eux[2] »; ou un léger accent de fierté : « C'est chose royale, quand on fait le bien, d'entendre dire du mal de soi[3]. » Un jour, il a un reproche à se faire : « Tu as oublié, dit-il, quelle parenté sainte réunit chaque homme avec le genre humain ; parenté non de sang et de naissance, mais participation à la même intelligence. Tu as oublié que l'âme raisonnable de chacun est un dieu, une dérivation de l'Être suprême[4]. »

Dans le commerce de la vie, il devait être exquis, quoiqu'un peu naïf, comme le sont d'ordinaire les hommes très bons. Il était sincèrement humble, sans hypocrisie, ni fiction, ni mensonge intérieur[5]. Une des maximes de l'excellent empereur était que les méchants sont malheureux, qu'on n'est méchant que malgré soi et par ignorance ; il plaignait ceux qui

---

1. *Pensées,* IV, 6. Cf. XII, 16.
2. *Ibid.,* VI, 6.
3. *Ibid.,* VII, 36. La pensée est d'Antisthène.
4. *Ibid.,* XII, 26.
5. *Ibid.,* VII, 70 ; VIII, 1.

n'étaient pas comme lui ; il ne se croyait pas le droit de s'imposer à eux.

Il voyait bien la bassesse des hommes ; mais il ne se l'avouait pas. Cette façon de s'aveugler volontairement est le défaut des cœurs d'élite. Le monde n'étant pas tel qu'ils le voudraient, ils se mentent à eux-mêmes pour le voir autre qu'il n'est. De là un peu de convenu dans les jugements[1]. Chez Marc-Aurèle, ce convenu nous cause parfois un certain agacement. Si nous voulions le croire, ses maîtres, dont plusieurs furent des hommes assez médiocres, auraient été sans exception des hommes supérieurs. On dirait que tout le monde autour de lui a été vertueux. C'est à tel point qu'on a pu se demander si ce frère dont il fait un si grand éloge, dans son action de grâces aux dieux[2], n'était pas son frère par adoption, le débauché Lucius Verus. Il est sûr que le bon empereur était capable de fortes illusions quand il s'agissait de prêter à autrui ses propres vertus.

Personne de sensé ne niera que ce fût une grande âme. Était-ce un grand esprit ? Oui, puisqu'il vit à des profondeurs infinies dans l'abîme du devoir et de la conscience. Il ne manqua de décision que sur

---

1. J. Dion Cassius, LXXI, 34. *Pensées,* à chaque page.
2. *Pensées,* I, 17. Il s'agit plutôt de Claudius Severus.

un point. Il n'osa jamais nier absolument le surnaturel. Certes, nous partageons sa crainte de l'athéisme ; nous comprenons admirablement ce qu'il veut dire, quand il nous parle de son horreur pour un monde sans Dieu et sans Providence[1] ; mais ce que nous comprenons moins, c'est qu'il parle sérieusement de dieux intervenant dans les choses humaines par des volontés particulières[2]. La faiblesse de son éducation scientifique explique seule une pareille défaillance. Pour se préserver des erreurs vulgaires, il n'avait ni la légèreté d'Adrien ni l'esprit de Lucien. Ce qu'il faut dire, c'est que ces erreurs étaient chez lui sans conséquence. Le surnaturel n'était pas la base de sa piété. Sa religion se bornait à quelques superstitions médicales[3] et à une condescendance patriotique pour de vieux usages[4]. Les initiations d'Éleusis ne paraissent pas avoir tenu grande

---

1. *Pensées,* II, 3, 4, 11 ; III, 9, 11 ; IV, 48 ; V, 33 ; VI, 44 ; VII, 70 ; IX, 11, 27, 37 ; X, 1, 8, 25 ; XI, 20 ; XII, 2, 5, 12, 28, 31. Cf. Épictète, *Diss.,* II, xx, 32.

2. Il ne repoussait pas les augures, l'astrologie ; mais peut-être était-ce par nécessité politique (Capitolin, *Ant. Phil.,* 13). Comp. *Pensées,* I, 6, 17.

3. *Pensées,* I, 17 ; IX, 27.

4. Dion Cassius, LXXI, 33, 34 ; Capitolin, *Ant. Phil.,* 13 ; Ammien Marcellin, XXV, iv, 17 ; bas-reliefs de la colonne Antonine plusieurs fois. Antonin était de même extérieurement très religieux : voir *Pensées,* I, 16.

place dans sa vie morale[1]. Sa vertu, comme la nôtre, reposait sur la raison, sur la nature. Saint Louis fut un homme très vertueux, et, selon les idées de son temps, un très bon souverain, parce qu'il était chrétien; Marc-Aurèle fut le plus pieux des hommes, non parce qu'il était païen, mais parce qu'il était un homme accompli. Il fut l'honneur de la nature humaine, et non d'une religion déterminée. Quelles que soient les révolutions religieuses et philosophiques de l'avenir, sa grandeur ne souffrira nulle atteinte ; car elle repose tout entière sur ce qui ne périra jamais, sur l'excellence du cœur.

Vivre avec les dieux[2] !.... Celui-là vit avec les dieux qui leur montre toujours une âme satisfaite du sort qui lui a été départi et obéissante au génie que Jupiter a détaché comme une parcelle de lui-même, pour nous servir de directeur et de guide. Ce génie est l'intelligence et la raison de chacun[3].

Ou bien le monde n'est que chaos, agrégation et désagrégation successives ; ou le monde est unité, ordre, providence. Dans le premier cas, comment désirer rester dans un pareil cloaque ? ..... La désagrégation saura bien toute seule m'atteindre. Dans le second cas, j'adore, je me repose, j'ai confiance dans celui qui gouverne[4].

1. Philostr., *Soph.*, II, x, 7; Capitolin, 27.
2. Συζῆν θεοῖς.
3. *Pensées*, V, 27. Cf. VI, 14.
4. *Ibid.*, VI, 10.

CHAPITRE II.

PROGRÈS ET RÉFORMES. — LE DROIT ROMAIN.

Envisagé comme souverain, Marc-Aurèle réalisa la perfection de la politique libérale. Le respect des hommes est la base de sa conduite. Il sait que, dans l'intérêt même du bien, il ne faut pas imposer le bien d'une manière trop absolue, le jeu libre de la liberté étant la condition de la vie humaine. Il désire l'amélioration des âmes et non pas seulement l'obéissance matérielle à la loi [1] ; il veut la félicité publique, mais non procurée par la servitude, qui est le plus grand des maux. Son idéal de gouvernement est tout républicain [2]. Le prince est le premier sujet de la loi [3].

---

1. *Pensées,* IX, 29.
2. Capitolin, *Ant. Phil.,* 12.
3. Code Just., I, xiv, 4 ; VI, xxiii, 3. ; Digeste, V, ii, 8, § 2 ; XXXII, iii, 23 ; Paul, *Sent.,* IV, 5, § 3 ; *ibid.,* V, 12, §§ 8, 9.

Il n'est que locataire et usufruitier des biens de l'État[1]. Point de luxe inutile; stricte économie; charité vraie, inépuisable; accès facile, parole affable[2]; poursuite en toute chose du bien public, non des applaudissements.

Des historiens, plus ou moins imbus de cette politique qui se croit supérieure parce qu'elle n'est assurément suspecte d'aucune philosophie, ont cherché à prouver qu'un homme aussi accompli que Marc-Aurèle ne pouvait être qu'un mauvais administrateur et un médiocre souverain. Il se peut, en effet, que Marc-Aurèle ait péché plus d'une fois par trop d'indulgence. Cependant, à part des malheurs absolument impossibles à prévoir ou à empêcher, son règne se présente à nous comme grand et prospère[3]. Le progrès des mœurs y fut sensible. Beaucoup des buts secrets que poursuivait instinctivement le christianisme furent légalement atteints. Le régime politique général avait des défauts profonds; mais la sagesse du bon empereur couvrait tout d'un palliatif momentané. Chose singulière! ce vertueux

---

1. Dion Cassius, LXXI, 33.
2. Hérodien, I, 2.
3. Pour la discussion des historiens originaux, voir mes *Mélanges historiques,* p. 171 et suiv., et Noël Desvergers, *Essai sur Marc-Aurèle* (Paris, 1860). Pour les lois, voir Hænel, *Corpus legum,* p. 114 et suiv.

prince, qui ne fit jamais la moindre concession à la fausse popularité, fut adoré du peuple[1]. Il était démocrate dans le meilleur sens du mot. La vieille aristocratie romaine lui inspirait de l'antipathie[2]. Il ne regardait qu'au mérite, sans égard pour la naissance, ni même pour l'éducation et les manières. Comme il ne trouvait pas dans les patriciens les sujets propres à seconder ses idées de gouvernement sage, il appelait aux fonctions des hommes sans autre noblesse que leur honnêteté.

L'assistance publique, fondée par Nerva et Trajan, développée par Antonin, arriva, sous Marc-Aurèle, au plus haut degré qu'elle ait jamais atteint. Le principe que l'État a des devoirs en quelque sorte paternels envers ses membres (principe dont il faudra se souvenir avec gratitude, même quand on l'aura dépassé), ce principe, dis-je, a été proclamé pour la première fois dans le monde au IIe siècle. L'éducation des enfants de condition libre était devenue, vu l'insuffisance des mœurs et par suite des principes économiques défectueux sur lesquels reposait la société, une des grandes préoccupations

---

1. Jules Capitolin, *Ant. Phil.*, 18, 19; cf. Fronton, *Epist. ad M. Cæs.*, IV, 12; *ad Ant. imp.*, I, 2. La haine contre Commode vint, en partie, de l'amour qu'on avait pour son père. Voir mes *Mélanges*, p. 192.

2. *Pensées*, I, 3, 11.

des hommes d'État. On y avait pourvu, depuis Trajan, par des sommes placées sur hypothèque et dont les revenus étaient gérés par des procurateurs[1]. Marc-Aurèle fit de ces procurateurs des fonctionnaires de premier ordre ; il les choisissait avec le plus grand soin parmi les consulaires et les préteurs, et il élargit leurs pouvoirs[2]. Sa grande fortune[3] lui rendait faciles ces largesses bien entendues. Il créa lui-même un grand nombre de caisses de secours pour la jeunesse des deux sexes[4]. L'institut des *Jeunes Faustiniennes* remontait à Antonin[5]. Après la mort de la seconde Faustine, Marc-Aurèle fonda les *Nouvelles Faustiniennes*[6]. Un élégant bas-relief nous montre ces jeunes filles se pressant autour de l'impératrice, qui verse du blé dans un pli de leur robe[7].

1. Voir *les Évangiles*, p. 387 et suiv.
2. Inscription, dans Borghesi, *Bull. de l'Inst. arch.*, 1844, p. 125-127 ; Desjardins, *De tab. alim.*, Paris, 1854 ; Noël Desvergers, p. 39-43 ; Capitolin, 11.
3. Dans toutes les provinces, on trouve ses *procuratores rei privatæ* et ses *procuratores patrimonii*. [Desjardins.] Sur ses briqueteries, voir Noël Desvergers, p. 3. La fortune d'Antonin était plus considérable encore.
4. Capitolin, 7 : *Pueros et puellas novorum nominum*, sans doute des *Antoniniani*, des *Veriani*.
5. Voir *l'Église chrétienne*, p. 295.
6. Capitolin, *Ant. Phil.*, 26.
7. Villa Albani. Voir Henzen, *Tab. alim. Bœb.*, dans *Ann. de*

Le stoïcisme, dès le règne d'Adrien, avait pénétré le droit romain de ses larges maximes, et en avait fait le droit naturel, le droit philosophique, tel que la raison peut le concevoir pour tous les hommes [1]. L'Édit perpétuel de Salvius Julianus fut la première expression complète de ce droit nouveau destiné à devenir le droit universel. C'est le triomphe de l'esprit grec sur l'esprit latin. Le droit strict cède à l'équité ; la douceur l'emporte sur la sévérité ; la justice paraît inséparable de la bienfaisance [2]. Les grands jurisconsultes d'Antonin, Salvius Valens, Ulpius Marcellus, Javolenus, Volusius Mœcianus continuèrent la même œuvre. Le dernier fut le maître de Marc-Aurèle en fait de jurisprudence [3], et, à vrai dire, l'œuvre des deux saints empereurs ne saurait être séparée. C'est d'eux que datent la plupart de

l'Inst. archéol., 1845, p. 20. Zoega (*Bassirilievi*, I, p. 154 et suiv.) rapporte ce bas-relief à la première Faustine. Le monument, en tout cas, ne prouve pas que l'impératrice qui y figure s'occupât personnellement de bienfaisance. La pensée du bas-relief est de montrer Faustine secourable, même après sa mort. Alexandre Sévère imita cette institution et créa des *Jeunes Mamméennes*. Lampride, *Alex. Sév.*, 67.

1. Gaïus, *Inst.*, I, § 1 ; Inst. de Just., I, ι, § 1.

2. Digeste, I, ιιι, 18 ; II, xiv, 8 ; XXXIV, v, 10, § 1 ; XL, ι, 24 ; XLII, ι, 36, 38 ; XLVIII, xix, 42 ; L, xvii, 56, 155, 168, 192. Cf. Orose, VIII, 15.

3. Capitolin, *Ant. le Pieux*, 12 ; *Ant. le Phil.*, 3 Cf. Ælius Aristide, *Orat.*, x, p. 109-110.

ces lois humaines et sensées qui fléchirent la rigueur du droit antique et firent, d'une législation primitivement étroite et implacable, un code susceptible d'être adopté par tous les peuples civilisés[1].

L'être faible, dans les sociétés anciennes, était peu protégé. Marc-Aurèle se fit en quelque sorte le tuteur de tous ceux qui n'en avaient pas. L'enfant pauvre, l'enfant malade eurent des soins assurés. La *préture tutélaire* fut créée pour donner des garanties à l'orphelin[2]. L'état civil, les registres des naissances commencèrent[3]. Une foule d'ordonnances pleines de justice répandirent dans toute l'administration un remarquable esprit de douceur et d'humanité[4]. Les charges des curiales furent diminuées[5]. Grâce à un approvisionnement mieux réglé, les famines de l'Italie furent rendues impossibles[6].

---

1. On a prétendu découvrir une influence chrétienne dans ce grand progrès du droit romain. Rien de plus gratuit. Les idées des chrétiens et les idées des jurisconsultes étaient aux deux pôles opposés; nul rapport entre les deux écoles, si ce n'est des rapports de malveillance; pas un rapprochement sérieux entre les textes.

2. Capitolin, 10; inscription de Concordia, Borghesi, *Ann. de l'Inst. arch.*, 1853, p. 188 et suiv.; Desvergers, *op. cit.*, p. 46-48.

3. Capitolin, 9, 10.

4. *Ibid.*, 9, 11.

5. Digeste, 6, L, I, 8; IV, 6.

6. Capitolin, 11; inscription de Concordia, Borghesi, *Ann. de l'Instit. arch.*, 1853, *loc. cit.*; Desvergers, p. 45-46.

Dans l'ordre judiciaire, plusieurs réformes d'un esprit excellent remontent également au règne de Marc. La police des mœurs, notamment en ce qui concerne les bains mixtes, fut rendue plus sérieuse[1].

C'est surtout pour l'esclave qu'Antonin et Marc-Aurèle se montrèrent bienfaisants. Quelques-unes des plus grandes monstruosités de l'esclavage furent corrigées. Il est admis désormais que le maître peut commettre des injustices envers son esclave. D'après la législation nouvelle, les châtiments corporels sont réglés[2]. Tuer son esclave devient un crime[3]. Le traiter avec un excès de cruauté est un délit et entraîne pour le maître la nécessité de vendre le malheureux qu'il a torturé[4]. L'esclave, enfin, ressortit aux tribunaux, devient une personne, membre de la cité[5]. Il est propriétaire de son pécule; il a sa famille; on ne peut vendre séparément l'homme, la femme, les enfants.

---

1. Capitolin, 23.
2. Gaïus, *Institutes*, I, 53; Digeste, I, xii, 8; XLVIII, viii, 1, § 2.
3. Spartien, *Adrien*, 18; Gaïus, I, 53; Digeste, I, vi, 2.
4. Rescrit d'Antonin, dans Justinien, *Inst.*, I, 8, §§ 1, 2; Gaïus, *Inst.*, I, 53. Cf. Digeste, I, vi, 2.
5. Digeste, VII, i, 1, § 1; XL, xii, entier; XLVIII, ii, 5 (Ulp.); xix, 19 (Ulp.); I, xii, 1, § 5 (Ulp.); Paul, *Sent.*, V, i, 1. Cf. Code Théod., IV, xiv, entier; Dig., V, i, 53 (Hermog.); Instit. de Just., I, 8; III, 12.

L'application de la question aux personnes serviles est limitée[1]. Le maître ne peut, hors certains cas, vendre ses esclaves pour les faire combattre dans l'amphithéâtre contre les bêtes [2]. La servante, vendue sous la condition *ne prostituatur*, est préservée du lupanar [3]. Il y a ce qu'on appelle *favor libertatis;* en cas de doute, l'interprétation la plus favorable à la liberté est admise [4]. On juge par humanité contre la rigueur de la loi, souvent même contre la lettre du testament [5]. Au fond, à partir d'Antonin, les jurisconsultes, imbus de stoïcisme, envisagent l'esclavage comme une violation des droits de nature [6], et pren-

1. Dig., XLVIII, xviii, 1, §§ 1 et 2; *ibid.,* 9; *ibid.,* 17, § 7; *ibid.,* 20; Code Just., VI, xxxv, 12; Spartien, *Adr.,* 18; Pline, *Epist.* VIII, 14.

2. Digeste, XVIII, i, 42; XLVIII, viii, 11, § 1 et 2. Cf. Spartien, *Adrien,* 18.

3. Digeste, I, vi, 2; II, iv, 10, § 1, Ulpien. Cf. Minucius Félix, 28.

4. Digeste, XL, v, *De fideicommissariis libertatibus,* à lire en entier, ainsi que Digeste, XL, iv, *De manumissis testamento ;* XL, vii, *De statu-libèris,* loi 3, § 11; loi 4, entière (Paul); loi 25 (Modestin) ; XL, viii, *Qui sine manumissione,* loi 9 (Paul); XLIX, xv, *De captivis et de postliminio,* 12, § 9 (Thryphoninus); XLVIII, xviii, *De quæstionibus,* loi 14 (Modestin); xix, *De pœnis,* loi 9, § 16 (Ulp.). Cf. Wallon, *Hist. de l'escl.,* III, p. 67 et suiv.

5. *Humanitatis intuitu.* Dig., XL, iv, 4 (Pomponius).

6. « Illis natalibus restituitur in quibus initio omnes homines fuerunt. » Marcien, dans Dig., XL, xi, *De natal. rest.,* loi 2; Florentinus, Dig., I, v, *De statu hom.,* loi 4, § 1; Florentinus et

nent des biais pour le restreindre. Les affranchissements sont favorisés de toutes les manières[1]. Marc-Aurèle va plus loin et reconnaît, dans une certaine limite, des droits aux esclaves sur les biens du maître. Si personne ne se présente pour recueillir l'héritage du testateur, les esclaves sont autorisés à se faire adjuger les biens; qu'un seul ou que plusieurs soient admis à l'adjudication, elle a pour tous le même résultat[2]. L'affranchi est également protégé, par les lois les plus sérieuses, contre l'esclavage, qui tendait de mille manières à le ressaisir[3].

Le fils, la femme, le mineur furent l'objet d'une législation à la fois intelligente et humaine. Le fils resta l'obligé de son père, mais cessa d'être sa chose[4]. Les excès les plus odieux, que l'ancien droit romain trouvait naturel de permettre à l'autorité paternelle, furent abolis ou restreints[5]. Le père eut des devoirs envers ses enfants et ne put rien réclamer pour

Ulpien, Dig., I, 1, *De just. et jure,* lois 3 et 4; Dig., L, XVII, *De div. reg. juris,* loi 32.

1. Instit. de Just., I, 4; Digeste, I, VI, 2; XL, V, 37; VIII, 1, 3; XXXV, 1, 31, 50; Cod. Just., VII, 1, 1 ; II, 12 ; IV, 2. Cf. Wallon, *Hist. de l'escl.,* III, p. 62 et suiv. (2ᵉ édit.)
2. Digeste, XL, V, 2, 4, § 12; XLII, VIII, 10, § 17.
3. Wallon, III, p. 75 et suiv. Voir surtout Digeste, XXXVIII, *De operis libertorum.*
4. Code, VI, XXXI, 5; VIII, XLVI, 1 ; Digeste, I, VII, 38, 39.
5. Paul, V, 6, § 15; Digeste, XXVI, II, 4; Code, V, XVII, 5.

les avoir remplis; le fils, de son côté, dut à ses parents des secours alimentaires, dans la proportion de sa fortune[1].

Les lois sur la tutelle et les curateurs avaient été jusque-là fort incomplètes. Marc-Aurèle en fit des modèles de prévoyance administrative[2]. Dans l'ancien droit, la mère faisait à peine partie de la famille de son mari et de ses enfants. Le sénatus-consulte tertullien (an 158) et le sénatus-consulte orphitien (178) établirent le droit de succéder de la mère à l'enfant et de l'enfant à la mère[3]. Les sentiments et le droit naturel prennent le dessus. Des lois excellentes sur les banques, sur la vente des esclaves, sur les délateurs et les calomniateurs, mirent fin à une foule d'abus. Le fisc avait toujours été dur, exigeant. Il fut désormais posé en principe que, dans les cas douteux, ce serait le fisc qui aurait tort. Des impôts d'une perception vexatoire furent supprimés. La longueur des procès fut diminuée. Le droit criminel devint moins cruel, et l'inculpé reçut de précieuses garanties[4]; encore était-ce l'usage personnel de Marc-Aurèle de diminuer, dans l'application, les

---

1. Dig., XXV, v, 5, § 14, *De agnoscendis et alendis liberis;* Code, V, xxv, 1, 2, *De alendis liberis ac parentibus.*
2. Capitolin, *Ant. le Phil.,* 10, 11.
3. Institutes de Just., III, 3 et 4. Capitolin, 11.
4. Digeste, V, 1, 36; Capitolin, 24.

pénalités établies. Les cas de folie furent prévus[1]. Le grand principe stoïcien que la culpabilité réside dans la volonté, non dans le fait, devient l'âme du droit[2].

Ainsi fut définitivement constituée cette merveille, le droit romain, sorte de révélation à sa manière, dont l'ignorance reporta l'honneur aux compilateurs de Justinien, mais qui fut en réalité l'œuvre des grands empereurs du IIe siècle, admirablement interprétée et continuée par les jurisconsultes éminents du IIIe siècle. Le droit romain aura un triomphe moins bruyant que le christianisme, mais en un sens plus durable. Oblitéré d'abord par la barbarie, il ressuscitera vers la fin du moyen âge, sera la loi du monde renaissant, et redeviendra, sous des rédactions un peu modifiées, la loi des peuples modernes. C'est par là que la grande école stoïcienne qui, au IIe siècle, essaya de reformer le monde, après avoir en apparence misérablement avorté, remporta en réalité une pleine victoire. Recueillis par les jurisconsultes classiques du temps des Sévères, mutilés et altérés par Tribonien, les textes survécurent, et

---

1. Digeste, I, XVII, 14, *De offic. præs.*.
2. Digeste, XLVIII, VIII, 14, *Ad legem Corneliam de sic.;* ibid., 1, § 3; Digeste, L, XVII, 79, *De regulis juris;* Digeste, XLVIII, XIX, 26, *De pœnis.*

ces textes furent plus tard le code du monde entier. Or ces textes sont l'œuvre des légistes éminents qui, groupés autour d'Adrien, d'Antonin, de Marc-Aurèle, font entrer définitivement le droit dans son âge philosophique. Le travail se continue sous les empereurs syriens; l'affreuse décadence politique du IIIe siècle n'empêche pas ce vaste édifice de continuer sa lente et belle croissance.

Ce n'est pas que Marc-Aurèle affichât l'esprit novateur. Au contraire, il s'arrangeait de manière à donner à ses améliorations une apparence conservatrice[1]. Toujours il traita l'homme en être moral; jamais il n'affecta, comme le font souvent les politiques prétendus transcendants, de le prendre comme une machine ou un moyen. S'il ne put changer l'atroce code pénal du temps, il l'adoucit dans l'application[2]. Un fonds fut établi pour les obsèques des citoyens pauvres; les collèges funéraires furent autorisés à recevoir des legs et devinrent des personnes civiles, ayant le droit de posséder des propriétés, des esclaves, d'affranchir[3]. Sénèque avait dit : « Tous les hommes, si on remonte à l'origine, ont les dieux

---

1. Capitolin, 11.
2. *Ibid.*, 12, 24; Digeste, I, XVIII, 14; XL, v, 37; XLVIII, XVIII, 1, § 27.
3. Digeste, XXXIV, v, 20; XL, III, 1. Seulement il était inter-

pour pères¹. » Demain Ulpien dira : « Par droit naturel, tous les hommes naissent libres et égaux². »

Marc-Aurèle aurait voulu supprimer les scènes hideuses qui faisaient des amphithéâtres de vrais lieux d'horreur pour quiconque avait le sens moral³. Il n'y put réussir ; ces représentations abominables étaient une partie de la vie du peuple. Quand Marc-Aurèle arma les gladiateurs pour la grande guerre germanique, il y eut presque une émeute : « Il veut nous enlever nos amusements, cria la foule, pour nous contraindre à philosopher⁴. » Les habitués de l'amphithéâtre étaient les seules personnes qui ne l'aimassent point⁵. Obligé de céder à une opinion plus forte que lui, Marc-Aurèle protestait du moins de toutes les manières. Il apporta des tempéraments au mal qu'il ne pouvait supprimer ; on étendit des matelas sous les funambules, on ne put se battre qu'avec des armes mouchetées. L'empereur venait

---

dit d'être de deux collèges à la fois. Dig., XLVII, xxii, 4. Comp. Gruter, cccxxii, 4 ; Murat., dxvi, 1 ; Orelli, 4080. Voir *les Apôtres*, p. 355 et suiv.

1. Sénèque, *Epist.* xliv. Cf. epist. lvii.
2. Digeste, I, i, 4 ; L, xvii, 32.
3. Voir *les Apôtres*, p. 320 et suiv. Julien essaya la même réforme, sans mieux réussir. *Misopogon*, p. 340, Spanh.
4. Capitolin, *Ant. le Phil.*, 23 ; Dion Cassius, LXXI, 29.
5. *Nisi a voluptariis unice amabatur.* Vulcat. Gall., *Avidius Cassius*, 7.

au spectacle le moins qu'il pouvait et uniquement
par complaisance. Il affectait, pendant la représentation, de lire, de donner des audiences, de signer
des expéditions, sans se mettre en peine des railleries du public. Un jour, un lion, qu'un esclave avait
dressé à dévorer des hommes, fit tant d'honneur à
son maître, que de tous les côtés on demanda pour
celui-ci l'affranchissement. L'empereur, qui, pendant
ce temps, avait détourné la tête, répondit avec humeur : « Cet homme n'a rien fait de digne de la
liberté. » Il porta plusieurs édits pour empêcher les
manumissions précipitées, prononcées sous le coup
des applaudissements populaires, qui lui semblaient
une prime décernée à la cruauté[1].

1. Capitolin, 4, 11, 12, 15, 23 ; Dion Cassius, LXXI, 29 ; Hérodien, V, II, 4 ; Digeste, XL, IX, 17, proœm. ; Code Just., VII, XI, 3.

CHAPITRE III.

LE RÈGNE DES PHILOSOPHES.

Jamais on n'avait vu jusque-là le problème du bonheur de l'humanité poursuivi avec autant de suite et de volonté. L'idéal de Platon était réalisé : le monde était gouverné par les philosophes. Tout ce qui avait été à l'état de belle phrase dans la grande âme de Sénèque arrivait à être une vérité. Raillée pendant deux cents ans par les Romains brutaux[1], la philosophie grecque triomphe à force de patience[2]. Déjà, sous Antonin, nous avons vu des philosophes privilégiés, pensionnés[3], jouant presque le rôle de fonctionnaires publics[4]. Maintenant, l'empereur en

1. Notez encore la malveillance de Quintilien, *Inst.*, proœm., 2 ; XI, 1, 4 ; XII, 1, 1.
2. Voir *les Évangiles*, p. 382 et suiv.
3. Jules Capit., *Ant. Pius*, 11 ; Digeste, XXVII, 1, 6 ; Artémidore, *Oneirocr.*, V, 83.
4. Voir *l'Église chrétienne*, p. 296.

est, à la lettre, entouré[1]. Ses anciens maîtres sont devenus ses ministres, ses hommes d'État. Il leur prodigue les honneurs, leur élève des statues, place leurs images parmi ses dieux lares, et, à l'anniversaire de leur mort, va sacrifier sur leur tombe, qu'il tient toujours ornée de fleurs[2]. Le consulat, jusque-là réservé à l'aristocratie romaine, se voit envahi par des rhéteurs, par des philosophes. Hérode Atticus, Fronton, Junius Rusticus, Claudius Severus, Proculus, deviennent consuls ou proconsuls à leur jour[3]. Marc-Aurèle avait, en particulier, pour Rusticus l'affection la plus tendre; il le fit deux fois consul, et toujours il lui donnait l'accolade avant de la donner au préfet du prétoire. Les importantes fonctions de préfet de Rome furent, durant des années, comme immobilisées entre ses mains[4].

Il était inévitable que cette faveur subite, accordée par l'empereur à une classe d'hommes où se mêlaient l'excellent et le méprisable, amenât bien

1. Hérodien, I, 2; Capitolin, *Ant. le Phil.*, 2, 3; Dion Cassius, LXXI, 35.
2. Capitolin, *Antonin le Phil.*, 3.
3. Tillemont, *Hist. des Emp.*, II, p. 316, 332, 337; Capitolin, 2. Quelques-uns de ces consulats eurent lieu dès le temps d'Antonin.
4. Capitolin, *Ant. Phil.*, 3; Themistius, *Orat.*, 13, 17; Digeste, XLIX, i, 1, § 3; *Actes de saint Justin* (voir *l'Église chrét.*, p. 492, note); Desvergers, p. 53-55.

des abus. De toutes les parties du monde, le bon Marc-Aurèle faisait venir les philosophes en renom[1]. Parmi les orgueilleux mendiants, vêtus de souquenilles trouées, que ce large appel mit en mouvement, il y avait plus d'un homme médiocre, plus d'un charlatan[2]. Ce qui implique une profession extérieure[3] provoque toujours la comparaison entre les mœurs réelles et celles que l'habit suppose[4]. On accusait ces parvenus d'avidité, d'avarice, de gourmandise, d'impertinence, de rancune[5]. On souriait parfois des faiblesses que pouvait abriter leur manteau.

---

1. Alexandre Péloplaton : Philostr., *Soph.*, II, v, 3 ; Adrien de Tyr : Philostr., *Soph.*, II, x, 7 et suiv. ; Lucius : Philostr., *Soph.*, II, i, 21.

2. Aulu-Gelle, IX, 2. Lucien est presque aussi opposé aux philosophes de profession qu'aux charlatans et aux illuminés de toute espèce. Voir surtout *l'Icaroménippe*, *l'Eunuque*, *la Mort de Peregrinus*, *les Philosophes à l'encan*, *le Pêcheur*, *les Lapithes*, *les Fugitifs*, 3, 12.

3. *Professioni suæ etiam moribus respondens.* Corresp. de Pline et Traj., n° LVIII (LXVI). Cf. Digeste, L, XIII, 4.

4. Tac., *Ann.*, XVI, 32 ; Juvénal, II, 1 et suiv. ; III, 115 et suiv. ; Martial, IX, 47 ; XI, 56 ; Quintilien, *Inst.*, proœm., 2 ; XII, II, 1 ; III. Dion Chrys., *Orat.*, LXXII, 383, 388, Reiske ; Aulu-Gelle, VII, 10 ; XV, 2 ; XVII, 19 ; Épictète, *Dissert.*, IV, VIII, 9.

5. Capitolin, *Ant. Pius*, 3 ; Tatien, *Adv. Gr.*, 19, 25 ; Appien, *Bell. Mithrid.*, c. 28 ; Lucien, *Parasitus*, 52 ; *Piscator*, 34, 37 ; Ælius Aristide, *Or.*, XLVI, Opp., II, 398, Dindorf. Comp. Lucien, *Nigrinus*, 25 ; *Hermotime*, 16, 19 ; *Lapith.*, 34 ; *Fugitifs*, 18 ; *Dial. meretr.*, x, 1 ; Ulpien, Dig., L, XIII, 1 ; Sénèque, *Lettres*, XXIX, 5.

Leurs cheveux mal peignés, leur barbe, leurs ongles étaient l'objet de railleries [1]. « Sa barbe lui vaut dix mille sesterces, disait-on ; allons ! il faudrait aussi salarier les boucs [2]. » Leur vanité donnait souvent raison à ces plaisanteries. Peregrinus, se brûlant sur le bûcher d'Olympie, en 166 [3], montra jusqu'où le besoin du tragique pouvait mener un sot, infatué de son rôle et avide de faire parler de lui.

Leur prétention à se suffire absolument prêtait à de vives répliques [4]. On se racontait le mot attribué à Démonax sur Apollonius de Chalcis, partant pour Rome avec toute une suite : « Voici venir Apollonius et ses Argonautes [5]. » Ces Grecs, ces Syriens, courant à l'assaut de Rome, semblaient partir pour la conquête d'une nouvelle toison d'or. Les pensions et les exemptions dont ils jouissaient faisaient dire qu'ils étaient à charge à la république, et Marc-Aurèle fut obligé de se justifier sur ce point [6]. On se plaignait

---

1. Tatien, *Adv. Gr.*, 25 ; Lampride, *Héliog.*, 11 ; Apulée, *Met.*, XI, 8.
2. Lucien, *Eunuch.*, 8, 9 ; *Cynicus*, 1 et suiv. Cf. *l'Église chrét.*, p. 483, 484.
3. Eusèbe, *Chron.*, p. 170, 171, Schœne ; Athénag., *Leg.*, 26.
4. Tatien, *Adv. Gr.*, 25.
5. Lucien, *Demonax*, 31 ; Capitolin, *Ant. Pius*, 10.
6. Capitolin, *Ant. Phil.*, 23 ; Digeste, XXVII, I, *De excusationibus*, loi 6 (Modestin) ; L, v, *De vacat. et excusat. mun.*, loi 8, § 4 (Papinien) ; loi 10, § 2 (Paul) ; L, IV, *De muneribus*, loi 18, § 30.

surtout qu'ils maltraitassent les particuliers. Les insolences ordinaires aux cyniques ne justifiaient que trop ces accusations. Ces misérables aboyeurs n'avaient ni honte ni respect, et ils étaient fort nombreux.

Marc-Aurèle ne se dissimulait pas les défauts de ses amis; mais sa parfaite sagesse lui faisait faire une distinction entre la doctrine et les faiblesses de ceux qui l'enseignent[1]. Il savait qu'il y avait peu ou point de philosophes pratiquant vraiment ce qu'ils conseillaient. L'expérience lui avait fait connaître que la plupart étaient avides, querelleurs, vains, insolents, qu'ils ne cherchaient que la dispute et n'avaient qu'un esprit d'orgueil, de malignité, de jalousie[2]. Mais il était trop judicieux pour attendre des hommes la perfection. Comme saint Louis ne fut pas un moment troublé dans sa foi par les désordres des clercs, Marc-Aurèle ne se dégoûta jamais de la philosophie, quels que fussent les vices des philosophes. « Estime pour les vrais philosophes; indulgence exempte de blâme pour les philosophes prétendus, sans d'ailleurs être jamais leur dupe »,

---

1. Philostr., *Soph.*, II, ɪ, 21. *Semper adversus sua vitia facundos*, dit Minucius Felix des philosophes (§ 38).

2. Galien, *De prænotione ad Posth.*, 1 (t. XIX, p. 498 et suiv., Kühn). Cf. Apulée, *Apol.*, ch. 3, 17, 18.

voilà ce qu'il avait remarqué dans Antonin [1] et la règle qu'il observa lui-même. Il allait écouter, dans leurs écoles, Apollonius, Sextus de Chéronée, et ne se fâchait pas qu'on rît de lui [2]. Comme Antonin, il avait la bonté de supporter les rebuffades de gens vaniteux et mal élevés, que ces honneurs, exagérés peut-être, rendaient impertinents [3]. Alexandrie le vit marcher dans ses rues sans cour, sans garde, vêtu du manteau des philosophes et vivant comme l'un d'eux [4]. A Athènes, il institua des chaires pour toutes les sciences [5], avec de forts traitements [6], et il sut donner à ce qu'on peut appeler l'université de cette ville un éclat supérieur encore à celui qu'elle tenait d'Adrien [7].

Il était naturel que les représentants de ce qu'il y avait encore de ferme, de dur et de fort dans l'ancien esprit romain éprouvassent quelque impatience

1. *Pensées*, I, 16.
2. Capitolin, *Ant. Pius,* 3; Philostr., *Soph.,* II, I, 21; Dion Cassius, LXXI, 1.
3. Capitolin, *Ant. Pius,* 10; Philostr., *Soph.,* II, 9.
4. Capitolin, *Ant. Phil.,* 26.
5. Dion Cassius, LXXI, 31.
6. Dix mille drachmes, c'est-à-dire environ dix mille francs. Dion Cassius, LXXI, 31, note de Sturz. Comp. Suétone, *Vesp.,* 18; Capitolin, *Pius,* 11; Lampride, *Alex. Sev.,* 44.
7. Ælius Aristide, *Orat.,* IX, Opp., III, p. 110, 111, Dindorf; Philostrate, *Soph., Vies d'Hérode Atticus* (II, I), *d'Adrien de Tyr* (II, X). Cf. II, XI, 2. Alexandre Péloplaton, en y mettant le pied, s'écriait : « Ici, fléchissons le genou ! » Philostr., *Soph.,* II, V, 3.

devant cet envahissement des hautes places de la république par des gens sans aïeux, sans audace militaire, appartenant le plus souvent à ces races orientales que le vrai Romain méprisait. Telle fut, en particulier, la position que prit, pour son malheur, Avidius Cassius, vrai homme de guerre et homme d'État, homme éclairé même et plein de sympathie pour Marc-Aurèle, mais persuadé que le gouvernement exige tout autre chose que de la philosophie[1]. A force d'appeler l'empereur, en souriant, « une bonne femme philosophe[2] », il se laissa entraîner à la plus funeste des pensées, à la révolte. Le grand reproche qu'il adressait à Marc-Aurèle[3] était de confier les premiers emplois à des hommes qui n'offraient de garanties ni par leur fortune, ni par leurs antécédents, ni même quelquefois par leur éducation, tels que Bassæus et Pompéien. Le bon empereur poussa, en effet, la naïveté jusqu'à vouloir que Pompéien épousât sa fille Lucille, veuve de Lucius Verus, et jusqu'à prétendre que Lucille aimât Pompéien, parce qu'il était l'homme le plus vertueux de l'empire. Cette idée malheureuse fut une des principales causes qui

---

1. Lettre d'Avidius Cassius, dans Vulc. Gallicanus, *Avid.*, 14.
2. *Philosopham aniculam.* Lettre de Lucius Verus, dans Vulcatius Gallicanus, *Avid. Cass.*, 1.
3. Vulcatius Gallicanus, *Avid.*, 14.

empoisonnèrent son intérieur ; car Faustine appuya la résistance de sa fille, et ce fut un des motifs qui la jetèrent dans l'opposition contre son mari [1].

Si Marc-Aurèle n'avait uni à sa bonté un rare degré de sens pratique, son engouement pour une classe de personnes, qui ne valait pas toujours ce que sa profession faisait supposer, l'eût entraîné à des fautes. La religion a eu ses ridicules ; la philosophie a eu les siens. Ces gens qui couvraient les places publiques, armés de gourdins, étalant leurs longues barbes, leurs besaces et leurs manteaux râpés, ces cordonniers, ces artisans qui abandonnaient leur échoppe pour mener la vie oisive du cynique mendiant, excitaient chez les gens d'esprit la même antipathie qu'excita plus tard dans la bourgeoisie bien élevée le capucin vagabond [2]. Mais, en général, malgré le respect un peu exagéré qu'il avait *a priori* pour le costume des philosophes, Marc-Aurèle portait dans le discernement des hommes un tact fort juste [3]. Tout le groupe des sages qui se

---

1. Capitolin, *Ant. Phil.*, 20. Voir mes *Mél. d'hist.*, p. 193, 194. C'est à tort qu'on a mêlé Faustine à la conspiration d'Avidius. *Mél.*, p. 184 et suiv.

2. Lucien, *Bis accus.*, 6 ; *Dem.*, 19, 48 ; *Piscator*, 45 ; *Fugitivi*, 12-22 ; Épictète, *Dissert.*, III, XXII, 50, 80 ; Aulu-Gelle, IX, 2.

3. La même distinction était délicatement observée par Épictète. *Dissert.*, III, XXII ; IV, VIII, XI.

serraient autour du pouvoir présentait un aspect très vénérable ; l'empereur les envisageait moins comme des maîtres ou des amis que comme des frères, qui lui étaient associés dans le gouvernement. Les philosophes, comme l'avait rêvé Sénèque, étaient devenus un pouvoir de l'État, une institution constitutionnelle en quelque sorte, un conseil privé dont l'influence sur les affaires publiques était capitale.

Ce curieux phénomène, qui ne s'est vu qu'une fois dans l'histoire, tenait certainement au caractère de l'empereur; mais il tenait aussi à la nature de l'empire et à la conception romaine de l'État, conception toute rationaliste, où ne se mêlait aucune idée théocratique. La loi était l'expression de la raison; il était donc naturel que les hommes de la raison arrivassent un jour ou l'autre au pouvoir. Comme juges des cas de conscience, les philosophes avaient un rôle en quelque sorte légal[1]. Depuis des siècles, la philosophie grecque faisait l'éducation de la haute société romaine : presque tous les précepteurs étaient Grecs ; l'éducation se faisait toute en grec[2]. La Grèce ne compte pas de plus belle victoire que celle qu'elle

---

1. Aulu-Gelle, XIV, 2. On en a des exemples même sous Domitien, *Coresp. de Pline et de Trajan*, LVIII (LVI), affaire d'Archippe.

2. Quintilien, I, ɪ, 3 ; Lucien, *De mercede conductis*, 24, 40.

remporta ainsi par ses pédagogues et ses professeurs[1]. La philosophie prenait de plus en plus le caractère d'une religion ; elle avait ses prédicateurs, ses missionnaires[2], ses directeurs de conscience, ses casuistes[3]. Les grands personnages entretenaient auprès d'eux un philosophe familier, qui était en même temps leur ami intime[4], leur moniteur, le gardien de leur âme[5]. De là une profession qui avait ses épines et pour laquelle la première condition était un extérieur vénérable, une belle barbe, une façon de porter le manteau avec dignité[6]. Rubellius Plautus eut, dit-on, près de lui « deux docteurs en sagesse »,

Notez surtout la colère de Juvénal contre les Grecs qui écrasent la littérature latine et font de Rome « une ville grecque », où les Romains meurent de faim. (*Sat.,* III, etc.)

1. Voyez Lucien, *Nigrinus,* 12 et suiv.
2. Voir surtout Dion Chrysostome, *Orat.,* I, XXXII.
3. Aulu-Gelle, XII, 1 ; XIII, 22 ; XIV, 2 ; Épict., *Diss.,* III, 3.
4. Henzen, *Inscr.,* n° 5600. Lire le petit traité de Lucien, *De mercede conductis.*
5. Sénèque, *Epist.,* LII, XCIV ; Perse, *Sat.,* v ; Aulu-Gelle, I, 26 ; VII, 13 ; X, 19 ; XII, 1 ; XVII, 8 ; XVIII, 10 ; XX, 4 ; Lucien, *De mercede cond.,* 19.
6. Lucien, traité cité, 25. La profession de philosophe domestique baissa beaucoup avec le temps. Dans la mosaïque de Pompeianus, trouvée à Alménia, dans la province de Constantine, mosaïque qui est du temps d'Honorius, le philosophe n'a guère d'autre fonction que de tenir le parasol de sa maîtresse et de promener le petit chien (publication de la Société archéologique de Constantine : *filoso filolocus,* lisez *filosofi locus*).

Cœranus et Musonius, l'un Grec, l'autre Étrusque, pour lui donner les motifs d'attendre la mort avec courage[1]. Avant de mourir, on s'entretenait avec quelque sage, comme chez nous on appelle un prêtre, afin que le dernier soupir eût un caractère moral et religieux. Canus Julius marche au supplice accompagné de « son philosophe[2] ». Thrasea meurt assisté par le cynique Démétrius[3].

On assignait pour premier devoir au philosophe d'éclairer les hommes, de les soutenir, de les diriger[4]. Dans les grands chagrins, on appelait un philosophe pour se faire consoler, et souvent le philosophe, comme chez nous le prêtre averti *in extremis*, se plaignait de n'être appelé qu'aux heures tristes et tardives. « On n'achète les remèdes que quand on est gravement malade; on néglige la philosophie tant qu'on n'est pas trop malheureux. Voilà un homme riche, jouissant d'une bonne santé, ayant une femme et des enfants bien portants; il n'a aucun souci de la philosophie; mais qu'il perde sa fortune ou sa santé, que sa femme, ou son fils, ou son frère soient frappés de mort, oh! alors, il fera venir le

---

1. Tacite, *Ann.*, XIV, 59.
2. Sénèque, *De tranq. animæ*, 14.
3. Tacite, *Ann.*, XVI, 34.
4. Sénèque, *Epist.*, XLVIII.

philosophe ; il l'appellera pour en tirer quelque consolation, pour apprendre de lui comment on peut supporter tant de malheurs [1]. »

Ce fut surtout la conscience des souverains que les philosophes, comme plus tard les jésuites, cherchèrent à gagner au bien. « Le souverain est honnête et sage pour des milliers d'autres »; en l'améliorant, le philosophe fait plus que s'il gagnait à la sagesse des centaines d'hommes isolément [2]. Aréus fut auprès d'Auguste un directeur, une espèce de confesseur, auquel l'empereur dévoilait toutes ses pensées et jusqu'à ses mouvements les plus secrets. Quand Livie perd son fils Drusus, c'est Aréus qui la console [3]. Sénèque joua par moments un rôle analogue auprès de Néron. Le philosophe, que, du temps d'Épictète, de grossiers personnages traitent encore avec rudesse en Italie [4], devient le *comes* du prince, son ami le plus intime, celui qu'il reçoit à toutes les

1. Dion Chrysostome, *Orat.*, XXVII.
2. Plutarque, *Cum principibus philosophandum,* 1 et suiv.
3. Sénèque, *Consol. ad Marciam,* 4 et suiv. Cf. Suét., *Oct.*, 89; Strab., XIV, v, 4; Dion Cass., LI, 16; Plutarque, *Anton.*, 80, 81 ; *Apophth.*, Aug., 3 ; *Præc. ger. reip.*, 18 ; Marc-Aurèle, *Pensées*, VIII, 31 ; Julien, *Epist.* 51, *ad Alex.*, et *Cæs.*, p. 326, Spanh. Sénèque nous donne le discours qu'il suppose avoir été tenu par Aréus. Ses trois Consolations à Helvia, à Marcia, à Polybe, sont des morceaux du même genre.
4. Arrien, *Epict. Dissert.*, III, VIII, 7. Cf. Perse, v, 189-191.

heures. On dirait des espèces d'aumôniers, ayant des fonctions et un traitement réguliers. Dion Chrysostome écrit pour Trajan son discours sur les devoirs de la royauté[1]. Adrien s'est montré à nous environné de sophistes.

Le public avait, comme les princes, ses leçons régulières de philosophie. Il y avait, dans les villes importantes, un enseignement éclectique officiel, des leçons, des conférences. Toutes les anciennes dénominations d'école subsistaient; il existait encore des platoniciens, des pythagoriciens, des cyniques, des épicuriens, des péripatéticiens, recevant tous des salaires égaux, à la seule condition de prouver que leur enseignement était bien d'accord avec celui de Platon, de Pythagore, de Diogène, d'Épicure, d'Aristote[2]. Les railleurs prétendaient même que certains professeurs enseignaient à la fois plusieurs philosophies et se faisaient payer pour jouer des rôles divers[3]. Un sophiste s'étant présenté à Athènes comme sachant toutes les philosophies : « Qu'Aristote m'appelle au Lycée, dit-il, je le suis; que Platon m'invite à l'Académie, j'y entre; si Zénon me réclame, je me fais l'hôte du Portique; sur un mot

---

1. *Orat.*, 1.
2. Lucien, *Eunuch.*, 3.
3. Lucien, *Demonax*, 14.

de Pythagore, je me tais. — Suppose que Pythagore t'appelle », reprit Démonax.

On oublie trop que le IIe siècle eut une véritable prédication païenne parallèle à celle du christianisme, et d'accord à beaucoup d'égards avec celle-ci. Il n'était pas rare, au cirque, au théâtre, dans les assemblées, de voir un sophiste se lever, comme un messager divin, au nom des vérités éternelles[1]. Dion Chrysostome avait déjà donné le modèle de ces homélies, empreintes d'un polythéisme fort mitigé par la philosophie, et qui rappellent les enseignements des Pères de l'Église. Le cynique Théagène, à Rome, attirait la foule au cours qu'il faisait dans le gymnase de Trajan[2]. Maxime de Tyr, en ses *Sermons*, nous présente une théologie, au fond monothéiste[3], où les représentations figurées ne sont conservées que comme des symboles nécessaires à la faiblesse humaine et dont les sages seuls peuvent se passer. Tous les cultes, selon ce penseur parfois éloquent, sont un effort impuissant vers un idéal unique. Les variétés qu'ils présentent sont insignifiantes et ne sauraient arrêter le véritable adorateur[4].

---

1. Dion Chrys., *Orat.*, XXXII; Aulu-Gelle, V, 1 (Musonius).
2. Galien, *Method. medendi*, 13, 15, t. X, p. 909, Kühn.
3. *Dissert.*, XI, XIV, XVIII, édit. Dübner.
4. Οὐ νεμεσῶ τῇς διαφωνίας· ἴστωσαν μόνον, ἐράτωσαν μόνον, μνήμ:-

Ainsi se réalisa un véritable miracle historique, ce qu'on peut appeler le règne des philosophes. C'est le moment d'étudier ce qu'un tel régime favorisa, ce qu'il abaissa. — Il servit merveilleusement aux progrès sociaux et moraux; l'humanité, la douceur des mœurs y gagnèrent infiniment; l'idée d'un État gouverné par la sagesse, la bienveillance et la raison fut fondée pour toujours. Au contraire, la force militaire, l'art et la littérature subirent une certaine décadence. Les philosophes et les lettrés étaient loin d'être la même chose. Les philosophes prenaient en pitié la frivolité des lettrés, leur goût pour les applaudissements [1]. Les lettrés souriaient de la barbarie du style des philosophes, de leur manque de manières, de leurs barbes et de leurs manteaux. Marc-Aurèle, après avoir hésité entre les deux directions, se décida hautement pour les philosophes. Il négligea le latin, cessa d'encourager le soin d'écrire en cette langue, préféra le grec, qui était la langue de ses auteurs favoris.

La ruine complète de la littérature latine est dès lors décidée. L'Occident baisse rapidement, tandis

νευέτωσαν μόνον. Maxime de Tyr, derniers mots du disc. VIII, édit. Dübner.

1. Épictète, *Dissert.*, I, xxi; II, xxiii; III, ix, xxiii; Aulu-Gelle, V, 1; Plutarque, *De audiendo*, 13, 15. Se rappeler Quintilien, *Inst.*, proœm., 2; X, i, 3; XI, i, 4; XII, ii, 1, 3; iii.

que l'Orient devient de jour en jour plus brillant; on voit déjà poindre Constantin. Les arts plastiques, si fort aimés d'Adrien, devaient paraître à Marc-Aurèle des quasi-vanités. Ce qui reste de son arc de triomphe[1] est assez mou; tout le monde, jusqu'aux barbares, y a l'air excellent; les chevaux ont un œil attendri et philanthrope. La colonne Antonine est un ouvrage curieux, mais sans délicatesse dans l'exécution, très inférieur au temple d'Antonin et Faustine, élevé sous le règne précédent. La statue équestre du Capitole nous charme par l'image sincère qu'elle nous présente de l'excellent empereur; mais l'artiste n'a pas le droit d'abdiquer toute crânerie à ce point. On sent que la totale ruine des arts du dessin, qui va s'accomplir en cinquante ans, a des causes profondes. Le christianisme et la philosophie y travaillaient également. Le monde se détachait trop de la forme et de la beauté. Il ne voulait plus que de ce qui améliore le sort des faibles et adoucit les forts.

La philosophie dominante était morale au plus haut degré, mais elle était peu scientifique; elle ne poussait pas à la recherche. Une telle philosophie n'avait rien de tout à fait incompatible avec des cultes aussi peu dogmatiques que l'étaient ceux d'alors. Les philosophes étaient souvent revêtus de

1. Au palais des Conservateurs, à Rome.

fonctions sacerdotales dans leurs villes respectives [1]. Ainsi le stoïcisme, qui contribua si puissamment à l'amélioration des âmes, fut faible contre la superstition ; il éleva les cœurs, non les esprits. Le nombre des vrais savants était imperceptible. Galien même n'est pas un esprit positif; il admet les songes médicaux et plusieurs des superstitions du temps [2]. Malgré les lois [3], les magiciens les plus malfaisants réussissaient. L'Orient, avec son cortège de chimères, débordait [4]. En province, toutes les folies trouvaient des adeptes.

La Béotie avait un demi-dieu, un certain Sostrate, espèce de colosse idiot, menant une vie sauvage, dans lequel tous voyaient Hercule ressuscité. On le considérait comme le bon génie de la contrée, et on le consultait de toutes parts [5].

Chose plus incroyable ! la sotte religion d'Alexandre d'Abonotique, que nous avons vue naître dans les

---

1. Plutarque, Favorinus, Hérode Atticus, Ælius Aristide.
2. *De libris propr.*, 2; *Meth. med.*, IX, 4 ; XIV, 8; *De prænot. ad Posth.*, 2. Cf. Alex. de Tralles, IX, 4. Voir *l'Église chrét.*, p. 431.
3. Paul, V, xxi, 1. « Vaticinatores, qui se Deo plenos adsimulant, idcirco civitate expelli placuit, ne humana credulitate publici mores ad spem alicujus rei corrumperentur, vel certe ex eo populares animi turbarentur. » Cf. *ibid.*, xxxiii, 9 et suiv.
4. *Oneirocritique* d'Artémidore; Apulée, *Apologie*, etc.
5. Lucien, *Demonax*, 1 ; Philostrate, *Soph.*, II, 1, 12-16.

bas-fonds de la niaiserie paphlagonienne[1], trouva des adhérents dans les plus hauts rangs de la société romaine, dans l'entourage de Marc-Aurèle. Sévérien, légat de Cappadoce, s'y laissa prendre[2]. On voulut voir l'imposteur à Rome ; un personnage consulaire, Publius Mummius Sisenna Rutilianus[3], se fit son apôtre, et, à soixante ans, se trouva honoré d'épouser une fille que ce drôle de bas étage prétendait avoir eue de la Lune. A Rome, Alexandre établit des mystères qui duraient trois jours : le premier jour, on célébrait la naissance d'Apollon et d'Esculape ; le second jour, l'épiphanie de Glycon ; le troisième, la nativité d'Alexandre ; le tout avec de pompeuses processions et des danses aux flambeaux. Il s'y passait des scènes d'une révoltante immoralité[4]. Lors de la peste de 166, les formules talismaniques d'Alexandre, gravées sur les portes des maisons, passèrent, aux yeux de la foule superstitieuse, pour des préservatifs. Lors de la grande guerre de Pannonie (169-171), Alexandre fit encore parler son serpent, et ce fut par ses ordres qu'on jeta dans le Danube deux lions vivants, avec des sacrifices solennels.

1. *L'Église chrét.*, p. 428 et suiv.
2. Lucien, *Alex.*, 26.
3. Henzen, n° 649 ; Waddington, *Fastes*, p. 235 et suiv.
4. Lucien, *Alex.*, 30, 31, 36, 38, 39, 40, 42.

Marc-Aurèle lui-même présida la cérémonie, en costume de pontife, entouré de personnages vêtus de longues robes. Les deux lions furent assommés à coups de bâton sur l'autre rive[1], et les Romains taillés en pièces. Ces mésaventures ne perdirent point l'imposteur, qui, protégé par Rutilianus, sut échapper à tout ce que les défenseurs du bon sens public essayèrent pour l'arrêter. Il mourut dans sa gloire ; ses statues, vers 178, étaient l'objet d'un culte public, surtout à Parium, où son tombeau décorait la place publique[2]. Nicomédie mit Glycon sur ses monnaies[3]; Pergame aussi l'honora[4]. Des inscriptions latines, trouvées en Dacie et dans la Mœsie supérieure, attestent que Glycon eut au loin de nombreux dévots et qu'Alexandre lui fut associé comme dieu[5].

Cette théologie baroque eut même son développe-

1. Colonne Antonine, Bellori, pl. 13.
2. Athénag., *Leg.*, 26. On a eu tort d'élever des doutes sur l'identité de l'Alexandre dont parle Athénagore et d'Alexandre d'Abonotique. Tout au plus se pourrait-il que la statue de Parium ne fût pas tumulaire.
3. Cavedoni, *Bull. de l'Inst. arch.*, 1840, p. 107-109 ; L. Fivel, *Gazette archéol.*, sept. 1879, p. 184-187.
4. Panofka, *Asklepios und die Asklepiaden*, p. 48 ; Fivel, *l. c.* Cela résulte des noms de stratèges *Glycon* et *Glyconien*, plutôt que du type.
5. *Corp. inscr. lat.*, n°s 1021, 1022 (Alba Julia, en Transylvanie); *Ephemeris epigr. Corp. inscr. lat. suppl.*, t. II, fascic. IV, p. 331 (rive gauche du Vardar).

ment. On donna au serpent une femelle, la *dracena* [1] ; on associa Glycon à l'agathodémon Chnoubis et au mystique Iao [2]. Nicomédie conserve le serpent à tête humaine sur ses monnaies jusque vers 240 [3]. En 252, la religion de Glycon fleurit encore à Ionopolis [4]. Le nom substitué par l'imposteur à celui d'Abonotique [5] a été plus durable que mille changements mieux justifiés. Il subsiste de nos jours dans le nom d'apparence turque *Inéboli*.

Peregrinus, après son étrange suicide d'Olympie, obtint aussi à Parium des statues et un culte. Il rendit des oracles, et les malades furent guéris par son intercession [6].

Ainsi le progrès intellectuel ne répondait nullement au progrès social. L'attachement à la religion d'État n'entretenait que la superstition et empêchait l'établissement d'une bonne instruction publique.

---

1. *Ephemeris*, l. c. Quelques monnaies d'Ionopolis offrent deux serpents. Mionnet, suppl., t. IV, p. 550, n° 4. Voir *Gazette archéol.*, sept. 1879, p. 186.

2. Fr. Lenormant, *Catal. du baron Behr*, p. 228; *Gazette archéol.*, nov. 1878, p. 182, 183.

3. *Gazette archéologique*, art. cité.

4. Voir *l'Église chrétienne*, p. 430, note 2. On possède des monnaies d'Ionopolis, au type de Trebonianus Gallus, avec l'image de Glycon. (Bibl. Nat.)

5. On ne voit pas bien le sens qu'Alexandre y attachait.

6. Athénagore, *Leg.*, 26.

Mais ce n'était pas la faute de l'empereur. Il faisait bien ce qu'il pouvait. L'objet qu'il avait en vue, l'amélioration des hommes, demandait des siècles. Ces siècles, le christianisme les avait devant lui ; l'empire ne les avait pas.

La cause universelle, disait le sage empereur, est un torrent qui entraîne toute chose. Quels chétifs politiques que ces petits hommes qui prétendent régler les affaires sur les maximes de la philosophie! Ce sont des bambins dont on débarbouille le nez avec un mouchoir. Homme, que veux-tu? Fais ce que réclame présentement la nature. Va de l'avant, si tu peux, et ne t'inquiète pas de savoir si quelqu'un s'occupe de ce que tu fais. N'espère pas qu'il y ait jamais une république de Platon ; qu'il te suffise d'améliorer quelque peu les choses, et ne regarde pas ce résultat comme un succès de médiocre importance. Comment, en effet, changer les dispositions intérieures des hommes? Et, sans ce changement dans leurs pensées, qu'aurais-tu autre chose que des esclaves attelés au joug, des gens affectant une persuasion hypocrite. Va donc, et parle-moi d'Alexandre, de Philippe, de Démétrius de Phalère. S'ils n'ont joué qu'un rôle d'acteurs tragiques, personne ne m'a condamné à les imiter. L'œuvre de la philosophie est chose simple et modeste : ne m'entraîne donc point dans une morgue pleine de prétention [1].

1. *Pensées*, IX, 29.

CHAPITRE IV.

PERSÉCUTIONS CONTRE LES CHRÉTIENS.

La philosophie, qui avait si profondément conquis le cœur de Marc-Aurèle, était hostile au christianisme. Fronton, son précepteur, paraît avoir été plein de préjugés contre les chrétiens[1]; or on sait que Marc-Aurèle garda comme une religion ses souvenirs de jeunesse et l'impression de ses maîtres. En général, la classe des pédagogues grecs était opposée au culte nouveau. Fier de tenir ses droits du père de famille, le précepteur se regardait comme lésé par des catéchistes illettrés qui empiétaient clandestinement sur ses fonctions et mettaient ses élèves en garde contre lui. Ces pédants jouissaient, dans le monde des Antonins, d'une faveur et d'une importance peut-être exagérées. Souvent les dénonciations

---

1. Voir *l'Église chrétienne,* p 493 et suiv.

contre les chrétiens venaient de précepteurs consciencieux, qui se croyaient obligés de préserver les jeunes gens confiés à leurs soins d'une propagande indiscrète, opposée aux idées de leur famille[1]. Les littérateurs à la façon d'Ælius Aristide ne se montrent pas moins sévères. Juifs et chrétiens sont pour eux des impies qui nient les dieux, des ennemis de la société, des perturbateurs du repos des familles, des intrigants qui cherchent à se faufiler partout, à tirer tout à eux, des braillards taquins, présomptueux, malveillants[2]. Des hommes comme Galien[3], esprits pratiques plutôt que philosophes ou rhéteurs, montraient moins de partialité et louaient sans réserve la chasteté, l'austérité, les mœurs douces des sectaires inoffensifs que la calomnie avait réussi à transformer en odieux malfaiteurs[4].

L'empereur avait pour principe de maintenir les anciennes maximes romaines dans leur intégrité[5]. C'était plus qu'il n'en fallait pour que le nouveau règne fût peu favorable à l'Église. La tradition romaine est un dogme pour Marc-Aurèle; il s'excite à

---

1. Celse, voyez ci-après p. 363 et suiv.
2. Ælius Aristide, *Opp.*, II, p. 402 et suiv., édit. Dindorf.
3. Dans Aboulfaradj, *Dyn.*, p. 78 (authenticité douteuse).
4. Apulée, *Métam.*, IX, 14.
5. Dion Cass., LXXI, 34.

la vertu « comme homme, comme Romain[1] ». Les préjugés du stoïcien se doublèrent ainsi de ceux du patriote, et il fut écrit que le meilleur des hommes commettrait la plus lourde des fautes, par excès de sérieux, d'application et d'esprit conservateur. Ah! s'il avait eu quelque chose de l'étourderie d'Adrien, du rire de Lucien!

Marc-Aurèle connut certainement beaucoup de chrétiens. Il en avait parmi ses domestiques, près de lui[2]; il conçut pour eux peu d'estime. Le genre de surnaturel qui faisait le fond du christianisme lui était antipathique, et il avait contre les Juifs les sentiments de tous les Romains[3]. Il semble bien qu'aucune rédaction des textes évangéliques ne passa sous ses yeux; le nom de Jésus lui fut peut-être inconnu; ce qui le frappa comme stoïcien, ce fut le courage des

---

1. *Pensées*, II, 5.
2. En particulier, un certain Proxénès. De Rossi, *Inscr. christ. urbis Romœ*, I, p. 9. Carpophore sous Commode, *Philos.*, IX, 12; de Rossi, *Boll. di arch. crist.*, 4ᵉ année, p. 3-4. Il y eut toujours des chrétiens dans la domesticité impériale : Phil., IV, 22; Tertullien, *Ad Scap.*, 4; Spartien, *Carac.*, 1; Eusèbe, *H. E.*, VIII, 1, 3. Qu'est-ce que Benedicta (*Pensées*, I, 17)? Conf. *Corp. inscr. gr.*, III, p. 686-687; *Corp. inscr. lat.*, Macéd., n° 623. Sur Marcia et Commode, voir ci-après, p. 287-288. M. de Rossi attribue les cent soixante inscriptions de la première *area* de la catacombe de saint Calliste à la clientèle de Marc-Aurèle, de Commode et des Sévères. Voir *Actes* de saint Justin, 4.
3. Amm. Marc., XXII, 5.

martyrs. Mais un trait le choqua, ce fut leur air de triomphe, leur façon d'aller spontanément au-devant de la mort. Cette bravade contre la loi lui parut mauvaise ; comme chef d'État, il y vit un danger. Le stoïcisme, d'ailleurs, enseignait non pas à chercher la mort, mais à la supporter. Épictète n'avait-il pas présenté l'héroïsme des « Galiléens » comme l'effet d'un fanatisme endurci [1]? Ælius Aristide s'exprime à peu près de la même manière [2]. Ces morts voulues parurent à l'auguste moraliste des affectations aussi peu raisonnables que le suicide théâtral de Pérégrinus. On trouva cette note dans son carnet de pensées : « Disposition de l'âme toujours prête à se séparer du corps, soit pour s'éteindre, soit pour se disperser, soit pour persister. Quand je dis prête, j'entends que ce soit par l'effet d'un jugement propre, non par pure opposition [3], comme chez les chrétiens ; il faut que ce soit un acte réfléchi, grave, capable de persuader les autres, sans mélange de faste tragique [4]. » Il avait raison ; mais le vrai libéral doit tout refuser aux fanatiques, même le plaisir d'être martyrs.

1. Arrien, *Epict. Dissert.*, IV, vii, 6.
2. *Orat.*, xlvi, p. 402 et suiv.
3. Μὴ κατὰ ψιλὴν παράταξιν, ὡς οἱ χριστιανοί. *Pensées*, XI, 3. Comp. la lettre de Pline, *pervicaciam et inflexibilem obstinationem*. Voir aussi Galien, *De puls. diff.*, II, 4 ; III, 3.
4. Ἀτραγῴδως.

Marc-Aurèle ne changea rien aux règles établies contre les chrétiens[1]. Les persécutions étaient la conséquence des principes fondamentaux de l'empire en fait d'association. Marc-Aurèle, loin d'exagérer la législation antérieure, l'atténua de toutes ses forces, et une des gloires de son règne est l'extension qu'il donna aux droits des collèges[2]. Son rescrit prononçant la déportation contre les agitations superstitieuses[3] s'appliquait bien plus aux prophéties politiques ou aux escrocs qui exploitaient la crédulité publique[4] qu'à des cultes établis. Cependant il n'alla pas jusqu'à la racine; il n'abolit pas complètement les lois contre les *collegia illicita*[5], et il en résulta dans les provinces quelques applications infiniment regrettables. Le reproche qu'on peut lui faire est celui-là même qu'on pourrait adresser aux souverains de nos jours qui ne suppriment pas d'un trait de plume toutes les lois restrictives des libertés de réu-

---

1. Eusèbe, *Hist. eccl.*, V, 1; *Chron.*, 7ᵉ année de Marc-Aurèle.
2. Voir ci-dessus, p. 29.
3. Si quis aliquid fecerit quo leves hominum animi superstitione numinis terrerentur Divus Marcus hujusmodi homines in insulam relegari rescripsit. Dig., XLVIII, xix, 30. Cf. Paul, *Sent.*, V, tit. xxi.
4. Hænel, *Corpus legum,* p. 121; Capitolin, *Ant. Phil.*, 13. Paul (*Sent.*, V, xxi, 2) a exagéré la portée du rescrit de Marc-Aurèle. Voir ci-après, p. 496, note 3.
5. Voir *les Apôtres*, p. 355 et suiv.

nion, d'association, de la presse. A la distance où nous sommes, nous voyons bien que Marc-Aurèle, en étant plus complètement libéral, eût été plus sage. Peut-être le christianisme, laissé libre, eût-il développé d'une façon moins désastreuse le principe théocratique et absolu qui était en lui. Mais on ne saurait reprocher à un homme d'État de n'avoir pas provoqué une révolution radicale en prévision des événements qui doivent arriver plusieurs siècles après lui. Trajan, Adrien, Marc-Aurèle ne pouvaient connaître des principes d'histoire générale et d'économie politique qui n'ont été aperçus qu'au XIXe siècle et que nos dernières révolutions pouvaient seules révéler.

En tout cas, dans l'application, la mansuétude du bon empereur fut à l'abri de tout reproche[1]. On n'a pas, à cet égard, le droit d'être plus difficile que Tertullien, qui fut, dans son enfance et sa jeunesse, le témoin oculaire de cette lutte funeste. « Consultez vos annales, dit-il aux magistrats romains, vous y verrez que les princes qui ont sévi contre nous sont de ceux qu'on tient à honneur d'avoir eus pour persécuteurs. Au contraire, de tous les princes qui

---

1. On a exagéré le nombre des victimes. Ὀλίγα κατὰ καιροὺς καὶ σφόδρα εὐαρίθμητοι. Origène, *Contre Celse*, III, 8. Les Actes de sainte Félicité sont sans valeur historique. Voir Aubé, *Hist. des perséc.*, p. 439 et suiv.

ont connu les lois divines et humaines, nommez-en un seul qui ait persécuté les chrétiens. Nous pouvons même en citer un qui s'est déclaré leur protecteur, le sage Marc-Aurèle. S'il ne révoqua pas ouvertement les édits contre nos frères, il en détruisit l'effet par les peines sévères qu'il établit contre leurs accusateurs[1]. » Le torrent de l'admiration universelle entraîna les chrétiens eux-mêmes. « Grand et bon », tels sont les deux mots par lesquels un chrétien du IIIe siècle[2] résume le caractère de ce doux persécuteur.

Il faut se rappeler que l'empire romain était dix ou douze fois grand comme la France, et que la responsabilité de l'empereur, dans les jugements qui se rendaient en province, était très faible. Il faut se rappeler surtout que le christianisme ne réclamait pas simplement la liberté des cultes : tous les cultes qui toléraient les autres étaient fort à l'aise dans l'empire; ce qui fit au christianisme et d'abord au judaïsme une situation à part, c'est leur intolérance, leur esprit

---

1. *Apol.*, 5. Comp. Eus., V, v, 5 et suiv. — Les textes qui semblent supposer un édit spécial de persécution émané de Marc-Aurèle (Sulp. Sév., II, 46) sont sans autorité. Ce que dit Tertullien des peines contre les délateurs est confirmé par Eus., *H. E.*, V, XXI, 3, bien que Tertullien l'emprunte à un document apocryphe, à la lettre censée écrite par Marc-Aurèle après le miracle de la prétendue Légion Fulminante. Voir ci-après, p. 277.

2. *Carm. sib.*, XII, 187 et suiv. Ἀγαθός τε μέγας τε. Comp. Orose, VII, 15.

d'exclusion. La liberté de penser était absolue. De Néron à Constantin, pas un penseur, pas un savant ne fut troublé dans ses recherches.

La loi était persécutrice ; mais le peuple l'était encore plus. Les mauvais bruits répandus par les juifs et entretenus par des missionnaires haineux, sorte de commis-voyageurs de la calomnie[1], indisposaient les esprits les plus modérés et les plus sincères. Le peuple tenait à ses superstitions, s'irritait contre ceux qui les attaquaient par le sarcasme. Même des gens éclairés, tels que Celse et Apulée, croient que l'affaiblissement politique du temps vient des progrès de l'incrédulité à la religion nationale. La position des chrétiens était celle d'un missionnaire protestant établi dans une ville très catholique d'Espagne et prêchant contre les saints, la Vierge et les processions. Les plus tristes épisodes de la persécution sous Marc-Aurèle vinrent de la haine du peuple. A chaque famine, à chaque inondation, à chaque épidémie, le cri : « Les chrétiens au lion ! » retentissait comme une menace sombre[2]. Jamais règne n'avait

---

1. Justin, *Apol. I*, 49 ; *Dial.*, 10, 17, 108, 117. Cf. Tertullien, *Ad nat.*, I, 14 ; *Adv. Marc.*, III, 23 ; *Adv. Jud.*, 13, 14 ; *Synagogas Judæorum fontes persecutionum, Scorp.*, 10 ; Eusèbe, *In Is.*, XVIII, 1-2.

2. Tertullien, *Apol.*, 40. Cf. Origène, *In Matth. comm. ser.*, tract. XXVIII, Delarue, III, p. 857.

vu autant de calamités; on croyait les dieux irrités; on redoublait de dévotion; on fit appel aux actes expiatoires [1]. L'attitude des chrétiens, au milieu de tout cela, restait obstinément dédaigneuse, ou même provocatrice. Souvent ils accueillaient l'arrêt de condamnation par des insultes au juge [2]. Devant un temple, une idole, ils soufflaient comme pour repousser une chose impure, ou faisaient le signe de la croix [3]. Il n'était pas rare de voir un chrétien s'arrêter devant une statue de Jupiter ou d'Apollon, l'interpeller, la frapper du bâton, en disant : « Eh bien, voyez, votre Dieu ne se venge pas! » La tentation était forte alors d'arrêter le sacrilège, de le crucifier et de lui dire : « Et ton Dieu se venge-t-il [4]? » Les philosophes épicuriens n'étaient pas moins hostiles aux superstitions vulgaires, et cependant on ne les persécutait pas. Jamais on ne vit forcer un philosophe à sacrifier, à jurer par l'empereur, à porter des flambeaux [5]. Le

1. Capitolin, *Ant. Phil.*, 13; *Verus*, 8; Eutrope, VIII, 12. Cf. Tertullien, *Ad nat.*, I, 9.
2. « Quam pulchrum spectaculum Deo, quum christianus... triumphator et victor, ipsi qui adversum se sententiam dixit insultat! » Minucius Felix, 37. « Vos estis de judicibus ipsis judicaturi. » Tertullien, *Ad mart.*, 2.
3. Tertullien, *Ad ux.*, II, 5; *De idol.*, 11; Lettre de Julien, dans l'*Hermes*, 1875, p. 259.
4. Celse, dans Orig., VIII, 38.
5. Tertullien, *Apol.*, 46.

philosophe eût consenti à ces vaines formalités, et cela suffisait pour qu'on ne les lui demandât pas.

Tous les pasteurs, tous les hommes graves détournaient les fidèles d'aller s'offrir eux-mêmes au martyre[1] ; mais on ne pouvait commander à un fanatisme qui voyait dans la condamnation le plus beau des triomphes et dans les supplices une manière de volupté. En Asie, cette soif de la mort était contagieuse et produisait des phénomènes analogues à ceux qui, plus tard, se développèrent sur une grande échelle chez les circoncellions d'Afrique. Un jour le proconsul d'Asie, Arrius Antoninus[2], ayant ordonné de rigoureuses poursuites contre quelques chrétiens, vit tous les fidèles de la ville se présenter en masse à la barre de son tribunal, réclamant le sort de leurs coreligionnaires élus pour le martyre ; Arrius Antoninus, furieux, en fit conduire un petit nombre au supplice et renvoya les autres en leur disant : « Allez-vous-en, misérables ! Si vous tenez tant à mourir, vous avez des précipices, vous avez des cordes[3]. »

Quand, au sein d'un grand État, une faction a

---

1. Voir, par exemple, Clém. d'Alex., *Strom.*, IV, 9, 10. Notez surtout le passage très sensé d'Héracléon, cité par Clément. Mémoires de M. Le Blant, *Acad. des inscr.*, t. XXVIII, 1re et 2e partie.

2. Vers l'an 184 ou 185. Waddington, *Fastes*, p. 239-241.

3. Tertullien, *Ad Scap.*, 5. Comp. Actes de saint Cyprien, §§ 4 et 5 (*Acta sinc.*, p. 217).

des intérêts opposés à ceux de tout le reste, la haine est inévitable. Or les chrétiens désiraient, au fond, que tout allât pour le plus mal. Loin de faire cause commune avec les bons citoyens et de chercher à conjurer les dangers de la patrie, les chrétiens en triomphaient. Les montanistes, la Phrygie tout entière, allaient jusqu'à la folie dans leurs haineuses prophéties contre l'empire. On pouvait se croire revenu aux temps de la grande Apocalypse de 69. Ces sortes de prophéties étaient un crime prévu par la loi[1]; la société romaine sentait instinctivement qu'elle s'affaiblissait; elle n'entrevoyait que vaguement les causes de cet affaiblissement; elle s'en prenait, non sans quelque raison, au christianisme. Elle se figurait qu'un retour aux anciens dieux ramènerait la fortune. Ces dieux avaient fait la grandeur de Rome; on les supposait irrités des blasphèmes des chrétiens. Le procédé pour les apaiser n'était-il pas de tuer les chrétiens? Sans doute ceux-ci ne s'interdisaient pas les railleries sur l'inanité des sacrifices et des moyens qu'on employait pour conjurer les fléaux. Qu'on se figure, en Angleterre, un libertin éclatant de rire en public un jour de jeûne et de prière ordonné par la reine!

D'atroces calomnies, des railleries sanglantes,

1. Paul, *Sent.*, V, XXI, § 1; Hænel, *Corpus legum*, p. 121.

étaient la revanche que prenaient les païens. La plus abominable des calomnies était l'accusation d'adorer les prêtres par des baisers infâmes. L'attitude du pénitent dans la confession put donner lieu à cet ignoble bruit[1]. D'odieuses caricatures circulaient dans le public, s'étalaient sur les murs. L'absurde fable selon laquelle les juifs adoraient un âne[2] faisait croire qu'il en était de même des chrétiens[3]. Ici, c'était l'image d'un crucifié à tête d'âne recevant l'adoration d'un gamin ébouriffé[4]. Ailleurs, c'était un personnage à longue toge et à longues oreilles, le pied fendu en sabot, tenant un livre d'un air béat, avec cette épigraphe : DEVS CHRISTIANORVM ONOKOITHC[5]. Un juif apostat, devenu valet d'amphithéâtre, en fit une grande caricature peinte, à Car-

---

1. Minuc. Felix, 9. Comp. Tertul., *De pœnit.*, 9, *presbyteris advolvi;* Martigny, *Dict.*, p. 94 et 264.

2. Jos., *Contre Apion*, II, 7; Tacite, *Hist.*, V, 3; Plut., *quæst. conv.*, IV, v, 2. Comp. Mamachi, *Ant. christ.*, I, 91, 119 et suiv.

3. Minucius Felix, 9, 28; Tertullien, *Apol.*, 16; Celse, dans Orig., VI, 30. Sur la pierre de Stefanoni, voir *l'Antechrist*, p. 40, note. Cf. Matter, *Hist. du gnost.*, pl. VI, n° 106; expl., p. 79.

4. Le crucifix grotesque du Palatin répond si bien aux textes de Minucius Felix et de Celse, qu'on doit le croire des dernières années de Marc-Aurèle. Voir *l'Antechrist*, p. 40, note; F. Becker, *Das Spott-Crucifix*, 2ᵉ édit., 1876 ; de Rossi, *Bull.*, 1863, p. 72; 1867, p. 75.

5. Terre cuite du duc de Luynes (au cabinet des antiques de la Bibl. nat.), provenant de Syrie.

thage, dans les dernières années du IIe siècle[1]. Un mystérieux coq, ayant pour bec un phallus et pour inscription ϹΩΤΗΡ ΚΟϹΜΟΥ, peut aussi se rapporter aux croyances chrétiennes[2].

Le goût des catéchistes pour les femmes et les enfants donnait lieu à mille plaisanteries. Opposée à la sécheresse du paganisme, l'Église faisait l'effet d'un conventicule d'efféminés[3]. Le sentiment tendre de tous pour tous, entretenu par l'*aspasmos* et exalté par le martyre, créait une sorte d'atmosphère de mollesse, pleine d'attrait pour les âmes douces et de danger pour certaines autres. Ce mouvement de bonnes femmes affairées autour de l'église[4], l'habitude de s'appeler frères et sœurs, ce respect pour l'évêque, amenant à s'agenouiller fréquemment devant lui, avaient quelque chose de choquant et provoquaient des interprétations ineptes[5]. Le grave

---

1. Tertullien, *Apol.*, 16 : *Auribus asininis, altero pede ungulatus, librum gestans et togatus*; le même, *Ad nat.*, I, 4 : *In toga, cum libro, altero pede ungulato*. Cf. de Rossi, *Roma sott.*, III, p. 353-354.

2. Mamachi, *Ant. christ.*, I, 130.

3. Celse, dans Orig., III, 49, 50, 52, 55. Οἱ γὰρ ἐν γυναιξὶ καὶ μειρακίοις παρθένοις τε καὶ πρεσϐύταις φλυαρεῖν ἡμᾶς λέγοντες. Tatien, *Adv. Gr.*, 33 ; Clém. d'Alex., *Strom.*, IV, ch. 8 ; Theodoret, *Adv. Gr.*, v ; Lact., *Instit.*, VI, 4. Cf. *S. Paul*, p. 242.

4. Lucien, *Peregr.*, 12. Se rappeler *Hermas*.

5. Minucius Felix, 9. « Voyez comme ils s'aiment! » Tertullien, *Apol.*, 39.

précepteur qui se voyait enlever ses élèves par cet attrait féminin en concevait une haine profonde, et croyait servir l'État en cherchant à se venger[1]. Les enfants, en effet, se laissaient facilement entraîner aux paroles de mysticité tendre qui leur arrivaient furtivement, et parfois cela leur attirait, de la part de leurs parents, de sévères punitions[2].

Ainsi la persécution atteignait un degré de vivacité qu'elle n'avait pas encore eu jusque-là. La distinction du simple fait d'être chrétien et des crimes connexes au nom fut oubliée. Dire : « Je suis chrétien », ce fut signer un aveu dont la conséquence pouvait être un arrêt de mort[3]. La terreur devint l'état habituel de la vie chrétienne. Les dénonciations venaient de tous les côtés, surtout des esclaves, des juifs, des maris païens. La police, connaissant les lieux et les jours où se tenaient les réunions, faisait dans la salle des irruptions subites[4]. L'interrogatoire des inculpés fournissait aux fanatiques des occasions

---

1. Celse, ci-après, p. 362 et suiv.
2. Lampride, *Caracalla*, 1. L'Alexamène du Palatin peut avoir été un page de la maison impériale. De Rossi, *l. c.*
3. Justin, *Apol. II,* 2; Athénag., 2, 3; Tertullien, *Ad nationes*, I, 3; *Acta Pauli et Theclœ*, 14, 16.
4. « Tot hostes quot extranei... Quotidie obsidemur, quotidie prodimur. » Tertullien, *Apol.*, 7; *Ad nationes*, I, 7; *Ad uxor.*, II, 2, 4, 8; saint Cyprien, *De lapsis*, 5.

de briller. Les Actes de ces procédures furent recueillis par les fidèles comme des pièces triomphales[1]; on les étala; on les lut avidement; on en fit un genre de littérature. La comparution devant le juge devint une préoccupation, on s'y prépara avec coquetterie. La lecture de ces pièces, où toujours le beau rôle appartenait à l'accusé, exaltait les imaginations, provoquait des imitateurs, inspirait la haine de la société civile et d'un état de choses où les bons pouvaient être ainsi traités. Les horribles supplices du droit romain étaient appliqués dans toute leur rigueur. Le chrétien, comme *humilior* et même comme *infâme*[2], était puni par la croix, les bêtes, le feu, les verges[3]. La mort était quelquefois remplacée par la condamnation aux mines et la déportation en Sardaigne[4]. Cruel adoucissement! Dans l'application de la question, les juges portaient un complet arbitraire et parfois une véritable perversion d'idées[5].

C'est là un désolant spectacle. Nul n'en souffre plus que le véritable ami de la philosophie. Mais

1. Eus., *H. E.*, V, proœm. Cf. Minucius Felix, 37.
2. Tertullien, *De fuga,* 13.
3. Paul, *Sent.,* V, 21, 22, 23; Digeste, XLVIII, xix, 28, proœm.; 38, § 3, 5, 7.
4. Denys de Corinthe, dans Eus., IV, xxiii, 10; *Philosophumena,* IX, 12.
5. Minucius Felix, 28.

qu'y faire? On ne peut être à la fois deux choses contradictoires. Marc-Aurèle était Romain; quand il persécutait, il agissait en Romain. Dans soixante ans, un empereur aussi bon de cœur, mais moins éclairé d'esprit que Marc-Aurèle, Alexandre Sévère, remplira, sans égard pour aucune des maximes romaines, le programme du vrai libéralisme; il accordera la liberté complète de conscience, retirera les lois restrictives de la liberté d'association. Nous l'approuvons entièrement. Mais Alexandre Sévère fit cela parce qu'il était Syrien, étranger à la tradition impériale. Il échoua, du reste, complètement dans son entreprise. Tous les grands restaurateurs de la chose romaine qui paraîtront après lui, Dèce, Aurélien, Dioclétien, reviendront aux principes établis et suivis par Trajan, Antonin, Marc-Aurèle. L'entière paix de conscience de ces grands hommes ne doit donc pas nous surprendre; c'est évidemment avec une absolue sérénité de cœur que Marc, en particulier, dédia au Capitole un temple à sa déesse favorite, à la Bonté[1].

---

1. Dion Cassius, LXXI, 34.

CHAPITRE V.

GRANDEUR CROISSANTE DE L'ÉGLISE DE ROME.
ÉCRITS PSEUDO-CLÉMENTINS.

Rome devenait chaque jour de plus en plus la capitale du christianisme et remplaçait Jérusalem comme centre religieux de l'humanité. *Civitas sacrosancta*[1]*!* Cette ville extraordinaire était au point culminant de sa grandeur[2]; rien ne permettait de prévoir les événements qui, au IIIe siècle, devaient la faire déchoir et la réduire à n'être plus que la capitale de l'Occident. Le grec y était encore au moins aussi employé que le latin, et la grande scission de l'Orient ne se laissait pas deviner. Le grec était

---

1. Apulée, *Métam.*, XI, 26.
2. De Rossi, *Piante iconografiche e prospettiche di Roma* (Roma, 1879), p. 46 et suiv. Le mur de douane de Marc-Aurèle détermina la périphérie du mur d'Aurélien, c'est-à-dire de l'enceinte actuelle.

exclusivement la langue de l'Église ; la liturgie, la prédication, la propagande se faisaient en grec[1].

Anicet présidait l'Église avec une haute autorité. On le consultait de tout le monde chrétien. On admettait pleinement que l'Église de Rome avait été fondée par Pierre ; on croyait que cet apôtre avait transmis à son Église la primauté dont Jésus l'avait revêtu ; on appliquait à cette Église les fortes paroles par lesquelles on croyait que Jésus avait conféré à Céphas la place de pierre angulaire dans l'édifice qu'il voulait bâtir. Par un tour de force sans égal, l'Église de Rome avait réussi à rester en même temps l'Église de Paul. Pierre et Paul réconciliés, voilà le chef-d'œuvre qui fondait la suprématie ecclésiastique de Rome dans l'avenir. Une nouvelle dualité mythique remplaçait celle de Romulus et de Rémus. Nous avons déjà vu la question de la pâque, les luttes du gnosticisme, celles de Justin et de Tatien aboutir à Rome. Toutes les controverses qui déchireront la conscience chrétienne vont suivre la même voie ; jusqu'à Constantin, les dissidents viendront demander à l'Église de Rome un arbitrage, sinon une solution. Les docteurs célèbres regardent comme un

---

[1]. De Rossi, *Bollettino*, 1865, p. 52. Au milieu du IIIe siècle, les inscriptions sépulcrales des papes à la Catacombe de saint Calliste sont en grec.

devoir de visiter, pour leur instruction, cette Eglise, à laquelle, depuis la disparition de la première Eglise de Jérusalem, tous reconnaissent le prestige de l'ancienneté[1].

Parmi les Orientaux qui vinrent à Rome sous Anicet, il faut placer un juif converti nommé Joseph ou Hégésippe, originaire sans doute de Palestine[2]. Il avait reçu une éducation rabbinique soignée, savait l'hébreu et le syriaque, était très versé dans les traditions non écrites des juifs ; mais la critique lui manquait. Comme la plupart des juifs convertis, il se servait de l'Évangile des Hébreux. Le zèle pour la pureté de la foi le porta aux longs voyages et à une sorte d'apostolat. Il allait d'Église en Église, conférant avec les évêques, s'informant de leur foi, dressant la succession de pasteurs par laquelle ils se rattachaient aux apôtres. L'accord dogmatique qu'il trouva entre les évêques le remplit de joie. Toutes ces petites Églises des bords de la Méditerranée orientale se développaient avec une entente parfaite. A Corinthe, en particulier, Hégésippe fut singulièrement consolé par ses entretiens avec l'évêque Primus et avec les

---

1. Εὐξάμενος τὴν ἀρχαιοτάτην Ῥωμαίων ἐκκλησίαν ἰδεῖν. Paroles d'Origène, dans Eusèbe, VI, xiv, 10.

2. Eusèbe, *H. E.*, IV, 22 ; saint Jérôme, *De viris ill.*, 22 ; *Chron. d'Alex.*, p. 262, édit. Du Cange.

fidèles qu'il trouva dans la direction la plus orthodoxe. Il s'embarqua de là pour Rome, où il se mit en rapport avec Anicet et marqua soigneusement l'état de la tradition[1]. Anicet avait pour diacre Éleuthère, qui devait être plus tard évêque de Rome à son tour. Hégésippe, quoique judaïsant et même ébionite, se plaisait dans ces Églises de Paul, et il y avait d'autant plus de mérite que son esprit était subtil et porté à voir partout des hérésies[2]. « Dans chaque succession d'évêques, dans chaque ville, dit-il, les choses se passent ainsi que l'ordonnent la Loi, les Prophètes et le Seigneur[3]. » Il se fixa à Rome comme Justin et y resta plus de vingt ans, fort respecté

---

1. Διαδοχήν (Eus., IV, xxii, 3 ; cf. 2) ; c'est à tort qu'on substitue διατριβήν, qui ne va pas avec μέχρις.

2. Étienne Gobar, cité par Photius (cod. ccxxxii), semble prétendre que Hégésippe contredisait directement et arguait d'erreur le passage de saint Paul, I Cor., ii, 9. Si cela était vrai, on ne concevrait pas qu'Eusèbe et la tradition ecclésiastique n'eussent pas anathématisé Hégésippe. Or Eusèbe le place parmi les défenseurs de la vérité contre les hérétiques (IV, vii, 15 ;. viii, 1 ; cf. Sozom., I, 1). Si Paul était un hérétique aux yeux d'Hégésippe, comment expliquer la théorie de ce même Hégésippe sur l'Église vierge de toute hérésie jusqu'aux gnostiques ? Comment, d'ailleurs, dans ses voyages, est-il en une si parfaite communion avec des Églises dont plusieurs évidemment révéraient Paul ? Et à Rome, où Hégésippe vécut vingt ans en pleine harmonie avec l'Église, le culte de Paul n'était-il pas devenu inséparable de celui de Pierre ? Il faudrait avoir l'endroit visé par Gobar pour bien juger.

3. Eusèbe, *H. E.*, IV, 8, 11, 22.

de tous, malgré la surprise que son christianisme oriental et la bizarrerie de son esprit devaient exciter. Comme Papias, il faisait, au milieu des rapides transformations de l'Église, l'effet d'un « homme ancien », d'une sorte de survivant de l'âge apostolique[1].

Une cause matérielle contribuait beaucoup à la prééminence que toutes les Églises reconnaissaient à l'Église de Rome. Cette Église était extrêmement riche; ses biens, habilement administrés, servaient de fonds de secours et de propagande aux autres Églises. Les confesseurs condamnés aux mines recevaient d'elle un subside[2]. Le trésor commun du christianisme était en quelque sorte à Rome. La collecte du dimanche, pratique constante dans l'Église romaine, était déjà probablement établie. Un merveilleux esprit de direction animait cette petite communauté, où la Judée, la Grèce et le Latium semblaient avoir confondu, en vue d'un prodigieux avenir, leurs dons les plus divers. Pendant que le monothéisme juif fournissait la base inébranlable de la formation nouvelle, que la Grèce continuait par le gnosticisme

---

1. Ἀρχαῖός τε ἀνὴρ καὶ ἀποστολικός. Étienne Gobar, *l. c.* Cf. saint Jérôme, *l. c.*

2. Denys de Corinthe, dans Eus., IV, xxiii, 9-10; notez la réflexion d'Eusèbe. Comp. Denys d'Alexandrie, dans Eus., VII, v, 2; saint Basile, *Epist.*, 70 (220).

son œuvre de libre spéculation, Rome s'attachait, avec une suite qui étonne, à l'œuvre d'organisation et de gouvernement. Toutes les autorités, tous les artifices lui étaient bons pour cela. La politique ne recule pas devant la fraude ; or la politique avait déjà élu domicile dans les conseils les plus secrets de l'Église de Rome. Il se produisit, vers ce temps, une veine nouvelle de littérature apocryphe, par laquelle la piété romaine chercha une fois de plus à s'imposer au monde chrétien.

Le nom de Clément fut le garant fictif que choisirent les faussaires pour servir de couverture à leurs pieux desseins. La grande réputation qu'avait laissée le vieux pasteur romain, le droit qu'on lui reconnaissait de donner en quelque sorte son apostille aux livres qui méritaient de circuler, le recommandaient pour ce rôle[1]. Sur la base des *Cerygmata* et des *Periodi* de Pierre[2], un auteur inconnu, né païen et entré dans le christianisme par la porte esséno-ébionite, bâtit un roman dont Clément fut censé à la fois l'auteur et le héros. Ce précieux écrit, intitulé *les*

---

1. Linus, autre successeur de Pierre, ou du moins supposé tel, fut aussi pris pour garant d'actes apocryphes des apôtres. *Bibl. max. Patrum*, Lugd., II, p. 67 et suiv.

2. *Recognitiones*, I, 27-72; IV-VI. Notez surtout III, 75. Voir *l'Église chrétienne*, ch. XVII.

Reconnaissances[1], à cause des surprises du dénouement, nous est parvenu dans deux rédactions assez différentes l'une de l'autre, et dont probablement ni l'une ni l'autre n'est primitive[2]. Toutes deux paraissent provenir d'un écrit perdu[3], qui fit, vers le temps où nous sommes[4], sa première apparition.

L'auteur part de l'hypothèse que Clément fut le successeur immédiat de Pierre dans la présidence de l'Église de Rome et reçut du prince des apôtres l'ordination épiscopale. De même que les *Cerygmata* étaient dédiés à Jacques, de même le nouveau roman porte en tête une épître où Clément fait part à Jacques, « évêque des évêques et chef de la sainte Église des Hébreux à Jérusalem », de la mort violente de Pierre, et raconte comment cet apôtre, le

---

1. Ἀναγνωρισμοί.
2. L'une n'existe que dans la traduction latine de Rufin; ce sont les *Recognitiones* (Ἀναγνωρισμοί), divisées en dix livres. L'autre, conservée en grec, est divisée en vingt *entretiens* ou *homélies*. Les *Recognitiones* paraissent postérieures aux *Homélies*. L'auteur des *Recognitiones* avait sous les yeux le traité de Bardesane *De fato*. Voir Merx, *Bardesanes*, p. 88 et suiv; Hilgenfeld, *Bardesanes*, p. 133 et suiv. Voir ci-après, p. 439 et suiv.
3. Cet écrit perdu était probablement l'autre rédaction des *Recognitiones* dont parle Rufin (*Præf. ad Gaudent.*). Cf. Lipsius, *Die Quellen der rœm. Petrussage;* p. 13 et suiv.; Lagarde, *Recogn. syr.*, Leipzig, 1861.
4. Irénée (III, III, 3) paraît avoir connu le livre, peut-être sans l'admettre entièrement. Origène le possédait.

premier de tous, le vrai compagnon, le vrai ami de Jésus, constitué par Jésus base unique de l'Église, l'a établi, lui Clément, comme son successeur dans l'épiscopat de Rome, et lui a recommandé d'écrire en abrégé et d'adresser à Jacques le récit de leurs voyages et de leurs prédications en commun[1]. L'ouvrage ne parle pas du séjour de Pierre à Rome ni des circonstances de sa mort. Ces derniers récits formaient sans doute le fond d'un second ouvrage qui servait de suite à celui qui nous a été conservé[2].

L'esprit ébionite, hostile à Paul, qui faisait le fond des premiers *Cerygmata*[3], est ici fort effacé. Paul n'est pas nommé dans tout l'ouvrage. Ce n'est sûrement pas sans raison que l'auteur affecte de ne connaître en fait d'apôtres que les douze présidés par Pierre et Jacques, et qu'il attribue à Pierre seul l'honneur d'avoir répandu le christianisme dans le monde païen. En une foule d'endroits, les injures des judéo-chrétiens se laissent encore entrevoir; mais tout est dit à demi-mot; un disciple de Paul

---

1. Lettre de Clément à Jacques, en tête du roman. On joignit à cette lettre, comme introduction du roman, la lettre de Pierre à Jacques et la *Diamartyria* de Jacques, qui se trouvaient en tête des anciens *Cerygmata*.

2. Epist. Clem. ad Jac., 19.

3. Voir *l'Église chrétienne*, p. 324 et suiv.; E. Westerburg, *Der Ursprung der Sage das Seneca christ gewesen sei* (Berlin, 1881).

pouvait presque lire le livre sans être choqué. Peu à peu, en effet, cette histoire calomnieuse des luttes apostoliques, inventée par une école haineuse, mais qui avait des parties faites pour plaire à tous les chrétiens, perdit sa couleur sectaire, devint presque catholique et se fit adopter de la plupart des fidèles. Les allusions contre saint Paul étaient devenues assez obscures. Simon le Magicien restait chargé de tout l'odieux du récit; on oubliait les allusions que son nom avait servi à voiler; on ne voyait plus en lui qu'un dédoublement de Néron dans le rôle infernal de l'Antechrist[1].

L'ouvrage est composé selon toutes les règles du roman antique. Rien n'y manque : voyages, épisodes d'amour, naufrages, jumeaux qui se ressemblent, gens pris par les pirates, reconnaissances de personnes qu'une longue série d'aventures avaient séparées. Clément, par suite d'une confusion qui se produisit dès une époque fort ancienne[2], est considéré comme appartenant à la famille impériale[3]. Mattidie, sa mère, est une dame romaine parfaitement chaste, mariée au noble Faustus. Poursuivie d'un amour cri-

---

1. *Homél.*, II, 17.
2. Voir *les Évangiles*, p. 344 et suiv.
3. *Homél.*, XII, 8 et suiv. Les noms de Mattidie et de Faustine sont empruntés à la famille d'Adrien.

minel par son beau-frère, voulant à la fois sauver son honneur et la réputation de sa famille, elle quitte Rome, avec la permission de son mari, et part pour Athènes afin d'y faire élever ses fils, Faustin et Faustinien. Au bout de quatre ans, ne recevant pas de leurs nouvelles, Faustus s'embarque avec son troisième fils, Clément, pour aller à la recherche de sa femme et de ses deux fils. A travers mille aventures, le père, la mère, les trois fils se retrouvent. Ils n'étaient pas d'abord chrétiens, mais tous méritaient de l'être, tous le deviennent. Païens, ils avaient eu des mœurs honnêtes; or la chasteté a ce privilège que Dieu se doit à lui-même de sauver ceux qui la pratiquent par instinct naturel. « Si ce n'était une règle absolue qu'on ne peut être sauvé sans le baptême, les païens chastes seraient sauvés. » Les infidèles qui se convertissent sont ceux qui l'ont mérité par leurs mœurs réglées[1]. Clément, en effet, rencontre les apôtres Pierre et Barnabé, se fait leur compagnon, nous raconte leurs prédications, leurs luttes contre Simon, et devient pour tous les membres de sa famille l'occasion d'une conversion à laquelle ils étaient si bien préparés.

Ce cadre romanesque n'est qu'un prétexte pour faire l'apologie de la religion chrétienne, et montrer

1. *Homél.*, XIII, 13, 21.

combien elle est supérieure aux opinions philosophiques et théurgiques du temps. Saint Pierre n'est plus l'apôtre galiléen que nous connaissons par les *Actes* et les lettres de Paul ; c'est un polémiste habile, un philosophe, un maître homme, qui met toutes les rouerīes du métier de sophiste au service de la vérité. La vie ascétique qu'il mène, sa rigoureuse xérophagie [1] rappellent les esséniens. Sa femme voyage avec lui comme une diaconesse [2]. Les idées que l'on se faisait de l'état social au milieu duquel vécurent Jésus et ses apôtres étaient déjà tout à fait erronées [3]. Les données les plus simples de la chronologie apostolique étaient méconnues.

Il faut dire, à la louange de l'auteur, que, si sa confiance dans la crédulité du public est bien naïve, il a du moins une foi dans la discussion qui fait honneur à sa tolérance. Il admet très bien qu'on peut se tromper innocemment. Parmi les personnages du roman, Simon le Magicien seul est tout à fait sacrifié. Ses disciples Apion [4] et Anubion représentent, le premier, l'effort pour tirer de la mythologie quelque chose de religieux ; le second, la sincérité

---

1. *Homél.*, xii, 6, 7.
2. *Ibid.*, xiii, 11.
3. *Ibid.*, i, 8, 9.
4. Il s'agit d'Apion Plistonice, le célèbre ennemi des juifs. *Homél.*, iv, 7 ; v, 2, 27.

égarée, qui sera un jour récompensée par la connaissance de la vérité. Simon et Pierre disputent de métaphysique ; Clément et Apion disputent de morale. Une touchante nuance de sympathie et de pitié pour les errants répand le charme sur ces pages, qu'on sent écrites par quelqu'un qui a traversé les angoisses du scepticisme et sait mieux que personne ce qu'on peut souffrir et acquérir de mérites en cherchant la vérité. Clément, comme Justin de Néapolis, a essayé de toutes les philosophies ; les hauts problèmes de l'immortalité de l'âme, des récompenses et des peines futures, de la Providence, des rapports de l'homme avec Dieu l'obsèdent ; aucune école ne l'a satisfait ; il va, en désespoir de cause, se jeter dans les plus grossières superstitions, quand la voix du Christ arrive à lui. Il trouve, dans la doctrine qu'on lui donne pour celle du Christ, la réponse à tous ses doutes ; il est chrétien.

Le système de réfutation du paganisme qui fera la base de l'argumentation de tous les Pères se trouve déjà complet dans pseudo-Clément. Le sens primitif de la mythologie était perdu chez tout le monde ; les vieux mythes physiques, devenus des historiettes messéantes, n'offraient plus aucun aliment pour les âmes. Il était facile de montrer que les dieux de l'Olympe ont donné de très mauvais

exemples et qu'en les imitant on serait un scélérat[1].
Apion cherche vainement à s'échapper par les explications symboliques. Clément établit sans peine l'absolue impuissance du polythéisme à produire une morale sérieuse[2]. Clément a d'invincibles besoins de cœur : honnête, pieux, candide, il veut une religion qui satisfasse sa vive sensibilité. Un moment les deux adversaires se rappellent des souvenirs de jeunesse, dont ils se font maintenant des armes de combat. Apion avait été autrefois l'hôte du père de Clément. Voyant un jour ce dernier triste et malade des tourments qu'il se donnait pour chercher le vrai, Apion, qui avait des prétentions médicales, lui demanda ce qu'il avait : « Le mal des jeunes !... j'ai mal à l'âme », lui répondit Clément. Apion crut qu'il s'agissait d'amour, lui fit les ouvertures les plus inconvenantes et composa pour lui une pièce de littérature érotique, que Clément fait intervenir dans le débat avec plus de malice que d'à propos[3].

La philosophie du livre est le déisme considéré comme un fruit de la révélation, non de la raison. L'auteur parle de Dieu, de sa nature, de ses attri-

---

1. Les païens eux-mêmes le sentaient bien. Philostrate, *Vies des sophistes*, II, 1, 15.
2. *Homélies*, iv et v.
3. *Ibid.*, v, 2 et suiv.

buts, de sa providence, du mal considéré comme épreuve et comme source de mérite pour l'homme[1], à la façon de Cicéron ou d'Épictète. Esprit lucide et droit, opposé aux aberrations montanistes[2] et au quasi-polythéisme des gnostiques, l'auteur du roman pseudo-clémentin est un strict monothéiste, ou, comme on disait alors, un monarchien[3]. Dieu est l'être dont l'essence ne convient qu'à lui seul[4]. Le Fils lui est par nature inférieur. Ces idées, fort analogues à celles de pseudo-Hermas[5], furent longtemps la base de la théologie romaine[6]. Loin que ce fussent là des pensées révolutionnaires, c'étaient à Rome les théories conservatrices. C'était au fond la théologie des nazaréens et des ébionites, ou plutôt de Philon et des esséniens, développée dans le sens du gnosticisme. Le monde est le théâtre de la lutte du bien et du mal. Le bien gagne toujours un peu sur le mal et finira par l'emporter. Les triomphes partiels du bien s'opèrent au moyen de l'apparition de pro-

1. *Homél.*, II, III, XVI.
2. *Ibid.*, III, 12-14, 22, 26-27; XVII, 18.
3. *Ibid.*, XI, 14. Comp. Tertullien, *Adv. Prax.*, 3.
4. *Hom.*, XVI, 15-17.
5. *Pastor*, simil. v. Comme l'auteur du *Pasteur*, l'auteur du roman pseudo-clémentin ne nomme jamais Jésus par son nom; il l'appelle toujours « le prophète » ou « le vrai prophète ». Lettre à Jacques, 11.
6. Eusèbe, *H. E.*, V, 28.

phètes successifs, Adam, Abel, Hénoch, Noé, Abraham, Moïse ; ou plutôt un seul prophète, Adam immortel et impeccable, l'homme-type par excellence, la parfaite image de Dieu, le Christ, toujours vivant, toujours changeant de forme et de nom, parcourt sans cesse le monde et remplit l'histoire, prêchant éternellement la même loi au nom du même Esprit Saint[1].

La vraie loi de Moïse avait presque réalisé l'idéal de la religion absolue. Mais Moïse n'écrivit rien[2], et ses institutions furent altérées par ses successeurs[3]. Les sacrifices furent une victoire du paganisme sur la loi pure[4]. Une foule d'erreurs se sont glissées dans l'Ancien Testament[5]. David, avec sa harpe et

---

1. *Homél.*, II, 15-17 ; III, 20-26. Comp. Epiph., LIII, 1 ; *Évang. des Hébr.*, p. 15, ligne 22-23, Hilg. Mahomet se rattachait par ici à l'esséno-ébionisme : il soutenait qu'il était à son tour « le vrai prophète », révélateur de l'unique et primitif *kitâb*. Sprenger, *Leben Mohammad*, I, p. 23 et suiv. ; G. Rœsch, dans *Theol. Stud. und Krit.*, 1876, p. 417 et suiv.

2. Pour retirer à Moïse la rédaction du *Pentateuque*, l'auteur fait valoir les mêmes raisons que la critique moderne : récit de la mort de Moïse, découverte de Helcias, rôle d'Esdras.

3. *Homél.*, II, 38 ; III, 8 ; III, 42, 43-58.

4. Idée essénienne. *Homél.*, III, 26 ; *Recognit.*, III, 24, 26 ; cf. *Évangile ébionite*, dans Épiph., XXX, 16.

5. *Homél.*, II, 38, 39, 43, 44, 65 ; III, 10. Comparez les assertions analogues des ébionites (dans Épiphane), de Ptolémée, d'Apelle. Méthodius, *Conviv. dec. virg.*, or. 8.

ses guerres sanglantes, est un prophète déjà bien inférieur. Les autres prophètes furent moins encore de parfaits Adam-Christ[1]. La philosophie grecque, de son côté, est un tissu de chimères, une vraie logomachie[2]. L'esprit prophétique, qui n'est autre chose que l'Esprit Saint manifesté, l'homme primitif, Adam tel que Dieu l'avait fait, est apparu alors en un dernier Christ, en Jésus, qui est Moïse lui-même; si bien qu'entre l'un et l'autre il n'y a point de lutte ni de rivalité. Croire en l'un, c'est croire en l'autre, c'est croire en Dieu. Le chrétien, pour être chrétien, ne cesse pas d'être juif (Clément se donne toujours ce dernier nom; lui et toute sa famille « se font juifs »[3]). Le juif qui connaît Moïse et ne connaît pas Jésus ne sera pas condamné s'il pratique bien ce qu'il connaît et ne hait pas ce qu'il ignore. Le chrétien païen d'origine, qui connaît Jésus et ne connaît pas Moïse, ne sera pas condamné s'il observe la loi de Jésus et ne hait pas la loi qui ne lui est point parvenue[4]. La révélation, du reste, n'est que le rayon par lequel des

---

1. Epiph., xxx, 15. Idée commune aux esséniens et à Philon. De là toute cette littérature pseudépigraphe, se rattachant aux patriarches et prétendant renfermer le texte de la révélation primitive, qui naît vers l'époque de notre ère. Voir ci-après, p. 135.
2. *Homél.*, II, 6-8; IV, V, VI.
3. *Ibid.*, V, 2; XX, 22 (ἰουδαίους γεγενημένους).
4. *Ibid.*, VIII, 5-7.

vérités cachées dans le cœur de tous les hommes deviennent visibles pour chacun d'eux; connaître ainsi, ce n'est pas apprendre, c'est comprendre[1].

La relation de Jésus avec Dieu a été celle de tous les autres prophètes. Il a été l'instrument de l'Esprit, voilà tout. L'Adam idéal, qui se trouve plus ou moins obscurci chez tout homme venant en ce monde, est, chez les prophètes, colonnes du monde, à l'état de claire connaissance et de pleine possession. « Notre-Seigneur, dit Pierre, n'a jamais dit qu'il y eût d'autre Dieu que celui qui a créé toute chose, et ne s'est pas proclamé Dieu ; il a seulement, avec raison, déclaré heureux celui qui l'avait proclamé fils du Dieu qui a tout créé. — Mais ne te semble-t-il pas, dit Simon, que celui qui provient de Dieu[2] est Dieu? — Comment cela pourrait-il être? répond Pierre. L'essence du Père est de n'avoir pas été engendré ; l'essence du Fils est d'avoir été engendré ; or ce qui a été engendré ne saurait se comparer à ce qui n'a pas été engendré ou à ce qui s'engendre soi-même. Celui qui n'est pas en tout identique à un autre être ne peut avoir les mêmes appellations communes avec lui[3]. » Jamais l'auteur ne parle de la

---

1. *Homél.*, XVIII, 6.
2. Τὸν ἀπὸ θεοῦ.
3. *Homél.*, XVI, 15-17. Les sabiens ou mendaïtes, qui sont

mort de Jésus et ne laisse croire qu'il attache une importance théologique à cette mort.

Jésus est donc un prophète, le dernier des prophètes, celui que Moïse avait annoncé comme devant venir après lui[1]. Sa religion n'est qu'une épuration de celle de Moïse, un choix entre des traditions dont les unes étaient bonnes, les autres mauvaises[2]. Sa religion est parfaite; elle convient aux Juifs et aux Hellènes, aux hommes instruits et aux barbares; elle satisfait également le cœur et l'esprit. Elle se continue dans le temps par les douze apôtres, dont le chef est Pierre, et par ceux qui tiennent d'eux leurs pouvoirs. L'appel à des songes, à des visions privées, est le fait de présomptueux[3].

Mélange bizarre d'ébionisme et de libéralisme philosophique, de catholicisme étroit et d'hérésie, d'amour exalté pour Jésus[4] et de crainte qu'on

---

des elkasaïtes, font de nos jours exactement le même raisonnement contre la doctrine catholique. Siouffi, *Relig. des Soubbas*, p. 34-35. Se rappeler Mahomet, qui eut tant de rapports avec l'elkasaïsme. Voir *les Évangiles*, ch. xx.

1. *Homél.*, III, 45-57.
2. Tel est le sens du précepte si souvent attribué par cette secte à Jésus : « Soyez des changeurs exacts », ne gardant que ce qui est de bon aloi *Hom.*, II, 51; III, 48, 50, 51; XVIII, 20; *Recogn.*, II, 51; Clém. Alex., *Strom.*, I, 28; *Pistis Sophia*, p. 220.
3. *Homél.*, XVII et XVIII, surtout XVII, 18-19; XVIII, 6.
4. *Ibid.*, III, 54.

n'exagère son rôle, d'instruction profane et de théosophie chimérique, de rationalisme et de foi, le livre ne pouvait satisfaire longtemps l'orthodoxie; mais il convenait à une époque de syncrétisme, où les points divers de la foi chrétienne étaient mal définis. Il a fallu les prodiges de sagacité de la critique moderne pour reconnaître encore la satire de Paul derrière le masque de Simon le Magicien[1]. Le livre est, en somme, un livre de conciliation. C'est l'œuvre d'un ébionite modéré, d'un esprit éclectique, opposé en même temps aux jugements injustes des gnostiques et de Marcion contre le judaïsme et à la prophétie féminine des disciples de Montan[2]. La circoncision n'est pas commandée; cependant le circoncis a un rang supérieur à celui de l'incirconcis. Jésus vaut Moïse; Moïse vaut Jésus[3]. La perfection est de voir que tous deux ne font qu'un, que la nouvelle loi est l'antique, et l'antique la nouvelle. Ceux qui ont l'une peuvent se passer de l'autre. Que chacun reste chez soi et ne haïsse pas les autres.

C'était, on le voit, l'absolue négation de la doc-

1. Dans les *Recognitiones,* ce sont plutôt les erreurs du gnosticisme qui se laissent apercevoir derrière le nom abhorré de Simon.
2. *Hom.,* xi, 35 ; xvii, 13 et suiv.
3. Cette doctrine est adoucie dans les *Recognitiones.*

trine de Paul[1]. Jésus est pour notre théologien un restaurateur plutôt qu'un novateur. Dans l'œuvre même de cette restauration, Jésus n'est que l'interprète d'une tradition de sages, qui, au milieu de la corruption générale, n'avaient jamais perdu le vrai sens de la loi de Moïse, laquelle n'est elle-même que la religion d'Adam, la religion primitive de l'humanité. Selon pseudo-Clément, Jésus, c'est Adam[2] lui-même. Selon saint Paul, Jésus est un second Adam, en tout l'opposé du premier. L'idée de la chute d'Adam, base de la théologie de saint Paul, est ici presque effacée. Par un côté surtout, l'auteur ébionite se montre plus sensé que Paul. Paul ne cessa toujours de protester que l'homme ne doit à aucun mérite personnel son élection et sa vocation chrétienne. L'ébionite, plus libéral, croit que le païen honnête prépare sa conversion par ses vertus. Il est loin de penser que tous les actes des infidèles sont des péchés. Les mérites de Jésus n'ont pas, à ses yeux, le rôle transcendant qu'ils ont dans le système de Paul. Jésus met l'homme en rapport avec Dieu; mais il ne se substitue pas à Dieu.

Le roman pseudo-clémentin se sépare nettement

1. II Cor., v, 17.
2. *Recogn.*, I, 45; *Hom.*, III, 17-21. Épiphane attribue la même doctrine aux ébionites. *Hær.*, XXX, 3.

des écrits vraiment authentiques de la première inspiration chrétienne par sa prolixité, sa rhétorique, sa philosophie abstraite, empruntée, pour la plus grande partie, aux écoles grecques. Ce n'est plus ici un livre sémitique, sans nuance, comme les écrits purement judéo-chrétiens. Grand admirateur du judaïsme, l'auteur a l'esprit gréco-italien, l'esprit politique, préoccupé avant tout de la nécessité sociale, de la morale du peuple. Sa culture est tout hellénique ; de l'hellénisme, il ne repousse qu'une seule chose, la religion. L'auteur se montre à tous égards bien supérieur à saint Justin. Une fraction considérable de l'Église adopta l'ouvrage et lui fit une place à côté des livres les plus révérés de l'âge apostolique, sur les confins du Nouveau Testament[1]. Les grosses erreurs qu'on y lisait sur la divinité de Jésus-Christ et sur les livres saints s'opposèrent à ce qu'il y restât; mais on continua de le lire ; les orthodoxes répondaient à tout en disant que Clément avait écrit son livre sans tache, qu'ensuite des hérétiques l'avaient altéré[2]. On en fit des extraits, où les passages malsonnants étaient omis, et auxquels on attri-

1. Credner, *Gesch. des neutest. Kanon*, p. 238, 241, 244, 249, 250; Tillemont, *Mém.*, II, p. 163.
2. Synopse dite d'Athanase, dans Credner, *op. cit.*, p. 250; Dressel, *Clementinorum epitomæ duæ*, Leipzig, 1873 ; Reuss, *Gesch. der heiligen Schriften*, p. 252.

bua volontiers la théopneustie[1]. Nous avons vu et nous verrons bien d'autres exemples de romans inventés par les hérétiques forçant ainsi les portes de l'Église orthodoxe et se faisant accepter d'elle, parce qu'ils étaient édifiants et susceptibles de fournir un aliment à la piété.

Le fait est que cette littérature ébionite, malgré sa naïveté un peu enfantine, avait au plus haut degré l'onction chrétienne. Le ton était celui d'une prédication émue ; le caractère en était essentiellement ecclésiastique et pastoral. Pseudo-Clément est un partisan de la hiérarchie au moins aussi exalté que pseudo-Ignace. La communauté se résume en son chef ; le clergé est l'indispensable médiateur entre Dieu et le troupeau[2]. Il faut deviner l'évêque à demi-mot, ne pas attendre qu'il vous dise : « Tel homme est mon ennemi », pour fuir cet homme. Être ami de quelqu'un que l'évêque n'aime pas, parler à quelqu'un qu'il évite, c'est se mettre hors de l'Église, se placer au rang de ses pires ennemis. La charge de l'évêque est si difficile ! Chacun doit travailler à la lui faciliter ; les diacres sont les yeux de l'évêque, ils

---

1. Épiphane, *Hær.*, xxx, 15.
2. Lettre de Clément à Jacques, 2, 16, 17, 18. Les *Constitutions apostoliques* ne font sur ce point que développer la doctrine des *Homélies*.

doivent tout surveiller, tout savoir pour lui[1]. Une sorte d'espionnage est recommandé ; ce qu'on peut appeler l'esprit clérical n'a jamais été exprimé en traits plus forts.

Les abstinences et les pratiques esséniennes étaient placées très haut[2]. La pureté des mœurs était la principale préoccupation de ces bons sectaires. L'adultère, à leurs yeux, est pire que l'homicide. « La femme chaste est la plus belle chose du monde, le plus parfait souvenir de la création primitive de Dieu. La femme pieuse, qui ne trouve son plaisir qu'avec les saints, est l'ornement, le parfum et l'exemple de l'Église; elle aide les chastes à être chastes ; elle charme Dieu lui-même. Dieu l'aime, la désire, se la garde; elle est son enfant, la fiancée du Fils de Dieu, vêtue qu'elle est de lumière sainte[3]. »

Ces mystiques images ne font pas de l'auteur un partisan de la virginité. Il est trop juif pour cela. Il veut que les prêtres marient les jeunes gens de

---

1. Lettre à Jacques, 12, 17, 18.
2. *Hom.*, IV, 6; VI, 26; IX, 23; X, 26; XI, 34; XII, 6; XIV, 1; XV, 17; *Recogn.*, IV, 3; V, 36; Epiph., *Hær.*, XXX, 15. Voir, comme atténuation, *Recogn.*, I, 12; III, 38; VII, 24, et, ci-après, ce qui concerne le mariage.
3. *Homél.*, XIII, 15, 16; lettre à Jacques, 6, 7. Comp. *Constit. apost.*, I, 8, 10.

bonne heure, fassent marier même les vieillards[1].
La femme chrétienne aime son mari, le couvre de
caresses, le flatte, le sert, cherche à lui plaire, lui
obéit en tout ce qui n'est pas une désobéissance à
Dieu. Être aimé d'un autre que son mari est pour
elle une vive peine. Oh! combien fou est le mari qui
cherche à séparer sa femme de la crainte de Dieu!
La grande source de la chasteté, c'est l'Église. C'est
là que la femme apprend ses devoirs et entend parler
de ce jugement de Dieu qui punit un moment de
plaisir d'un supplice éternel. Le mari devrait forcer
sa femme d'aller à de tels sermons, s'il n'y réussissait par les caresses.

Mais ce qu'il y a de mieux, ajoute l'auteur s'adressant
au mari, c'est que tu y viennes toi-même, la conduisant
par la main, pour que, toi aussi, tu sois chaste et puisses
connaître le bonheur du mariage respectable. Devenir
père, aimer tes enfants, être aimé d'eux, tout cela est à
ta disposition, si tu le désires. Celui qui veut avoir une
femme chaste vit chastement, lui rend le devoir conjugal, mange avec elle, vit avec elle, vient avec elle au
prêche sanctifiant, ne l'attriste pas, ne la querelle pas sans
raison, cherche à lui plaire, lui procure tous les agréments
qu'il peut, et supplée à ceux qu'il ne peut lui donner par
ses caresses. Ces caresses, du reste, la femme chaste ne les
attend pas pour remplir ses devoirs. Elle tient son mari
pour son maître. Est-il pauvre, elle supporte sa pauvreté;

---

1. Lettre à Jacques, 7. Cf. Epiph., xxx, 15.

elle a faim avec lui, s'il a faim ; émigre-t-il, elle émigre ; elle le console quand il est triste ; quand même elle aurait une dot supérieure à l'avoir de son mari, elle prend l'attitude subalterne de quelqu'un qui n'a rien. Le mari, de son côté, s'il a une femme pauvre, doit considérer sa sagesse comme une ample dot. La femme sage est sobre sur le boire et le manger ;... elle ne reste jamais seule avec des jeunes gens, elle se défie même des vieillards, elle évite les rires désordonnés,... elle se plaît aux discours graves, elle fuit ceux qui n'ont pas trait à la bienséance [1].

La bonne Mattidie, mère de Clément, est un exemple de la mise en pratique de ces pieuses maximes. Païenne, elle sacrifie tout à la chasteté ; la chasteté la préserve des plus grands périls et lui vaut la connaissance de la vraie religion [2].

La prédication chrétienne se développait, se mêlait au culte [3]. Le sermon était la partie essentielle de la réunion sacrée. L'Église devenait la mère de toute édification et de toute consolation. Les règles sur la discipline ecclésiastique se multipliaient déjà. Pour leur donner de l'autorité, on les rapportait aux apôtres, et, comme Clément était censé le meilleur garant quand il s'agissait de traditions apostoliques, puis-

---

1. *Homélies*, XIII, 13-21. Cf. *Constit. apost.*, VI, 29.
2. *Homél.*, XIII, 20.
3. Voir les homélies XIII et XIV, et la lettre à Jacques, 12, 16.

qu'il avait été dans des relations intimes avec Pierre et Barnabé, ce fut encore sous le nom de ce vénéré pasteur que l'on vit éclore toute une littérature apocryphe de Constitutions censées établies par le collège des Douze[1]. Le noyau de cette compilation apocryphe, première base d'un recueil de canons ecclésiastiques, s'est conservé à peu près sans mélange chez les Syriens[2]. Chez les Grecs, le recueil, grossi avec le temps, s'altéra sensiblement et devint presque méconnaissable[3]. On le cita comme faisant partie des Écritures sacrées, quoique toujours certaines réserves en aient rendu douteuse la canonicité[4]. De bonne heure, on s'accorda la liberté de donner à ce recueil de dires prétendus apostoliques

---

1. Διαταγαί, διδαχαί, διδασκαλίαι.

2. P. de Lagarde, *Didascalia apost.* (Lipsiæ, 1854); *Reliquiæ juris eccles. antiquissimi* (Lipsiæ, 1856); Bunsen, *Analecta antenicæna*, t. II.

3. *Constitutions apostoliques*, en huit livres. Les livres VII et VIII ont été ajoutés postérieurement. Les six premiers livres eux-mêmes sont gravement interpolés. Les versions orientales diffèrent beaucoup du grec.

4. Eusèbe, *H. E.*, III, xxv, 3; *De aleatoribus*, ad calcem Cypr., édit. Rigault, p. 349; Athanase, *Epist. fest.*, 39; Épiphane, *Hær.*, LXX, 7, 10, etc.; *Canones apost.*, 86; Stichométrie de Nicéphore, Synopse dite d'Athanase, Anastase le Sinaïte, etc. [Credner, *Gesch.*, p. 234, 235, 236, 241, 244, 247, 250, 252, 256]. Concil. Trullanum, canon 2; Photius, cod. CXII, CXIII; Nicéphore Calliste [Credner, p. 256]; Tillemont, *Mém.*, II, p. 164 et suiv.

la forme qu'on jugea la plus propre à frapper les fidèles et à leur imposer[1] ; toujours le nom de Clément fut inscrit en tête de ces rédactions diverses[2], qui offrent, du reste, avec le roman des *Reconnaissances* les traits de la plus étroite parenté[3]. Toute la littérature pseudo-clémentine du IIe siècle présente ainsi le caractère d'une parfaite unité.

Ce qui la caractérise au plus haut degré, c'est l'esprit d'organisation pratique. Déjà, dans l'épître supposée de Clément à Jacques, qui sert de préface

---

1. Tel fut le recueil de préceptes apostoliques qui a été publié par Bickell, Lagarde, Pitra, Hilgenfeld (*Nov. Test. extra can. rec.*, IV, p. 93 et suiv.), qui est déjà cité par Clément d'Alexandrie comme γραφή (Lagarde, *Reliquiæ*, p. xix-xx, 76; Hilgenf., p. 95, 98, 105), et qui paraît être l'ouvrage mentionné par Rufin (*Expos. in symb. apost.*, c. 38) et saint Jérôme (*De viris ill.*, 1) sous le titre de *Duæ viæ vel Judicium Petri* (cf. *Const. apost.*, init.). Voir cependant Gebh. et Harn., *Patr. apost. op.*, I, II, deuxième édit., p. xxviii-xxxi. La publication de la Διδαχὴ τῶν δώδεκα ἀποστόλων du manuscrit du Fanar (Philothée Bryenne, p. ή) est encore attendue. Comp. Hilg., p. 79 et suiv. Voir Eusèbe, *H. E.*, II, xxv, 4.

2. Cotelier, *Patres apostolici*; Tillemont, *Mém.*, II, p. 162 et suiv.; Lagarde, *Reliquiæ*, p. 35, 74, 80, etc.; Credner, *Gesch. des neutest. Kanon*, p. 241.

3. Anastase le Sinaïte, Nicéphore, dans Credner, p. 231, 244. Comparez la discipline ecclésiastique contenue dans l'épître de Clément à Jacques et la discipline des *Constitutions*. Notez *Constit. apost.*, VIII, 10, Jacques, Clément, Evhode, représentant les Églises de Jérusalem, de Rome, d'Antioche.

aux *Reconnaissances*, Pierre, avant de mourir, tient un long discours sur l'épiscopat, ses devoirs, ses difficultés, son excellence, sur les prêtres, les diacres, les catéchistes, qui est comme une édition nouvelle des Épîtres à Tite et à Timothée[1]. Les *Constitutions apostoliques* furent une sorte de codification, successivement agrandie, de ces préceptes pastoraux. Ce que Rome fonda, ce n'est pas le dogme ; peu d'Églises furent plus stériles en spéculations, moins pures sous le rapport de la doctrine : l'ébionisme, le montanisme, l'artémonisme, y eurent tour à tour la majorité. Ce que Rome fit, c'est la discipline, c'est le catholicisme.

A Rome, probablement, le mot d' « Église catholique » fut écrit pour la première fois[2]. Évêque, prêtre, laïque, tous ces mots prennent dans cette Église hiérarchique un sens déterminé. L'Église est un navire où chaque dignitaire a sa fonction pour le salut des passagers[3]. La morale est sévère et sent déjà le cloître. Le simple goût de la richesse est condamné[4]. La parure des femmes n'est qu'une

---

1. Epist. Clem. ad. Jac., 5 et suiv.
2. Θεοῦ φυτεία ἡ καθολικὴ ἐκκλησία. *Constit apostol.*, I, 1. Conf. pseudo-Ignace, ci-après, p. 418.
3. Epist. Clem. ad Jac., 14-15.
4. *Const. apost.*, I, 2 ; IV, 4.

invitation à pécher. La femme est responsable des péchés de pensée qu'elle fait commettre. Sûrement, si elle repousse les avances, le mal est moindre ; mais n'est-ce rien d'être cause de la perdition des autres[1]? Vivre modestement occupé de son métier, aller son chemin, sans se mêler aux commérages de la rue[2], bien élever ses enfants, leur administrer de fréquentes corrections, leur interdire les dîners par écot avec les personnes de leur âge, les marier de bonne heure[3], ne pas lire les livres païens (la Bible suffit et contient tout)[4], ne prendre des bains que le moins qu'on peut et avec de grandes précautions[5], telles sont les règles des laïques. — L'évêque, les prêtres, les diacres, les veuves, ont des devoirs plus compliqués. Outre la sainteté, il faut apporter à ces fonctions la sagesse et la capacité[6]. Ce sont de vraies magistratures, fort supérieures aux magistratures profanes[7]. Les chrétiens portant toutes leurs causes au tribunal de l'évêque, le dicastère de ce dernier devenait, en effet, une juridiction civile, qui avait

1. *Constit. apost.*, I, 3, 7, 8.
2. *Ibid.*, I, 4 ; II, 63.
3. *Ibid.*, IV, 11. Cf. Epist. Clem. ad Jac., 7, 8.
4. *Ibid.*, I, 6.
5. *Ibid.*, I, 9.
6. *Ibid.*, livres II, III entiers.
7. *Ibid.*, II, 33, 34.

ses règlements et ses lois¹. La maison de l'évêque était déjà considérable ; elle devait être entretenue par les fidèles à frais communs. Les idées de l'ancienne loi sur la dîme et les offrandes dues aux prêtres étaient peu à peu ramenées². Une forte théocratie tendait à s'établir.

L'Église, en effet, absorbait tout ; la société civile était avilie et méprisée³. A l'empereur on doit le cens et les salutations officielles, voilà tout⁴. Le chrétien ainsi formé ne peut vivre qu'avec des chrétiens. Il était recommandé d'attirer les païens par le charme de manières aimables, quand on pouvait espérer qu'ils se convertiraient⁵. Mais, en dehors de cette espérance, les relations avec les infidèles étaient entourées de telles précautions et impliquaient tant de mépris, qu'elles devaient être bien rares. Une société mixte de païens et de chrétiens sera impossible. Il est défendu de prendre part aux réjouissances des païens, de manger et de se divertir avec eux, d'assister à leurs spectacles, à leurs jeux, à toutes les grandes réunions profanes. Même les marchés pu-

1. *Constit. apost.*, II, 46 et suiv. Cf. Epist. Clem. ad Jac., 5, 10, et *Hom.*, III, 67.
2. *Constit. apost.*, II, 25, 34, 35.
3. *Ibid.*, II, 61.
4. *Ibid.*, V, 13.
5. *Ibid.*, V, 10.

blics sont interdits, sauf en ce qui concerne l'achat des choses nécessaires[1]. Au contraire, les chrétiens doivent autant que possible manger ensemble, vivre ensemble, former une petite coterie de saints[2]. Au IIIe siècle, cet esprit de reclusion portera ses conséquences. La société romaine mourra d'épuisement; une cause cachée lui soutirera la vie. Quand une partie considérable d'un État fait bande à part et cesse de travailler à l'œuvre commune, cet État est bien près de mourir.

L'assistance mutuelle était la fonction capitale dans cette société de pauvres, administrée par ses évêques, ses diacres et ses veuves[3]. La situation du riche, au milieu de petits bourgeois et de petits marchands honnêtes, jugeant leurs affaires entre eux, scrupuleux sur leurs poids et leurs mesures[4], était difficile, embarrassée. La vie chrétienne n'était pas faite pour lui. Un frère mourait-il, laissant des orphelins et des orphelines, un autre frère adoptait les orphelins, mariait l'orpheline à son fils, si l'âge s'accordait. Cela paraissait tout simple. Les riches se prêtaient difficilement à un système aussi fraternel;

---

1. *Constit. apost.*, II, 62.
2. Lettre à Jacques, 9.
3. *Constit. apost.*, livre IV, entier. Cf. Epist. Clem. ad Jac., 9.
4. Lettre à Jacques, 10.

on les menaçait alors de se voir arracher les biens dont ils ne savaient pas faire un bon usage ; on leur appliquait le dicton : « Ce que les saints n'ont pas mangé, les Assyriens le mangent[1]. » L'argent des pauvres passait pour chose sacrée ; ceux qui étaient dans l'aisance payaient une cotisation aussi forte que possible ; c'est ce qu'on appelait « les contributions du Seigneur[2] ».

On poussait la délicatesse jusqu'à ne pas accepter dans la caisse de l'Église l'argent de tout le monde[3]. On repoussait l'offrande des cabaretiers et des gens qui pratiquaient des métiers infâmes, surtout celle des excommuniés, qui cherchaient par leurs générosités à rentrer en grâce. « Ce sont ceux-là qui donnent, disaient quelques-uns, et, si nous refusons leurs aumônes, comment ferons-nous pour assister nos veuves, pour nourrir les pauvres du peuple ? — Mieux vaut mourir de faim, répondait l'*ébion* fanatique, que d'avoir de l'obligation aux ennemis de Dieu pour des dons qui sont un affront aux yeux de ses amis. Les bonnes offrandes sont celles que l'ouvrier prend sur le fruit de son travail. Quand le prêtre est forcé de recevoir l'argent des impies, qu'il l'emploie à ache-

---

1. Proverbe judéo-chrétien. *Const.*, IV, 1.
2. Αἱ κυριακαὶ συνεισφοραί.
3. *Constit. apost.*, IV, 6-10.

ter le bois, le charbon, pour que la veuve et l'orphelin ne soient pas condamnés à vivre d'un argent souillé. Les présents des impies sont ainsi la pâture du feu, non la nourriture des fidèles[1]. » On voit quelle chaîne étroite enserrait la vie chrétienne. Un tel abîme séparait, dans l'esprit de ces bons sectaires, le bien et le mal, que la conception d'une société libérale, où chacun agit à sa guise, sous la tutelle des lois civiles, sans rendre de compte à personne ni exercer de surveillance sur personne, leur eût paru le comble de l'impiété.

1. *Constit. apost.,* IV, 10. Comparez le *Synodique* de saint Athanase, *Archives des missions scientifiques,* 3ᵉ série, t. IV, p. 468 et suiv. (Eug. Revillout.)

CHAPITRE VI.

TATIEN. — LES DEUX SYSTÈMES D'APOLOGIE.

Tatien, après la mort de Justin[1], resta plusieurs années à Rome. Il y continua l'école de son maître, professant toujours pour lui une haute admiration[2], mais chaque jour s'écartant de plus en plus de son esprit. Il compta des élèves distingués, entre autres l'Asiate Rhodon, fécond écrivain, qui devint plus tard un des soutiens de l'orthodoxie contre Marcion et Apelle[3]. Ce fut probablement dans les premières années du règne de Marc-Aurèle que Tatien composa cet écrit, dur et incorrect de style, parfois vif et piquant, qui passe, à bon droit, pour un des

1. Voir l'*Église chrétienne*, p. 484, 485.
2. *Orat. adv. Græcos,* 18, 19.
3. Rhodon, dans Eus., V, XIII, 1, 8; saint Jér., *De viris illustribus,* 37.

monuments les plus originaux de l'apologétique chrétienne au IIᵉ siècle.

L'ouvrage est intitulé *Contre les Grecs*. La haine de la Grèce était, en effet, le sentiment dominant de Tatien. En vrai Syrien[1], il jalouse et déteste les arts et la littérature qui avaient conquis l'admiration du genre humain. Les dieux païens lui semblent la personnification de l'immoralité. Le monde de statues grecques qu'il voyait à Rome ne lui donnait pas de repos[2]. Récapitulant les personnages en l'honneur de qui elles avaient été dressées, il arrivait à trouver que presque tous, hommes et femmes, avaient été des gens de mauvaise vie[3]. Les horreurs de l'amphithéâtre le révoltaient à meilleur droit[4]; mais il confondait à tort avec les cruautés romaines les jeux nationaux et le théâtre des Grecs. Euripide, Ménandre, lui paraissaient des maîtres de débauche, et (vœu qui fut trop exaucé!) il souhaitait que leurs œuvres fussent anéanties[5].

1. Γεννηθεὶς ἐν τῇ τῶν Ἀσσυρίων γῇ (§ 42), sans doute l'Adiabène. Cf. Epiph., *Hær.*, indic. ad tom. III libri I. Tatien parle, en effet, des persécutions comme quelqu'un qui n'est pas sujet de l'empire (§ 4). Le ton du § 1ᵉʳ est d'un homme étranger à la patrie gréco-romaine.
2. *Orat. adv. Gr.*, 35.
3. *Ibid.*, 33, 34.
4. *Ibid.*, 23.
5. *Ibid.*, 22, 23, 24.

Justin avait pris pour base de son apologie un sentiment bien plus large. Il avait rêvé une conciliation des dogmes chrétiens et de la philosophie grecque. C'était là certainement une grande illusion. Il ne fallait pas beaucoup d'efforts pour voir que la philosophie grecque, essentiellement rationnelle, et la foi nouvelle, procédant du surnaturel, étaient deux ennemies, dont l'une devait rester sur le carreau. La méthode apologétique de saint Justin est étroite et périlleuse pour la foi. Tatien le sent, et c'est sur les ruines mêmes de la philosophie grecque qu'il cherche à élever l'édifice du christianisme. Comme son maître, Tatien possédait une érudition grecque étendue; comme lui, il n'avait aucune critique et mêlait de la façon la plus arbitraire l'authentique et l'apocryphe, ce qu'il savait et ce qu'il ne savait pas. Tatien est un esprit sombre, lourd, violent, plein de colère contre la civilisation et contre la philosophie grecque, à laquelle il préfère hautement l'Orient, ce qu'il appelle la philosophie barbare [1]. Une érudition de chétif aloi,

---

1. Ὁ κατὰ βαρβάρους φιλοσοφῶν Τατιανός. *Adv. Gr.*, 42. Γραφαὶ βαρβαρικαί. *Ibid.*, 29, 30, 31, 35. Dans Justin et dans Tatien, ce mot de « barbare » signifie Oriental, par opposition aux Grecs et aux Latins. Cf. Justin, *Apol. I*, 46; Clém. d'Alex., *Strom.*, V, 5, init. Jamais Tatien n'écrit les mots de « juifs », de « chrétiens », de « Jésus ». Quand il composa le discours contre les Grecs, Tatien admettait cependant toute la Bible, § 36.

comme celle que Josèphe avait déployée dans son ouvrage contre Apion, vient ici à son aide[1]. Moïse est, selon lui, bien plus ancien qu'Homère[2]. Les Grecs n'ont rien inventé par eux-mêmes; ils ont tout appris des autres peuples, notamment des Orientaux[3]. Ils n'ont excellé que dans l'art d'écrire[4] ; pour le fond des idées, ils sont inférieurs aux autres nations[5]. Les grammairiens sont la cause de tout le mal[6] ; ce sont eux qui, par leurs mensonges, ont embelli l'erreur et créé cette réputation usurpée qui est le principal obstacle au triomphe de la vérité. Les écrivains assyriens, phéniciens, égyptiens[7], voilà les vraies autorités !

Loin d'améliorer qui que ce soit, la philosophie grecque n'a pas su préserver ses adeptes des plus grands crimes. Diogène était intempérant; Platon,

---

1. *Adv. Gr.*, 36-39.
2. *Ibid.*, 31, 36-41.
3. *Ibid.*, 1, 40, 41. Cette thèse des emprunts faits par les Grecs aux Hébreux est commune aux deux écoles d'apologistes. Pour saint Justin, voir *l'Égl. chrét.*, p. 377; pour Clément d'Alex., voir *Strom.*, I, ch. 1, 15, 21 ; II, ch. 5 ; V et VI; *Pædag.*, I, ch. 1; Minucius Felix, 34. Mais on tirait de ce fait des conséquences opposées.
4. *Adv. Gr.*, 1, 14.
5. *Ibid.*, 14, 26.
6. *Ibid.*, 26.
7. *Ibid.*, 36-39.

gourmand; Aristote, servile¹. Les philosophes ont eu tous les vices; c'étaient des aveugles qui dissertaient avec des sourds². Les lois des Grecs ne valent pas mieux que leur philosophie; elles diffèrent les unes des autres; or la bonne loi devrait être commune à tous les hommes³. Chez les chrétiens, au contraire, nul dissentiment. Riches, pauvres, hommes, femmes ont les mêmes opinions⁴. — Par une amère ironie du sort, Tatien devait mourir hérétique et prouver que le christianisme n'est pas plus à l'abri que la philosophie des schismes et des divisions de parti.

Justin et Tatien, bien qu'amis durant leur vie, représentent déjà de la manière la plus caractérisée les deux attitudes opposées que prendront un jour les apologistes chrétiens à l'égard de la philosophie. Les uns, au fond Hellènes, tout en reprochant à la société païenne le relâchement de ses mœurs, admettront ses arts, sa culture générale, sa philosophie. Les autres, Syriens ou Africains, ne verront dans l'hellénisme qu'un amas d'infamies, d'absurdités; ils préféreront hautement à la sagesse grecque la

---

1. Tatien, *Orat. adv. Gr.*, 2, 3, 25, 26.
2. *Ibid.*, 19, 25, 26.
3. *Ibid.*, 28.
4. *Ibid.*, 32.

sagesse « barbare »; l'insulte[1] et le sarcasme[2] seront leurs armes habituelles.

L'école modérée de Justin sembla d'abord l'emporter. Des écrits tout à fait analogues à ceux du philosophe de Naplouse, en particulier le *Logos parænéticos*, le *Logos* adressé aux Hellènes[3], et le traité *De la monarchie*, caractérisés par de nombreuses citations païennes, sibylliques, pseudo-chaldéennes, vinrent se grouper autour de ses œuvres principales. On était naïf encore. L'auteur inconnu du *Logos parænéticos*, le tolérant Athénagore, l'adroit Minucius Felix, Clément d'Alexandrie et, jusqu'à un certain point, Théophile d'Antioche, cherchent à tous les dogmes des fondements rationnels. Même les dogmes les plus mystérieux, les plus étrangers à la philosophie grecque, comme la résurrection des corps, ont, pour ces larges théologiens, des antécédents helléniques. Le christianisme a, selon eux, ses racines

---

1. Tertullien, *Apol.*, 19, 45.
2. Διασυρμός d'Hermias.
3. Eus., *H. E.*, IV, 18; saint Jér., *De viris ill.*, 23. Le Λόγος παραινετικός fait des emprunts à la Chronique de Jules Africain et est par conséquent postérieur à l'an 221. Cf. *Zeitschrift für Kirchengesch.*, II, p. 349 et suiv. Quant au Λόγος πρὸς Ἕλληνας, commençant par Μὴ ὑπολάβητε, on a été amené, par des raisons insuffisantes, à l'attribuer, soit à Ambroise, l'ami d'Origène, soit à Apollonius (Eus., *H. E.*, V, 21). Cf. Cureton, *Spicil. syr.*, p 41 et suiv.; Otto, *Corp. apol.*, IX, p XXVIII et suiv.

dans le cœur de l'homme ; il achève ce que les lumières naturelles ont commencé ; loin de s'élever sur les ruines de la raison, le christianisme n'en est que le complet épanouissement ; il est la vraie philosophie. Tout porte à croire que l'apologie perdue de Méliton était conçue dans cet esprit [1]. L'école plus ou moins gnostique d'Alexandrie, en s'attachant à la même manière de voir, lui donnera, au III° siècle, un immense éclat. Elle proclamera, comme Justin, que la philosophie grecque est la préparation du christianisme, l'échelle qui mène au Christ [2]. Le platonisme surtout, par sa tendance idéaliste, est, pour ces chrétiens philhellènes, l'objet d'une faveur marquée. Clément d'Alexandrie ne parle des stoïciens qu'avec admiration [3]. A l'entendre, chaque école de philosophie a saisi une particule de la vérité [4]. Il va jusqu'à dire que, pour connaître Dieu, les Juifs ont eu les prophètes, les Grecs ont eu la philosophie et quelques inspirés tels que la Sibylle et Hystaspe, jusqu'à ce qu'un troisième Testament ait créé la connaissance spirituelle et réduit les deux autres révélations à l'état de formes vieillies [5].

1. Saint Jérôme, *Epist.*, 83 (84). Il est probable qu'Aristide et Quadratus procédèrent de la même manière.
2. Clém. d'Alex., *Strom.*, VI, ch. 7, 8, 10, 17, 18.
3. *Ibid.*, IV, ch. 5.
4. *Ibid.*, I, 13.
5. *Ibid.*, VI, 5.

Mais le sentiment chrétien éprouvera une vive antipathie devant ces concessions d'une apologie sacrifiant l'âpreté des dogmes au désir de plaire à ceux qu'elle veut gagner. L'auteur de l'*Épître à Diognète* se rapproche de Tatien par l'extrême sévérité avec laquelle il juge la philosophie grecque. Le *Sarcasme*[1] d'Hermias est sans pitié. L'auteur des *Philosophuména* regarde la philosophie antique comme la source de toutes les hérésies[2]. Cette méthode d'apologie, la seule, à vrai dire, qui soit chrétienne, sera reprise par Tertullien avec un talent sans égal. Le rude Africain opposera aux énervantes faiblesses des apologistes helléniques le dédain du *Credo quia absurdum*[3]. Il n'est en cela que l'interprète de la pensée de saint Paul[4]. « On anéantit le Christ, aurait dit le grand apôtre devant ces molles complaisances. Si les philosophes pouvaient, par le progrès naturel de leurs pensées, sauver le monde, pourquoi le Christ est-il venu? pourquoi a-t-il été crucifié? Socrate, dites-vous, a connu le Christ en partie[5]. C'est donc aussi en partie par les mérites de Socrate que vous êtes justifiés ! »

---

1. La date de cet ouvrage est tout à fait incertaine.
2. Comp. Tertullien, *Præscr.*, 7; S. Jérôme, *Epist.*, 83 (84).
3. Tertullien, *De carne Christi*, 5.
4. I Cor., i, 18 et suivants.
5. Justin, *Apol. II*, 10.

La manie des explications démonologiques est poussée chez Tatien jusqu'au comble de l'absurdité. Parmi tous les apologistes, c'est le plus dénué d'esprit philosophique. Mais sa vigoureuse attaque contre le paganisme lui fit beaucoup pardonner. Le discours contre les Grecs fut fort loué[1], même par des hommes qui, comme Clément d'Alexandrie, étaient loin d'avoir de la haine contre la Grèce ; l'érudition charlatanesque que l'auteur avait mise dans son ouvrage fit école. Ælius Aristide semble y faire allusion, quand, prenant exactement le contre-pied de la pensée de notre auteur, il présente les Juifs comme une triste race qui n'a rien créé, étrangère aux belles-lettres et à la philosophie, ne sachant que dénigrer les gloires helléniques, ne s'arrogeant le nom de « philosophes » que par un renversement complet du sens des mots[2].

Les pesants paradoxes de Tatien contre la civilisation ancienne devaient néanmoins triompher. Cette civilisation avait eu, en effet, un grand tort, c'était de négliger l'éducation intellectuelle du peuple. Le peuple, privé d'instruction primaire, se trouva livré à toutes les surprises de l'ignorance et crut toutes

---

1. Clém. d'Alex., *Strom.*, I, 21 ; Origène, *Contre Celse*, I, 16 ; Eusèbe, IV, xxix, 7 ; saint Jérôme, *De viris ill.*, 29.
2. Ælius Aristide, *Opp.*, II, p. 402 et suiv., Dindorf.

les chimères qu'on lui dit avec assurance et conviction.

En ce qui concerne Tatien, le bon sens eut, du moins, sa revanche. Ce Lamennais du II° siècle suivit, à beaucoup d'égards, la ligne du Lamennais de notre temps. L'exagération d'esprit et l'espèce de sauvagerie qui nous choquent dans son Discours, le jetèrent hors de l'Église orthodoxe. Ces apologistes à outrance deviennent presque toujours des embarras pour la cause qu'ils ont défendue.

Déjà, dans le discours contre les Grecs, Tatien est médiocrement orthodoxe. Comme Apelle, il croit que Dieu, absolu en soi, produit le Verbe, qui crée la matière et produit le monde [1]. Comme Justin [2], il professe que l'âme est un agrégat d'éléments; que, par son essence, elle est mortelle et ténébreuse; que c'est uniquement par son union avec l'Esprit Saint qu'elle devient lumineuse et immortelle [3]. Puis son caractère fanatique le jeta dans les excès d'un rigorisme contre nature. Par le genre de ses erreurs et par son style, à la fois spirituel et grossier, Tatien devait être le prototype de Tertullien. Il écrivait avec l'abondance et l'entraînement d'un esprit sincère,

1. *Adv. Gr.*, 5.
2. Justin, *Dial.*, 5.
3. *Adv. Gr.*, 7, 8, 13, 15.

mais peu éclairé[1]. Plus exalté que Justin et moins réglé par la discipline, il ne sut pas, comme celui-ci, concilier sa liberté avec les exigences de tous. Tant que vécut son maître, il fréquenta l'Église, et l'Église le maintint. Après le martyre de Justin, il vécut isolé, sans rapports avec les fidèles, comme une sorte de chrétien indépendant, faisant bande à part. Le désir d'avoir une école à lui l'égara, selon Irénée[2]. Ce qui le perdit, nous le croyons, ce fut bien plutôt le désir d'être seul.

1. Eusèbe, IV, xxix, 7; saint Jérôme, *De viris ill.,* 29. Cf. Tatien, *Orat. adv. Gr.,* 15, 40.
2. Irénée, I, xxviii, 1.

CHAPITRE VII.

DÉCADENCE DU GNOSTICISME.

Le christianisme, au moment où nous sommes parvenus, est, si l'on peut s'exprimer ainsi, arrivé au complet épanouissement de sa jeunesse. La vie, chez lui, déborde, surabonde; nulle contradiction ne l'arrête; il a des représentants pour toutes les tendances, des avocats pour toutes les causes[1]. Le noyau de l'Église catholique et orthodoxe est déjà si fort, que toutes les fantaisies peuvent se dérouler à côté d'elle sans l'atteindre. En apparence, les sectes dévoraient l'Église de Jésus; mais ces sectes restaient isolées, sans consistance, et disparaissaient, pour la plupart, après avoir satisfait un moment aux besoins du petit groupe qui les avait créées. Ce n'est pas que leur action fût stérile; les enseignements secrets, presque individuels, étaient au moment de leur plus

[1]. Justin, *Dial.*, 35; Orig., *Contre Celse*, V, 65.

grande vogue. Les hérésies triomphaient presque toujours par leur condamnation même. Le gnosticisme en particulier était chassé de l'Église, et il était partout; l'Église orthodoxe, en le frappant d'anathème, s'en imprégnait. Chez les judéo-chrétiens, ébionites, esséniens, il coulait à pleins bords.

Quand une religion commence à compter un grand nombre de partisans, elle perd pour un temps quelques-uns des avantages qui avaient contribué à la fonder; car l'homme se plaît bien plus et trouve plus de consolations dans la petite coterie que dans l'Église nombreuse, où l'on ne se connaît pas. Comme la puissance publique ne mettait pas sa force au service de l'Église orthodoxe, la situation religieuse était celle que présentent maintenant l'Angleterre et l'Amérique. Les chapelles, si l'on peut s'exprimer ainsi, se multipliaient de toutes parts. Les chefs de secte luttaient de séduction sur les fidèles, comme font de nos jours les prédicateurs méthodistes, les innombrables *dissenters* des pays libres. Les fidèles étaient une sorte de curée que s'arrachaient d'avides sectaires, plus semblables à des chiens affamés qu'à des pasteurs. Les femmes surtout étaient la proie convoitée; quand elles étaient veuves et en possession de leurs biens, elles ne manquaient pas d'être entourées de jeunes et habiles directeurs, qui renchérissaient de mollesse et de complaisance pour accaparer des cures d'âmes fructueuses et douces à la fois.

Les docteurs gnostiques avaient, dans cette chasse aux âmes, de grands avantages. Affectant une plus haute culture intellectuelle et des mœurs moins rigides, ils trouvaient une clientèle assurée dans les classes riches, qui éprouvaient le désir de se distinguer et d'échapper à la discipline commune, faite pour des pauvres[1]. Les rapports avec les païens, et les perpétuelles contraventions de police qu'un membre de l'Église était amené à commettre, contraventions qui l'exposaient sans cesse au martyre, devenaient des difficultés capitales pour un chrétien occupant une certaine position sociale. Loin de pousser au martyre, les gnostiques fournissaient des moyens de l'éviter. Basilide, Héracléon protestaient contre les honneurs immodérés rendus aux martyrs; les valentiniens allaient plus loin : dans les moments de vive persécution, ils conseillaient de renier la foi, alléguant que Dieu n'exige pas de ses adorateurs le sacrifice de la vie, et qu'il importe de le confesser moins devant les hommes que devant les éons[2].

Ils n'exerçaient pas moins de séductions parmi

1. Voir *l'Église chrétienne,* p. 140, 141, 168, 393, 394, et ci-dessus, p. 99 et suiv.
2. Tertullien, *Scorpiace,* 1, 10.

les femmes riches, à qui leur indépendance inspirait le désir d'un rôle personnel. L'Église orthodoxe suivait la règle sévère tracée par saint Paul, laquelle interdisait toute participation de la femme aux exercices de l'Église[1]. Dans ces petites sectes, au contraire, la femme baptisait, officiait, présidait à la liturgie, prophétisait. Aussi opposés que possible de mœurs et d'esprit, les gnostiques et les montanistes avaient cela de commun, que, à côté de tous leurs docteurs, on trouve une femme prophétesse : Hélène à côté de Simon, Philumène à côté d'Apelle[2], Priscille et Maximille à côté de Montan, tout un cortège de femmes autour de Markos[3] et de Marcion[4]. La fable et la calomnie s'emparèrent d'une circonstance qui prêtait au malentendu. Plusieurs de ces créatures peuvent n'être que des allégories sans réalité ou des inventions des orthodoxes. Mais sûrement l'attitude modeste que l'Église catholique imposa toujours aux femmes, et qui devint la cause de leur ennoblissement, ne fut guère observée dans ces petites sectes, assujetties à une règle moins rigoureuse

---

1. Tertull., *De bapt.*, 17.
2. *Apelles lapsus in feminam.* Tertullien, *De præscr.*, 30.
3. Irénée, I, XIII.
4. *Ex illis suis sanctioribus feminis.* Tertullien, *Adversus Marcionem*, V, 8.

et peu habituées, malgré leur apparente sainteté, à pratiquer la vraie piété, qui est l'abnégation.

Les trois grands systèmes de philosophie chrétienne qui avaient paru sous Adrien, celui de Valentin, celui de Basilide, celui de Saturnin, se développaient sans s'améliorer beaucoup. Les chefs de ces enseignements vivaient encore[1] ou avaient trouvé des successeurs. Valentin[2], quoique trois fois chassé de l'Église, était fort entouré. Il quitta Rome pour retourner en Orient; mais sa secte continua de fleurir dans la capitale[3]. Il mourut vers l'an 160, dans l'île de Chypre[4]. Ses disciples remplissaient le monde[5]. On distinguait la doctrine d'Orient et celle d'Italie. Les chefs de celle-ci étaient Ptolémée et Héracléon; Secundus et Théodote d'abord, puis Axionicus et Bardesane dirigèrent la branche dite orientale[6]. L'école valentinienne était de beaucoup la plus sé-

1. Clém. d'Alex., *Strom.*, VII, 17.
2. Tertullien, *In. Val.*, 4; *Præscr.*, 30.
3. Justin, *Dial.*, 35; Irénée, III, III, 4.
4. Irénée, I, proœm., 2; III, IV, 3; Clém. d'Alex., *Strom.*, VII, 17; Tert., *Adv. Marc.*, I, 19; *Præscr.*, 30; Eus. (saint Jér.), *Chron.*, à l'an 6 d'Ant.; Épiph., *Hær.*, XXXI, 7; Philastre, c. 8. Cf. Tillemont, *Mém.*, II, p. 603 et suiv.; Lipsius, *Die Quellen der ælt. Ketz.*, p. 256-258.
5. Tert., *In. Val.*, ch. 1.
6. Irénée, I, XI, 2; Tert., *In. Val.*, 4, 19, 20; *Præscr.*, [49]; *Philosoph.*, VI, 35, 38; VII, 31; Épiph., *Hær.*, XXXII, 1, 3, 4;

rieuse et la plus chrétienne de toutes celles que comprenait le nom général de gnostiques. Héracléon[1] et Ptolémée[2] furent de savants exégètes des épîtres de Paul et de l'Évangile dit de Jean. Héracléon, en particulier, fut un vrai docteur chrétien, dont Clément d'Alexandrie et Origène profitèrent beaucoup. Clément nous a conservé de lui une page belle et sensée sur le martyre. Les écrits de Théodote étaient aussi habituellement entre les mains de Clément, et des extraits paraissent nous en être parvenus dans la grande masse de notes que s'était faite le laborieux Stromatiste[3].

A beaucoup d'égards, les valentiniens pouvaient passer pour des chrétiens éclairés et modérés; mais il y avait au fond de leur modération un principe d'orgueil.

Théodoret, *Hær. fab.*, I, ch. 8; Pseudo-Aug., *Hær.*, 11, 12 (*Corpus hæreseologicum* d'Œhler, t. Ier). Notez le titre des *Excerpta*, à la suite des Œuvres de Clément, Ἐκ τῶν Θεοδότου καὶ τῆς ἀνατολικῆς καλουμένης διδασκαλίας. Il y a de la contradiction entre ces différents textes sur le sens du mot « école orientale ».

1. Clément d'Alex., *Strom.*, IV, ch. 9; Origène, *In Joh.*, très souvent; Épiph., *Hær.*, xxxvi. Il lisait les *Cérygmes* de Pierre. Orig., *In Joh.*, t. XIII, p. 226, édit. Delarue.

2. Épiph., xxxiii; anaceph., p. 1124; Irénée, I procem., 2.

3. Voir les extraits Ἐκ τῶν Θεοδότου et les Ἐκ τῶν προφητικῶν ἐκλογαί (notez, dans ce dernier ouvrage, les §§ 26, 56). Cf. Théodoret, *Hæret. fab.*, l. I, c. 8. Sur Drosérius et les drosériens, voir le dialogue *De recta in Deum fide*, dans Origène, I, Delarue, p. 834, 840; Macarius Magnes, IV, 15, p. 184.

L'Église n'était, à leurs yeux, dépositaire que d'un minimum de vérité, strictement suffisant à l'homme ordinaire [1]. Eux seuls savaient le fond des choses. Sous prétexte qu'ils faisaient partie des psychiques et ne pouvaient manquer d'être sauvés, ils se donnaient des libertés inouïes [2], mangeaient de tout sans distinction, allaient aux fêtes païennes et même aux spectacles les plus cruels, fuyaient la persécution et parlaient contre le martyre [3]. C'étaient des gens du monde, libres de mœurs et de propos, traitant de pruderie et de bigoterie la réserve extrême des catholiques, qui craignaient jusqu'à une parole légère, jusqu'à une pensée indiscrète [4]. La direction des femmes, dans de telles conditions, offrait beaucoup de dangers. Quelques-uns de ces pasteurs valentiniens étaient de manifestes séducteurs; d'autres affectaient la modestie; « mais bientôt, dit Irénée, la sœur devenait enceinte du frère » [5]. Ils s'attribuaient l'intelligence supérieure et laissaient aux simples fidèles la foi, « ce qui est bien différent » [6]. Leur exégèse

---

1. *Pistis Sophia*, dans les *Comptes rendus de l'Acad. des inscr.*, 1872, p. 333, 334 (note de M. Revillout).
2. Irénée, I, vi; Origène, *In Ezech.*, hom. III, 4.
3. Tertullien, *In Val.*, c. 30; *Scorp.*, c. 1 et 10; Origène, *l. c.*
4. Irénée, I, vi.
5. *Ibid.*, I, vi, 3.
6. Clém. d'Alex., *Strom.*, II, ch. 2, 6. Ce n'est probablement

était savante, mais peu assurée. Quand on les pressait avec des textes de l'Écriture, ils disaient que l'Écriture avait été corrompue. Quand la tradition apostolique leur était contraire, ils n'hésitaient pas non plus à la rejeter[1]. Ils avaient, paraît-il, un Évangile qu'ils appelaient *l'Évangile de la vérité*[2]. Ils ignoraient en réalité l'Évangile du Christ. Ils substituaient au salut par la foi ou par les œuvres un salut par la gnose, c'est-à-dire par la connaissance d'une prétendue vérité. Si une pareille tendance avait prévalu, le christianisme eût cessé d'être un fait moral pour devenir une cosmogonie et une métaphysique sans influence sur la marche générale de l'humanité.

Ce n'est jamais impunément, d'ailleurs, qu'on fait miroiter aux yeux du peuple des formules abstruses, dont on se réserve le sens. Un seul livre valentinien nous est resté, « La Fidèle sagesse[3] » ; et il montre

que plus tard qu'ils eurent des vierges, comme les marcionites. Ils arrivèrent même, dit-on, à condamner le mariage. Jean Chrys., *De virg.*, ch. 3, 6.

1. Irénée, I, procem.; III, ii et xv; Tertullien, *Præscr.*, 38, [49]; Orig., *Contre Celse*, II, 27.

2. Irénée, III, xi, 9.

3. On en a la traduction copte. *Pistis* (lisez *Pisté* ?) *Sophia, opus gnosticum Valentino adjudicatum*..... vertit Schwartze, edidit Petermann. Berlin, 1851. Cf. *Journal asiat.*, mai 1847, et *Comptes rendus de l'Académie des inscr.*, 1872, p. 333 et suiv.

à quel degré d'extravagance en venaient des spéculations, assez belles dans la pensée de leurs auteurs, quand elles tombaient en des esprits puérils. Jésus, après sa résurrection, est censé passer onze ans sur la terre pour enseigner à ses disciples les plus hautes vérités. Il leur raconte [1] l'histoire de *Pisté Sophia*, comment celle-ci, entraînée par son désir imprudent de saisir la lumière, qu'elle a entrevue dans le lointain, était tombée dans le chaos matériel; comment elle fut longtemps persécutée par les autres éons, qui lui refusaient son rang; comment enfin elle traversa une série d'épreuves et de repentances, jusqu'à ce qu'un envoyé céleste, Jésus, descendît pour elle de la région lumineuse. Sophia est sauvée pour avoir cru à ce sauveur avant de l'avoir vu. Tout cela est exprimé dans un style prolixe, avec les procédés fatigants d'amplification et d'hyperbole des Évangiles apocryphes. Marie, Pierre, Madeleine, [Marthe, Jean *Parthénos* et les différents

---

L'ouvrage est peut-être identique aux « Petites interrogations de Marie », dont Épiphane parle comme d'un ouvrage gnostique. Voyez *l'Égl. chrét.*, p. 528. Là *Pisté Sophia* consiste, en effet, pour la plus grande partie, en interrogations adressées par Marie à Jésus. D'autre part, les Psaumes de Valentin (Tertull., *De carne Christi*, 17, 20) pourraien être les psaumes (μετάνοιαι) que l'auteur met dans la bouche de *Pistis Sophia*. (Schwartze, p. 35, 39, 64, etc.).

1. P. 30 et suiv.

personnages évangéliques jouent un rôle presque ridicule[1]. Mais les personnes qui trouvaient de la sécheresse dans le cercle assez restreint des Écritures juives et judéo-chrétiennes, prenaient du plaisir à ces rêves, et plusieurs avaient dû à de telles lectures l'occasion de connaître Christ. Les formes mystérieuses de la secte, reposant avant tout sur l'enseignement oral, et ses degrés successifs d'initiation fascinaient les imaginations et faisaient tenir extrêmement aux révélations qu'on avait obtenues à la suite de tant d'épreuves[2]. Après Marcion, Valentin était de beaucoup l'hérétique dont les collèges étaient le plus fréquentés[3]. Bardesane, à Édesse, réussit, en s'inspirant de lui, à créer une large et libérale école d'enseignement chrétien, comme on n'en avait pas encore vu. Nous parlerons plus tard[4] de ce phénomène singulier.

Saturnin comptait toujours de nombreux disciples[5]. Basilide avait pour continuateur son fils Isi-

---

1. Les rédacteurs évangéliques y sont Matthieu, Philippe et Thomas (p. 47 et 48 de la traduction de Schwartze).
2. Tertullien, *Adv. Val.*, c. 1; *Pisté Sophia*, dans les *Comptes rendus de l'Acad.*, 1872, p. 338 et suiv.
3. « Valentiniani frequentissimum plane collegium inter hæreticos. » Tertullien, *l. c.*
4. V. ci-après, p. 436 et suiv., 458 et suiv.
5. Justin, *Dial.*, 35.

dore. Il s'opérait, du reste, dans ce monde de sectes, des fusions et des séparations qui n'avaient souvent pour mobile que la vanité des chefs [1]. Loin de s'épurer et de se prêter aux exigences de la vie pratique, les systèmes gnostiques devenaient chaque jour plus creux, plus compliqués, plus chimériques. Chacun voulait être fondateur d'école, avoir une Église avec ses profits; pour cela, une nuée de docteurs, les moins chrétiens des hommes, cherchaient à se surpasser les uns les autres, et ajoutaient quelque bizarrerie aux bizarreries de leurs devanciers [2].

L'école de Carpocrate offrait un incroyable mélange d'aberrations et de fine critique. On parlait, comme d'un miracle de savoir et d'éloquence, du fils de Carpocrate, nommé Épiphane [3], sorte d'enfant prodige qui mourut à dix-sept ans, après avoir étonné ceux qui le connurent par sa science des lettres grecques et surtout par la connaissance qu'il avait de la philosophie de Platon. Il paraît qu'on lui éleva un temple et des autels à Samé, dans l'île de Céphalonie; une académie fut érigée en son nom; on célé-

---

1. Épiph., *Hær.*, XXXII, 1, 3, 4.
2. Irénée, I, ch. 15.
3. Clément d'Alex., *Strom.*, III, 2; *Philosoph.*, VI, 38; Épiph. *Hær.*, XXXII, 3, 4; Théodoret, *Hær. fab.*, I, 5; Philastre, 57; Pseudo-Aug., 7. Cf. Tertullien, *De anima*, c. 35.

brait sa fête comme l'apothéose d'un dieu, par des sacrifices, des festins, des hymnes. Son livre « Sur la justice » fut très vanté ; ce qui nous en a été conservé est d'une dialectique sophistique et serrée, qui rappelle Proudhon et les socialistes de nos jours. Dieu, disait Épiphane, est juste et bon ; car la nature est égalitaire[1]. La lumière est égale pour tous ; le ciel, le même pour tous ; le soleil ne distingue ni pauvres ni riches, ni mâles ni femelles, ni hommes libres ni esclaves. Personne ne peut prendre à l'autre sa part de soleil pour doubler la sienne ; or c'est le soleil qui fait pousser la nourriture de tous. La nature, en d'autres termes, offre à tous une égale matière de bonheur. Ce sont les lois humaines qui, violant les lois divines, ont introduit le mal, la distinction du mien et du tien, l'inégalité, l'antagonisme. Appliquant ces principes au mariage, Épiphane en niait la justice et la nécessité. Les désirs que nous tenons de la nature sont nos droits, et aucune institution n'y saurait mettre des limites.

Épiphane, à vrai dire, est moins un chrétien qu'un utopiste. L'idée de la justice absolue l'égare. En face du monde inférieur, il rêve un monde parfait, vrai monde de Dieu, un monde fondé sur la

---

[1]. Fragment dans Clément d'Alex., *Strom.*, III, 2.

doctrine des sages, Pythagore, Platon, Jésus, où règneraient l'égalité et, par conséquent, la communauté de toute chose[1]. Son tort fut de croire qu'un tel monde peut avoir sa place dans la réalité. Égaré par la *République* de Platon, qu'il prenait au sérieux, il versa dans les plus tristes sophismes, et, quoiqu'il faille sans doute beaucoup rabattre des calomnies banales que l'on racontait sur ces festins où, les lumières éteintes, les convives se livraient à une odieuse promiscuité, il est difficile de ne pas admettre qu'il se produisit de ce côté d'étranges folies. Une certaine Marcelline, qui vint à Rome sous Anicet, adorait les images de Jésus-Christ, de Pythagore, de Platon et d'Aristote, et leur offrait un culte[2]. Prodicus et ses disciples, nommés aussi adamites, prétendaient renouveler les joies du paradis terrestre par des pratiques fort éloignées de l'innocence primitive. Leur Église s'appelait le Paradis; ils la chauffaient et s'y tenaient nus. Avec cela, ils s'appelaient les continents et avaient la prétention de vivre dans une entière virginité[3]. Au nom d'une sorte de droit

---

1. Κοινωνία ἁπάντων μετ' ἰσότητος.

2. Irénée, I, ch. xxv, 6; Pseudo-Aug., 7; Celse dans Origène, *Contre Celse*, V, 62.

3. Clém. d'Alex., *Strom.*, I, ch. 15; III, ch. 4; VII, ch. 7; Tert., *Adv. Prax.*, 3; Origène, *De oratione*, 5; Épiphane, *Hær.*, LII; Théodoret, *Hær. fab.*, I, 6; Pseudo-Aug., 34.

naturel et divin, toutes ces sectes, prodiciens, entychites, adamites, niaient la valeur des lois établies, qu'ils qualifiaient de règles arbitraires et de prétendues lois [1].

Les nombreuses conversions de païens qui avaient lieu entraînaient ces sortes de scandales. On entrait dans l'Église, attiré par un certain parfum de pureté morale; mais on ne devenait pas pour cela un saint. Un peintre d'un certain talent, nommé Hermogène, se fit ainsi chrétien, mais sans renoncer à la liberté de ses pinceaux, ni à son goût pour les femmes, ni à ses souvenirs de philosophie grecque, qu'il amalgamait tant bien que mal avec le dogme chrétien. Il admettait une matière première, servant de substratum à toutes les œuvres de Dieu et cause des défectuosités inhérentes à la création. On lui prêta des bizarreries, et les rigoristes tels que Tertullien le traitèrent avec une extrême brutalité [2].

Les hérésies dont nous venons de parler étaient toutes helléniques. C'était la philosophie grecque, surtout celle de Platon, qui en était l'origine.

---

1. Νομιζόμενοι νόμοι.
2. Eusèbe, IV, XXIV, 1; Clém. d'Alex., *Ecl. ex script. proph.*, 56; Tertullien, traité *In Hermogenem* entier; *Præscr.*, 30; *De monog.*, 16; *De anima*, 1, 4; Théodoret, I, 49; Philastre, 53; Pseudo-Aug., 41.

Markos[1], dont les disciples s'appelaient markosiens[2], sortit, au contraire, de l'école de Basilide. Les formules sur la *tétrade*, qu'il prétendait lui avoir été révélées par une femme céleste, qui n'était autre que Sigé elle-même, eussent été inoffensives s'il n'y eût joint la magie, des prestiges de thaumaturge, des philtres, des arts coupables pour séduire les femmes. Il inventa des sacrements particuliers, des rites, des onctions et surtout une sorte de messe à son usage, qui pouvait être assez imposante, quoiqu'il s'y mêlât des tours de passe-passe analogues aux miracles de saint Janvier. Il prétendait, par la vertu d'une certaine formule, changer réellement l'eau en sang dans le calice. Au moyen d'une poudre, il donnait à l'eau une couleur rougeâtre. Il faisait faire la consécration par une femme sur un petit calice; puis il versait l'eau du petit calice dans un plus grand qu'il

---

1. Saint Justin, *Dial.*, 35 (douteux); Canon de Muratori, igne 82 (douteux); Irénée, I, ch. 13 et suivants; Tertullien (ut fertur), *Præscr.*, 50; Pseudo-Aug., 14; Épiph., *Hær.*, xxxiv; Théodoret, I, 11; *Philosoph.*, VI, 39 et suiv. Les archontiques d'Épiphane et de Théodoret sont une branche des markosiens. Le livre des *Mystères des lettres grecques*, conservé en copte, paraît un traité markosien.

2. Cette dérivation irrégulière vient peut-être d'une forme sémitique *markosi* (comme *epicurosi, boëthusi*, etc.). Opposez Μαρκιανοί dans saint Justin (*Dial.*, 35, édit. Otto).

tenait, en prononçant ces paroles : « Que la grâce infinie et ineffable qui est avant toute chose remplisse ton être intérieur et augmente en toi sa gnose, répandant le grain de senevé en bonne terre. » Le liquide se dilatait alors, sans doute par suite de quelque réaction chimique, et débordait de la grande coupe. La pauvre femme était stupéfaite, et tous étaient frappés d'admiration [1].

L'Église de Markos n'était pas seulement un nid d'impostures. Elle passa aussi pour une école de débauche et de secrètes infamies. On s'exagéra peut-être ce caractère parce que, dans le culte markosien, les femmes pontifiaient, offraient l'Eucharistie. Plusieurs dames chrétiennes, dit-on, se laissèrent séduire; elles entraient sous la direction du sophiste et n'en sortaient que baignées de larmes. Markos flattait leur vanité, leur tenait un langage d'une mysticité équivoque, triomphait de leur timidité, leur apprenait à prophétiser, abusait d'elles; puis, quand elles étaient fatiguées, ruinées, elles revenaient à l'Église, confessaient leur faute et se vouaient à la pénitence, pleurant et gémissant du malheur qui leur était arrivé [2]. L'épidémie de Markos désolait principalement les Églises d'Asie. L'espèce de courant qui

---

1. *Philos.*, VI, 40.
2. Irénée, I, c. xiii. Comp. I, vi, 3.

existait entre l'Asie et Lyon amena cet homme dangereux sur les bords du Rhône [1]. Nous l'y verrons faire beaucoup de dupes; d'affreux scandales éclateront à son arrivée dans cette Église de saints.

Colarbase, selon certains récits, se rapprochait beaucoup de Markos [2]; mais on doute si c'est là le nom d'un personnage réel. On l'explique par *Col arba* ou *Qôl arba,* expression sémitique de la tétrade markosienne. Le secret de ces énigmes bizarres nous échappera probablement toujours.

1. Irénée, I, XIII, 5, 7. Voir ci-après, p. 292, note.
2. Irénée, I, ch. XII; Tert. (ut fertur), *Præscr.,* 50; Théodoret, I, 12; Épiph., XXXV, 1; Pseudo-Aug., 15; *Philosoph.,* IV, 13; VI, 5, 55.

CHAPITRE VIII.

LE SYNCRÉTISME ORIENTAL. — LES OPHITES. — FUTURE APPARITION DU MANICHÉISME.

Nous sortirions de notre cadre en suivant l'histoire de ces chimères au IIIe siècle. Dans le monde grec et latin, le gnosticisme avait été une mode ; il disparut comme tel assez rapidement. Les choses se passèrent autrement en Orient. Le gnosticisme prit une seconde vie, bien plus brillante et plus compréhensive que la première, par l'éclectisme de Bardesane, — bien plus durable, par le manichéisme. Déjà, dès le IIe siècle, les antitactes d'Alexandrie sont de véritables dualistes, attribuant les origines du bien et du mal à deux dieux différents[1]. Le manichéisme ira plus loin ; trois cent cinquante ans avant Mahomet, le génie de la Perse réalise déjà ce que réalisera bien plus puissamment le génie de l'Arabie, une religion

1. Clément d'Alex., *Strom.*, III, ch. 4 ; Théodoret, *Hæret. fab.*, I, 16.

aspirant à devenir universelle et à remplacer l'œuvre de Jésus, présentée comme imparfaite ou comme corrompue par ses disciples.

L'immense confusion d'idées qui régnait en Orient amenait un syncrétisme général des plus étranges. Des petites sectes mystiques d'Égypte, de Syrie, de Phrygie, de Babylonie, profitant d'apparentes ressemblances, prétendaient s'adjoindre au corps de l'Église et parfois étaient accueillies. Toutes les religions de l'antiquité semblaient ressusciter pour venir au-devant de Jésus et l'adopter comme un de leurs adeptes. Les cosmogonies de l'Assyrie, de la Phénicie, de l'Égypte, les doctrines des mystères d'Adonis, d'Osiris, d'Isis, de la grande déesse de Phrygie, faisaient invasion dans l'Église, et continuaient ce qu'on peut appeler la branche orientale, à peine chrétienne, du gnosticisme. Tantôt Jéhovah, le dieu des Juifs, était identifié avec le démiurge assyro-phénicien *Ialdebaoth*[1], « le fils du chaos »[2]. D'autres fois, le vieil IAΩ assyrien, qui offre avec Jéhovah d'étranges signes de parenté, était mis en

---

1. Irénée, I, xxx, 5 et suiv.; Orig., *Contre Celse*, VI, 31; Épiph. *Hær.*, xxvi, 10; xxxvii, 3 et suiv.
2. ילד בהו. Voir *Mém. sur Sanch.*, dans les *Mém. de l'Acad. des inscr.*, t. XXIII, deuxième partie, p. 256 et suiv., 312; F. Lenormant, *Bérose*, p. 126, 127; Baudissin, *Stud. zur semit. Religionsgeschichte*, I, p. 194, 195.

vogue¹ et rapproché de son quasi-homonyme d'une façon où le mirage n'est pas facile à discerner de la réalité².

Les sectes ophiolâtres, si nombreuses dans l'antiquité, se prêtaient surtout à ces folles associations. Sous le nom de nahassiens³ ou d'ophites⁴ se groupèrent quelques païens adorateurs du serpent, à qui il convint à certain jour de s'appeler chrétiens⁵. C'est d'Assyrie que vint, ce semble, le germe de cette Église bizarre⁶; mais l'Égypte⁷, la Phrygie⁸, la Phénicie⁹, les mystères orphiques¹⁰ y eurent leur part. Comme Alexandre d'Abonotique, prôneur de son dieu-serpent Glycon, les ophites avaient des serpents

---

1. Irénée, I, xxx, 5, 10; Orig., *Contre Celse*, VI, 31, 32; Épiph., *Hær.*, xxvi, 10; *Pisté Sophia*, p. 223, 234 (trad.).
2. Voir Baudissin, *Stud.*, I, p. 179 et suiv.
3. *Nahas*, en hébreu, veut dire « serpent ».
4. Voir surtout les *Philosophum.*, livre V; Épiph., *Hær.*, xxxvii; Irénée, I, xxx; Théodoret, I, 14; Pseudo-Aug., 17; Tertullien, *Præscr.*, c. [47]; Philastre, ch. 1.
5. La plupart des sectes ophiolâtres restèrent ennemies du christianisme. Voir Orig., *Contre Celse*, III, 13; VI, 24; Philastre, *De hær.*, c. 1.
6. *Philos.*, V, 1 et suiv.
7. Culte de Kneph ou agathodémon.
8. Actes de saint Philippe, dans Tischendorf, *Acta apost apocr.*, p. 75, 77.
9. Sanchoniathon, p. 48 (Orelli).
10. L'œuf symbolique, le serpent.

apprivoisés (agathodémons) qu'ils tenaient dans des cages; au moment de célébrer les mystères, ils ouvraient la porte au petit dieu et l'appelaient. Le serpent venait, montait sur la table où étaient les pains et s'entortillait à l'entour. L'Eucharistie paraissait alors aux sectaires un sacrifice parfait. Ils rompaient le pain, se le distribuaient, adoraient l'agathodémon et offraient par lui, disaient-ils, un hymne de louange au Père céleste. Ils identifiaient parfois leur petit animal avec le Christ ou avec le serpent qui enseigna aux hommes la science du bien et du mal.

Les théories des ophites sur l'Adamas, considéré comme un éon, et sur l'œuf du monde, rappellent les cosmogonies de Philon de Byblos et les symboles communs à tous les mystères de l'Orient[1]. Leurs rites avaient bien plus d'analogie avec les mystères de la Grande Déesse de Phrygie qu'avec les pures assemblées des fidèles de Jésus. Ce qu'il y a de plus singulier, c'est qu'ils avaient leur littérature chrétienne, leurs Évangiles, leurs traditions apocryphes, se rattachant à Jacques. Ils se servaient principalement de l'Évangile des Égyptiens et de celui de Thomas[2]. Leur christologie était celle de tous les gnostiques:

1. *Mém. de l'Académie des inscriptions*, t. XXIII, 2ᵉ partie, p. 241 et suiv.
2. Voir *l'Église chrétienne*, p. 513 et suiv.

Jésus-Christ se composait pour eux de deux personnes, Jésus et Christ, — Jésus, fils de Marie, le plus juste, le plus sage et le plus pur des hommes, qui fut crucifié; — Christ, éon céleste, qui vint s'unir à Jésus, le quitta avant la Passion, envoya du ciel une vertu qui fit ressusciter Jésus avec un corps spirituel, dans lequel il vécut dix-huit mois, donnant à un petit nombre de disciples élus un enseignement supérieur.

Sur ces confins perdus du christianisme, les dogmes les plus divers se mêlaient. La tolérance des gnostiques, leur prosélytisme ouvraient si larges les portes de l'Église que tout y passait. Des religions qui n'avaient rien de commun avec le christianisme, des cultes babyloniens, peut-être des rameaux du bouddhisme, furent classés et numérotés par les hérésiologues parmi les sectes chrétiennes. Tels furent les baptistes ou sabiens, depuis désignés sous le nom de mendaïtes[1], les pérates[2], partisans d'une

---

1. *Journ. asiat.*, nov.-déc. 1853, p. 436, 437; août-sept. 1855, p. 292-294. Voir aussi Siouffi, *Relig. des Soubbas*, Paris, 1880. Se rappeler que les Soubbas ou Sabiens sont probablement des elkasaïtes.

2. Clément d'Alex., *Strom.*, VII, 17; *Philosophumena*, V, 12 et suiv.; X, 10; Théodoret, I, 17. Cf. *Journal asiat.*, nov.-déc. 1853, p. 436, 437. Ce nom paraît venir de ce que la secte naquit au delà de l'Euphrate. Cf. Gen., xiv, 15 (grec).

cosmogonie moitié phénicienne, moitié assyrienne, vrai galimatias plus digne de Byblos, de Maboug ou de Babylone que de l'Église du Christ, et surtout les séthiens [1], secte en réalité assyrienne, qui fleurit aussi en Égypte. Elle se rattachait par des calembours au patriarche Seth, père supposé d'une vaste littérature et par moments identifié avec Jésus-Christ lui-même. Les séthiens combinaient arbitrairement l'orphisme, le néo-phénicisme, les anciennes cosmogonies sémitiques, et retrouvaient le tout dans la Bible. Ils disaient que la généalogie de la Genèse renfermait des vues sublimes, que les esprits vulgaires avaient ramenées à de simples récits de famille [2].

Un certain Justin [3], vers le même temps, dans un livre intitulé *Baruch*, transformait le judaïsme en une mythologie et ne laissait presque aucun rôle à Jésus. Des imaginations exubérantes, nourries d'interminables cosmogonies et mises brusquement au régime sévère de la littérature hébraïque et évangélique, ne pouvaient s'accommoder de tant de

---

1. Voir surtout *Philos.*, V, 19 et suiv.; Épiphane, *Hær.*, XXVI, 7; XXIX, 5; Théodoret, Pseudo-Aug., Philastre; Tertullien, *Præscr.*, c. 47. Cf. *Mém. de l'Acad. des inscr.*, XXIV, 1re partie, p. 166, Fabricius, *Cod. pseud. vet. Test.*, I, 140, 143 et suiv.; II, 47 et suiv.

2. Épiph., *Hær.*, XXXIX, 9.

3. *Philosoph.*, V, 23 et suiv.

simplicité. Elles gonflaient, si j'ose le dire, les récits historiques, légendaires ou évhéméristes de la Bible, pour les rapprocher du génie des fables grecques et orientales, auquel elles étaient habituées.

C'était, on le voit, tout le monde mythologique de Grèce et d'Orient qui s'introduisait subrepticement dans la religion de Jésus. Les hommes intelligents du monde gréco-oriental sentaient bien qu'un même esprit animait toutes les créations religieuses de l'humanité : on commençait à connaître le bouddhisme, et, quoiqu'on fût loin encore du temps où la vie de Bouddha deviendrait une vie de saint chrétien[1], on ne parlait de lui qu'avec respect[2]. Le manichéisme babylonien, qui représente au IIIᵉ siècle une continuation du gnosticisme, est fortement empreint de bouddhisme[3]. Mais la tentative d'introduire toute cette mythologie panthéiste dans le cadre d'une religion sémitique était condamnée d'avance. Philon le juif,

---

1. Vie des saints Josaphat et Barlaam.
2. Cf. Clément d'Alex., *Strom.*, I, 15; Bardesane, *De fato*, p. 16-19 (Cureton); Porphyre, *De abstin.*, IV, 17.
3. Scythianus=Çakya ; Boudasf=Bodhisatva. Voir *Hist. gén. des langues sémit.*, 1ʳᵉ édit., p. 250, 251, note; *Journal asiat.*, fév.-mars 1856, p. 255, 256; *Mém. de l'Acad. des inscr.*, t. XVIII, 2ᵉ partie, p. 90, 91; Lassen, *Ind. Alt.*, III, p. 397 et suiv.; Weber, *Ind. Skizzen*, 63, 64, 91, 92. Les *Actes de saint Thomas* ressemblent singulièrement à un soutra bouddhique.

les Épîtres aux Colossiens et aux Éphésiens, les écrits pseudo-johanniques avaient été sous ce rapport aussi loin que possible. Les gnostiques faussaient le droit sens de tous les mots en se prétendant chrétiens. L'essence de l'œuvre de Jésus, c'était l'amélioration du cœur. Or ces spéculations creuses renfermaient tout au monde, excepté du bon sens et de la bonne morale. Même en tenant pour des calomnies ce que l'on racontait de leurs promiscuités et de leurs habitudes licencieuses [1], on ne peut douter que les sectes dont nous parlons n'aient eu en commun une fâcheuse tendance à l'indifférence morale, un quiétisme dangereux, un manque de générosité qui leur faisait proclamer l'inutilité du martyre [2]. Leur docétisme obstiné [3], leur système sur l'attribution des deux Testaments à deux dieux différents [4], leur opposition au mariage [5], leur négation de la résurrection et du

---

1. Épiph., xxvi, 3, 4, 11.
2. Tertullien, *Scorp.*, 1, 15; saint Jérôme, *In Vigil.*, c. 3.
3. Irénée, III, xi, 3; Clém. d'Alex., *Strom.*, III, c. 13 et suiv.; VII, ch. 17; *Philos.*, VIII, 1 et suiv. Orig., *Contre Celse*, II, 13; Épiph., xxvi, 10; saint Jérôme, *In lucif.*, 8; Théodoret, *Hær. fab.*, proœm. et l. V, c. 12; Tertullien, *De carne Christi*, ch. 1; Épîtres de saint Ignace.
4. Irénée, II, xxxv, 2 et suiv.; Épiph., xxvi, 6, 11, 15; lettre de Ptolémée à Flora, dans Épiph., xxxiii, 3, 7.
5. Οἱ τοῦ νόμου κατατρέχοντες καὶ τοῦ γάμου. Clém. d'Alex., *Strom.*, IV, 18.

jugement[1], fermaient également devant eux les portes d'une Église où la règle des chefs fut toujours une sorte de modération et d'opposition aux excès. La discipline ecclésiastique, représentée par l'épiscopat, fut le rocher contre lequel ces tentatives désordonnées vinrent toutes se briser.

On craindrait, en parlant plus longuement de pareilles sectes, d'avoir l'air de les prendre plus au sérieux qu'elles ne se prirent elles-mêmes. Qu'étaient-ce que les phibionites, les barbélonites[2] ou borboriens, les stratiotiques ou militaires, les lévitiques, les coddiens[3]? Les Pères de l'Église sont unanimes pour verser sur toutes ces hérésies un ridicule qu'elles méritaient sans doute et une haine qu'elles ne méritaient peut-être pas. Il y avait en tout cela plus de charlatanisme que de méchanceté. Avec leurs mots hébreux souvent pris à contresens[4], leurs formules magiques, plus tard leurs amu-

---

1. Épiph., xxvi, 15; Philastre, c. 57.

2. Peut-être בארבע אלוה, ἐν τετράδι θεός.

3. Épiph., *Hær.*, xxvi, 3, 10; Philastre, c. 57; Théodoret, I, 13. C'étaient, ce semble, des ophites. Lipsius, *Die Quellen der ælt. Ketz.*, p. 197-199, 223, note. Cf. *Pistis Sophia*, p. 233 (trad.); Matter, *Hist. du gnost.*, pl. I. F, nº 4; expl., p. 28.

4. Irénée, I, xiv, xv, xvi, xxi, xxx, 5; *Philosoph.*, V, 8, 26; Celse, dans Orig., *Contre Celse*, VI, 31, 32; Épiph., *Hær.*, xxvi, 1; xxix, 20; xxxvi; Pseudo-Aug., 16; *Pistis Sophia*, p. 223 et suiv. (trad.). Cf. Lucien, *Alex.*, 13; Origène, *Contre Celse*, I, c. 22.

lettes et leurs abraxas¹, les gnostiques de bas étage ne méritent que le mépris. Mais ce mépris ne doit pas rejaillir sur les grands hommes qui cherchèrent dans ce narcotique puissant le repos ou, si l'on veut, l'étourdissement de leur pensée. Valentin eut à sa manière du génie. Carpocrate et son fils Épiphane furent de brillants écrivains, gâtés par l'utopie et le paradoxe, mais parfois étonnants de profondeur. Le gnosticisme eut un rôle considérable dans l'œuvre de la propagande chrétienne. Souvent il fut la transition par laquelle on passait du paganisme au christianisme². Les prosélytes ainsi gagnés devenaient presque toujours orthodoxes; jamais ils ne retournaient au paganisme.

C'est surtout l'Égypte qui garda de ces rites étranges une empreinte ineffaçable. L'Égypte n'avait pas eu de judéo-christianisme. Un fait remarquable, c'est la différence entre la littérature copte et les autres littératures chrétiennes de l'Orient. Tandis que la plupart des ouvrages judéo-chrétiens se retrouvent en syriaque, en arabe, en éthiopien, en arménien, le copte ne montre qu'un arrière-fonds gnostique, sans rien au delà. L'Égypte passa ainsi sans intermédiaire de l'illuminisme païen à l'illumi-

1. Voir ci-après, p. 142-144.
2. Exemple d'Ambroise, l'ami d'Origène : Eus., *H. E.*, VI, 18.

nisme chrétien. Alexandrie presque tout entière fut convertie par les gnostiques. Clément d'Alexandrie est ce qu'on peut appeler un gnostique tempéré; il cite avec respect Héracléon comme un docteur faisant autorité à beaucoup d'égards; il emploie en bonne part le mot de *gnostique* et le fait synonyme de chrétien[1]; il est loin, en tout cas, d'avoir contre les idées nouvelles la haine d'Irénée, de Tertullien, de l'auteur des *Philosophumena*. On peut dire que Clément d'Alexandrie et Origène introduisirent dans la science chrétienne ce que la tentative trop hardie d'Héracléon et de Basilide avait d'acceptable. Mêlée intimement à tout le mouvement intellectuel d'Alexandrie, la gnose eut une influence décisive sur le tour que prit au III siècle la philosophie spéculative dans cette ville, devenue alors le centre de l'esprit humain. La conséquence de ces disputes sans fin fut la constitution d'une sorte d'académie chrétienne, d'une véritable école de saintes lettres et d'exégèse[2], qu'illustreront bientôt Pantænus, Clément, Origène. Alexandrie devient chaque jour de plus en plus la capitale de la théologie chrétienne.

L'effet de la gnose sur l'école païenne d'Alexandrie ne fut pas moindre. Ammonius Saccas, né de

---

1. *Strom.*, IV, ch. 4, 26, et les livres VI et VII entiers.
2. Eusèbe, *H. E.*, V, x, 1.

parents chrétiens[1], et Plotin, son disciple, en sont tout imprégnés. Les esprits les plus ouverts, tels que Numenius d'Apamée, entraient par cette voie dans la connaissance des doctrines juives et chrétiennes, jusque-là si rare au sein du monde païen[2]. La philosophie alexandrine du IIIe, du IVe, du ve siècle est pleine de ce qu'on peut appeler l'esprit gnostique, et elle lègue à la philosophie arabe un germe de mysticisme, que celle-ci développera encore[3]. Le judaïsme, de son côté, subira les mêmes influences[4]. La Cabbale n'est pas autre chose que le gnosticisme des juifs. Les *sephiroth* sont les « perfections » de Valentin. Le monothéisme, pour se créer une mythologie, n'a qu'un procédé, c'est d'animer les abstractions qu'il a coutume de ranger comme des attributs autour du trône de l'Éternel.

Le monde, fatigué d'un polythéisme épuisé, demandait à l'Orient, et surtout à la Judée, des noms divins moins usés que ceux de la mythologie cou-

[1]. Porphyre, dans Eus., *H. E.*, VI, xix, 7 (cf. 10, où l'on remarquera la confusion d'homonymes commise par Eusèbe).

[2]. Eus., *Præp. evang.*, IX, 7; XI, 10, 18, 22; Proclus, *in Tim.*, l. II, ch. 93.

[3]. Théorie des sphères (éons), dont la dernière, c'est-à-dire la plus rapprochée de la terre, de laquelle dépend le gouvernement des choses humaines, est la moins relevée.

[4]. Les idées des Falaschas, juifs d'Abyssinie, sont fortement empreintes de gnosticisme.

rante. Ces noms orientaux avaient plus d'emphase que les noms grecs, et on donnait une singulière raison de leur supériorité théurgique : c'est que la Divinité ayant été plus anciennement invoquée par les Orientaux que par les Grecs, les noms de la théologie orientale répondaient mieux que les noms helléniques à la nature des dieux et leur plaisaient davantage[1]. Les noms d'Abraham, d'Isaac, de Jacob, de Salomon passaient en Égypte pour des talismans de première force[2]. Des amulettes répondant à ce syncrétisme effréné couvraient tout le monde[3]. Les

---

1. Celse, dans Orig.; VIII, 37; Jamblique, *De mysteriis*, sect. VII, 4 et suiv., p. 256 et suiv., édit. Parthey.

2. Origène, *Contre Celse*, I, 22 et suiv. Cf. IV, 33, 34; VI, 39. Comp. la pierre Vattier de Bourville, *Revue arch.*, 1848, p. 153, 280 et suiv. Pour le nom de *Moïse*, voir Montfaucon, *Ant. expl.*, II, II, pl. CLVI, bas. Comp. les papyrus de Berlin, I, ligne 219; II, ligne 115, Parthey, dans les *Mém. de l'Acad. de Berlin*, 1865 ! *Comptes rendus de l'Acad. des inscr.*, 1880, p. 278.

3. Voir le papyrus Anastasi, n° 1073, maintenant à la Bibl. nat. (*Notice* de Fr. Lenormant, p. 87); les papyrus de Leyde, I, 383, 384 : Reuvens, *Lettre à M. Letronne* (Leyde, 1830); Leemans, *Aegyptische Papyrus*, Leyde, 1839, et t. II des *Grieksche papyrussen van het museum te Leyden* (cf. Anastasi, n° 1072); les papyrus de Berlin : Parthey, dans les *Mém. de l'Acad. de Berlin*, 1865, p. 109 et suiv. C'est à tort que l'on désigne ces monuments par le nom de gnostiques. Ils n'ont presque rien de chrétien (apparentes exceptions dans Chabouillet, *Catalogue des camées*, n°s 2169, 2176, 2220, 2222, 2223; dans Reuvens, *Lettre à M. Letronne*, p. 25), et les chrétiens, même gnostiques,

mots ΙΑѠ, ΑΔѠΝΑΙ, CΑΒΑѠΘ, ΕΛѠΑΙ, et les formules hébraïques en caractères grecs s'y mêlaient à des symboles égyptiens et au sacramentel ΑΒΡΑCΑΞ, équivalent du nombre 365[1]. Tout cela est bien plus judéo-païen[2] que chrétien, et le gnosticisme représentant dans le christianisme l'aversion contre Jéhovah poussée jusqu'au blasphème, il est tout à fait inexact de rapporter au gnosticisme ces monuments d'ineptie. Ils étaient l'effet du tour général qu'avait pris la superstition du temps, et nous croyons qu'à l'époque où nous sommes arrivés, les chrétiens de toutes les sectes restaient indifférents à ces petits talismans. C'est à partir de la conversion en masse des païens, au IVe et au Ve siècle, que les amulettes s'introduisent dans l'Église et que des

---

les auraient eus en horreur. Basilide adoptait *Abrasax* (Irénée, I, XXIV, 7) comme tant d'autres mots sacramentels; mais rien de plus faux que d'appeler basilidiennes toutes les pierres où on lit ΑΒΡΑCΑΞ. *Iao* n'est pas non plus une invention de Valentin (Irénée, I, IV, 1; comp., I, XXI, 3). Pas un texte des Pères de l'Église ne mentionne, chez les gnostiques, de pareils talismans. Il faut faire exception pour les ophites, qui ne sont vraiment pas chrétiens.

1. Voir les Recueils de Jean L'Heureux (Macarius) ou Chifflet, Du Molinet, Montfaucon, Caylus, Bellermann, Kopp, King, Matter, Baudissin, Parthey, Frœhner, Chabouillet. Cf. *Bull. de la Soc. des ant. de Fr.*, 1859, p. 191 et suiv.

2. Voir les classifications établies par M. de Baudissin, *Stud. zur sem. Rel.*, p. 189 et suiv.

mots et des symboles décidément chrétiens commencent à s'y rencontrer.

L'orthodoxie fut donc ingrate en ne reconnaissant pas les services que lui avaient rendus ces sectes indisciplinées. Dans le dogme, elles ne provoquèrent que de la réaction ; mais leur rôle fut des plus considérables dans la littérature chrétienne et dans les institutions liturgiques. On emprunte presque toujours beaucoup à ceux que l'on anathématise. Le premier christianisme, tout juif encore, était trop simple ; ce furent les gnostiques qui en firent une religion. Les sacrements furent en grande partie leur création ; leurs onctions, surtout au lit de mort des malades, produisaient une grande impression[1]. Le saint chrême, la confirmation (d'abord partie intégrante du baptême), l'attribution d'une force surnaturelle au signe de la croix, plusieurs autres éléments de la mystique chrétienne viennent d'eux[2]. Parti jeune et

---

1. Irénée, I, xxi, 3, 5, et la note de dom Massuet.
2. Celse, dans Orig., *Contre Celse*, VI, 39,40 ; *Constit. apost.*, VII, ch. 42-45 ; *Recogn.*, I, 15. Voir surtout les *Acta sancti Thomæ*, § 26-27 ; Migne, *Dict. des apocr.*, col. 1027-1030, 1044 ; Siouffi, ouvr. cité, p. 80-84. Les fables sur « l'huile de la miséricorde » se rattachent au même fond gnostique. Légende de la pénitence d'Adam et de la Caverne des trésors ; *Évang. de Nicod.*, 2ᵉ partie, ch. 3 ; *Apoc. de Moïse,* Tisch., *Apoc. apocr.*, p. xi, 5, 7. Cf. Hermas, simil. viii, Gebh. et Harn., p. 186-187 ;

actif, les gnostiques écrivaient beaucoup, se lançaient hardiment dans l'apocryphe. Leurs livres, frappés d'abord de discrédit, finissaient par entrer dans la famille orthodoxe. L'Église acceptait bientôt ce qu'elle avait maudit d'abord. Une foule de croyances, de fêtes, de symboles d'origine gnostique devinrent ainsi des croyances, des fêtes, des symboles catholiques. Marie, mère de Jésus, en particulier[1], dont l'Église orthodoxe se préoccupait très peu, dut à ces novateurs les premiers développements de son rôle presque divin. Les Évangiles apocryphes sont pour une bonne moitié au moins l'ouvrage des gnostiques. Or les Évangiles apocryphes ont été la source d'un grand nombre de fêtes et ont fourni les sujets les plus affectionnés de l'art chrétien[2]. Les premières images chrétiennes, les premiers portraits du Christ furent gnostiques[3]. L'Église strictement orthodoxe fût restée iconoclaste si l'hérésie ne l'eût pénétrée, ou plutôt n'eût exigé d'elle, pour les besoins de la concurrence, plus d'une concession aux faiblesses païennes.

note de Cotelier sur *Recogn.*, I, 45 ; l'inscription ci-après, p. 147.

1. Voir la *Pistis Sophia,* à chaque page, surtout p. 19, 20, 39. L'exagération du culte de la Vierge est un fait avant tout syrien. Voir saint Éphrem, *Carm. nisib.,* p. 29-30 (édit. Bickell).

2. Voir *l'Église chrétienne,* ch. XXVI.

3. Irénée, I, xxv, 6 ; Celse, dans Orig., VI, 30, 33, 34.

Ballotté tour à tour du génie à la folie, le gnosticisme défie tous les jugements absolus. Hegel et Swedenborg, Schelling et Cagliostro s'y coudoient. L'apparente frivolité de quelques-unes de ses théories ne doit pas nous rebuter. Toute loi qui n'est pas l'expression pure de la science positive subit les caprices de la mode. Telle formule de Hegel qui a été à son heure la plus haute vue sur le monde fait maintenant sourire. Telle phrase en laquelle nous croyons résumer l'univers semblera un jour creuse ou fade. A tous ceux qui naufragent dans la mer de l'infini, il faut l'indulgence. Le bon sens, qui paraît au premier coup d'œil inconciliable avec les chimères des gnostiques, ne leur manqua pas autant qu'on pourrait le croire. Ils ne combattirent pas la société civile; ils ne recherchèrent pas le martyre et eurent en aversion les excès de zèle. Ils eurent la suprême sagesse, la tolérance, parfois même, qui le croirait? le scepticisme discret. Comme toutes les formes religieuses, le gnosticisme améliora, consola, émut les âmes. Voici en quels termes une épitaphe valentinienne, trouvées ur la voie Latine[1], essaye de sonder l'abîme de la mort :

---

[1]. *Civiltà cattolica,* 1858, p. 357 et suiv.; *Corpus inscr. gr.,* n° 9595 *a.*

Désireuse de voir la lumière du Père, compagne de mon sang, de mon lit, ô ma sage, parfumée, au bain sacré, de la myrrhe incorruptible et pure de Christos, tu t'es hâtée d'aller contempler les divins visages des éons, le grand Ange du grand conseil, le Fils véritable, pressée que tu étais de te coucher au lit nuptial, dans le sein paternel des éons.

Cette morte-ci n'eut pas le sort commun des humains. Elle est morte, et elle vit et voit réellement la lumière incorruptible. Aux yeux des vivants, elle est vivante ; ceux qui la croient morte sont les vrais morts. Terre, que veut dire ton étonnement devant cette nouvelle espèce de mânes? Que veut dire ta crainte?

CHAPITRE IX.

SUITE DU MARCIONISME. — APELLE.

Excellent pour produire la consolation et l'édification individuelles, le gnosticisme était très faible comme Église. Il ne pouvait en sortir ni presbytérat ni épiscopat ; des idées aussi désordonnées ne produisaient que des conciliabules de dogmatiseurs. Marcion seul réussit à élever un édifice compact sur ce fond fuyant. Il y eut une Église marcionite, fortement organisée. Sûrement cette Église fut entachée de quelque défaut grave, qui la fit mettre au ban de l'Église du Christ. Ce n'est pas sans raison que tous les fondateurs de l'épiscopat se réunissent en un sentiment commun, l'aversion contre Marcion. La métaphysique ne dominait pas assez ces sortes d'esprits, pour qu'il n'y eût en cela, de leur part, qu'une simple haine théologique. Mais le temps est un bon juge ; le marcionisme dura. Il fut, ainsi que l'arianisme, une des grandes fractions du christianisme, et non, comme tant d'autres sectes, un météore bizarre et passager.

Marcion, tout en restant fidèle à quelques principes qui constituaient pour lui l'essence du christianisme, varia plus d'une fois dans sa théologie. Il semble qu'il n'imposait à ses disciples aucun symbole bien arrêté. Après sa mort, les divisions intérieures de la secte furent extrêmes[1]. Potitus et Basilique restèrent fidèles au dualisme[2]; Synérôs admit trois natures, sans qu'on sache au juste comment il s'exprimait; Apelle revint décidément à la *monarchie*. Il avait d'abord été personnellement disciple de Marcion; mais il était doué d'un esprit trop indépendant pour rester disciple; il rompit avec son maître et quitta son Église. Ces ruptures étaient, hors de la communion catholique, des accidents qui arrivaient tous les jours. Les ennemis d'Apelle essayèrent de faire croire qu'il avait été chassé et que la cause de son excommunication fut une liberté de mœurs qui contrastait avec la sévérité du maître. On parla beaucoup d'une vierge Philumène, dont les séductions l'auraient entraîné à tous les égarements[3],

1. Rhodon, dans Eusèbe, V, xiii.
2. *Ibid.*, § 3.
3. Tertullien, *Præscr.*, 6,]30, [51]; *Adv. Marc.*, III, 11; *De*

et qui aurait joué près de lui le rôle d'une Priscille ou d'une Maximille. Rien n'est plus douteux. Rhodon, son adversaire orthodoxe, qui le connut, le présente comme un vieillard vénérable par la régle ascétique de sa vie[1]. Rhodon parle de Philumène et la présente comme une vierge possédée, dont Apelle admit réellement les inspirations comme divines. Pareils accidents de crédulité arrivèrent aux docteurs les plus austères, en particulier à Tertullien[2].

Le langage symbolique des doctrines gnostiques prêtait, d'ailleurs, à de graves malentendus et donna souvent lieu à des méprises de la part des orthodoxes, intéressés à calomnier de si dangereux ennemis. Ce ne fut pas impunément que Simon le Magicien joua sur l'allégorie d'Hélène-Ennoia ; Marcion fut peut-être victime d'un quiproquo du même ordre[3]. L'imagination philosophique un peu changeante d'Apelle put aussi faire dire que, poursuivant une amante volage, Philumène[4], il quitta la vérité pour

carne Christi, 6, 24; *De anima,* 36; Pseudo-Tert., *De hær.,* 19; *Philosoph.,* VII, 38; x, 20; Pseudo-Aug., 23 (Œhler); saint Jér., *Epist. ad Ctesiph.,* adv. *Pelag.* (Mart., IV, ii, p. 477).

1. Ὁ τὴν πολιτείαν σεμνυνόμενος καὶ τὸ γῆρας. Dans Eus., V, xiii, 2. Sur πολιτείαν, voir ci-après, p. 183, note 4.

2. Tertullien, *De anima,* 9.

3. Voir *l'Église chrétienne,* p. 354.

4. Φιλουμένη. C'était le nom des jeunes premières dans les comédies grecques et latines.

courir après de périlleuses aventures. Il est permis de supposer qu'il donnait pour cadre à ses enseignements les révélations¹ d'un personnage symbolique, qu'il appelait *Philouméné* (la vérité aimée). Il est sûr, au moins, que les paroles prêtées par Rhodon à notre docteur sont celles d'un honnête homme, d'un sincère ami de la vérité. Après avoir quitté l'école de Marcion, Apelle se rendit à Alexandrie, essaya une sorte d'éclectisme entre les idées incohérentes qui défilèrent devant lui et revint ensuite à Rome². Il ne cessa de remanier toute sa vie la théologie de son maître³, et il semble qu'il finit par une lassitude des théories métaphysiques qui, selon nos idées, le rapprochait de la vraie philosophie.

Les deux grandes erreurs de Marcion, comme de la plupart des premiers gnostiques, étaient le dualisme et le docétisme. Par la première, il donnait d'avance la main au manichéisme, par la seconde à l'islam. Les docteurs marcionites et gnostiques de la fin du II⁰ siècle essayent, en général, d'atténuer ces deux erreurs. Les derniers basilidiens⁴

1. Φανερώσεις.
2. Harnack, *Apelles*, p. 16, 17.
3. Tertullien, *Præscr.*, 6, 30, [51]; *De carne Christi*, 1, 6; *Adv. Marc.*, III, 11 ; IV, 17.
4. Ceux que réfute l'auteur des *Philosophumena*.

en venaient à un panthéisme pur. L'auteur du roman pseudo-clémentin, malgré sa théologie bizarre, est un déiste. Hermogène [1] se débattait gauchement au milieu des insolubles questions soulevées par la doctrine de l'incarnation. Apelle [2], dont les idées se rapprochent parfois beaucoup de celles du faux Clément, cherche de même à échapper aux subtilités de la gnose, en maintenant avec force les principes de ce qu'on peut appeler la théologie du bon sens.

L'unité absolue de Dieu est le dogme fondamental d'Apelle. Dieu est la bonté parfaite ; le monde ne reflétant pas suffisamment cette bonté, le monde ne saurait être son œuvre. Le vrai monde créé par Dieu

---

1. Théophile d'Antioche, dans Eus., IV, xxiv, 1 ; Clém. d'Alex. ou Théodote, *Ecl. ex proph.*, 56 ; Tertullien, *Adv. Hermogenem* entier ; *Philos.*, VIII, 17 ; Théodoret, Philastre, Pseudo-Aug., Præd., Isid., Paul, Honor. (Œhler, *Corp. hær.*, I).

2. Rhodon, dans Eus., V, xiii ; Tertullien, *Præscr.*, 6, 7, 10, 30, 33, 34, 37, [51] ; *Adv. Marc.*, III, 11 ; IV, 17 ; *De carne Christi*, 1, 6-9, 24 ; *De resurr. carnis*, 2, 5 ; *De anima*, 23, 36 ; Origène, *Contre Celse*, V, 54 ; *In Gen.*, hom. II, 2 ; *In Matth. comm. series*, 43, 46, 47 ; Pamph. et Rufin, dans Delarue, append. au t. IV, p. 22, 52 ; *Philos.*, VII, 12, 38 ; X, 20 ; Eus., V, 13 ; Epiph., *Hær.*, xliv ; Théodoret, I, 25 ; saint Ambroise, *De parad.*, V, 28 ; Pseudo-Tertull., *De hær.*, 19 ; Philastre, 47 ; Pseudo-Aug., 23 (cf. 24, édition Œhler) ; Prædest., 22 ; Pseudo-Jérôme, 17 ; Paul, 25 ; Honoré d'Autun, 27 ; Isid., 12 (Œhler, *Corp. hær.*, I) ; saint Jérôme, *In Gal.*, I, 8 ; *In Matth.*, proœm. ; Jean de Damas, *De hær.*, c. 44 ; Zonaras, dans Cotelier, *Eccl. gr. monum.*, III, p. 470-471.

est un monde supérieur, peuplé d'anges. Le principal de ces anges est l'ange glorieux, sorte de démiurge ou de *Logos* créé, créateur à son tour du monde visible; celui-ci n'est qu'une imitation manquée du monde supérieur. Apelle évitait ainsi le dualisme de Marcion et se plaçait dans une situation intermédiaire entre le catholicisme et la gnose. Il corrigeait réellement le système de Marcion et donnait à ce système une certaine conséquence; mais il tombait dans bien d'autres difficultés. Les âmes humaines, selon Apelle, faisaient partie de la création supérieure, dont elles étaient déchues par la concupiscence. Pour les ramener à lui, Dieu a envoyé son Christ dans la création inférieure. Christ est venu ainsi améliorer l'œuvre manquée et tyrannique du démiurge. Apelle rentrait ici dans la doctrine classique du marcionisme et du gnosticisme, selon laquelle l'œuvre essentielle du Christ a été de détruire le culte du démiurge, c'est-à-dire le judaïsme. L'Ancien Testament et le Nouveau lui paraissent deux ennemis. Le Dieu des juifs, comme le Dieu des catholiques (aux yeux d'Apelle, ces derniers étaient des judaïsants), est un dieu pervers, auteur du péché et de la chair. L'histoire juive est l'histoire du mal; les prophètes eux-mêmes sont des inspirés de l'esprit mauvais. Le Dieu du bien ne s'est pas révélé avant Jésus. Apelle accordait à Jésus un corps céleste élémentaire, en dehors des lois ordinaires de la physique, bien que doué d'une pleine réalité.

A diverses reprises, Apelle paraît avoir senti que cette doctrine de l'opposition radicale des deux Testaments avait quelque chose de trop absolu, et, comme ce n'était pas un esprit obstiné, peu à peu il en vint à des idées que saint Paul n'eût peut-être point repoussées. En certains moments, l'Ancien Testament lui semblait plutôt incohérent et contradictoire que décidément mauvais; si bien que l'œuvre du Christ aurait été d'y faire le discernement du bien et du mal, conformément à ce mot si souvent cité par les gnostiques : « Soyez de bons trapézites[1]. » De même que Marcion avait écrit ses *Antithèses* pour montrer l'incompatibilité des deux Testaments, Apelle écrivit ses *Syllogismes*, vaste compilation des passages faibles du *Pentateuque*, destinée surtout à montrer l'inconstance de l'ancien législateur et son peu de philosophie[2]. Apelle y déploya une critique très subtile, rappelant parfois celle des incrédules du xviiie siècle. Les difficultés que présentent les premiers chapitres de la *Genèse*, quand on s'interdit l'explication my-

1. Sur le sens qu'on y donnait à cette époque, voir Denys d'Alexandrie, dans Eus., VII, vii, 3.
2. Saint Ambroise (*De parad.*, V, 28) en cite le tome XXXVIIIe.

thique, étaient relevées avec beaucoup de sagacité[1]. Son livre fut considéré comme une réfutation de la Bible et repoussé comme blasphématoire[2].

Esprit trop juste pour le monde sectaire où il s'était engagé, Apelle était condamné à changer toujours. Sur la fin de sa vie, il désespéra tout à fait des Écritures. Même son idée fondamentale de l'unité divine vacilla devant lui, et il arriva, sans s'en douter, à la parfaite sagesse, c'est-à-dire au dégoût des systèmes et au bon sens. Rhodon, son adversaire, nous a raconté une conversation qu'il eut avec lui à Rome vers 180. « Le vieil Apelle, dit-il[3], s'étant abouché avec nous, nous lui montrâmes qu'il se trompait en beaucoup de choses, si bien qu'il fut réduit à dire qu'il ne fallait pas si fort examiner les matières de la religion, que chacun devait demeurer dans sa croyance, que ceux-là seraient sauvés qui espéraient dans le crucifié, pourvu qu'ils fussent trouvés gens de bien. Il avouait que le point le plus obscur pour lui était ce qui concernait Dieu. Il n'admettait comme nous qu'un seul principe... « Où est

---

1. Saint Ambroise, *l. c.*; Origène, *In Gen.*, hom. II, 2.
2. Eusèbe, *H. E.*, V, XIII, 9.
3. Eus., V, ch. 13. Cf. saint Jérôme, *De viris ill.*, ch. 37; Pseudo-Hieronymus, *Indiculus de hær.*, c. 17; Harnack, *Apelles*, p. 16, 17.

» la preuve de tout cela, lui demandai-je, et qu'est-
» ce qui te permet d'affirmer qu'il n'y a qu'un seul
» principe ? » Il m'avoua alors que les prophéties ne
peuvent nous rien apprendre de vrai, puisqu'elles se
contredisent et se renversent elles-mêmes ; que cette
assertion : « Il n'y a qu'un principe », était plutôt
chez lui l'effet d'un instinct que d'une connaissance
positive. Lui ayant demandé par serment de dire la
vérité, il me jura qu'il parlait sincèrement, qu'il ne
savait pas comment il n'y a qu'un seul Dieu non
engendré, mais qu'il le croyait. Pour moi, je lui
reprochai en riant de se donner le titre de maître,
sans pouvoir alléguer aucune preuve en faveur de
sa doctrine. »

Pauvre Rhodon ! C'était l'hérétique Apelle qui,
ce jour-là, lui donnait une leçon de bon goût, de
tact et de vrai christianisme. L'élève de Marcion
était réellement guéri, puisqu'à une creuse *Gnosis*
il préférait la foi, l'instinct secret de la vérité, l'a-
mour du bien, l'espérance dans le crucifié.

Ce qui donnait une certaine force à des idées
comme celles d'Apelle, c'est qu'elles n'étaient, à beaucoup d'égards, qu'un retour à saint Paul. Il n'est
pas douteux que saint Paul, ressuscitant à l'heure
du christianisme où nous sommes arrivés, n'eût
trouvé que le catholicisme faisait à l'Ancien Testa-

ment trop de concessions. Il eût protesté et soutenu qu'on revenait au judaïsme, qu'on versait le vin nouveau dans de vieilles outres[1], qu'on supprimait la différence de l'Évangile et de la Loi.

La doctrine d'Apelle ne sortit pas de Rome et ne dura guère après sa mort. Tertullien, cependant, se crut obligé de la réfuter[2]. Un certain Lucain ou Lucien fit, comme Apelle, secte à part dans l'Église marcionite[3]. Il semble qu'il admettait, comme Synérôs, trois principes, l'un bon, l'autre mauvais, l'autre juste. Le principe strictement juste était représenté par le démiurge ou créateur. Dans sa haine contre ce dernier, Lucien supprimait le mariage. Par ses blasphèmes contre la création, il parut à d'autres se rapprocher de Cerdon[4].

Sévère semble avoir été un gnostique attardé plus encore qu'un marcionite[5]. Prépon l'Assyrien niait la naissance du Christ et soutenait que, l'an 15

---

1. Epiph., *Hær.*, XLII; 2.

2. *De carne Christi*, 8. Cf. Epiph., *Hær.*, XLIV.

3. Tertullien, *De resurr. carnis*, 2. *Præscr.*, [51]; Origène, *Contre Celse*, II, 27; Epiphane, *Hær.*, XLIII, XLIV, 1; *Philosoph.*, VII, 11 et 37; Philastre, 46; Pseudo-Tert., 18.

4. *Philosoph.*, VII, 37.

5. Epiph., *Hær.*, XLV. Voir ci-après p. 168-169. C'est à tort que l'on met Blastus parmi les marcionites et parmi les montanistes.

du règne de Tibère, Jésus descendit du ciel en la figure d'un homme tout formé¹.

Le marcionisme, ainsi que le gnosticisme, en était à la seconde génération. Ces deux sectes n'auront plus désormais aucun docteur illustre. Toutes les grandes fantaisies écloses sous Adrien disparaissaient comme des songes. Les naufragés de ces petites Églises aventureuses s'accrochaient avidement aux bords de l'Église catholique et y rentraient. Les écrivains ecclésiastiques avaient sur eux l'avantage qu'ont auprès des foules ceux qui ne cherchent pas et ne doutent pas. Irénée, Philippe de Gortyne, Modestus, Méliton, Rhodon, Théophile d'Antioche, Bardesane, Tertullien, se donneront pour tâche de démasquer ce qu'on appelait les ruses infernales de Marcion², et ne s'interdiront dans leur langage aucune violence.

Bien que frappée à mort, l'Église de Marcion resta longtemps, en effet, une communauté distincte à côté de l'Église catholique. Durant des siècles, il y eut, dans toutes les provinces de l'Orient, des communautés chrétiennes qui s'honorèrent de porter

---

1. *Philosoph.*, VII, 31. Lisez κατακολουθῶν Πρέπων. *Zeitschrift für Kirchengesch.*, I, p. 536-538.

2. Eusèbe, *H. E.*, IV, ch. 24, 25, 30 ; V, viii, 9 ; Irénée, *Adv. hær.*, I, xxvii, 2-3 ; xxviii, 1 ; III, xii, 12.

le nom de Marcion, et écrivirent ce nom sur le fronton de leurs « synagogues[1] ». Ces Églises montraient des successions d'évêques comparables aux listes dont se glorifiait l'Église catholique[2]. Elles avaient des martyrs[3], des vierges[4], tout ce qui constituait la sainteté. Les fidèles y menaient une vie austère, affrontaient la mort, portaient le sac monastique, s'imposaient des jeûnes rigoureux et s'abstenaient de tout ce qui avait eu vie. « Ce sont des frelons qui imitent les ruches des abeilles », disaient les orthodoxes[5]. « Ces loups se revêtent de

---

1. *Dialogue contre les marcionites,* publié par Wetzstein, ou *De recta in Deum fide* attribué à Origène, Opp., t. I, p. 808-810 (Delarue); Waddington, *Inscr. de Syrie,* n° 2558, Συναγωγὴ μαρκιωνιστῶν, bâtie en l'année 318, à Lebaba (aujourd'hui Deir-Ali), à une journée au sud de Damas; Lequien, *Oriens christianus,* II, col. 1110. Voir *Zeitschrift für wissenschafliche Theologie,* 1876, p. 100 et suiv. Cf. Epiphane, *Hær.,* XLII, 1; Théodoret, *Epist.,* 113.

2. Dialogue précité, *l. c.*

3. Clém. d'Alex., *Strom.,* IV, ch. 4; l'Anonyme contre les cataphryges, dans Eus., V, XVI, 21; Eus., IV, 15; VII, 12; *De mart. Palæst.,* c. 10. Se rappeler, en particulier, Métrodore, qui fut le compagnon de supplice de saint Pione. Cf. les actes de ce saint. Ruinart, *Acta sinc.,* p. 137, 150; Eus., *H. E.,* IV, XV, 46 (en observant l'anachronisme que commet Eusèbe).

4. Jean Chrysost., *De virgin.,* ch. 3-6; Eznig, *Réfut. des sectes,* l. IV, ch., 12-14.

5. Tert., *Adv. Marc.,* IV, 5. « Faciunt favos et vespæ, faciunt ecclesias et marcionitæ. »

la peau des brebis qu'ils tuent », disaient d'autres[1].
Comme les montanistes, les marcionites se fabriquaient de faux écrits apostoliques, de faux psaumes[2].
Inutile de dire que cette littérature hérétique a péri tout entière.

Au IVe et au Ve siècle, la secte, vivace encore, est combattue avec énergie, comme un fléau actuel, par Jean Chrysostome, saint Basile, saint Épiphane, Théodoret, l'Arménien Eznig, le Syrien Boud le Périodeute[3]. Mais les exagérations la perdaient. Une horreur générale des œuvres du Créateur portait les marcionites aux abstinences les plus absurdes. C'étaient, à beaucoup d'égards, de purs encratites; ils s'interdisaient le vin, même dans les mystères. On leur prouvait que, pour être conséquents, ils auraient

---

1. Saint Éphrem, dans Assémani, *Bibl. orient.*, I, p. 119.
2. Canón de Muratori, Hesse, p. 199 et suiv., 284 et suiv., 296, 297 (douteux). Cf. Caïus, dans Eus., *H. E.*, VI, xx, 3. V. *Zeitschrift für wiss. Theol.*, 1876, p. 100 et suiv.
3. Chrys., *In I Cor.*, hom. XL; saint Basile, lettre 1re à Amphiloque, canon 1; Epiph., *Hær.*, XLII, 1; Théodoret, *Epist.*, 113; *Rel. hist.*, c. 21; *Hær. fab.*, l. II, prooem.; saint Éphrem, Hymnes polémiques, *Opp.*, V, p. 437 et suiv.; Assém., *Bibl. Orient.*, I, p. 148 et suiv.; Pseudo-Ambroise, in app. t. II, edit. Bened., p. 296; Eznig, *Réfut. des sectes*, l. IV entier (cf. *Zeitschrift für wiss. Theol.*, 1876, p. 80 et suiv.; *Zeitschrift für Kischengeschichte*, I, 1876, p. 128); *Journal asiat.*, février-mars 1856, p. 251; Assémani, *Bibl. or.*, III, 1re partie, p. 29, 41, 43, 63, 148, 170, 223, 224.

dû se laisser mourir de faim. Ils réitéraient le baptême comme moyen de justification et permettaient aux femmes d'officier dans les églises[1]. Mal gardés contre la superstition, ils tombèrent dans la magie et l'astrologie. On les confondit peu à peu avec les manichéens[2].

1. Eznig, *Réfut. des sectes,* IV, ch. 15 et 16.
2. Fluegel, *Mani,* 159, 160, 167, 168 ; Masoudi, *Prairies d'or,* t. VIII, p. 293; t. IX, p. 337 (édit. de la Soc. asiatique); Assémani, *Bibl. orient.,* I, p. 389-390.

CHAPITRE X.

TATIEN HÉRÉTIQUE. — LES ENCRATITES.

Ce qui montre bien que l'ordre d'idées qui entraîna Marcion, Apelle, Lucain, sortait de la situation théologique par une sorte de nécessité, c'est qu'on vit des fidèles de toute provenance verser du même côté sans que leurs antécédents pussent le faire prévoir. Tel fut, en particulier, le sort qui était réservé au disciple du tolérant Justin, à l'apologiste qui avait vingt fois joué sa vie pour sa foi, à Tatien[1]. A une date qu'on ne peut fixer avec précision, Tatien, qui au fond était toujours Assyrien de cœur et qui préférait beaucoup l'Orient à Rome, retourna dans son Adiabène[2], où le nombre des juifs et des chrétiens

1. Voir ci-dessus, p. 102 et suiv. Il est remarquable que Rhodon, qui fut disciple de Tatien orthodoxe, combattit ensuite, comme associés dans les mêmes erreurs, Marcion, Apelle, Tatien devenu hérétique. Eusèbe, V, ch. 13.
2. Epiph., *Hær.*, XLVI, 1.

était considérable. Là, sa doctrine s'altéra de plus en plus. Détaché de toutes les Églises, il resta dans son pays ce qu'il était déjà en Italie, une sorte de chrétien solitaire, n'appartenant à aucune secte, bien que se rapprochant des montanistes par l'ascétisme, des marcionites par la doctrine et l'exégèse. Son ardeur pour le travail était prodigieuse; sa tête ardente ne pouvait se reposer; la Bible, qu'il lisait sans cesse, lui inspirait les idées les plus contradictoires; il écrivait à ce sujet des livres sans fin.

Après avoir été, dans son apologie, l'admirateur fanatique des Hébreux contre les Grecs, il tomba dans l'extrême opposé. L'exagération des idées de saint Paul, qui avait conduit Marcion à maudire la Bible juive, amena Tatien à sacrifier entièrement l'Ancien Testament au Nouveau. Comme Apelle et la plupart des gnostiques, Tatien admit un Dieu créateur subordonné au Dieu suprême. Dans l'acte de la création, en prononçant des phrases comme celle-ci : « Que la lumière soit ! » le créateur, selon lui, procéda, non par commandement, mais par voie de prière [1]. La Loi fut l'œuvre du Dieu créateur; seul, l'Évangile fut l'œuvre du Dieu suprême. Un besoin exagéré de perfection morale faisait que,

1. Clém. d'Alex., *Eclogæ ex script. proph.*, 38; Origène, *De orat.*, 24.

après avoir repoussé comme impure l'antiquité hellénique, Tatien repoussait de même l'antiquité biblique. De là une exégèse et une critique peu différentes de celles des marcionites [1]. Ses *Problèmes* [2], comme les *Antithèses* de Marcion et les *Syllogismes* d'Apelle, avaient sans doute pour objet de prouver les inconséquences de l'ancienne loi et la supériorité de la nouvelle. Il y présentait, avec un bon sens assez lucide, les objections qu'on peut faire contre la Bible, en se plaçant sur le terrain de la raison. L'exégèse rationaliste des temps modernes trouve ainsi ses ancêtres dans l'école d'Apelle et de Tatien. Malgré son injustice pour la Loi et les prophètes, cette école était certainement, en exégèse, plus sensée que les docteurs orthodoxes, avec leurs interprétations allégoriques et typiques tout à fait arbitraires.

La pensée qui domina Tatien, dans la composition de son célèbre *Diatessaron* [3], ne pouvait non plus lui valoir l'approbation des orthodoxes. La discordance des Évangiles le choquait. Soucieux avant tout d'écarter les objections de la raison, il retrancha du même coup ce qui servait le plus à l'édification.

---

1. Clém. d'Alex., *Ecl.*, § 38 et suiv.; *Strom.*, III, XII, 82; Origène, *De orat.*, c. 24; Harnack, *Apelles*, p. 89, 90.
2. Προβλήματα. Rhodon, dans Eus., V, XIII, 8.
4. Voir *l'Église chrétienne*, p. 503, 504.

Tout ce qui, dans la vie de Jésus, rapprochait trop, selon lui, le dieu de l'homme fut sacrifié sans pitié. Quelque commode que fût cette tentative de fusion des Évangiles, on y renonça, et les exemplaires du *Diatessaron* furent violemment détruits [1]. Le principal adversaire de Tatien, dans cette dernière période de sa vie, fut son ancien élève Rhodon [2]. Reprenant un à un les *Problèmes* de Tatien, ce présomptueux exégète se fit fort de répondre à toutes les objections que son maître avait soulevées. Il écrivit aussi un Commentaire sur l'œuvre de six jours [3]. Sans doute si nous avions le livre que Rhodon composa sur tant de délicates questions, nous verrions qu'il fut moins sage qu'Apelle et que Tatien ; ceux-ci avouaient prudemment ne pas savoir les résoudre.

La foi de Tatien variait comme son exégèse. Le gnosticisme, à demi vaincu en Occident, florissait encore en Orient. Combinant ensemble Valentin, Saturnin, Marcion, le disciple de saint Justin, oublieux de son maître, tomba dans les rêveries qu'il avait

---

1. V. *l'Église chrétienne*, p. 503, 504. On croit que le *Diatessaron* de Tatien se retrouve en grande partie dans un commentaire de saint Éphrem conservé en arménien. Mœsinger *Evang. concord. expositio*, Venise (Saint-Lazare), 1876; Harnack, *Zeitschri t fur K. G.*, IV (1881), p. 474 et suiv.
2. Eus., V, xiii, 1, 8 ; saint Jér., *De viris ill.*, 37.
3. Eus., V, xiii, 8.

probablement réfutées à Rome. Il devint hérésiarque[1]. Plein d'horreur pour la matière, Tatien ne pouvait souffrir l'idée que le Christ aurait eu le moindre contact avec elle. Les rapports sexuels de l'homme et de la femme sont un mal[2]. Dans le *Diatessaron*, Jésus n'avait aucune généalogie terrestre. Comme tel Évangile apocryphe, Tatien aurait dû dire : « Sous le règne de Tibère, le Verbe de Dieu naquit à Nazareth. » Il en vint même assez logiquement à soutenir que la chair du Christ n'avait été qu'une apparence[3]. L'usage de la viande et du vin classait à ses yeux un homme parmi les impurs. Dans la célébration des mystères, il voulait qu'on ne se servît que d'eau[4]. Il passa ainsi pour le chef de ces nombreuses sectes d'*encratites* ou abstinents, s'interdisant le mariage, le vin et la viande, qui nais-

---

1. Irénée, I, xxviii, 1; Clém. d'Alex., *Strom.*, III, xii, 86; *Exc. ex script. proph.*, 38; Tert. (ut fertur), *Præscr.*, [52]; Origène, *De orat.*, 24; *In Rom.*, X, 1 ; Eusèbe, IV, ch. 28 et 29 ; *Chron.*, à l'an 172 ; saint Jérôme, *In Gal.*, vi (p. 313, Mart.); *Adv. Jovin.*, I, 3; *In Amos*, ii; *De viris ill.*, 29; Epiph., *Hær.*, xlvi (cf. indiculum), xlvii, xlviii, 1 ; lxi; Théodoret, I, *Hær. fab.*, 20, 21; Philastre, 48 et 84; Pseudo-Aug., *Hær.*, 24, édit. Œhler.

2. Tatien le concluait de I Cor., vii, 5. Passage du traité *De la pureté selon le Sauveur*, cité par Clém. d'Alex., *Strom.*, III, 12.

3. Saint Jér., *In Gal.*, vi.

4. C'était l'erreur des *hydroparastates* ou *aquariens*. Théodoret, *Hær. fab.*, I, 20; Pseudo-Aug., *Hær.*, 64 ; Philastre, 77. Cf. saint Cyprien, *Epist.* 63.

saient de toutes parts, et prétendaient en cela tirer la conséquence rigoureuse des principes chrétiens. De la Mésopotamie, ces idées se répandirent à Antioche, en Cilicie, en Pisidie, dans toute l'Asie Mineure, à Rome, dans les Gaules. L'Asie Mineure, surtout la Galatie, en restèrent le centre [1]. Les mêmes tendances se produisaient sur plusieurs points à la fois. Le paganisme n'avait-il pas, de son côté, les macérations des cyniques [2]? Un ensemble de fausses idées, très répandues, portait à croire que, le mal venant de la concupiscence, le retour à la vertu implique le renoncement aux plus légitimes désirs.

La distinction des préceptes et des conseils restait encore indécise. L'Église était conçue comme une assemblée de saints attendant dans la prière et l'extase le renouvellement du ciel et de la terre; rien n'était trop parfait pour elle. L'institution de la vie religieuse résoudra un jour toutes ces difficultés. Le couvent réalisera la parfaite vie chrétienne, dont le monde n'est pas capable. Tatien ne fut hérétique que pour avoir voulu faire à tous une obligation de ce que saint Paul avait présenté comme le meilleur.

1. *Philosoph.*, VIII, 20; Sozom., V, 11; Macarius Magnes, III, 43, p. 151 ; cf. II, 7, p. 7; Epiph., XLVI, 1 ; LXI, 2.
2. Lucien, *Peregr.*, 17, 28; Simplicius, *In Epict.*, p. 39, 40 (Dübner). Cf. *Philosoph.*, VIII, 20.

Tatien offre, on le voit, beaucoup de ressemblance avec Apelle. Comme lui, il changea beaucoup, et ne cessa de modifier sa règle de foi; comme lui, il s'attaqua résolument à la Bible juive et s'en fit le libre exégète. Il se rapproche aussi des protestants du xvie siècle et particulièrement de Calvin. Ce fut, en tout cas, l'un des hommes les plus profondément chrétiens de son siècle, et, s'il tomba, ce fut, comme Tertullien, par excès de sévérité. On peut ranger parmi ses disciples ce Jules Cassien, qui écrivit plusieurs livres d'*Exegetica*, soutint, par des arguments analogues à ceux du *Discours contre les Hellènes*, que la philosophie des Hébreux fut bien plus ancienne que celle des Grecs, poussa le docétisme à de tels excès qu'on le regarda comme le chef de cette hérésie, et associa au docétisme une horreur des œuvres de la chair qui le conduisit à une sorte de nihilisme destructeur de l'humanité. L'avènement du royaume de Dieu lui apparaissait comme la suppression des sexes et de la pudeur[1]. Un certain Sévère suivit une fantaisie plus libre encore, repoussant les *Actes des apôtres*, injuriant Paul, reprenant les mythes vieillis du gnosticisme. De naufrage en

---

1. Clém. d'Alex., *Strom.*, I, 21; III, 13 et suiv.; Théodoret, *Hær. fab.*, I, 8.

naufrage, il alla échouer tout près des chimères des archontiques[1], continuateurs des folies de Markos[2]. De son nom les encratites s'appelèrent sévériens.

Toutes les aberrations des ordres mendiants du moyen âge existèrent en ces temps reculés. Il y eut, dès les premiers siècles, des *saccophores* ou frères porte-sacs; des *apostoliques*, prétendant reproduire la vie des apôtres ; des *angéliques*, des *cathares* ou purs, des *apotactites* ou renonçants, lesquels refusaient la communion et le salut à tous ceux qui étaient mariés et possédaient quelque chose.[3]. N'étant pas gardées par l'autorité, ces sectes tombèrent dans la littérature apocryphe. L'Évangile des Égyptiens, les Actes de saint André, de saint Jean, de saint Thomas furent leurs livres favoris[4]. Les orthodoxes prétendaient que leur chasteté n'était qu'apparente, puisqu'ils attiraient les femmes à leur secte par toute sorte de moyens, et qu'ils étaient continuellement avec elles. Ils formaient des espèces de communautés où les deux sexes vivaient ensemble, les femmes servant les hommes et les suivant dans leurs

1. Eusèbe, IV, xxix, 4, 5 ; Épiph., xlv; Théodoret, I, 21 ; Pseudo-Aug., 24. Cf. Orig., *In Cels.*, V, 65.

2. Epiph., xl; Théodoret, I, 11; Pseudo-Aug., 20.

3. Epiph., *Hær.*, lix, lx, lxi ; Pseudo-Aug., 40 ; saint Basile, canon 1, 47, *Ad Amphil.*; Code Théod., XVI, v, lois 7, 9,, 11.

4. Epiph., xlvii, 1 ; lxi, 1 ; Clém. d'Alex., *Strom.*, III, 9, 13.

voyages à titre de compagnes[1]. Ce genre de vie était loin de les amollir, car ils fournirent aux luttes du martyre des athlètes qui confondirent les bourreaux[2].

L'ardeur de la foi était telle, que c'était contre l'excès de sainteté qu'il fallait prendre des mesures; c'était des abus de zèle qu'on devait se garder. Des mots qui n'impliquaient que l'éloge, comme ceux d'abstinent, d'apostolique, devinrent des notes d'hérésie. Le christianisme avait créé un tel idéal de détachement, qu'il reculait devant son œuvre et disait à ses fidèles : « Ne me prenez pas si fort au sérieux, ou vous allez me détruire ! » On était effrayé de l'incendie qu'on avait allumé. L'amour des deux sexes avait été si terriblement malmené par les docteurs les plus irréprochables, que les chrétiens qui voulaient aller jusqu'au bout de leurs principes devaient le tenir pour coupable et le bannir absolument. A force de frugalité, on en venait à blâmer la création de Dieu et à laisser inutiles presque tous ses dons. La persécution produisait et, jusqu'à un certain point, excusait ces exaltations malsaines. Qu'on songe à la dureté des temps, à cette préparation au martyre, qui remplissait la vie du chrétien[3] et en faisait

1. Epiph., XLVII, 3.
2. Sozom., V, 11.
3. Lettre des fidèles de Vienne et de Lyon, dans Eus., V, 1, 11,

une sorte d'entraînement analogue à celui des gladiateurs. Vantant l'efficacité du jeûne et de l'ascétisme : « Voilà comment, dit Tertullien, on s'endurcit à la prison, à la faim, à la soif, aux privations et aux angoisses; voilà comment le martyr apprend à sortir du cachot tel qu'il y est entré, n'y rencontrant point des douleurs inconnues, n'y trouvant que ses macérations de chaque jour, certain de vaincre dans le combat, parce qu'il a tué sa chair et que sur lui les tourments n'auront point où mordre. Son épiderme desséché lui sera une cuirasse ; les ongles de fer y glisseront comme sur une corne épaisse. Tel sera celui qui, par le jeûne, a vu souvent de près la mort et s'est déchargé de son sang, fardeau pesant et importun pour l'âme impatiente de s'échapper [1]. »

28. Cf. *Mém. de l'Acad. des inscr. et belles-lettres,* t. XXVIII, 1re partie, p. 53 et suivantes (Le Blant).

1. Tertullien, *De jej.,* 12.

CHAPITRE XI.

LES GRANDS ÉVÊQUES DE GRÈCE ET D'ASIE. — MÉLITON.

A côté d'excès moraux, fruit d'un sentiment mal réglé, et d'une exubérante production de légendes, filles de l'imagination orientale, il y avait heureusement l'épiscopat. C'était surtout dans les régions purement grecques de l'Église que cette belle institution florissait. Opposé à toutes les aberrations, classique en quelque sorte et moyen dans ses tendances, plus préoccupé de la voie humble des simples fidèles que des prétentions transcendantes des ascètes et des spéculatifs, l'épiscopat devenait de plus en plus l'Église elle-même et sauvait l'œuvre de Jésus de l'inévitable naufrage qu'elle eût subi entre les mains des gnostiques, des montanistes et même des judaïsants. Ce qui doublait la force de l'épiscopat, c'est que cette espèce d'oligarchie fédérative avait un centre; ce centre était Rome. Anicet avait vu, pendant les dix ou douze ans de sa présidence, presque tout le mouvement du christianisme venir se concentrer autour de lui. Son successeur, Soter (probablement un juif converti, qui traduisit en grec son nom de *Jésus*), vit ce mouvement grandir encore. La vaste correspondance qui s'était depuis longtemps établie entre Rome et les Églises prit une extension plus considérable que jamais. Un tribunal central des controverses tendait visiblement à s'établir.

La Grèce et l'Asie continuaient d'être, avec Rome, le théâtre des principaux incidents de la croissance chrétienne. Corinthe possédait en son Dionysius un des hommes du temps les plus respectés[1]. La charité de cet évêque ne se renfermait pas dans son Église. De toutes parts on le consultait, et ses lettres faisaient autorité presque comme des écrits sacrés. On les appelait « catholiques », parce qu'elles étaient écrites non à des particuliers, mais à des Églises en corps. Sept de ces morceaux furent recueillis et révérés à l'égal au moins des épîtres de Clément Romain. Elles étaient adressées aux fidèles de Lacédémone, d'Athènes, de Nicomédie, de Cnosse, de Gortyne et des autres Églises de Crète, d'Amastris et des autres Églises du Pont. Soter, selon l'usage de l'Église de

---

1. Eusèbe, *H. E.*, II, xxv, 8 ; IV, xxi, xxiii ; saint Jérôme, *Chron.*, p. 173, Schœne ; *De viris ill.*, 27.

Rome, ayant envoyé à l'Église de Corinthe des aumônes accompagnées d'une lettre pleine d'instructions pieuses, Denys le remercia de cette faveur :

> C'était aujourd'hui le dimanche, écrit-il, et nous avons lu votre lettre, et nous la gardons pour la lire encore, quand nous voudrons entendre de salutaires avertissements, comme nous faisons pour celle que Clément nous a déjà écrite. Par votre exhortation, vous avez resserré le lien entre deux plantations remontant l'une et l'autre à Pierre et Paul, je veux dire l'Église de Rome et celle de Corinthe. Ces deux apôtres, en effet, sont aussi venus dans notre Corinthe et nous ont enseignés en commun, puis ont fait voile ensemble vers l'Italie, pour y enseigner de concert et souffrir le martyre vers le même temps.

L'Église de Corinthe cédait à la tendance de toutes les Églises; elle voulait, comme l'Église de Rome, avoir eu pour fondateurs les deux apôtres dont l'union passait pour la base du christianisme. Elle prétendait que Pierre et Paul, après avoir passé à Corinthe le moment le plus brillant de leur vie apostolique, en étaient partis ensemble pour l'Italie. Le peu d'accord qui régnait sur l'histoire des apôtres rendait possibles de pareilles suppositions, contraires à toute vraisemblance et à toute vérité.

Les écrits de Denys passaient pour des chefs-d'œuvre de talent littéraire et de zèle. Il y combattait énergiquement Marcion. Dans une lettre à une pieuse

sœur nommée Chrysophora, il traçait de main de
maître les devoirs de la vie consacrée à Dieu. Il n'en
fut pas moins opposé aux grossières exagérations
du montanisme. Dans sa lettre aux Amastriens, il les
instruisait au long sur le mariage et la virginité, et
leur commandait de recevoir avec douceur tous ceux
qui voudraient faire pénitence, soit qu'ils fussent
tombés dans l'hérésie, soit qu'ils eussent commis
toute autre faute. Palma, évêque d'Amastris[1], accepta pleinement le droit que se donnait Denys d'enseigner ses fidèles. Denys ne trouva quelque résistance à son goût pour les admonestations que chez
l'évêque de Cnosse, Pinytus, rigoriste exalté. Denys
l'engageait à considérer la faiblesse de certaines personnes et à ne pas imposer généralement aux fidèles
le fardeau trop pesant de la chasteté. Pinytus, qui
avait de l'éloquence et qui passait pour une des lumières de l'Église, répondit en témoignant à Denys
beaucoup d'estime et de respect; mais, à son tour, il
lui conseilla de donner à son peuple une nourriture
plus solide et une instruction plus forte, de peur
que, toujours entretenus avec le lait de la condescendance, ils ne vinssent insensiblement à vieillir
sans être jamais sortis en esprit de la faiblesse de

1. Cf. Eus., V, XXIII, 2.

l'enfance. La lettre de Pinytus fut fort admirée et tenue pour un modèle d'ardeur épiscopale. On admit que la vigueur du zèle, quand elle s'exprime avec charité, a des droits égaux à ceux de la prudence et de la douceur.

Denys était fort opposé aux spéculations des sectes. Ami de la paix et de l'unité, il repoussait tout ce qui divise. Les hérésies avaient en lui un adversaire décidé[1]. Son autorité était telle que les hérétiques, « les apôtres du diable », comme il les appelle, falsifièrent ses lettres et y répandirent l'ivraie, ajoutant ou retranchant ce qui leur plaisait. « Quoi de surprenant, disait Denys à ce sujet, si certains ont eu l'audace de falsifier les Écritures du Seigneur[2], puisqu'ils ont osé porter la main sur des écritures qui n'avaient pas le même caractère sacré? »

L'Église d'Athènes, toujours caractérisée par une sorte de légèreté frivole, était loin d'avoir une base aussi assurée que celle de Corinthe[3]. Il s'y passait des choses qui n'arrivaient point ailleurs. L'évêque Publius avait souffert courageusement le martyre; puis il y avait eu une apostasie presque générale, une sorte d'abandon de la religion. Un certain Quadratus,

---

1. Saint Jérôme, *Epist.*, 84 (p. 656, Mart.).
2. Αἱ κυριακαὶ γραφαί, les Évangiles.
3. Eusèbe, IV, xxiii, 2.

distinct sans doute de l'apologiste[1], reconstitua l'Église, et il y eut comme un réveil de la foi. Denys écrivit à cette Église volage non sans quelque amertume, essayant de la ramener à la pureté de la croyance et à la sévérité de la vie évangélique. L'Église d'Athènes, comme celle de Corinthe, avait sa légende. Elle s'était rattachée à ce Denys dit Aréopagite, dont il est parlé dans les *Actes*[2], et elle en avait fait le premier évêque d'Athènes, tant l'épiscopat était déjà devenu la forme sans laquelle on ne concevait pas l'existence d'une communauté chrétienne.

La Crète, on vient de le voir, avait des Églises très florissantes, pieuses, bienfaisantes, généreuses. Les hérésies gnostiques et surtout le marcionisme les assiégeaient sans les entamer. Philippe, évêque de Gortyne, écrivit un bel ouvrage contre Marcion, et fut un des évêques les plus estimés du temps de Marc-Aurèle[3].

L'Asie proconsulaire continuait d'être la première province du mouvement chrétien. La grande bataille, les grandes persécutions, les grands martyrs étaient

---

1. V. l'*Église chrétienne*, p. 40, 41, note.
2. V. *Saint Paul*, p. 209.
3. Eusèbe, IV, xxi; xxiii, 5; xxv; saint Jérôme, *De viris ill.*, 30. Cf. Tit., i, 5 et suiv.

là. Presque tous les évêques des villes considérables étaient des hommes saints, éloquents, relativement sensés, ayant reçu une bonne éducation hellénique, et, si l'on peut s'exprimer ainsi, de très habiles politiques religieux. Les évêchés étaient fort multipliés[1]; mais quelques familles importantes avaient une sorte de privilège sur l'épiscopat des petites villes. Polycrate d'Éphèse, qui, dans trente ans, défendra si énergiquement contre l'évêque de Rome les traditions des Églises d'Asie, fut le huitième évêque de sa famille[2]. Les évêques des grandes villes avaient une primauté sur les autres[3]; ils étaient les présidents des réunions provinciales d'évêques. L'*archevêque* commence à poindre, quoique le mot, si on l'eût hasardé, eût sans doute été repoussé avec horreur[4].

Méliton, évêque de Sardes[5], avait, au milieu de

1. Polycrate, dans Eus., V, xxiv, 8.
2. *Ibid.*, V, xxiv, 6.
3. *Ibid.*, V, xxiv, 8. Comparez le fait de l'évêque d'Antioche, Sérapion, exerçant, vers l'an 200, une juridiction sur les fidèles de Rhossus. Eus., VI, ch. xii.
4. Voir ci-après, p. 199 et suiv. L'évêque d'Éphèse convoque au synode les évêques de la province d'Asie, sur l'ordre du pape Victor. Eus., V, xxiv, 8.
5. V. *l'Église chrét.*, p. 436-437. Polycrate, dans Eus., V, xxiv, 5; Eus., IV, xxi, xxvi, en entier; saint Jérôme, *De viris ill.*, ch. 24; Routh, *Reliquiæ sacræ*, I, p. 109 et suiv.; Pitra, *Spicil. Sol.*, II. Tous les fragments de Méliton qui ne viennent

ces pasteurs éminents, une sorte de supériorité incontestée [1]. On lui accordait unanimement le don de prophétie, et on croyait qu'il se conduisait en tout par la lumière du Saint-Esprit [2]. Ses écrits se succédaient d'année en année au milieu de l'admiration universelle. Sa critique était celle du temps ; au moins apportait-il un soin extrême à ce que sa foi fût raisonnable et conséquente avec elle-même. A beaucoup d'égards, il rappelle Origène ; mais il n'avait pas pour s'instruire les facilités que présentèrent à ce dernier les écoles d'Alexandrie, de Césarée, de Tyr.

Le médiocre souci qu'avaient les chrétiens de saint Paul d'étudier l'Ancien Testament, et l'affaiblissement du judaïsme dans les régions de l'Asie éloignées d'Éphèse [3] faisaient qu'il était difficile de se procurer en ce pays des notions certaines sur les livres bibliques. On n'en savait exactement ni le nombre ni l'ordre. Méliton, poussé par sa propre curiosité et, à ce qu'il paraît, par les instances d'un certain Onésime, fit un voyage en Palestine pour

---

pas d'Eusèbe ou d'Origène sont douteux ; car il y eut à son sujet beaucoup de confusions.

1. Polycrate, dans Eusèbe, *l. c.*
2. Polycrate, *l. c.* ; Tertullien, dans saint Jérôme, *l. c.*
3. Polycrate, à Éphèse, se vante d'avoir lu toute l'Écriture et d'avoir conféré avec des chrétiens du monde entier. Dans Eus., V, xxiv, 7.

s'informer du véritable état du Canon. Il en rapporta un catalogue des livres reçus universellement [1]; c'était purement et simplement le canon juif, composé de vingt-deux livres [2], à l'exclusion d'Esther. Les apocryphes, comme le livre d'Hénoch, l'apocalypse d'Esdras, Judith, Tobie, etc., qui n'étaient pas reçus par les juifs, étaient également exclus de la liste de Méliton. Sans être hébraïsant, Méliton se fit le commentateur attentif de ces écrits sacrés. A la prière d'Onésime, il réunit en six livres les passages du Pentateuque et des Prophètes qui regardaient Jésus-Christ et les autres articles de la foi chrétienne. Il travaillait sur les versions grecques, qu'il comparait avec le plus de diligence possible.

L'exégèse des Orientaux lui était familière; il la discutait de point en point [3]. Comme l'auteur de ce qu'on appelle l'Épître de Barnabé, il paraît avoir eu une tendance marquée vers les explications allégoriques et mystiques [4], et il n'est pas impossible que

---

1. Τῶν ὁμολογουμένων.

2. Cf. Jos., *Contre Apion*, I, 8.

3. On ne sait pas bien ce qu'il désigne par ὁ Ἑβραῖος, ὁ Σύρος. Routh, I, p. 118, 142; Pitra, II, p. LXIV. Voir De Wette, *Einl.*, § 44, note *m*, et § 64, note *b*. L'appartenance des fragments tirés des Chaînes est douteuse.

4. Origène, *In Psalm.*, III t. II, p. 548, Delarue; passage syriaque, Cureton, p. 53-54; Pitra, II, p. LIX-LX (authenticité

son ouvrage perdu, intitulé *la Clef,* ne fût déjà un de ces répertoires d'explications figurées par lesquelles on cherchait à écarter les anthropomorphismes du texte biblique et à substituer aux sens trop simples des sens plus relevés [1].

Parmi les écrits du Nouveau Testament, Méliton ne paraît avoir commenté que l'Apocalypse. Il en aimait les sombres images ; car nous le voyons lui-même annoncer que la conflagration finale est proche, qu'après le déluge de vent [2] et le déluge d'eau,

---

douteuse) ; fragments Routh, I, p. 120; Pitra, II, p. LXIII-LXIV; Otto, *Corpus apologetarum,* t. IX, p. 416 et suiv.

1. L'ouvrage latin que dom Pitra a publié (*Spicil. Sol.,* II et III), comme étant la Clef de Méliton, est une compilation de passages des Pères latins pouvant servir à l'explication allégorique des Écritures, qui figure pour la première fois dans la Bible de Théodulphe. Cf. *Theolog. Studien und Kritiken,* 1857, p. 584-596 (Steitz). Ce travail serait à reprendre, car ce qui concerne les manuscrits latins y est tout à fait insuffisant. L'ouvrage fut d'abord anonyme; puis un copiste l'identifia avec la Clef de Méliton. Ne résulte-t-il pas au moins de ce dernier fait que la Clef de Méliton était un répertoire du même genre et qu'on en avait, dans le monde latin, une certaine connaissance ? On est porté à le croire, quand on considère que presque tous les fragments de Méliton conservés dans les Chaînes grecques sont pleins d'explications symboliques (voyez note précédente, surtout Routh, I, p. 120 ; Pitra, II, p. LXIII-LXIV). Mais il faut observer que Méliton a été l'objet de diverses confusions, surtout avec Mélétius (Cureton, p. 96-97), et qu'on lui a prêté beaucoup d'écrits apocryphes. Cf. Otto, *Corpus apolog.,* t. IX, p. 401 et suiv.

2. *De veritate,* p. 18 (de l'édit. franç.). Comp. Origène, *Contre*

viendra le déluge de feu, qui consumera la terre, les idoles et les idolâtres ; les justes seuls seront sauvés comme ils le furent jadis dans l'arche. Ces croyances bizarres n'empêchaient pas Méliton d'être, à sa manière, un esprit cultivé. Familier avec l'étude de la philosophie, il chercha, dans une série d'ouvrages qui malheureusement se sont presque tous perdus, à expliquer par la psychologie rationnelle les mystères du dogme chrétien. Il écrivit, de plus, quelques traités où la préoccupation du montanisme paraît dominer, sans qu'il soit possible de dire s'il en était l'adversaire ou s'il y était en partie favorable. Tels furent ses livres[1] sur la Règle de vie et les prophètes, sur l'Église, sur le Jour du dimanche, sur la Nature de l'homme et sa formation, sur l'Obéissance que les sens doivent à la foi, sur l'Ame et le corps ou sur l'Intelligence, sur le Baptême, sur la Création et la naissance du Christ, sur l'Hospitalité, sur la Prophétie, sur le Diable et l'Apocalypse de Jean, sur Dieu incarné, ou

---

Celse, IV, 20 ; Dillmann, Das christl. Adambuch, p. 118 ; la Caverne des trésors, citée dans Cureton, p. 94-95.

1. Liste d'Eusèbe (IV, 26), en comparant Rufin, saint Jérôme, la traduction syriaque (Cureton, p. 57 ; Pitra, II, p. LXV-LXVI) et les fragments syriaques, Cureton, p. 52 et suiv. ; Pitra, II, LVI et suiv. Le sermon sur la Passion, cité par Anastase le Sinaïte, est de Mélétius (Cureton, p. 96-98 ; Land, Anecdota Syr., I, p. 31). Le sermon De cruce (Cureton, p. 52-53 ; Pitra, II, p. LVIII) est probablement identique à cet ouvrage. Voir Otto, op. cit., p. 377 et suiv.

sur l'Incarnation du Christ, contre Marcion[1]. On a pu croire qu'il exista aussi un livre de Prophéties qu'il aurait composées[2].

Méliton passa, en effet, pour prophète[3]; mais il n'est pas sûr que ses prophéties aient formé un ouvrage à part. Admettant la prolongation du don de prophétie jusqu'à son époque, il put ne pas repousser *à priori* les montanistes de Phrygie. Sa vie, d'ailleurs, se rapprochait de la leur par un certain ascétisme[4]. Seulement il ne reconnut pas les révélations des saints de Pépuze; sans quoi, certainement, l'orthodoxie l'aurait lui-même rejeté de son sein.

Un de ses traités, celui qu'il intitula « de la Vé-

---

1. Περὶ ἐνσωμάτου θεοῦ (syr. : *Sur Dieu revêtu d'un corps*, Cur., p. 34, texte). Otto, p. 394 et suiv. C'est à tort qu'Origène (dans Théodoret, *Quæstiones in Gen.*, cap. I, interr. 20) a conclu de ce titre que Méliton faisait Dieu corporel. Comp. Gennadius, *De dogm. eccl.*, c. 4. Le traité περὶ σαρκώσεως χριστοῦ dont parle Anastase le Sinaïte (*Hodeg.*, ch. XIII, p. 260, édit. Gretser) était peut-être identique au περὶ ἐνσωμάτου θεοῦ mentionné par Eusèbe. Le traité de la Vérité (voir ci-après), qui paraît bien de Méliton, est plein du déisme et du spiritualisme le plus pur.

2. Eus., IV, XXVI, 2, καὶ λόγος αὐτοῦ περὶ προφητείας. Rufin, saint Jérôme et le traducteur syriaque ont traduit comme s'il y avait περὶ προφητείας αὐτοῦ. Voir Otto, p. 377.

3. Tertullien, cité par saint Jérôme, *l. c.*

4. Pitra, *Spicil. Sol.*, II, p. VI-VII. Sur le sens exact de πολιτεία, voir Eus., V, 1, 9; XIII, 2; XXIV, 2; Clém. Alex., *Strom.*, proœm.; Théodoret, *Hist. rel.*, titre.

rité », semble nous être parvenu[1]. Les railleries du monothéisme contre l'idolâtrie y sont pleines d'amertume, et la haine des images ne s'est jamais expri-

---

[1]. C'est l'opuscule conservé en syriaque (Cureton, *Spicil. Syr.*, p. 41 et suiv.; Pitra, *Spicil. Sol.*, II, p. xxxviii et suiv.; tirage à part, Paris, 1855; Otto, *Corpus apolog.*, t. IX, Iéna, 1872), et où l'on crut d'abord posséder une partie de l'Apologie à Marc-Aurèle. Il est bien plus probable que c'est le traité περὶ ἀληθείας (syr. ܕܫܪܪܐ). Cf. *Goetting. gel. Anzeigen*, 1856, p. 655-659 (Ewald); Land, *Anecd. Syr.*, p. 53-55. En effet, le mot ἀλήθεια (syr. ܫܪܪܐ) y revient sans cesse. La suscription de la version syriaque, où ce traité est présenté comme un discours fait par Méliton devant Marc-Aurèle, est une évidente interpolation. Il en faut dire autant, selon moi, de la péroraison adressée à Marc-Aurèle, où il est deux fois parlé de « ses fils ». Une telle expression peut être admise jusqu'en 170, date à partir de laquelle Marc-Aurèle n'a plus qu'un fils; mais, jusqu'à la fin de 169, Marc-Aurèle a pour collègue Lucius Verus, qui n'aurait pas dû être omis. En outre, des passages du texte (p. 7, 10, 12, 13, surtout 14, 15, 17 du tirage à part) ne peuvent avoir été adressés à Marc-Aurèle, ni de vive voix, ni par écrit; ce sont des critiques acerbes de la conduite de cet empereur. Nous croyons qu'il y a eu ici une sophistication, qu'on a mis au traité *De la vérité* un titre mensonger et une péroraison apocryphe, afin de relever la valeur du traité et peut-être avec l'intention de le faire passer pour l'Apologie perdue. La fraude était d'autant plus facile que, dans tout le traité, Méliton apostrophe un innommé pour le détourner de l'idolâtrie. Eus., IV, xxvi, 1, peut sembler dire que Méliton récita son apologie devant l'empereur. Ce procédé d'arrangement n'a été que trop familier aux Syriens. Ainsi le *Logos parœneticos* attribué à Justin a reçu d'eux un en-tête fictif, destiné à lui donner un intérêt historique, peut-être en rapport avec Eusèbe, *Hist. eccl.*, V, ch. 21.

mée avec plus de force. La vérité, selon l'auteur, se révèle d'elle-même à l'homme et, si celui-ci ne la voit pas, c'est sa faute. Se tromper avec le grand nombre n'est pas une excuse ; l'erreur multipliée n'en est que plus funeste. Dieu est l'être immuable, incréé ; le confondre avec tel ou tel élément est un crime, « maintenant surtout que la révélation de la vérité a été entendue dans toute la terre ». La Sibylle l'avait déjà dit[1] : les idoles ne sont pas autre chose que les images de rois morts, qui se sont fait adorer. On prendrait pour un fragment retrouvé de Philon de Byblos, nous exposant le vieil évhérisme phénicien de Sanchoniathon[2], la curieuse page où Méliton, puisant à pleines mains dans les fables les plus singulières de la mythologie grecque et de la mythologie syrienne, bizarrement amalgamées aux récits bibliques, cherche à nous prouver que les dieux sont des personnages jadis réels, qui ont été divinisés à cause des services qu'ils ont rendus à certains pays, ou de la terreur qu'ils ont inspirée[3]. Le culte des Césars lui paraît la continuation de cette pratique.

1. Cureton, p. 43, 86, 87. On ne voit pas bien à quel écrit sibyllin l'auteur fait ici allusion.
2. Voir aussi Maxime de Tyr, VIII, 8; Tatien, *Adv. Gr.*, 8.
3. Pages 8-10 de ma traduction. Cf. *Mém. de l'Acad. des inscr.*, t. XXIII, 2ᵉ partie, p. 319 et suiv.

Ne voit-on pas encore de nos jours, dit-il, les images des Césars et de leur famille plus respectées que celles des anciens dieux, et ces dieux eux-mêmes payer tribut à César comme à un dieu plus grand qu'eux[1]; et, vraiment, si on punit de mort les contempteurs de dieux, on dirait que c'est parce qu'ils privent le fisc d'un revenu. Il y a même des pays où les adorateurs de certains sanctuaires payent au Trésor une somme réglée... Le grand malheur du monde est que ceux qui adorent des dieux inanimés, et de ce nombre sont la plupart des sages, soit par amour du lucre, soit par amour de la vaine gloire, soit par le goût du pouvoir, non seulement les adorent, mais, de plus, contraignent des simples d'esprit à les adorer...

Tel prince dira peut-être[2] : « Je ne suis pas libre de faire le bien. Étant chef, je suis obligé de me conformer à la volonté du grand nombre. » Celui qui parle ainsi est vraiment digne de risée. Pourquoi le souverain n'aurait-il pas l'initiative de tout ce qui est bien, ne pousserait-il pas le peuple qui lui est soumis à bien faire, à connaître Dieu selon la vérité, et n'offrirait-il pas en lui l'exemple de toutes les bonnes actions ? Quoi de plus convenable ? C'est chose absurde qu'un prince qui se comporte mal, et qui néanmoins juge, condamne ceux qui commettent des actes pervers. Pour moi, je pense qu'un État ne saurait être bien gouverné que quand le souverain, connaissant et craignant le Dieu véritable, juge toute chose en homme qui sait qu'il sera jugé à son tour devant Dieu, et que les sujets, craignant Dieu de leur côté, se font scrupule de se donner

---

1. Allusion à quelque redevance que le fisc prélevait sur les biens des temples. Cf. Théophile, *Ad Autol.*, 10, 11; Tertullien, *Ad nat.*, 10; *Apol.*, 28, 32.

2. Cureton, p. 48 et suiv.

des torts envers leur souverain, et les uns envers les autres. Ainsi, grâce à la connaissance et à la crainte de Dieu, tout le mal peut être supprimé de l'État.

Si le souverain, en effet, n'agit pas injustement envers ses sujets, et si ses sujets n'agissent pas injustement envers lui, ni les uns envers les autres, il est clair que tout le pays vit en paix, et il en résulte de grands biens ; car, de la sorte, le nom de Dieu est loué entre tous. Le premier devoir du souverain, ce qui le rend le plus agréable à Dieu, est donc de délivrer de l'erreur le peuple qui lui est soumis. Tous les maux, en effet, viennent de l'erreur, et l'erreur capitale est de méconnaître Dieu et d'adorer à sa place ce qui n'est pas Dieu.

On voit combien Méliton est peu éloigné des dangereux principes qui domineront à la fin du IV° siècle et feront l'empire chrétien. Le souverain érigé en protecteur de la vérité, employant tous les moyens pour faire triompher la vérité, voilà l'idéal que l'on rêve. Nous retrouverons les mêmes idées dans l'Apologie adressée à Marc-Aurèle[1]. L'intolérance dogmatique, l'idée qu'on est coupable et désagréable à Dieu en ignorant certains dogmes est franchement avouée. Méliton n'admet aucune excuse pour l'idolâtrie. Et ceux qui disent que l'honneur rendu aux idoles se rapporte à la personne qu'elles représentent,

---

1. C'est ici la meilleure preuve de l'authenticité du traité conservé en syriaque.

et ceux qui se contentent de dire : « C'est le culte de nos pères », sont également coupables.

Eh quoi ! ceux à qui leurs pères ont laissé la pauvreté s'interdisent-ils de s'enrichir ? Ceux que leurs parents n'ont pas instruits se condamnent-ils à ignorer ce que leurs pères ignoraient[1] ? Les fils d'aveugles ne refusent pas de voir, ni les fils des boiteux de marcher... Avant d'imiter ton père, cherche s'il a été dans la bonne voie. S'il a été dans la mauvaise, prends la bonne, pour que tes fils t'y suivent à leur tour. Pleure sur ton père, qui est engagé dans la voie du mal, pendant que ta tristesse peut le sauver encore. Quant à tes fils, dis-leur : « Il y a un Dieu, père de toute chose, qui n'a pas commencé, qui n'a pas été créé, qui fait tout subsister par sa volonté. »

Nous verrons bientôt la part que prit Méliton à la controverse de la Pâque et à l'espèce de mode qui porta tant d'esprits distingués à présenter des écrits apologétiques à Marc-Aurèle. Son tombeau se montrait à Sardes, comme celui d'un des justes les plus sûrs de ressusciter à l'appel du ciel[2]. Son nom resta très respecté chez les catholiques, qui le tinrent pour une des premières autorités de son siècle[3]. Son éloquence surtout fut vantée, et les morceaux que nous avons de lui sont, en effet, très brillants[4]. Une

---

1. Méliton semble ici se souvenir de saint Justin, *Apol. I*, 12.
2. Polycrate, dans Eus., V, xxiv, 5.
3. Eusèbe, VI, xiii, 9.
4. *Elegans et declamatorium ingenium*. Tertullien, dans

théologie comme la sienne, où Jésus est à la fois Dieu et homme, était une protestation contre Marcion, et dut en même temps plaire aux adversaires d'Artémon et de Théodote le corroyeur [1]. Il connaissait l'Évangile dit de Jean, et identifiait *Christos* avec le *Logos*, le mettant au second rang derrière le Dieu unique, antérieur et supérieur à tout [2]. Son traité où le Christ était présenté comme un être créé [3] dut surprendre ; mais sans doute on le lut peu, et ce titre scandaleux fut altéré de bonne heure [4]. Au IVe siècle, quand l'orthodoxie fut devenue plus soupçonneuse, on cessa de copier ces écrits tant admirés deux cents ans auparavant. Plusieurs passages sans doute parurent peu conformes à la foi de Nicée. La

---

saint Jérôme, *De viris ill.*, 24. Voir surtout les fragments de l'Apologie, dans Eusèbe, et les fragments syriaques, Cureton, p. 52-54 ; Pitra, II, p. LVI-LX. Le morceau Cureton, p. 53-54 ; Pitra, II, p. LIX-LX, est plus frappant encore ; mais il n'est pas de Méliton. Ailleurs, on le donne comme d'Irénée (Pitra, I, p. 3-6), et il n'est peut-être ni de l'un ni de l'autre. Land, *Anecd. Syr.*, I, p. 31 ; Otto, IX, p. 419 et suiv.

1. *Petit Labyrinthe,* cité par Eus., V, XXVIII, 5 ; passage de Méliton cité par Anastase (Pitra, II, p. LXI ; Otto, IX, p. 416, 444 et suiv.) ; passage syriaque, dans Cureton, p. 52, et Pitra, II, p. LVI-LVII ; Otto, IX, p. 419.

2. Fragment de l'*Apologie* dans la *Chronique pascale,* p. 259, édit. Du Cange.

3. Περὶ κτίσεως καὶ γενέσεως Χριστοῦ.

4. Voir Eusèbe, IV, XXVI, 2, édit. de Heinichen.

fortune de Méliton fut celle de Papias et de tant d'autres docteurs du ıı*e* siècle, vrais fondateurs, les premiers des Pères en réalité, et qui n'eurent d'autre tort que de ne pas avoir deviné d'avance ce qui devait un jour être réglé par les conciles.

Claudius Apollinaris, ou Apollinaire [1], maintenait l'éclat de l'Église d'Hiérapolis, et, comme Méliton, joignait la culture littéraire et philosophique à la sainteté. Son style passa pour excellent, et sa doctrine pour la plus pure. Par son éloignement du judéo-christianisme et son goût pour l'Évangile de Jean, il appartenait au parti du mouvement plus qu'à celui de la tradition. Comme ce fut le mouvement qui triompha, ses adversaires ne furent dès lors que des arriérés. Nous le verrons, presque en même temps que Méliton, présenter une Apologie à Marc-Aurèle. Il écrivit cinq livres adressés aux païens, deux contre les juifs, deux sur la Vérité, un sur la Piété, sans parler de beaucoup d'autres ouvrages qui n'arrivèrent pas à une grande publicité, mais

---

1. Sérapion d'Antioche, dans Eus., V, xix, 2; Eusèbe, IV, xxi; xxvi, 1; xxvii; V, v, 4; xvi, 1; xix, 1-2; *Chron.*, édit. Schœne, p. 173; saint Jérôme, *De viris ill.*, 26; *Epist.*, 84; Théodoret, *Hær. fab.*, I, 21; III, 2; Socrate, III, 7; Nicéphore, IV, 11; X, 14; *Chron. d'Alex.*, p. 6 et suiv., 263 (Du Cange); Photius, cod. xiv; Otto, *Corpus Apol.*, IX, p. 478 et suiv.

furent très estimés de ceux qui les lurent. Apollinaire combattit énergiquement le montanisme et fut peut-être l'évêque qui contribua le plus à sauver l'Église du danger que lui faisaient courir ces prédicants. Les excès des encratites le trouvèrent aussi fort sévère. Un mélange étonnant de bon sens et de littérature, de fanatisme et de modération caractérisait ces hommes extraordinaires, vrais ancêtres de l'évêque lettré, politiques habiles, tout en ayant l'air de n'écouter que l'inspiration du ciel, opposés aux violents, tout en étant eux-mêmes des violents. Grâce aux douceurs menteuses d'un langage libéral, ces Dupanloups anticipés prouvèrent que les calculs mondains les plus raffinés n'excluent pas l'illuminisme le plus bizarre, et qu'avec une parfaite honnêteté, on peut réunir en sa personne toutes les apparences de l'homme raisonnable et tous les entraînements de l'exalté.

Miltiade, comme Apollinaire, grand adversaire des montanistes, fut aussi un écrivain fécond. Il composa deux livres contre les païens, deux livres contre les juifs, sans oublier une Apologie adressée aux autorités romaines[1]. Musanus combattit les encra-

---

[1]. Eusèbe, V, ch. xvii; Tertullien, *In Val.*, 5; saint Jérôme, *De viris ill.*, 39; *Chron. d'Alex.*, p. 263 (Du Cange); Otto, *Corpus apol.*, t. IX, p. 364 et suiv.

tites, disciples de Tatien [1]. Modestus s'appliqua surtout à dévoiler les ruses et les erreurs de Marcion [2]. Polycrate, qui, plus tard, devait présider en quelque sorte à l'Église d'Asie, brillait déjà par ses écrits [3]. Une foule de livres se produisaient de tous les côtés [4]. Jamais peut-être le christianisme n'a plus écrit que durant le IIe siècle en Asie. La culture littéraire était extrêmement répandue dans cette province; l'art d'écrire y était fort commun, et le christianisme en profitait. La littérature des Pères de l'Église commençait. Les siècles suivants ne dépassèrent pas ces premiers essais de l'éloquence chrétienne; mais, au point de vue de l'orthodoxie, les livres de ces Pères du IIe siècle offraient plus d'une pierre d'achoppement. La lecture en devint suspecte; on les copia de moins en moins, et ainsi presque tous ces beaux écrits disparurent, pour faire place aux écrivains classiques, postérieurs au concile de Nicée, écrivains plus corrects comme doctrine, mais, en général, bien moins originaux que ceux du IIe siècle.

---

[1]. Eusèbe, IV, *H. E.*, ch. XXI et XXVIII; *Chron.*, édit. Schœne, p. 177; saint Jérôme, *De viris ill.*, 34; Théodoret, *Hær. fab.*, I, 21.

[2]. Eusèbe, IV, ch. XXI et XXV.

[3]. Eusèbe, V, XXIV; saint Jérôme, *De viris ill.*, 45; Labbe, *Conc.*, I, p. 600.

[4]. Eusèbe, IV, ch. XXI, XXV.

Un certain Papirius, dont on ignore le siège épiscopal, était extrêmement estimé[1]. Thraséas, évêque d'Euménie, dans la région du haut Méandre, eut la gloire la plus enviée, celle du martyre. Il souffrit probablement à Smyrne, puisque c'est là qu'on honorait son tombeau[2]. Sagaris[3], évêque de Laodicée, sur le Lycus, eut le même honneur sous le proconsulat de L. Sergius Paullus vers l'année 165. Laodicée conserva précieusement ses restes[4]. Son nom resta d'autant plus fixé dans le souvenir des Églises, que sa mort fut l'occasion d'un épisode important se rattachant à l'une des plus graves questions du temps.

1. Polycrate, dans Eus., V, xxiv, 5.
2. *Ibid.,* V, xxiv, 4 ; Apollonius, dans Eus., V, xviii, 13.
3. Sur ce nom, en Asie Mineure, voyez *Corpus inscr. gr.*, 3973, 4066, et Pape, *s. h. v.* Pour Papirius, n° 4070, et Pape.
4. Méliton, dans Eus., IV, xxvi, 3 ; Polycrate, dans Eusèbe, V, xxiv, 5. Eusèbe écrit à tort : Σερουιλλίου pour Σεργίου. Rufin donne *Servius.* Voir Borghesi, *Œuvres,* VIII, p. 503 et suiv. ; Waddington, *Fastes,* p. 226 et suiv. Le proconsulat de Sergius Paullus dut tomber en 164, 165 ou 166.

CHAPITRE XII.

LA QUESTION DE LA PAQUE.

Le hasard voulut que l'exécution de Sagaris coïncidât presque avec la fête de Pâques[1]. Or la fixation de cette fête donnait lieu à des difficultés sans fin. Privée de son pasteur, l'église de Laodicée tomba dans des controverses insolubles. Ces controverses tenaient à l'essence même du développement du christianisme et ne pouvaient être évitées. A force de charité réciproque, on avait réussi à jeter un voile sur la profonde différence des deux christianismes, — d'une part, le christianisme qui s'envisageait comme une suite du judaïsme, — d'une autre part,

---

1. Fragments de Méliton, dans Eus., IV, xxvi, 3; fragments d'Apollinaire, dans la *Chronique pascale*, p. 6 et suiv.; lettre de Polycrate, dans Eus., V, 24; Clément d'Alex., cité par Eusèbe, IV, xxvi, 4, et VI, xiii, et dans la *Chronique pascale*, p. 7; saint Hippolyte, cité par la *Chronique pascale*, p. 6. Cf. *Corpus inscr. gr.*, n° 8613; Eusèbe, V, 24; Épiph., L, lxx, 10; Socrate, V, 21.

le christianisme qui s'envisageait comme la destruction du judaïsme. Mais la réalité est moins flexible que l'esprit. Le jour de la Pâque était entre les Églises chrétiennes la cause d'un profond désaccord. On ne jeûnait pas, on ne priait pas le même jour. Les uns étaient encore dans les larmes, quand les autres chantaient des cantiques de triomphe. Même les Églises que ne séparait aucune question de principes étaient embarrassées. Le cycle pascal était si mal fixé, que des Églises voisines, comme celles d'Alexandrie et de Palestine, s'écrivaient au printemps pour se bien entendre et célébrer la fête le même jour et en plein accord[1]. Quoi de plus choquant, en effet, que de voir telle Église plongée dans le deuil, exténuée par le jeûne, tandis que telle autre nageait déjà dans les joies de la résurrection? Les jeûnes qui précédaient la pâque, et qui ont donné origine au carême, se pratiquaient aussi avec les plus grandes diversités[2].

C'était l'Asie qui était la plus agitée de ces controverses. Nous avons déjà vu la question traitée, il y a dix ou douze ans, entre Polycarpe et Anicet[3]. Presque toutes les Églises chrétiennes, ayant à leur tête l'Église de Rome, avaient déplacé la pâque, ren-

1. Lettre de Narcisse, dans Eus., V, xxv.
2. Irénée, dans Eus., V, xxiv, 12 et 13.
3. V. *l'Église chrétienne*, p. 445 et suiv.

voyant cette fête au dimanche qui venait après le
14 de nisan et l'identifiant avec la fête de la résurrection. L'Asie n'avait pas suivi le mouvement; sur
ce point, elle était restée, si on peut le dire, arriérée.
La majorité des évêques d'Asie, fidèle à la tradition
des anciens Évangiles, et alléguant surtout Matthieu,
voulait que Jésus, avant de mourir, eût mangé la
pâque avec ses disciples le 14 de nisan; ils célébraient
en conséquence cette fête le même jour que les juifs,
quelque jour de la semaine qu'elle tombât. Ils alléguaient, en faveur de leur opinion, l'*Évangile*[1], l'autorité de leurs prédécesseurs, les prescriptions de la
Loi, le canon de la foi et surtout l'autorité des apôtres
Jean et Philippe, qui avaient vécu parmi eux, sans
s'arrêter pour Jean à une singulière contradiction[2].
Il est plus que probable, en effet, que l'apôtre Jean
célébra toute sa vie la pâque le 14 de nisan; mais,
dans l'Évangile qu'on lui attribuait, il semble enseigner une tout autre doctrine, traite dédaigneusement l'ancienne pâque de fête juive[3], et fait mourir
Jésus le jour même où l'on mangeait l'agneau, comme

1. Polycr., dans Eus., V, xxiv, 6.
2. Polycrate, par exemple, qui fait de Jean un partisan de
l'usage juif, admet cependant le quatrième Évangile (circonstance
de l'ἐπὶ τὸ στῆθος).
3. Τὸ πάσχα, ἡ ἑορτὴ τῶν Ἰουδαίων. Jean, vi, 4. Cf. Col., ii, 16.

pour indiquer ainsi la substitution d'un nouvel agneau pascal à l'antique [1].

Polycarpe, nous l'avons vu, suivait la tradition de Jean et de Philippe. Il en était de même de Thraséas, de Sagaris, de Papirius, de Méliton. Les montanistes étaient aussi, sans doute, du même avis [2]. Mais l'opinion de l'Église universelle devenait chaque jour plus impérieuse et plus embarrassante pour ces obstinés. Apollinaire d'Hiérapolis s'était, à ce qu'il semble, converti à la pratique romaine [3]. Il repoussait la pâque du 14 de nisan, comme un reste de judaïsme, et alléguait, pour soutenir son opinion, l'Évangile de Jean [4]. Méliton, voyant l'embarras des fidèles de Laodicée, privés de leur pasteur,

1. C'était déjà l'avis de Paul. Cf. I Cor., v, 7; Gal., iv, 9-11; Rom., xiv, 5.

2. Epiph., L, 1; saint Pacien, *Epist.*, i, 2; Zonaras, *In Canones*, p. 78 (Paris, 1618); Gebh. et Harn., *Patr. apost.*, II, p. 169, note; Tillemont, *Mém.*, II, p. 447-448, 672 et suiv.

3. Au premier coup d'œil, la question semble posée, en Asie, entre conserver la célébration de la Pâque et supprimer totalement cette fête. Nous ne croyons pas, cependant, qu'aucune famille chrétienne ait jamais voulu supprimer absolument la fête de Pâque, pas plus que le sabbat. En Asie, comme à Rome, il s'agissait d'une translation qui empêchât la coïncidence avec la fête juive.

4. Il y a des doutes sur l'opinion précise d'Apollinaire; mais, s'il avait été d'accord avec Méliton et les autres évêques, son nom figurerait dans la lettre de Polycrate (Eus., V, 24). Comparez Clément d'Alexandrie (dans Eus., IV, xxvi, 4; VI, xiii, 3, 9),

écrivit pour eux son ouvrage sur la Pâque, où il maintenait la tradition du 14 de nisan[1]. Apollinaire garda une modération qui ne fut pas toujours imitée[2]. L'opinion universelle d'Asie resta fidèle à la tradition judaïsante; la controverse de Laodicée et la manifestation d'Apollinaire n'eurent pas de conséquences immédiates[3]. Les parties reculées de la Syrie, à plus forte raison les judéo-chrétiens et les ébionites, restèrent également fidèles à l'observance juive. Quant au reste du monde chrétien, entraîné par l'exemple de l'église de Rome, il adopta l'usage antijudaïque. Même les Églises d'origine asiatique des Gaules, qui d'abord avaient sans doute célébré la pâque le 14 de nisan[4], se rangèrent promptement au calendrier universel, qui était le calendrier vraiment chrétien. Le souvenir de la résurrection rem-

---

qui, défendant l'opinion contraire aux quartodécimans, semble combattre Méliton, non Apollinaire. Enfin l'auteur de la *Chronique pascale*, adversaire des quartodécimans, cite en sa faveur Apollinaire, Clément, Hippolyte, mais non Méliton.

1. Eus., IV, xxvi, 2-3; V, xxiv, 5.
2. Eusèbe (ch. xxvii) ne parle pas d'un traité d'Apollinaire sur la Pâque; mais la citation de la *Chronique pascale* prouve que l'évêque d'Hiérapolis avait traité la question, peut-être dans ses deux traités *Contre les juifs*.
3. En 196, l'opinion quartodécimane est celle de « toutes les Églises d'Asie ». Eus., V, xxiii, 1.
4. Irénée, dans Eus., V, xxiv, 11.

plaça tout à fait celui de la sortie d'Égypte, comme celui de la sortie d'Égypte avait remplacé le sens purement naturaliste de l'antique *paskh* sémitique, la fête du printemps.

Vers l'an 196, la question se représenta plus vive que jamais [1]. Les Églises d'Asie persistaient dans leur vieil usage. Rome, toujours ardente pour l'unité, voulut les réduire. Sur l'invitation du pape Victor [2], on tint des réunions d'évêques; une vaste correspondance fut échangée. Eusèbe eut entre les mains l'épître synodale du concile de Palestine, présidé par Théophile de Césarée et Narcisse de Jérusalem, la lettre du synode de Rome, contresignée par Victor, les lettres des évêques du Pont, que Palma présida comme étant le plus ancien, la lettre des Églises de Gaule, dont Irénée était l'évêque, enfin, celles des Églises d'Osrhoène, sans parler des lettres particulières de plusieurs évêques, notamment de Bacchylle de Corinthe. On se trouva unanime pour la translation de Pâques au dimanche [3]. Mais les évêques d'Asie, forts

---

1. Eus., *H. E.*, V, ch. XXIII, XXIV, XXV; saint Jérôme, *Chron.*, Schœne, p. 174, 177; *De viris ill.*, 35, 43-45; Anatolius, dans Gilles Boucher, *De cycl. Vict.*, p. 443 et suiv.; *Conciles* de Labbe, I, p. 600; Photius, cod. CXX.

2. Polycrate, dans Eus., V, XXIV, 8.

3. Eusèbe ne parle cependant pas d'Antioche. Saint Athanase dit qu'à l'époque du concile de Nicée, la Syrie, la Cilicie et la

de la tradition de deux apôtres et de tant d'hommes illustres, ne voulurent pas céder. Le vieux Polycrate, évêque d'Éphèse, écrivit en leur nom une lettre assez acerbe à Victor et à l'Église de Rome[1].

. C'est nous qui sommes fidèles à la tradition, sans y rien ajouter, sans en rien retrancher. C'est en Asie que reposent ces grands hommes bases[2], qui ressusciteront au jour de l'apparition du Seigneur, en ce jour où il viendra du ciel avec gloire pour ressusciter tous les saints: Philippe, celui qui fit partie des douze apôtres, qui est enterré à Hiérapolis, ainsi que ses deux filles, qui vieillirent dans la virginité, sans parler de son autre fille, qui observa dans sa vie la règle du Saint-Esprit[3], et qui repose à Éphèse ; — puis Jean, celui dont la tête s'inclina sur la poitrine du Seigneur, lequel fut pontife portant le *pétalon*[4], et martyr, et docteur ; celui-là aussi est enterré à Éphèse ; — puis Polycarpe, celui qui fut à Smyrne évêque et martyr; — puis Thraséas, à la fois évêque et martyr d'Euménie, qui est enterré à Smyrne. Pourquoi parler de Sagaris, évêque et martyr, qui est enterré à Laodicée, — et du bienheureux Papirius, — et de Méliton, le saint eunuque[5], qui ob-

---

Mésopotamie célébraient la fête avec les juifs. Athanase, *De syn.*, p. 749; *Ad Afros*, p. 892, édit. Bénéd.

1. Eus., V, xxiv, 2 suiv.; cf. III, xxxi, 3.
2. Μεγάλα στοιχεῖα.
3. Cette expression implique une vie ascétique, assujettie à une règle. Voyez ci-dessus, p. 183, note 4.
4. V. *l'Antechrist*, p. 209.
5. Voir *l'Égl. chrét.*, p. 436. Le mot *eunuque*, dans le langage ecclésiastique du iie et du iiie siècle, veut dire souvent

serva en tout la règle du Saint-Esprit, lequel repose à Sardes, attendant l'appel céleste qui le fera ressusciter d'entre les morts? Tous ces hommes-là célébrèrent la pâque le quatorzième jour, selon l'Évangile, sans rien innover, suivant la règle de la foi. Et moi aussi, j'ai fait de même, moi Polycrate, le plus petit de vous tous, conformément à la tradition de mes parents, dont quelques-uns ont été mes maîtres (car il y a eu sept évêques dans ma famille ; je suis le huitième) ; et tous ces parents vénérés solennisaient le jour où le peuple commençait à s'interdire le levain. Moi donc, mes frères, qui compte soixante-cinq ans dans le Seigneur[1], qui ai conversé avec les frères du monde entier, qui ai lu d'un bout à l'autre la sainte Écriture, je ne perdrai pas la tête, quoi que l'on fasse pour m'effrayer. De plus grands que moi ont dit : « Mieux vaut obéir à Dieu qu'aux hommes... » Je pourrais citer les évêques ici présents, que, sur votre demande, j'ai convoqués ; si j'écrivais leurs noms, la liste serait longue. Tous étant venus me voir, pauvre chétif que je suis, ont donné leur adhésion à ma lettre, sachant bien que ce n'est pas pour rien que je porte des cheveux blancs, et assurés que tout ce que je fais, je le fais dans le Seigneur Jésus.

Ce qui prouve que la papauté était déjà née et bien née, c'est l'incroyable dessein que les termes un peu âpres de cette lettre inspirèrent à Victor. Il prétendit excommunier, séparer de l'Église universelle

---

célibataire. Athénag., 33 ; Clém. d'Alex., *Strom.*, III, 13 ; *Constit. apost.*, VIII, 10 ; Tert., *De cultu fem.*, II, 9. Cf. Matth., xix, 12.

1. Comparez une expression analogue dans la bouche de saint Polycarpe (*l'Église chrét.*, p. 457) pour désigner son âge.

la province la plus illustre, parce qu'elle ne faisait pas plier ses traditions devant la discipline romaine. Il publia un décret en vertu duquel les Églises d'Asie étaient mises au ban de la communion chrétienne [1]. Mais les autres évêques s'opposèrent à cette mesure violente et rappelèrent Victor à la charité [2]. Irénée de Lyon, en particulier, qui, par la nécessité du monde où il se trouvait transporté, avait accepté, pour lui et pour ses Églises des Gaules, la coutume occidentale, ne put supporter la pensée que les Églises mères d'Asie, auxquelles il se sentait attaché par le fond de ses entrailles, fussent séparées du corps de l'Église universelle. Il dissuada énergiquement Victor d'excommunier des Églises qui s'en tenaient à la tradition de leurs pères, et lui rappela les exemples de ses prédécesseurs plus tolérants :

Oui, les anciens qui présidèrent avant Soter à l'Église que tu conduis maintenant, nous voulons dire Pius, Hygin, Télesphore, Xyste, n'observèrent pas la pâque juive et ne permirent pas à leur entourage de l'observer ; mais, tout en ne l'observant pas, ils n'en gardaient pas moins la paix avec les membres des Églises qui l'observaient, quand ceux-ci venaient vers eux, quoique cette observance, au milieu de gens qui n'observaient pas, rendît le contraste plus frappant. Jamais personne ne fut repoussé pour ce motif ; au con-

---

1. Στηλιτεύει διὰ γραμμάτων ἀκοινωνήτους ἀνακηρύττων.
2. Eusèbe eut leurs lettres entre les mains.

traire, les anciens qui t'ont précédé, lesquels, je le répète, n'observaient pas, envoyaient l'eucharistie aux anciens des Églises qui observaient[1]. Et, quand le bienheureux Polycarpe vint à Rome sous Anicet, tous deux se donnèrent dès l'abord le baiser de paix; ils avaient entre eux quelques petites difficultés; quant à ce point-là, ils n'en firent pas même l'objet d'une discussion. Car ni Anicet n'essaya de persuader à Polycarpe d'abandonner une pratique qu'il avait toujours gardée et qu'il tenait de son commerce avec Jean, le disciple du Seigneur, et avec les autres apôtres; ni Polycarpe n'essaya d'entraîner Anicet, celui-ci disant qu'il devait garder la coutume des anciens qui l'avaient précédé. En cet état de choses, ils communièrent l'un avec l'autre, et, dans l'église, Anicet céda à Polycarpe la consécration eucharistique, pour lui faire honneur, et ils se séparèrent l'un de l'autre en pleine paix, et il fut constaté que les observants comme les non observants étaient, chacun de leur côté, en concorde avec l'Église universelle.

Cet acte de rare bon sens, qui ouvre si glorieusement les annales de l'Église gallicane, empêcha le schisme de l'Orient et de l'Occident de se produire dès le IIe siècle. Irénée écrivit de tous les côtés aux évêques, et la question demeura libre pour les Églises d'Asie. Naturellement, Rome continua sa propagande contre la pâque du 14 de nisan. Un prêtre romain, Blastus, qui prétendit établir l'usage asia-

---

1. Voir la note de Valois et les raisons qu'il donne contre l'interprétation de Beatus Rhenanus, récemment soutenue par M. l'abbé Duchesne. *Revue des quest. hist.*, 1er juillet 1880, p. 12-13.

tique à Rome, fut excommunié; Irénée le combattit[1].
On ne s'interdit pas l'usage de documents apocryphes[2]. La pratique romaine gagnait de jour en jour[3].

La question ne fut tranchée que par le concile de Nicée[4]. Dès lors, on fut hérétique pour suivre la tradition de Jean, de Philippe, de Polycarpe, de Méliton. Il arriva ce qui était déjà arrivé tant de fois. Les défenseurs de l'ancienne tradition se trouvèrent par leur fidélité même mis hors l'Église, et ne furent plus que des hérétiques, les *quartodécimans*[5].

Le calendrier juif offrait des difficultés, et, dans les pays où il n'y avait pas de juifs, on eût été embarrassé pour déterminer le 14 de nisan. On con-

---

1. Irénée, dans Eus., V, ch. xv et xx, 1; Tertullien (ut fertur), *Præscr.*, ch. 53.

2. *Liber pontificalis,* à l'art. *Pius* (cf. Behm, *Hirt,* p. 6-8; Gebh. et Harn., ad Hermam, p. 169, note); Pseudo-Polycarpe, dans Gebh. et Harn., *Patres apost.*, II, p. 169-170.

3. L'auteur des *Philosophumena* (VIII, 5, 18) met les partisans du 14 de nisan parmi les hérétiques, mais en les qualifiant seulement de « gens disputeurs et ignorants ».

4. Firmilien, inter Cypr. *Epist.*, 75; Anatolius, dans Gilles Boucher, *De cycl.*, p. 445; Athanase, *l. c.*; Eusèbe, *Vita Const.*, III, 18, 19; Epiph., lxx, 9, 10; Sozomène, I, 16, 17; Labbe, *Conc.*, II, col. 561.

5. Epiph., l; Théodoret, *Hær. fab.*, III, 4; *Hist. rel.*, 3; Labbe, *Conc.*, II, 951; Tillemont, II, p. 447-448; III, p. 110-112; Pitra, *Spicil. Sol.*, I, p. xii-xiv, 14-15. Le système proposé par M. l'abbé Duchesne (mém. précité) me paraît en contradiction avec ces textes, surtout avec Epiph., l.

vint que le dimanche de la résurrection serait le dimanche qui correspond ou qui succède à la première lune devenue pleine après l'équinoxe du printemps. Le vendredi précédent devint naturellement le jour mémorial de la Passion; le jeudi, celui de l'institution de la Cène. La semaine sainte s'établit ainsi d'après la tradition des anciens Évangiles, non d'après l'Évangile dit de Jean. La Pentecôte, devenue la fête du Saint-Esprit, tombait le septième dimanche après Pâques, et le cycle des fêtes mobiles de l'année chrétienne se trouva fixé uniformément pour toutes les Églises, jusqu'à la réforme grégorienne.

La procédure qu'entraîna le débat eut plus d'importance que le débat lui-même. A propos de ce différend, en effet, l'Église fut amenée à une notion plus claire de son organisation. Et, d'abord, il fut évident que le laïque n'était plus rien. Seuls les évêques interviennent dans la question, émettent un avis. Les évêques se réunissent en synodes provinciaux, présidés par l'évêque de la capitale de la province [1], (l'archevêque de l'avenir), quelquefois par le plus ancien. L'assemblée synodale aboutit à une lettre qu'on expédie aux autres Églises. Ce fut donc comme un rudiment d'organisation fédérative, un essai pour résoudre les questions au moyen d'assemblées provin-

1. Ainsi l'évêque de Césarée préside l'évêque de Jérusalem.

ciales présidées par les évêques, et correspondant ensuite entre elles. On chercha plus tard, dans les pièces de cette grande lutte ecclésiastique, des précédents pour les questions de présidence des synodes et de hiérarchie des Églises. Entre toutes les Églises, celle de Rome paraît avoir un droit particulier d'initiative. Cette initiative s'exerce surtout en vue de ramener les Églises à l'unité, même au risque des schismes les plus graves. L'évêque de Rome s'attribue le droit exorbitant de chasser de l'Église toute fraction qui maintient ses traditions particulières. Il s'en fallut de peu que, dès l'an 196, ce goût exagéré pour l'unité n'amenât les schismes qui se sont produits plus tard. Mais un grand évêque, animé du véritable esprit de Jésus, l'emportait alors sur le pape. Irénée protesta, se donna une mission de paix[1], et réussit à corriger le mal qu'avait fait l'ambition romaine. On était encore loin de croire à l'infaillibilité de l'évêque de Rome; car Eusèbe déclare avoir lu les lettres où les évêques blâmaient énergiquement la conduite de Victor [2].

1. Ἐπρέσβευεν. Eus., V, xxiv, 18; cf. ci-après, p. 315.
2. Πληκτικώτερον καθαπτομένων τοῦ Βίκτορος. Eus., V, xxiv, 10. Cf. Socrate, V, 22.

CHAPITRE XIII.

DERNIÈRE RECRUDESCENCE DE MILLÉNARISME ET DE PROPHÉTISME. — LES MONTANISTES.

Le grand jour, malgré les affirmations de Jésus et des prophètes inspirés de lui, refusait de venir. Le Christ tardait à se montrer ; la piété ardente des premiers jours, qui avait eu pour mobile la croyance à cette prochaine apparition, s'était refroidie chez plusieurs. C'est sur la terre telle qu'elle est, au sein même de cette société romaine, si corrompue, mais si préoccupée de réforme et de progrès, qu'on songeait maintenant à fonder le royaume de Dieu. Les mœurs chrétiennes, du moment qu'elles aspiraient à devenir celles d'une société complète, devaient se relâcher en plusieurs points de leur sévérité primitive. On ne se faisait plus chrétien, comme dans les premiers temps, sous le coup d'une forte impression personnelle; plusieurs naissaient chrétiens. Le contraste devenait chaque jour moins tranché entre l'Église et le monde environnant. Il était inévitable que des rigoristes trouvassent qu'on s'enfonçait dans la fange de la plus dangereuse mondanité, et qu'il s'élevât un parti de piétistes pour combattre la tiédeur générale, pour continuer les dons surnaturels de l'Église apostolique, et préparer l'humanité, par un redoublement d'austérités, aux épreuves des derniers jours.

Déjà nous avons vu le pieux auteur d'*Hermas* pleurer sur la décadence de son temps et appeler de ses vœux une réforme qui fît de l'Église un couvent de saints et de saintes. Il y avait, en effet, quelque chose de peu conséquent dans l'espèce de quiétude où s'endormait l'Église orthodoxe, dans cette morale tranquille à laquelle se réduisait de plus en plus l'œuvre de Jésus. On négligeait les prédictions si précises du fondateur sur la fin du monde présent et sur le règne messianique qui devait venir ensuite. L'apparition prochaine dans les nues était presque oubliée. Le désir du martyre, le goût du célibat, suites d'une telle croyance, s'affaiblissaient. On acceptait des relations avec un monde impur, condamné à bientôt finir; on pactisait avec la persécution, et l'on cherchait à y échapper à prix d'argent. Il était inévitable que les idées qui avaient formé le fond du christianisme naissant reparussent de temps en temps, au milieu de cet affaissement général, avec ce qu'elles avaient de sévère et d'effrayant. Le fanatisme, que mitigeait le bon sens orthodoxe, faisait des espèces d'éruptions, comme un volcan comprimé.

Le plus remarquable de ces retours fort naturels vers l'esprit apostolique fut celui qui se produisit en Phrygie, sous Marc-Aurèle[1]. Ce fut quelque chose de tout à fait analogue à ce que nous voyons se passer de notre temps, en Angleterre et en Amérique, chez les irvingiens et les saints des derniers jours. Des esprits simples et exaltés se crurent appelés à renouveler les prodiges de l'inspiration individuelle, en dehors des chaînes déjà lourdes de l'Église et de

---

1. La date de l'apparition du montanisme est incertaine. La seule autorité sérieuse est celle de l'anonyme cité par Eusèbe, (*H. E.*, IV, xvi, 7), qui place cet événement sous le proconsulat de Gratus. Eusèbe, dans sa *Chronique*, suppose que ce proconsulat tomba en 171 ou 172 (p. 172-173, Schœne) ; mais Eusèbe faisait ces supputations par à peu près, et nous avons vu (à propos des martyres de Polycarpe, de Justin et de Sagaris) qu'en général il rabaissait trop les dates. Aucune donnée ne permet, d'ailleurs, de fixer le proconsulat de Gratus (Waddington, *Fastes*, p. 237). Ce qui concerne Apollinaire (Eus., IV, chap. xxvii) conduit vers 165-170. Ce qui concerne les martyrs de Lyon (Eusèbe, V, iii, 4 : ἄρτι ποτὲ πρῶτον....) conduirait un peu plus tard ; cependant le Phrygien Alexandre, qui semble avoir apporté à Lyon les idées montanistes, était en Gaule « depuis plusieurs années » quand il fut martyrisé en 177 (Eus., V, I, 49). Épiphane (*Hær.*, xliii, 1) nous reporterait à l'an 156-157 ; mais Épiphane est ici confus et contradictoire. Voir *Hær.*, xlviii, 1, 2 (cf. xlvi, 1) ; li, 33.

14

l'épiscopat. Une doctrine depuis longtemps répandue en Asie Mineure, celle d'un Paraclet, qui devait venir compléter l'œuvre de Jésus[1], ou, pour mieux dire, reprendre l'enseignement de Jésus, le rétablir dans sa vérité, le purger des altérations que les apôtres et les évêques y avaient introduites[2], une telle doctrine, dis-je, ouvrait la porte à toutes les innovations. L'Église des saints était conçue comme toujours progressive et comme destinée à parcourir des degrés successifs de perfection. Le prophétisme passait pour la chose du monde la plus naturelle. Les sibyllistes, les prophètes de toute origine couraient les rues, et, malgré leurs grossiers artifices, trouvaient créance et accueil[3].

Quelques petites villes des plus tristes cantons de la Phrygie Brûlée, Tymium, Pépuze, dont le site même est inconnu[4], furent le théâtre de cet enthousiasme tardif. La Phrygie était un des pays de l'antiquité les plus portés aux rêveries religieuses. Les Phrygiens passaient, en général, pour niais et simples[5]. Le christianisme eut chez eux, dès l'ori-

1. Jean, XIV, XV, XVI. Voir *l'Égl. chrét.*, p. 69, 70.
2. Jean, XVI, 12, 14, 15.
3. Celse, dans Orig., VII, 9, 11.
4. Ces petites localités n'étaient pas loin d'Ouschak.
5. Saint Justin, *Dial.*, 119; Cicéron, *Pro Flacco*, 27.

gine, un caractère essentiellement mystique et ascétique[1]. Déjà, dans l'épître aux Colossiens, Paul combat des erreurs où les signes précurseurs du gnosticisme et les excès d'un ascétisme mal entendu semblent se mêler. Presque partout ailleurs, le christianisme fut une religion de grandes villes ; ici, comme dans la Syrie au-delà du Jourdain, ce fut une religion de bourgades et de campagnards. Un certain Montanus[2], du bourg d'Ardabav, en Mysie, sur les confins de la Phrygie, sut donner à ces pieuses folies un caractère contagieux qu'elles n'avaient pas eu jusque-là[3].

Sans doute l'imitation des prophètes juifs et de ceux qu'avait produits la loi nouvelle, au début de l'âge apostolique, fut l'élément principal de cette renaissance du prophétisme. Il s'y mêla peut-être aussi

---

1. V. *Saint-Paul,* chap. XIII. Cf. Épiph., XLVII, 1.

2. Ce nom n'était pas rare dans le nord de l'Asie Mineure, particulièrement en Phrygie. *C. I. G.,* 3662, 3858 e, 4187; Le Bas, n° 755 (Acmonie). Les doutes qu'on a élevés sur la réalité du personnage de Montanus sont dénués de fondements sérieux.

3. Canon de Muratori, lignes 83-84 (Hesse); Œuvres de Tertullien, en général; Clément d'Alex., *Strom.,* IV, ch. XIII; *Philosoph.,* VIII, 6, 19; X, 25, 26; Eusèbe, *H. E.,* IV, 27; V, 3, 14, 16-19 (d'après des témoignages contemporains); Épiph., *Hær.,* XLVIII et XLIX; Origène, *Contre Celse,* VII, 9; Philastre, *Hær.,* XXI; Cyrille de Jér., *Catéch.,* XVI, 8; Prædestinatus, hær. 26, 27, 28, 86; Macarius Magnes, IV, 15 (p. 184).

un élément orgiastique et corybantique, propre au pays, et tout à fait en dehors des habitudes réglées de la prophétie ecclésiastique, déjà assujettie à une tradition. Tout ce monde crédule était de race phrygienne, parlait phrygien[1]. Dans les parties les plus orthodoxes du christianisme, d'ailleurs, le miraculeux passait pour une chose toute simple[2]. La révélation n'était pas close ; elle était la vie de l'Église. Les dons spirituels, les charismes apostoliques[3] se continuaient dans beaucoup de communautés ; on les alléguait en preuve de la vérité. On citait Agab, Judas, Silas, les filles de Philippe, Ammias de Philadelphie, Quadratus[4] comme ayant été favorisés de l'esprit prophétique. On admettait même en principe que le charisme prophétique durerait dans l'Église par une succession non interrompue jusqu'à la venue du Christ[5]. La croyance au Paraclet, conçu comme une source d'inspiration permanente pour les fidèles, entretenait ces idées. Qui ne voit combien une telle

---

1. Épiphane, XLVIII, 14.
2. Eus., *H. E.*, V, III, 4; l'Anonyme contre les cataphryges, dans Eus., V, XVII, 4. Cf. Justin, *Dial.*, 11, 30, 39, 87 ; Irénée, II, ch. 31, 32; V, 6; Eus., *H. E.*, V, 7.
3. Eusèbe, V, III, 4; παραδεξοποιῖαι τοῦ θείου χαρίσματος.
4. L'Anonyme, dans Eus., *H. E.*, V, XVII, 3. Cf. Eus., III, XXXVII, 1.
5. L'Anonyme, dans Eus. V, XVII, 4.

croyance était pleine de danger? Aussi l'esprit de sagesse qui dirigeait l'Église tendait-il à subordonner de plus en plus l'exercice des dons surnaturels à l'autorité du presbytérat. Les évêques s'attribuaient le discernement des esprits, le droit d'approuver les uns, d'exorciser les autres. Cette fois, c'était un prophétisme tout à fait populaire qui s'élevait sans la permission du clergé, et voulait gouverner l'Église en dehors de la hiérarchie. La question de l'autorité ecclésiastique et de l'inspiration individuelle, qui remplit toute l'histoire de l'Église, surtout depuis le xvie siècle, se posait dès lors avec netteté. Entre le fidèle et Dieu, y a-t-il ou n'y a-t-il pas un intermédiaire? Montanus répondait non, sans hésiter. « L'homme, disait le Paraclet dans un oracle de Montanus[1], est la lyre, et moi, je vole comme l'archet; l'homme dort, et moi, je veille. »

Montanus justifiait sans doute par quelque supériorité cette prétention d'être l'élu de l'Esprit. Nous croyons volontiers ses adversaires quand ils nous disent que c'était un croyant de fraîche date; nous admettons même que le désir de primauté ne fut pas étranger à ses singularités. Quant aux débauches et à la fin honteuse qu'on lui attribue, ce sont là les

---

1. Dans Épiph., hær. xlviii, 4.

calomnies ordinaires, qui ne manquent jamais sous la plume des écrivains orthodoxes, quand il s'agit de noircir les dissidents[1]. L'admiration qu'il excita en Phrygie fut extraordinaire. Tel de ses disciples prétendait avoir plus appris dans ses livres[2] que dans la Loi, les prophètes et les évangélistes réunis. On croyait qu'il avait reçu la plénitude du Paraclet; parfois on le prenait pour le Paraclet lui-même, c'està-dire pour ce Messie, en bien des choses supérieur à Jésus, que les Églises d'Asie Mineure croyaient avoir été promis par Jésus lui-même[3]. On alla jusqu'à dire : « Le Paraclet a révélé de plus grandes choses par Montanus que le Christ par l'Évangile[4]. » La Loi et les prophètes furent considérés comme

---

1. Saint Jérôme, *Epist. ad Ctesiphontem* (43); Isid. de Péluse, *Epist.*, 1; saint Cyrille de Jér., *Catéch.*, xvi, 8. Les écrits anciens contre Montanus, qu'Eusèbe possédait dans sa bibliothèque, ne mentionnaient pas le bruit qu'il eût été, avant sa conversion, prêtre de Cybèle et qu'il méritât, comme dévot d'Attis, l'épithète de *semivir*. Didyme d'Alexandrie, *De Trinitate*, III, 41; saint Jérôme, *Ad Marc.* (27), t. IV, 2ᵉ part., col. 65.

2. Le passage du Canon de Muratori, lignes 83-84, prouve bien qu'il avait composé des livres.

3. Jean, xiv, xv, xvi. La doctrine des montanistes étant sur tout le reste en opposition avec le quatrième Évangile, il est douteux que leur notion du Paraclet fût un emprunt fait directement à cet Évangile. Ils pouvaient très bien en subir l'influence sur un point particulier sans en posséder le texte.

4. Pseudo-Tertullien, *De prœscr.*, [52].

l'enfance de la religion ; l'Évangile en fut la jeunesse ; la venue du Paraclet fut censée être le signe de sa maturité.

Montanus, comme tous les prophètes de l'alliance nouvelle, était plein de malédictions contre le siècle et contre l'empire romain. Même le voyant de 69 était dépassé. Jamais la haine du monde et le désir de voir s'anéantir la société païenne n'avaient été exprimés avec une aussi naïve furie. Le sujet unique des prophéties phrygiennes était le prochain jugement de Dieu, la punition des persécuteurs, la destruction du monde profane, le règne de mille ans et ses délices. Le martyre était recommandé comme la plus haute perfection ; mourir dans son lit passait pour indigne d'un chrétien. Les encratites, condamnant les rapports sexuels, en reconnaissaient au moins l'importance au point de vue de la nature ; Montanus ne prenait même pas la peine d'interdire un acte devenu absolument insignifiant, du moment que l'humanité en était à son dernier soir. La porte se trouvait ainsi ouverte à la débauche, en même temps que fermée aux devoirs les plus doux.

A côté de Montanus paraissent deux femmes, l'une appelée tantôt Prisca, tantôt Priscille, tantôt Quintille, et l'autre, Maximille. Ces deux femmes, qui, à ce qu'il paraît, avaient dû quitter l'état de mariage pour embrasser la carrière prophétique[1], entrèrent dans leur rôle avec une hardiesse extrême et un complet mépris de la hiérarchie. Malgré les sages interdictions de Paul contre la participation des femmes aux exercices prophétiques et extatiques de l'Église, Priscille et Maximille ne reculèrent pas devant l'éclat d'un ministère public. Il semble que l'inspiration individuelle ait eu, cette fois comme d'ordinaire, pour compagnes la licence et l'audace[2]. Priscille a des traits qui la rapprochent de sainte Catherine de Sienne et de Marie Alacoque. Un jour, à Pépuze, elle s'endormit et vit le Christ venir vers elle, vêtu d'une robe éclatante et ayant l'apparence d'une femme. Christ s'endormit à côté d'elle, et, dans cet embrassement mystérieux, lui inocula toute sagesse. Il lui révéla en particulier la sainteté de la ville de Pépuze. Ce lieu privilégié était l'endroit où la Jérusalem céleste, en descendant du ciel, viendrait se poser[3]. Maximille prêchait dans le même sens, annonçait d'atroces guerres, des catastrophes, des persécutions[4]. Elle survécut à Priscille, et mourut

---

1. Apollonius, dans Eusèbe, V, xviii, 3.
2. L'Anonyme, dans Eusèbe, V, xvii, 2.
3. Épiph., hær. xlix, 1. Cf. Apollonius, dans Eus., V, xviii, 2; saint Cyrille de Jérus., *Catéch.*, xvi, 8.
4. L'Anonyme, dans Eus., V, xvi, 18, 19.

en soutenant qu'après elle il n'y aurait plus d'autre prophétie¹ jusqu'à la fin des temps.

Ce n'était pas seulement la prophétie, c'étaient toutes les fonctions du clergé que cette chrétienté bizarre prétendait attribuer aux femmes. Le presbytérat, l'épiscopat, les charges de l'Église à tous les degrés leur étaient dévolus. Pour justifier cette prétention, on alléguait Marie, sœur de Moïse, les quatre filles de Philippe, et même Ève, pour laquelle on plaidait les circonstances atténuantes et dont on faisait une sainte². Ce qu'il y avait de plus étrange dans le culte de la secte était la cérémonie des pleureuses ou vierges lampadophores, qui rappelle à beaucoup d'égards les « réveils » protestants d'Amérique. Sept vierges portant des flambeaux, vêtues de blanc, entraient dans l'église, poussant des gémissements de pénitence, versant des torrents de larmes et déplorant par des gestes expressifs la misère de la vie humaine. Puis commençaient les scènes d'illuminisme. Au milieu du peuple, les vierges étaient prises d'enthousiasme, prêchaient, prophétisaient, tombaient en extase. Les assistants éclataient en sanglots et sortaient pénétrés de componction³.

1. Épiph., hær. XLVIII, 2.
2. Épiph., XLIX, 2.
3. Épiph., XLIX, 2; Tertullien, *De bapt.*, 1, 17; *Præscr. hær.*, 41. Cf. Conc. de Laodicée, dans Mansi, *Conc.*, II, col. 569.

L'entraînement que ces femmes exercèrent sur les foules, et même sur une partie du clergé, fut extraordinaire. On allait jusqu'à préférer les prophétesses de Pépuze aux apôtres et même à Christ. Les plus modérés voyaient en elles ces prophètes prédits par Jésus comme devant achever son œuvre. Toute l'Asie Mineure fut troublée. Des pays voisins, on venait pour voir ces phénomènes extatiques et pour se faire une opinion sur le prophétisme nouveau. L'émotion fut d'autant plus grande que personne ne rejetait *à priori* la possibilité de la prophétie. Il s'agissait seulement de savoir si celle-ci était réelle. Les Églises les plus lointaines, celles de Lyon, de Vienne, écrivirent en Asie pour être informées. Plusieurs évêques, en particulier Ælius Publius Julius, de Debeltus, et Sotas, d'Anchiale en Thrace[1], vinrent pour être témoins. Toute la chrétienté fut mise en mouvement par ces miracles, qui semblaient ramener le christianisme de cent trente ans en arrière, aux jours de sa première apparition.

La plupart des évêques, Apollinaire d'Hiérapolis, Zotique de Comane, Julien d'Apamée, Miltiade, le célèbre écrivain ecclésiastique, un certain Aurélius de Cyrène, qualifié « martyr » de son vivant, les deux

---

1. Ces deux villes, situées sur la mer Noire, étaient voisines l'une de l'autre. Aujourd'hui, Burgas et Ahiali.

évêques de Thrace[1], refusèrent de prendre au sérieux les illuminés de Pépuze. Presque tous déclarèrent la prophétie individuelle subversive de l'Église[2] et traitèrent Priscille de possédée. Quelques évêques orthodoxes, en particulier Sotas d'Anchiale et Zotique de Comane, voulurent même l'exorciser; mais les Phrygiens les en empêchèrent[3]. Quelques notables, d'ailleurs, comme Thémison, Théodote, Alcibiade[4], Proclus, cédèrent à l'enthousiasme général et se mirent à prophétiser à leur tour. Théodote, surtout, fut comme le chef de la secte après Montanus et son principal zélateur[5]. Quant aux simples gens, ils étaient tous ravis. Les sombres oracles des prophétesses étaient colportés au loin et commentés. Une véritable Église se forma autour d'elles. Tous les dons de l'âge apostolique, en particulier la glossolalie[6] et les extases, se renouvelèrent. On se laissait aller trop facilement à ce raisonnement dangereux : « Pourquoi ce qui a eu lieu n'aurait-il pas lieu encore? La généra-

1. Eusèbe, *H. E.*, V, xvi et suiv., surtout xix (d'après l'Anonyme et Sérapion).
2. V. surtout Eusèbe, *H. E.*, V, ch. xvii.
3. Eus., *H. E.*, V, xviii, 13; xix, 3. Cf. V, xvi.
4. Sur la vraie leçon d'Eus., *H. E.*, V, xvi, 3, et du Canon de Muratori, lig. 80-81, voir les discussions de Hessé et de Nolte. Cf. Eus., V, iii, 4.
5. L'Anonyme, dans Eus., V, xvi, 14; cf. Eus., V, iii, 4.
6. Λαλεῖν καὶ ξενοφωνεῖν.

tion actuelle n'est pas plus déshéritée que les autres. Le Paraclet, représentant du Christ, n'est-il pas une source éternelle de révélation[1]?» D'innombrables petits livres répandaient au loin ces chimères. Les bonnes gens qui les lisaient trouvaient cela plus beau que la Bible. Les nouveaux exercices leur paraissaient supérieurs aux charismes des apôtres, et plusieurs osaient dire que quelque chose de plus grand que Jésus était apparu[2]. Toute la Phrygie en devint folle à la lettre; la vie ecclésiastique ordinaire en fut comme suspendue.

Une vie de haut ascétisme était la conséquence de cette foi brûlante en la venue prochaine de Dieu sur la terre. Les prières des saints de Phrygie étaient continuelles. Ils y portaient de l'affectation, un air triste et une sorte de bigoterie. Leur habitude d'avoir en priant le bout de l'index appuyé contre le nez, pour se donner un air contrit, leur valut le sobriquet de « nez chevillés » (en phrygien, *tascodrugites*)[3]. Jeûnes, austérités, xérophagie rigoureuse, abstinence de vin, réprobation absolue du mariage, telle était la morale que devaient logiquement s'im-

1. Actes des saintes Perpétue et Félicité (la préface surtout); traités montanistes de Tertullien, presque à chaque page.
2. *Philosoph.*, VIII, 19.
3. Épiph., XLVIII, 14. Cf. Théodoret, *Hær. fab.*, I, 9 et 10; saint Jérôme, *In Gal.*, II, proœm.

poser de pieuses gens en retraite dans l'espérance du dernier jour[1]. Même pour la cène, ils ne se servaient, comme certains ébionites, que de pain et d'eau, de fromage, de sel[2]. Les disciplines austères sont toujours contagieuses dans les foules, incapables de haute spiritualité; car elles rendent le salut certain à bon marché, et elles sont faciles à pratiquer pour les simples, qui n'ont que leur bonne volonté. De toutes parts, ces pratiques se répandirent; elles pénétrèrent jusque dans les Gaules avec les Asiates, qui remontaient en nombre si considérable la vallée du Rhône; un des martyrs de Lyon, en 177, s'y montrait attaché jusque dans sa prison, et il fallut le bon sens gaulois ou, comme on crut alors, une révélation directe de Dieu pour l'y faire renoncer[3].

Ce qu'il y avait de plus fâcheux, en effet, dans les excès de zèle de ces ardents ascètes, c'est qu'ils se montraient intraitables contre tous ceux qui ne partageaient pas leurs simagrées. Ils ne parlaient que du relâchement général. Comme les flagellants du moyen âge, ils trouvaient dans leurs pratiques exté-

1. Apollonius, dans Eus., V, xviii, 2 (Cf. iii); *Philosoph.*, VIII, 19; Tertullien, *De jejuniis;* saint Jérôme, *Epist. ad Marcellam* (27), et *In Agg.*, 1 (col. 65 et 1690 de Mart., t. IV).
2. Comp. Épiph., *Hær.*, xxx, 15; Pseudo-Clém., *Homél.*, xiv, 1; *Acta SS. Perp. et Fel.*, 4.
3. Eus., *H. E.*, V, ch. iii.

rieures un motif de fol orgueil et de révolte contre le clergé. Ils osaient dire que, depuis Jésus, au moins depuis les apôtres, l'Église avait perdu son temps, et qu'il ne fallait plus attendre une heure pour sanctifier l'humanité et la préparer au règne messianique. L'Église de tout le monde, selon eux, ne valait pas mieux que la société païenne. Il s'agissait de former dans l'Église générale une Église spirituelle[1], un noyau de saints, dont Pépuze serait le centre. Ces élus se montraient hautains pour les simples fidèles. Thémison déclarait que l'Église catholique avait perdu toute sa gloire et obéissait à Satan[2]. Une Église de saints, voilà leur idéal, bien peu différent de celui de pseudo-Hermas. Qui n'est pas saint n'est pas de l'Église. « L'Église, disaient-ils, c'est la totalité des saints, non le nombre des évêques. »

Rien n'était plus loin, on le voit, de l'idée de catholicité qui tendait à prévaloir et dont l'essence consistait à tenir les portes ouvertes à tous. Les catholiques prenaient l'Église telle qu'elle était, avec ses imperfections ; on pouvait, d'après eux, être pécheur sans cesser d'être chrétien. Pour les montanistes, ces deux termes étaient inconciliables. L'Église doit être

---

[1]. Voir la même distinction chez les gnostiques. *L'Égl. chrét.*, p. 140 et suiv.
[2]. Eus., V, XVI, XVIII.

aussi chaste qu'une vierge; le pécheur en est exclu par son péché même et perd dès lors toute espérance d'y rentrer. L'absolution de l'Église est sans valeur. Les choses saintes doivent être administrées par les saints[1]. Les évêques n'ont aucun privilège en ce qui concerne les dons spirituels. Seuls, les prophètes, organes de l'Esprit, peuvent assurer que Dieu pardonne[2].

Grâce aux manifestations extraordinaires d'un piétisme extérieur et peu discret, Pépuze et Tymium devenaient, en effet, des espèces de villes saintes. On les appelait Jérusalem, et les sectaires voulaient qu'elles fussent le centre du monde. On y venait de toutes parts, et plusieurs soutenaient que, conformément à la prédiction de Priscille, la Sion idéale s'y créait déjà. L'extase n'était-elle pas la réalisation provisoire du royaume de Dieu, commencé par Jésus? Les femmes quittaient leur mari comme à la fin de l'humanité. Chaque jour, on croyait voir les nuées s'ouvrir et la nouvelle Jérusalem se dessiner sur l'azur du ciel[3].

Les orthodoxes, et surtout le clergé, cherchaient naturellement à prouver que l'attrait qui attachait ces

---

1. Tertullien, *De exhort. cast.*, 10.
2. Tertullien, *De pudic.*, 19, 21.
3. Tertullien, *Adv. Marc.*, III, 24. Cf. Firmilien (*Epist. S. Cypriani*, 75).

puritains aux choses éternelles ne les détachait pas tout à fait de la terre. La secte avait une caisse centrale de propagande. Des quêteurs allaient de tous les côtés provoquer les offrandes. Les prédicateurs touchaient un salaire ; les prophétesses, en retour des séances qu'elles donnaient ou des audiences qu'elles accordaient, recevaient de l'argent, des habits, des cadeaux précieux[1]. On voit quelle prise cela donnait contre les prétendus saints. Ils avaient leurs confesseurs et leurs martyrs[2], et c'était ce qui attristait le plus les orthodoxes ; car ceux-ci eussent voulu que le martyre fût le criterium de la vraie Église. Aussi n'épargnait-on pas les médisances pour diminuer le mérite de ces martyrs sectaires. Thémison, ayant été arrêté, échappa, disait-on, aux poursuites à prix d'argent. Un certain Alexandre fut aussi emprisonné ; les orthodoxes n'eurent de repos que quand ils l'eurent présenté comme un voleur qui méritait parfaitement son sort et avait un dossier judiciaire dans les archives de la province d'Asie[3].

1. Apollonius, dans Eus., V, xviii, 4, 11.
2. Eusèbe, *H. E.*, V, ch. xvi et xviii. Cf. Mansi, *Concil.*, II, col. 570, n° 34.
3. L'Anonyme dans Eus., *H. E.*, V, xvi, 12 et suiv.; Apollonius, dans Eus., *H. E.*, V, xviii, 6 et suiv. Cf. *Constit. apost.*, V, 9.

CHAPITRE XIV.

RÉSISTANCE DE L'ÉGLISE ORTHODOXE.

La lutte dura plus d'un demi-siècle; mais la victoire ne fut jamais douteuse. Les phrygastes, comme on les appelait, n'avaient qu'un tort; il était grave : c'était de faire ce que firent les apôtres, et cela quand, depuis cent ans, la liberté des charismes n'était plus qu'un inconvénient. L'Église était déjà trop fortement constituée pour que l'indiscipline des exaltés de Phrygie pût l'ébranler. Tout en admirant les saints que produisait cette grande école d'ascétisme, l'immense majorité des fidèles refusait d'abandonner ses pasteurs pour suivre des maîtres errants. Montan, Priscille et Maximille moururent sans laisser de successeurs[1]. Ce qui assura le triomphe de l'Église orthodoxe, ce fut le talent de ses polémistes. Apollinaire d'Hiérapolis ramena tout ce qui n'était pas

1. L'Anonyme dans Eus. V, xvii, 4.

aveuglé par le fanatisme[1]. Miltiade développa la thèse qu'« un prophète ne doit pas parler en extase », dans un livre qui passa pour une des bases de la théologie chrétienne[2]. Sérapion d'Antioche recueillit, vers 195, les témoignages qui condamnaient les novateurs[3]. Clément d'Alexandrie se proposa de les réfuter[4].

Le plus complet parmi les ouvrages que suscita la controverse fut celui d'un certain Apollonius[5], inconnu d'ailleurs, qui écrivit quarante ans après l'apparition de Montan (c'est-à-dire entre 200 et 210). C'est par les extraits que nous en a conservés Eusèbe que nous connaissons les origines de la secte. Un autre évêque, dont le nom ne nous a pas été conservé, composa une sorte d'histoire de ce mouvement singulier, quinze ans après la mort de Maximille, sous les Sévères[6]. A la même littérature

---

1. Sérapion, dans Eus., V, xix, 1, 2 ; Eus., IV, ch. xxvii ; V, ch. xvi, init.

2. Eus., V, xvii, 1 ; *Chron. Alex.*, p. 263 (Du Cange) ; saint Jér., *De viris ill.*, 39 (cf. 37). Tertullien y répondit par ses livres, maintenant perdus, *de l'Extase*.

3. Eus., V, ch. xix ; *Chron. Alex.*, p. 263.

4. Clém. d'Alex., *Strom.*, IV, 13 ; cf. VII, 17.

5. Eusèbe, V, 18 ; saint Jérôme, *De vir. ill.*, 40. Le Prædestinatus, 26, en fait un évêque d'Éphèse.

6. Eusèbe, V, ch. xvi et xvii ; c'est à tort qu'on regarde l'Asterius Urbanus, cité dans Eusèbe, V, xvi, 17, comme l'auteur de

appartint peut-être l'écrit dont fit partie le fragment connu sous le nom de *Canon de Muratori,* dirigé en même temps, ce semble, contre le pseudo-prophétisme montaniste et contre les rêves gnostiques. Les montanistes, en effet, ne visaient pas à moins que faire admettre les prophéties de Montan, de Priscille et de Maximille dans le corps du Nouveau Testament[1]. La conférence qui eut lieu, vers 210, entre Proclus, devenu le chef de la secte[2], et le prêtre romain Caïus, roula sur ce point[3]. En général, l'Église de Rome, jusqu'à Zéphyrin, tint très ferme contre ces innovations[4].

L'animosité était grande de part et d'autre; on s'excommuniait réciproquement. Quand les confesseurs des deux partis étaient rapprochés par le martyre, ils s'écartaient les uns des autres et ne voulaient avoir rien de commun[5]. Les orthodoxes redoublaient de sophismes et de calomnies pour prouver que les

---

l'écrit en question. Ce personnage semble plutôt avoir été montaniste. Saint Jérôme paraît attribuer l'ouvrage de l'Anonyme à Rhodon (Tillemont, *Mém.,* III, p. 65).

1. Hesse, *Das muratori'sche Fragment,* p. 297, 273 et suiv.
2. Pacien, *Epist.,* I, 2.
3. Eus., VI, ch. xx; cf., II, 25; III, 28, 31 ; saint Jér., *De viris ill.,* 59; Tertullien, *Præscr.,* [52]; *In Valent.,* 5 (identité douteuse); Théodoret, *Hær. fab.,* III, 2 ; Photius, cod. XLVIII.
4. Tertullien, *Adv. Prax.,* 1.
5. L'Anonyme, dans Eus., V, xvi, 22.

martyrs montanistes (et nulle Église n'en avait davantage) étaient tous des misérables ou des imposteurs[1], et surtout pour établir que les auteurs de la secte avaient péri misérablement, par le suicide, forcenés, hors d'eux-mêmes, devenus la dupe ou la proie du démon[2].

L'engouement de certaines villes d'Asie Mineure pour ces pieuses folies ne connaissait point de bornes. L'Église d'Ancyre, à un certain moment, fut tout entière entraînée, avec ses anciens, vers les dangereuses nouveautés[3]. Il fallut l'argumentation serrée de l'évêque anonyme et de Zotique d'Otre, pour leur ouvrir les yeux, et même la conversion ne fut pas durable; Ancyre, au IVe siècle, continuait d'être le foyer des mêmes aberrations[4]. L'Église de Thyatires fut infestée d'une manière encore plus profonde. Le phrygisme y avait établi sa forteresse, et longtemps on considéra cette antique Église comme perdue pour le christianisme[5]. Les conciles d'Iconium et de Synnade,

---

1. Eus., V, ch. xvi et xviii.
2. L'Anonyme, dans Eusèbe, V, xvi, 14, 15. — Voir aussi *Præscr.*, 52, en observant que cette partie des *Prescriptions* n'est pas de Tertullien.
3. L'Anonyme, dans Eus., V, xvi, 4, 5.
4. Saint Jérôme, *In Gal.*, II, prooem.; Philastre, 74, 75; Pseudo-Aug., 62; Labbe, *Conc.*, II, col. 951.
5. Épiphane, li, 33.

vers 231, constatèrent le mal sans pouvoir le guérir[1]. La crédulité extrême de ces bonnes populations du centre de l'Asie Mineure, Phrygiens, Galates, etc., avait été la cause des promptes conversions au christianisme qui s'y opérèrent ; maintenant, cette crédulité les mettait à la merci de toutes les illusions. *Phrygien* devint presque synonyme d'*hérétique*. Vers 235, une nouvelle prophétesse soulève les campagnes de la Cappadoce, allant nu-pieds par les montagnes, annonçant la fin du monde, administrant les sacrements, et voulant entraîner ses disciples à Jérusalem[2]. Sous Dèce, les montanistes fournissent au martyre un contingent considérable.

Nous verrons les embarras de conscience que les sectaires de Phrygie donneront aux confesseurs de Lyon, au plus fort de leur lutte[3]. Partagés entre l'admiration pour tant de sainteté et l'étonnement que causeront à leur droit sens tant de bizarreries, nos héroïques et judicieux compatriotes essayeront en vain d'éteindre la discussion. Un moment aussi l'Église de Rome faillit être surprise. L'évêque Zéphyrin avait déjà presque reconnu les prophéties de

1. Firmilien, dans saint Cyprien, *Epist.*, 75 ; Eusèbe, VII, 7 ; Tillemont, *Mém.*, II, 671-672 ; Hefele, *Conciliengesch.*, I, p. 82 ; Migne, *Patr. lat.*, III, col. 1151.
2. Firmilien, dans saint Cyprien, lettre 75.
3. Voir ci-après, p. 315 et suiv.

Montan, de Priscille et de Maximille, quand un ardent Asiate, confesseur de la foi, Épigone, dit Praxéas, qui connaissait les sectaires mieux que les anciens de Rome, dévoila les faiblesses des prétendus prophètes, et montra au pape qu'il ne pouvait approuver ces rêveries sans démentir ses prédécesseurs, qui les avaient condamnées[1].

Le débat se compliquait de la question de la pénitence et de la réconciliation. Les évêques réclamaient le droit d'absoudre et en usaient avec une largeur qui scandalisait les puritains. Les illuminés prétendaient qu'eux seuls pouvaient remettre l'âme en grâce avec Dieu, et ils se montraient fort sévères. Tout péché mortel (homicide, idolâtrie, blasphème, adultère, fornication) fermait, selon eux, la voie au repentir. Si ces principes outrés fussent restés confinés dans les cantons perdus de la Catacécaumène, le mal eût été peu de chose. Malheureusement, la petite secte de Phrygie servit de noyau à un parti considérable, qui offrit des dangers réels, puisqu'il fut capable d'arracher à l'Église orthodoxe son plus illustre apologiste, Tertullien. Ce parti, qui rêvait une

1. Tertullien, *in Prax.*, 1 ; *Philosoph.*, IX, 7. Pour l'identité d'Épigone et de Praxéas, voir de Rossi, *Bull.*, 1866, p. 67 et suiv., 82. Le Prædestinatus, ch. xxvi, parle d'un écrit de Soter contre les montanistes, ce qui n'est pas impossible ; plus loin, le Prædestinatus confond Soter et Zéphyrin.

Église immaculée et n'arrivait qu'à un étroit conciliabule, réussit, malgré ses exagérations, ou plutôt à cause de ses exagérations mêmes, à recruter dans l'Église universelle tous les austères, tous les excessifs. Il était si bien dans la logique du christianisme! Nous avons déjà vu la même chose arriver pour les encratites et pour Tatien. Avec ses abstinences contre nature, sa mésestime du mariage[1], sa condamnation des secondes noces[2], le montanisme n'était autre chose qu'un millénarisme conséquent, et le millénarisme, c'était le christianisme lui-même. « Qu'ont à démêler, dit Tertullien, des soucis de nourrissons avec le jugement dernier? Il fera beau voir des seins flottants, des nausées d'accouchée, des mioches qui braillent se mêler à l'apparition du juge et aux sons de la trompette[3]. Oh! les bonnes sages femmes que les bourreaux de l'Antechrist! » Les exaltés se racontaient que, pendant quarante jours, on avait vu chaque matin, suspendue au ciel, en Judée, une ville qui s'évanouissait quand on approchait d'elle. Ils invoquaient, pour prouver la réalité de cette vision, le témoignage des païens, et chacun

1. Tertullien, *Ad uxorem*, I, 5; *De exhort. cast.*, 10, 11, 12; *Adv. Prax.*, 10.
2. Voir Tertullien, surtout *De monogamia*.
3 Tertullien, *De monog.*, 16.

supputait les délices qu'il goûterait dans ce séjour céleste, en compensation des sacrifices qu'il avait faits ici-bas[1].

L'Afrique, surtout, par son ardeur et sa rudesse[2], devait donner dans ce piège. Montanistes, novatianistes, donatistes, circoncellions sont les noms divers sous lesquels se produisit l'esprit d'indiscipline, l'ardeur malsaine du martyre, l'aversion pour l'épiscopat, les rêveries millénaires, qui eurent toujours leur terre classique chez les races berbères. Ces rigoristes, qui se révoltaient d'être appelés une secte, mais qui, dans chaque Église, se donnaient comme l'élite, comme les seuls chrétiens dignes de ce nom, ces puritains implacables pour ceux qui voulaient faire pénitence, devaient être le pire fléau du christianisme. Tertullien traitera l'Église générale de caverne d'adultères et de prostituées[3]. Les évêques, n'ayant ni le don de prophétie ni celui des miracles, seront, aux yeux des enthousiastes, inférieurs aux pneumatiques. C'est par ceux-ci, et non par la hiérarchie officielle, que se font la transmission des grâces sacra-

---

1. *In compensationem eorum quæ in seculo vel despeximus vel amisimus.* Tert., *Adv. Marc.*, III, 24.
2. Se rappeler Tertullien, surtout *De fuga*, 3; *De anima*, 9; *De jej.*, 9; les Actes de sainte Perpétue; Commodien.
3. Tertullien, *De pudicitia*, 1.

mentelles, le mouvement de l'Église et le progrès[1]. Le vrai chrétien, ne vivant qu'en perspective du jugement dernier et du martyre, passe sa vie dans la contemplation. Non seulement il ne doit pas fuir la persécution, mais il lui est ordonné de la rechercher. On se prépare sans cesse au martyre comme à un complément nécessaire de la vie chrétienne. La fin naturelle du chrétien, c'est de mourir dans les tortures. Une crédulité effrénée, une foi à toute épreuve dans les charismes spirites[2], achevaient de faire du montanisme un des types de fanatisme les plus outrés que mentionne l'histoire de l'humanité.

Ce qu'il eut de grave, c'est que cet effroyable rêve séduisit l'imagination du seul homme de grand talent littéraire que l'Église ait compté dans son sein durant trois siècles. Un écrivain incorrect, mais d'une sombre énergie, un ardent sophiste, maniant tour à tour l'ironie, l'injure, la basse trivialité, jouet d'une conviction ardente jusque dans ses plus manifestes contradictions, Tertullien trouva moyen de donner des chefs-d'œuvre à la langue latine à demi morte, en appliquant à ce sauvage idéal une élo-

---

1. Tert., *De pudic.*, 21.
2. Voir l'épisode de la *soror* qui voyait les âmes, dans Tertullien, *De anima*, 9. Extases d'enfants dans saint Cyprien, *Epist.*, 9.

quence qui était toujours restée inconnue aux ascètes bigots de Phrygie.

La victoire de l'épiscopat fut, dans cette circonstance, la victoire de l'indulgence et de l'humanité. Avec un rare bon sens, l'Église générale regarda les abstinences exagérées comme une sorte d'anathème partiel jeté sur la création et comme une injure à l'œuvre de Dieu[1]. La question de l'admission des femmes aux fonctions ecclésiastiques et à l'administration des sacrements, question que certains précédents de l'histoire apostolique laissaient indécise, fut tranchée sans retour[2]. La hardie prétention des sectaires de Phrygie à insérer des prophéties nouvelles au canon biblique amena l'Église à déclarer, plus nettement qu'elle ne l'avait encore fait, la nouvelle Bible close sans retour[3]. Enfin la recherche téméraire du martyre devint une sorte de délit, et, à côté de la légende qui exaltait le vrai martyr, il y eut la légende destinée à montrer ce qu'a de coupable la présomption qui va au-devant des supplices et enfreint sans y être forcée les lois du pays[4].

1. Songe d'Attale, dans Eus., V, III, 2. Cf. Isidore, *Sentent.*, II, XLIV, 9.
2. Firmilien (lettre 75 dans les *Œuvres de saint Cyprien*).
3. L'Anonyme, dans Eus., V, XVI, 3 ; le fragment de Muratori.
4. Cf. Clém. d'Alex., *Strom.*, IV, 4. Cf. *Mém. de l'Acad. des inscr.*, XXVIII, 2ᵉ partie, p. 335 et suiv. (Le Blant).

Le troupeau des fidèles, nécessairement de vertu moyenne, suivit les pasteurs. La médiocrité fonda l'autorité. Le catholicisme commence. A lui l'avenir. Le principe d'une sorte de yoguisme chrétien[1] est étouffé pour un temps. Ce fut ici la première victoire de l'épiscopat, et la plus importante peut-être ; car elle fut remportée sur une sincère piété. Les extases, la prophétie, la glossolalie avaient pour eux les textes et l'histoire. Mais ils étaient devenus un danger ; l'épiscopat y mit bon ordre ; il supprima toutes ces manifestations de la foi individuelle. Que nous sommes loin des temps si fort admirés par l'auteur des *Actes!* Déjà au sein du christianisme existait ce parti du bon sens moyen, qui l'a toujours emporté dans les luttes de l'histoire de l'Église. L'autorité hiérarchique, à son début, fut assez forte pour dompter l'enthousiasme des indisciplinés, mettre le laïque en tutelle, faire triompher ce principe que les évêques seuls s'occupent de théologie et sont juges des révélations. C'était bien, en effet, la mort du christianisme, par la destruction de l'épiscopat[2], que ces bons fous de Phrygie préparaient. Si l'inspiration individuelle, la doctrine de la révélation et du changement en per-

1. Clém. d'Alex., *Strom.*, I, 15, p. 131.
2. *Non Ecclesia numerus episcoporum.* Tertullien, *De pudicitia,* 21.

manence[1] l'eût emporté, le christianisme allait périr dans de petits conventicules d'épileptiques. Ces puériles macérations, qui ne pouvaient convenir au vaste monde, eussent arrêté la propagande. Tous les fidèles ayant le même droit au sacerdoce, aux dons spirituels[2], et pouvant administrer les sacrements[3], on fût tombé dans une complète anarchie. Le charisme allait anéantir le sacrement; le sacrement l'emporta, et la pierre fondamentale du catholicisme fut irrévocablement établie.

En définitive, le triomphe de la hiérarchie ecclésiastique fut complet. Sous Calliste (217-222), les maximes modérées prévalurent dans l'Église de Rome, au grand scandale des rigoristes, qui s'en vengèrent par d'atroces calomnies[4]. Le concile d'Iconium[5] clôt le débat pour l'Église, sans ramener les égarés. La secte ne mourut que très tard; elle se continua jusqu'au vi[e] siècle, à l'état de démocratie chrétienne[6], surtout en Asie Mineure[7], sous les noms de *phryges*, *phry-*

---

1. *Si Christus abstulit quod Moyses præcepit, ... cur non et Paracletus abstulerit quod Paulus indulsit?* Tert., *De monog.*, 14.
2. Tertull., *De jej. adv. psych.*, 13.
3. Tertull., *De exhort. cast.*, 7; *De bapt.*, 17.
4. *Philosoph.*, livre IX.
5. *Conc.* de Labbe, I, col. 751 et suiv.
6. Saint Jérôme, *Ad Marc.*, epist. 27, Mart., IV, ii, p. 64-65.
7. Épiph., *Hær.*, XLII, 1; XLVIII, 14; saint Jérôme, *l. c.*; Sozom., II, 32; Code Just., l. I, titre v, lois 5, 18, 21; saint Hi-

gastes, cataphryges, pépuziens, tascodrugites, quintilliens, priscilliens, artotyrites[1]. Eux-mêmes s'appelaient les purs ou les pneumatiques. Durant des siècles, la Phrygie et la Galatie furent dévorées par des hérésies piétistes et gnostiques rêvant des nuées d'anges et d'éons[2]. Pépuze fut détruite, on ne sait à quelle époque ni dans quelles circonstances ; mais l'endroit resta sacré. Ce désert devint un lieu de pèlerinage. Les initiés s'y réunissaient de toute l'Asie Mineure et y célébraient des cultes secrets, sur lesquels la rumeur populaire eut beau jeu à s'exercer. Ils affirmaient énergiquement que c'était là le point où allait se révéler la vision céleste. Ils y restaient des jours et des nuits dans une attente mystique, et, au bout de ce temps, ils voyaient le Christ en personne venir répondre à l'ardeur qui les brûlait[3].

---

laire, *Contre Const.*, § 11 ; Pseudo-Aug., 26 ; Théodoret, III, 2 ; décret de Gélase, *opuscula montanistarum*.

1. Épiphane, XLVIII, 14 ; XLIX, 1, 2 ; Philastre, 74, 75 ; Pseudo-Aug., *Hær.*, 62, 63 ; saint Jérôme, *In Gal.*, II, proœm. Voir aussi le Prædestinatus, hérésies 26 et suiv. ; 58 et suiv.

2. Mansi, *Concil.*, I, 724 ; II, 570 ; Labbe, *Conc.*, II, col. 951.

3. Épiph., *Hær.*, XLVIII, 14 ; XLIX, 1. Quoique, en général, assez corrects pour le dogme, les montanistes étaient de faibles théologiens. Les sabelliens et les hérétiques qui niaient la diversité des hypostases les entraînèrent par moments, ou peut-être on confondit les deux types d'hérésie. Tert., *Præscr.*, [52] ; Pacien, *Epist.*, I, 2 ; Théodoret, III, 2 ; Socrate, I, 23 ; Sozom., II, 18 ; saint Hilaire, *Fragm.*, II, col. 632 et suiv. (Migne).

CHAPITRE XV.

TRIOMPHE COMPLET DE L'ÉPISCOPAT. — CONSÉQUENCES DU MONTANISME.

Ainsi, grâce à l'épiscopat, censé le représentant de la tradition des douze apôtres, l'Église opéra, sans s'affaiblir, la plus difficile des transformations. Elle passa de l'état conventuel, si j'ose le dire, à l'état laïque, de l'état d'une petite chapelle de visionnaires à l'état d'église ouverte à tous et par conséquent exposée à bien des imperfections. Ce qui semblait destiné à n'être jamais qu'un rêve de fanatiques était devenu une religion durable. Pour être chrétien, quoi qu'en disent Hermas et les montanistes, il ne faudra pas être un saint. L'obéissance à l'autorité ecclésiastique est maintenant ce qui fait le chrétien, bien plus que les dons spirituels. Ces dons spirituels seront même désormais suspects et exposeront fréquemment les plus favorisés de la grâce à devenir des hérétiques.

Le schisme est le crime ecclésiastique par excellence. De même que, pour le dogme, l'Église chrétienne possédait déjà un centre d'orthodoxie qui taxait d'hérésie tout ce qui sortait du type reçu, de même elle avait une morale moyenne, qui pouvait être celle de tout le monde et n'entraînait pas forcément, comme celle des abstinents, la fin de l'univers. En repoussant les gnostiques, l'Église avait repoussé les raffinés du dogme; en rejetant les montanistes, elle rejetait les raffinés de sainteté. Les excès de ceux qui rêvaient une Église spirituelle, une perfection transcendante, venaient se briser contre le bon sens de l'Église établie. Les masses, déjà considérables, qui entraient dans l'Église y faisaient la majorité, et en abaissaient la température morale au niveau du possible.

En politique, la question se posait de la même manière. Les exagérations des montanistes, leurs déclamations furibondes contre l'empire romain, leur haine contre la société païenne ne pouvaient être le fait de tous. L'empire de Marc-Aurèle était bien différent de celui de Néron. Avec celui-ci, il n'y avait pas de réconciliation à espérer ; avec celui-là, on pouvait s'entendre. L'Église et Marc-Aurèle poursuivaient, à beaucoup d'égards, le même but. Il est clair que les évêques eussent abandonné au bras séculier tous les saints de Phrygie, si un pareil sacrifice avait été le prix de l'alliance qui eût mis entre leurs mains la direction spirituelle du monde.

Les charismes, enfin, et autres exercices surnaturels, excellents pour entretenir la ferveur de petites congrégations d'illuminés, devenaient impraticables dans de grandes Églises. La sévérité extrême pour les règles de la pénitence était une absurdité et un non-sens, si l'on aspirait à être autre chose qu'un conciliabule de soi-disant purs. Un peuple n'est jamais composé d'immaculés, et le simple fidèle a besoin d'être admis à se repentir plus d'une fois. Il fut donc admis qu'on peut être membre de l'Église sans être un héros ni un ascète, qu'il suffit pour cela d'être soumis à son évêque. Les saints réclameront; la lutte de la sainteté individuelle et de la hiérarchie ne finira plus; mais la moyenne l'emportera; il sera possible de pécher sans cesser d'être chrétien. La hiérarchie préférera même le pécheur qui emploie les moyens ordinaires de réconciliation à l'ascète orgueilleux qui se justifie lui-même ou qui croit n'avoir pas besoin de justification.

Il ne sera néanmoins donné à aucun de ces deux principes d'expulser l'autre entièrement. A côté de l'Église de tous, il y aura l'Église des saints; à côté du siècle, il y aura le couvent; à côté du simple fidèle, il y aura le religieux. Le royaume de Dieu, tel que Jésus l'a prêché, étant impossible dans le monde tel qu'il est, et le monde s'obstinant à ne pas changer, que faire alors, si ce n'est de fonder de petits royaumes de Dieu, sortes d'îlots dans un océan irrémédiablement pervers, où l'application de l'Évangile se fasse à la lettre, et où l'on ignore cette distinction des préceptes et des conseils qui sert, dans l'Église mondaine, d'échappatoire pour esquiver les impossibilités? La vie religieuse est en quelque sorte de nécessité logique dans le christianisme. Un grand organisme trouve le moyen de développer tout ce qui existe en germe dans son sein. L'idéal de perfection qui fait le fond des prédications galiléennes de Jésus, et que toujours quelques vrais disciples relèveront obstinément, ne peut exister dans le monde ; il fallait donc créer, pour que cet idéal fût réalisable, des mondes fermés, des monastères, où la pauvreté, l'abnégation, la surveillance et la correction réciproques, l'obéissance et la chasteté fussent rigoureusement pratiquées. L'Évangile est, en réalité, plutôt l'*Enchiridion* d'un couvent qu'un code de morale ; il est la règle essentielle de tout ordre monastique ; le parfait chrétien est un moine ; le moine est un chrétien conséquent ; le couvent est le lieu où l'Évangile, partout ailleurs utopie, devient réalité. Le livre qui a prétendu enseigner l'imitation de Jésus-Christ est un livre de cloître. Satisfait de savoir que la morale prêchée par Jésus est pratiquée quelque part, le laïque se consolera de ses attaches mondaines et s'habituera facilement à croire que de si hautes maximes de perfection ne sont pas faites pour lui. — Le bouddhisme a résolu la question d'une autre manière. Tout le monde y est moine une partie de sa vie. Le christianisme est content s'il y a quelque part des lieux où la vraie vie chrétienne se pratique ; le bouddhiste est satisfait pourvu qu'à un moment de sa vie il ait été parfait bouddhiste.

Le montanisme fut une exagération, il devait périr. Mais, comme toutes les exagérations, il laissa des traces profondes. Le roman chrétien fut en partie son ouvrage. Ses deux grands enthousiasmes, chasteté et martyre, restèrent les deux éléments fondamentaux de la littérature chrétienne. C'est le montanisme qui inventa cette étrange association d'idées, créa la Vierge martyre, et, introduisant le charme féminin dans les plus sombres récits de supplices, inaugura cette bizarre littérature dont l'imagination chrétienne, à partir du iv° siècle, ne se détacha plus. Les Actes montanistes de sainte Perpétue et des martyrs d'Afrique, respirant la foi aux charismes, pleins d'un rigorisme extrême et de brûlantes ardeurs, imprégnés d'une forte saveur d'amour captif, mêlant les plus fines images d'une esthétique savante aux rêves les plus fanatiques, ouvrirent la série de ces œuvres de volupté austère. La recherche du martyre devient une fièvre impossible à dominer [1]. Les circoncellions, courant le pays par troupes folles pour chercher la mort, forçant les gens à les martyriser, traduisirent en actes épidémiques ces accès de sombre hystérie [2].

La chasteté dans le mariage resta une des bases de l'intérêt des romans chrétiens. Or c'était bien là encore une idée montaniste. Comme le faux Hermas, les montanistes remuent sans cesse la cendre périlleuse qu'on peut bien laisser dormir avec ses feux cachés, mais qu'il est imprudent d'éteindre violemment. Les précautions qu'ils prennent à cet égard témoignent d'une certaine préoccupation, plus lascive au fond que la liberté de l'homme du monde; en tout cas, ces précautions sont de celles qui aggravent le mal, ou du moins le décèlent, le mettent à vif. Une tendresse excessive à la tentation se laisse conclure de cette crainte exagérée de la beauté, de ces interdictions contre la toilette des femmes et sur-

1. Tertullien, *De fuga,* 6, 9, 14.
2. *Mémoires de l'Acad. des Inscr.*, t. XXVIII, 2ᵉ part., p. 343 et suiv. (Le Blant).

tout contre les artifices de leurs cheveux, qui se retrouvent à chaque page des écrits montanistes[1]. La femme qui, par le tour le plus innocent donné à sa chevelure, cherche à plaire et amène cette simple réflexion qu'elle est jolie, devient, au dire de ces âpres sectaires, aussi coupable que celle qui excite à la débauche. Le démon des cheveux se charge de la punir[2]. L'aversion du mariage venait des motifs qui auraient dû y pousser. La prétendue chasteté des encratites n'était souvent qu'une inconsciente duperie.

Un roman qui fut sûrement d'origine montaniste, puisqu'on y trouvait des arguments pour prouver que les femmes ont le droit d'enseigner et d'administrer les sacrements[3], roule tout entier sur cette équivoque passablement dangereuse. Nous voulons parler

---

1. Tertullien, les deux livres *De cultu feminarum*, les deux livres *Ad uxorem* et le livre *De virginibus velandis*.

2. *Eclogæ ex script. proph.* (dans les Œuvres de saint Clément), 39, pensée de Tatien. Les juifs du moyen âge cherchaient à faire croire aux femmes mariées que les démons dansaient sur leurs cheveux, quand elles en avaient; de là le précepte de les couper. Chiarini, *Théorie du judaïsme*, I, 257-259.

3. Tertullien, *De bapt.*, 17; saint Jérôme, *De viris ill.*, 7. L'épisode du « lion baptisé » consistait probablement en ce que le lion qui, dans l'amphithéâtre, refusait de dévorer Thécla, recevait le baptême de celle-ci comme bon chrétien. Saint Ambroise, *De virginibus*, II, 3. L'origine montaniste de ce roman explique que Tertullien, qui était de la coterie, en ait eu si vite connaissance.

de *Thécla*[1]. Bien autrement scabreux et irritant est le roman des saints Nérée et Achillée[2]; on ne fut jamais plus voluptueusement chaste; on ne traita jamais du mariage avec une plus naïve impudeur. Qu'on lise, dans Grégoire de Tours, la délicieuse légende des deux *Amants d'Auvergne*[3]; dans les Actes de Jean, le piquant épisode de *Drusiana*[4]; dans les Actes de Thomas, le récit des *Fiancés de l'Inde*[5]; dans saint Ambroise[6], l'épisode de la vierge d'Antioche au lupanar; on comprendra que les siècles qui se nourrirent de tels récits purent, sans mérite, se figurer avoir renoncé à l'amour profane. Un des mystères le plus profondément entrevus par les fondateurs du christianisme, c'est que la chasteté est une volupté[7] et que la pudeur est une des formes de

---

1. Voir *l'Égl. chrét.*, p. 523. Dans le titre des Actes grecs, *Thécla* porte le titre de ἀπόστολος, pris au féminin. Le latin porte *apostolatu defuncta*. Le texte publié par Grabe et Tischendorf diffère peu, ce semble, du texte primitif.

2. Cet écrit, ainsi que la *Passio Petri et Pauli* de pseudo-Lin, avec laquelle il a des liens de parenté, paraît du IIIe siècle.

3. Grégoire de Tours, *Hist. Franc.*, I, 42.

4. Pseudo-Abdias, l. V, chap. 4 et suiv. (d'après Leucius). Il y a là peut-être quelque imitation de *la Matrone d'Éphèse*. Cf. Tertullien, *De resurr.*, 8.

5. Dans Tisch., *Acta apocr.*, 192 et suiv.; Pseudo-Abdias, 4.

6. *De virginibus*, II, 4.

7. Voir *Saint Paul*, p. 242 et suiv.

l'amour[1]. Les gens qui craignent les femmes sont, en général, ceux qui les aiment le plus. Que de fois on peut dire avec justesse à l'ascète : *Fallit te incautum pietas tua*[2]. Dans certaines parties de la communauté chrétienne, on vit paraître, à diverses reprises, l'idée que les femmes ne doivent jamais être vues, que la vie qui leur convient est une vie de reclusion, selon l'usage qui a prévalu dans l'Orient musulman[3]. Il est facile de voir à quel point, si une telle pensée eût prévalu, le caractère de l'église eût été altéré. Ce qui distingue, en effet, l'église de la mosquée et même de la synagogue, c'est que la femme y entre librement et y est sur le même pied que l'homme, quoique séparée ou même voilée. Il s'agissait de savoir si le christianisme serait, comme le fut plus tard l'islamisme, une religion d'hommes, d'où la femme

---

1. Les études récemment faites ont bien montré que l'accès hystérique donne à la femme une beauté passagère, une sorte d'idéalisation momentanée, et que cet état maladif, inspirant une chasteté relative, rend sans danger pour les mœurs les relations intimes des deux sexes.

2. J'ai vu, en Orient, une jeune fille danser avec une retenue charmante les danses les plus voluptueuses ; elle voulait se faire religieuse. J'ai appris ensuite qu'elle devint folle la première nuit de son mariage. Lire l'épisode d'Athanase chez la belle vierge d'Alexandrie, Sozomène, V, 6.

3. C'est ce qui est particulièrement sensible chez l'auteur, très juif d'esprit, du *Testament des douze patriarches*. Lire *Ruben* tout entier. Voir aussi Tertullien, *De virginibus velandis*.

est à peu près exclue. L'Église catholique n'eut garde de commettre cette faute. La femme eut des fonctions de diaconie dans l'Église et y fut avec l'homme dans des rapports subordonnés, mais fréquents. Le baptême, la communion eucharistique, les œuvres de charité entraînaient de perpétuelles dérogations aux mœurs de l'Orient. Ici encore, l'Église catholique trouva le milieu entre les exagérations des sectes diverses avec une rare justesse de tact.

Ainsi s'explique ce mélange singulier de pudeur timide et de mol abandon qui caractérise le sentiment moral dans les Églises primitives. Loin d'ici les vils soupçons de débauchés vulgaires, incapables de comprendre une telle innocence ! Tout était pur dans ces saintes libertés ; mais aussi qu'il fallait être pur pour pouvoir en jouir ! La légende nous montre les païens jaloux du privilège qu'a le prêtre d'apercevoir un moment dans sa nudité baptismale celle qui, par l'immersion sainte, va devenir sa sœur spirituelle[1]. Que dire du « saint baiser »[2], qui fut l'am-

---

1. Voir, dans les manuscrits et les éditions xylographiques, les miniatures représentant le baptême de Drusiana (Didot, *les Apocal. figurées*, p. 51-52). Les païens regardent par les trous de la porte, d'une manière qui implique un soupçon ou du moins un sentiment de jalousie contre le ministre du sacrement. Cf. les réflexions de Sozomène, *l. c.*

2. *Saint Paul*, p. 262, 263.

broisie de ces générations chastes, de ce baiser qui, comme le *consolamentum* des cathares[1], était un sacrement de force et d'amour, et dont le souvenir, mêlé aux plus graves impressions de l'acte eucharistique, suffisait durant des jours à remplir l'âme d'une sorte de parfum? Pourquoi l'Église était-elle si aimée, que, pour y rentrer quand on en était sorti, on allait au-devant de la mort? Parce qu'elle était une école de joies infinies. Jésus était vraiment au milieu des siens. Plus de cent ans après sa mort, il était encore le maître des voluptés savantes, l'initiateur des secrets transcendants.

1. Schmidt, *Histoire des cathares*, II, p. 119 et suiv.

CHAPITRE XVI.

MARC-AURÈLE CHEZ LES QUADES. — LE LIVRE DES *PENSÉES*.

Trop peu soucieux de ce qui se passait dans le reste du monde, le gouvernement de Marc-Aurèle semblait n'exister que pour les progrès de l'intérieur. Le seul grand empire organisé qui touchât aux frontières romaines, celui des Parthes, cédait devant les légions. Lucius Verus et Avidius Cassius conquéraient des provinces que Trajan n'avait occupées que passagèrement, l'Arménie, la Mésopotamie, l'Adiabène [1]. Le véritable danger était au delà du Rhin et du Danube. Là vivaient, dans une menaçante obscurité, des populations énergiques, pour la plupart germaniques de race, que les Romains ne connaissaient guère que par ces beaux et fidèles gardes du corps (les Suisses de ces temps-là), que certains empereurs

[1] Tillemont, *Hist. des emp.*, II, p. 352-353.

aimèrent à se donner, ou par ces gladiateurs superbes qui, dévoilant tout à coup dans l'amphithéâtre la beauté de leurs formes nues, faisaient éclater l'admiration de l'assistance[1]. Conquérir pas à pas ce monde impénétrable, reculer lieue par lieue les limites de la civilisation ; pour cela, s'établir fortement en Bohême, dans ce quadrilatère central de l'Europe, où il devait y avoir encore un fond considérable de Boïens celtiques ; de là, s'avancer comme les défricheurs américains, détruire arbre par arbre la forêt Hercynienne, substituer des colonies à des tribus sans attache avec le sol, fixer et civiliser ces populations pleines d'avenir, faire bénéficier l'empire de leurs rares qualités, de leur solidité, de leur force corporelle, de leur énergie ; porter les vraies frontières de l'empire, d'un côté, sur l'Oder ou la Vistule, de l'autre, sur le Pruth ou le Dniester, et donner ainsi à la partie latine de l'empire une prépondérance décidée, qui eût empêché le schisme de la partie grecque et orientale ; au lieu de bâtir cette funeste Constantinople, mettre la seconde capitale à Bâle ou à Constance, et assurer ainsi, pour le grand bien de l'empire, aux peuples celto-germains l'hégémonie politique qu'ils devaient conquérir plus tard sur les ruines de l'em-

---

1. Tacite, *Germ.*, 20.

pire, voilà quel aurait dû être le programme des Romains éclairés, s'ils avaient été mieux renseignés sur l'état de l'Europe et de l'Asie, sur la géographie et l'ethnographie comparées.

L'expédition mal concertée de Varus (an 10 de J.-C.) et le vide éternel qu'elle laissa dans les numéros des légions furent comme un épouvantail qui détourna la pensée romaine de la grande Germanie. Tacite, seul, vit l'importance de cette région pour l'équilibre du monde. Mais l'état de division où étaient les tribus germaniques endormait les inquiétudes que les esprits sagaces auraient dû concevoir. Tandis que ces peuplades, en effet, plus portées vers l'indépendance locale que vers la centralisation, ne formaient pas d'agrégat militaire, elles donnaient peu à craindre. Mais leurs confédérations étaient redoutables. On sait quelles conséquences eut celle qui se forma, au III° siècle, sur la rive droite du Rhin, sous le nom de Francs. Vers l'an 166, une ligue puissante se forma en Bohême, en Moravie et dans le nord de la Hongrie actuelle. Les noms d'une foule de peuplades, qui devaient plus tard remplir le monde, furent entendus pour la première fois. La grande poussée des barbares commençait ; les Germains, jusque-là inattaquables, attaquaient. La digue crevait sur le Danube, dans la région de l'Autriche

et de la Hongrie, vers Presbourg, Comorn et Gran.
Tous les peuples germains et slaves, depuis la Gaule
jusqu'au Don, Marcomans, Quades, Narisques, Hermundures, Suèves, Sarmates, Victovales, Roxolans,
Bastarnes, Costoboques, Alains, Peucins, Vandales,
Jazyges, semblèrent d'accord pour forcer la frontière et inonder l'empire. La pression venait de plus
loin. Refoulés par des barbares septentrionaux, probablement par les Goths, toute la masse slave et
germanique semblait en mouvement; ces barbares,
avec leurs femmes et leurs enfants, voulaient qu'on
les reçût dans l'empire, qu'on leur donnât des terres
ou de l'argent, offrant en retour leurs bras pour
n'importe quel service militaire. Ce fut un véritable
cataclysme humain. La ligne du Danube fut enfoncée. Les Vandales et les Marcomans s'établirent en
Pannonie; la Dacie fut piétinée par vingt peuples;
les Costoboques coururent jusqu'en Grèce; la Rhétie
et le Norique se virent envahis; les Marcomans passèrent les Alpes Juliennes, mirent le siège devant
Aquilée, saccagèrent tout jusqu'à la Piave. Devant ce
choc épouvantable, l'armée romaine plia; le nombre
des captifs emmenés par les barbares fut énorme[1];
l'alarme fut vive en Italie; on déclara que, depuis
le temps des guerres puniques, Rome n'avait

1. Dion Cassius, LXXI, 15, 19.

pas eu à soutenir une attaque aussi furieuse [1].

C'est une vérité bien constatée que le progrès philosophique des lois ne répond pas toujours à un progrès dans la force de l'État. La guerre est chose brutale ; elle veut des brutaux ; souvent il arrive ainsi que les améliorations morales et sociales entraînent un affaiblissement militaire. L'armée est un reste de barbarie, que l'homme de progrès conserve comme un mal nécessaire ; or il est rare qu'on fasse avec succès ce qu'on fait comme un pis aller. Antonin avait déjà une forte aversion pour l'emploi des armes [2] ; sous son règne, les mœurs des camps s'amollirent beaucoup [3]. On ne peut nier que l'armée romaine n'eût perdu sous Marc-Aurèle une partie de sa discipline et de sa vigueur [4]. Le recrutement se faisait difficile-

1. Jules Capitolin, *Ant. Phil.*, 12 et suiv., 17, 21 et suiv.; *Lucius Verus*, 7, 8; *Pertinax*, 2; Dion Cassius, LXXI, 3 et suiv.; Pausanias, VIII, XLIII, 6; X, XXXIV, 5; Hérodien, I, 3; *Carm. sib.*, XII, 194 et suiv.; Petrus Patricius, *Exc. de leg.*, p. 24 (Paris, 1648); Ammien Marcellin, XXIX, VI, 1; XXXI, v, 13. Eutrope, VIII, 12; Aurelius Victor, *Cæs. et Epit.*, 16; Orelli, n° 861; la colonne Antonine et les restes de l'arc de triomphe de Marc-Aurèle, au Palais des conservateurs, à Rome ; Desvergers, *Essai sur Marc-Aurèle*, p. 140 et suiv.

2. Eutrope, VIII, 8.

3. Fronton, *Epist. ad Luc. Ver.*, II, 1; *ad amicos*, I, 6; *Principia historiæ*, p. 206 et suiv. (Naber).

4. Lettre d'Avidius Cassius, dans Vulc. Gall., *Vie d'Avidius*, 11, et en général toute cette vie.

ment; le remplacement et l'enrôlement des barbares avaient entièrement changé le caractère de la légion[1]; sans doute le christianisme soutirait déjà le meilleur des forces de l'État. Quand on songe qu'à côté de cette décrépitude s'agitaient des bandes sans patrie, paresseuses au travail de la terre, n'aimant qu'à tuer, ne cherchant que bataille, fût-ce contre leurs congénères[2], il était clair qu'une grande substitution de races aurait lieu. L'humanité civilisée n'avait pas encore assez dompté le mal pour pouvoir s'abandonner au rêve du progrès par la paix et la moralité.

Marc-Aurèle, devant cet assaut colossal de toute la barbarie, fut vraiment admirable. Il n'aimait pas la guerre et ne la faisait que malgré lui; mais, quand il fallut, il la fit bien; il fut grand capitaine par devoir. Une effroyable peste se joignit à la guerre. Ainsi éprouvée, la société romaine fit appel à toutes ses traditions, à tous les rites; il y eut, comme d'ordinaire à la suite des fléaux, une réaction en faveur de la religion nationale. Marc-Aurèle s'y prêta. On vit le bon empereur présider lui-même en qualité de grand pontife aux sacrifices, prendre un fer de jave-

1. Naudet, *Comptes rendus de l'Ac. des sc. mor. et pol.*, 1875, 2ᵉ sem., p. 479 et suiv.
2. Dion Cassius, LXXI, 11.

lot dans le temple de Mars, le plonger dans le sang, le lancer vers le point du ciel où était l'ennemi [1]. On arma tout, esclaves, gladiateurs, bandits, diogmites (agents de police) ; on soudoya des bandes germaniques contre les Germains ; on fit argent des objets précieux du garde-meuble impérial, pour éviter d'établir de nouveaux impôts.

La vie de Marc-Aurèle presque entière se passa désormais dans la région du Danube, à Carnonte [2] près de Vienne, ou à Vienne même, sur les bords du Gran, en Hongrie, parfois à Sirmium [3]. Son ennui était immense ; mais il savait vaincre son ennui. Ces insipides campagnes contre les Quades et les Marcomans furent très bien conduites ; le dégoût qu'il en éprouvait ne l'empêchait pas d'y mettre l'application la plus consciencieuse. L'armée l'aimait et fit parfaitement son devoir. Modéré même envers les ennemis, il préféra un plan de campagne long, mais sûr, à des coups foudroyants ; il délivra complètement la Pannonie, repoussa tous les barbares sur la rive gauche du Danube, fit même de grandes pointes au delà de ce fleuve, et pratiqua prudem-

---

1. Dion Cassius, LXXI, 33.
2. Petronell, près de Haimburg. *Pensées*, l. II, fin ; lettre apocr. à la suite de l'*Apol. I* de saint Justin.
3. Philostrate, *Soph.*, II, I, 26 ; Tertullien, *Apol.*, 25.

ment la tactique, dont on abusa plus tard, d'opposer les barbares aux barbares.

Paternel et philosophe avec ces hordes à demi sauvages, il s'obstinait, par respect pour lui-même, à conserver envers elles des égards qu'elles ne comprenaient pas, à la façon d'un gentilhomme qui, par gageure de dignité personnelle, traiterait des Peaux-Rouges comme des gens bien élevés. Il leur prêchait naïvement la raison et la justice, et il finit par leur inspirer du respect[1]. Peut-être, sans la révolte d'Avidius Cassius, eût-il réussi à faire une province de Marcomannie (Bohême), une autre de Sarmatie (Gallicie), et à sauver l'avenir[2]. Il admit sur une large échelle le soldat germain dans les légions; il accorda des terres en Dacie, en Pannonie, en Mésie, dans la Germanie romaine, à ceux qui voulaient travailler[3], mais maintint très ferme la limite militaire, établit une rigoureuse police sur le Danube, et ne laissa pas une seule fois le prestige de l'empire souffrir des concessions que lui arrachaient la politique et l'humanité.

Ce fut dans le cours d'une de ces expéditions que,

1. Statue équestre, maintenant au Capitole; bas-reliefs de l'arc de triomphe de Marc-Aurèle; colonne Antonine; v. ci-dessus, p. 47.
2. Dion Cassius, LXXI, 17.
3. Capitolin, 24.

campé sur les bords du Gran, au milieu des plaines monotones de la Hongrie[1], il écrivit les plus belles pages du livre exquis qui nous a révélé son âme tout entière. Ce qui coûtait le plus à Marc-Aurèle dans ces lointaines guerres, c'était d'être privé de sa compagnie ordinaire de savants et de philosophes. Presque tous avaient reculé devant les fatigues et étaient restés à Rome[2]. Occupé tout le jour aux exercices militaires, il passait les soirées dans sa tente, seul avec lui-même. Là, il se débarrassait de la contrainte que ses devoirs lui imposaient; il faisait son examen de conscience, et songeait à l'inutilité de la lutte qu'il soutenait vaillamment. Sceptique sur la guerre, même en la faisant, il se détachait de tout, et, se plongeant dans la contemplation de l'universelle vanité, il doutait de la légitimité de ses propres victoires : « L'araignée est fière de prendre une mouche, écrivait-il ; tel est fier de prendre un levraut; tel, de prendre une sardine; tel, de prendre des sangliers; tel, des Sarmates. Au point de vue des principes, tous brigands[3]. » Les *Entretiens d'Épictète*, par Arrien, étaient le livre préféré de l'empe-

---

1. *Pensées*, livre Ier, fin.
2. Galien, *De prænotione*, 1 ; *De libris propriis*, 2 ; Philostr., *Sophist.*, II, v, 3.
3. *Pensées*, X, 10.

reur; il les lisait avec délices, et, sans le vouloir, il était amené à les imiter¹. Telle fut l'origine de ces pensées détachées, formant douze cahiers, qu'on réunit après sa mort sous ce titre *Au sujet de lui-même*².

Il est probable que, de bonne heure, Marc tint un journal intime de son état intérieur. Il y inscrivait, en grec, les maximes auxquelles il recourait pour se fortifier, les réminiscences de ses auteurs favoris, les passages des moralistes qui lui parlaient le plus, les principes qui, dans la journée, l'avaient soutenu, parfois les reproches que sa conscience scrupuleuse croyait avoir à s'adresser.

On se cherche des retraites solitaires, chaumières rustiques, rivages des mers, montagnes ; comme les autres, tu aimes à rêver tout cela. Quelle naïveté, puisqu'il t'est permis, à chaque heure, de te retirer en ton âme? Nulle part l'homme n'a de retraite plus tranquille, surtout s'il possède en lui-même de ces choses dont la contemplation suffit pour rendre le calme. Sache donc jouir de cette retraite, et là renouvelle tes forces. Qu'il y ait là de ces maximes courtes, fondamentales, qui tout d'abord rendront la sérénité à ton âme et te remettront en état de supporter avec résignation le monde où tu dois revenir³.

Pendant les tristes hivers du Nord, cette conso-

---

1. Voir, par exemple, *Dissert. Epict.*, III, viii, 1 et suiv.
2. Τὰ εἰς ἑαυτόν. Cf. Themistius, *Philad.*, p. 97, Dindorf ; Suidas, au mot Μάρκος.
3. *Pensées*, IV, 3.

lation lui devint encore plus nécessaire. Il avait passé cinquante ans; la vieillesse était chez lui prématurée. Un soir, toutes les images de sa pieuse jeunesse remontèrent en son souvenir, et il passa quelques heures délicieuses à supputer ce qu'il devait à chacun des êtres bons qui l'avaient entouré [1].

Exemples de mon aïeul Verus : douceur des mœurs, patience inaltérable.

Qualités qu'on prisait dans mon père, souvenir qu'il m'a laissé : modestie, caractère mâle.

Souvenir de ma mère : sa piété, sa bienfaisance; pureté d'âme qui allait jusqu'à s'abstenir, non seulement de faire le mal, mais même d'en concevoir la pensée ; vie frugale et qui ressemblait si peu au luxe des riches [2].

Puis lui apparaissent tour à tour Diognète, qui lui inspira le goût de la philosophie et rendit agréables à ses yeux le grabat, la couverture consistant en une simple peau et tout l'appareil de la discipline hellénique ; Junius Rusticus, qui lui apprit à éviter toute affectation d'élégance dans le style et lui prêta les *Entretiens d'Épictète* [3]; Apollonius de Chalcis, qui réalisait l'idéal stoïcien de l'extrême fermeté et

1. *Pensées,* livre Ier, entier.
2. Une monnaie de Nicée nous a conservé la douce et aimable figure de Domitia Lucilla, la mère de Marc-Aurèle. De Longpérier, *Revue numism.,* nouv. série, t. VIII (1863).
3. Τὰ Ἐπικτήτεια ὑπομνήματα, les Entretiens rédigés par Arrien

de la parfaite douceur ; Sextus de Chéronée, si grave et si bon ; Alexandre de Cotiée, qui reprenait avec une politesse si raffinée ; Fronton, « qui lui apprit ce qu'il y a dans un tyran d'envie, de duplicité, d'hypocrisie, et ce qu'il peut y avoir de dureté dans le cœur d'un patricien » ; son frère Sévérus, « qui lui fit connaître Thraséa, Helvidius, Caton, Brutus ; qui lui donna l'idée de ce qu'est un État libre, où la règle est l'égalité naturelle des citoyens et l'égalité de leurs droits ; d'une monarchie qui respecte avant tout la liberté des citoyens » ; et, dominant tous les autres de sa grandeur immaculée, Antonin, son père par adoption, dont il nous trace le portrait avec un redoublement de reconnaissance et d'amour.

Je remercie les dieux, dit-il en terminant, de m'avoir donné de bons aïeuls, de bons parents, une bonne sœur, de bons maîtres, et, dans mon entourage, dans mes proches, dans mes amis, des gens presque tous remplis de bonté. Jamais je ne me suis laissé aller à aucun manque d'égards envers eux ; par ma disposition naturelle, j'aurais pu, dans l'occasion, commettre quelque irrévérence ; mais la bienfaisance des dieux n'a pas permis que la circonstance s'en soit présentée. Je dois encore aux dieux d'avoir conservé pure la fleur de ma jeunesse ; de ne m'être pas fait homme avant l'âge, d'avoir même différé au delà ; d'avoir été élevé sous la loi d'un prince et d'un père qui devait dégager mon âme de toute fumée d'orgueil, me faire comprendre qu'il est possible, tout en vivant dans un palais, de se passer de gardes, d'habits resplendissants, de torches, de statues, m'apprendre enfin qu'un prince peut presque resserrer sa vie dans les limites de celle d'un simple citoyen, sans montrer pour cela moins de noblesse et moins de vigueur, quand il s'agit d'être empereur et de traiter les affaires de l'État. Ils m'ont donné de rencontrer un frère dont les mœurs étaient une continuelle exhortatation à veiller sur moi-même, en même temps que sa déférence et son attachement devaient faire la joie de mon cœur..... Si j'ai eu le bonheur d'élever ceux qui avaient soigné mon éducation aux honneurs qu'ils semblaient désirer; si j'ai connu Apollonius, Rusticus, Maximus, si, plusieurs fois, m'a été offerte, entourée de tant de lumière, l'image d'une vie conforme à la nature (je suis resté en deçà du but, il est vrai ; mais c'est ma faute) ; si mon corps a résisté jusqu'à cette heure à la rude vie que je mène ; si je n'ai touché ni à Bénédicta ni à Théodote ; si, malgré mes fréquents dépits contre Rusticius, je n'ai jamais passé les bornes, ni rien fait dont j'aie eu à me repentir ; si ma mère, qui devait mourir jeune, a pu néanmoins passer près de moi ses dernières années ; si, chaque fois que j'ai voulu venir au secours de quelque personne pauvre ou affligée, je ne me suis jamais entendu dire que l'argent me manquait ; si, moi-même, je n'ai eu besoin de rien recevoir de personne; si le sort m'a donné une femme si complaisante, si affectueuse, si simple ; si j'ai trouvé tant de gens capables pour l'éducation de mes enfants ; si, à l'origine de ma passion pour la philosophie, je ne suis pas devenu la proie de quelque sophiste, c'est aux dieux que je le dois. Oui, tant de bonheurs ne peuvent être l'effet que de l'assistance des dieux et d'une heureuse fortune.

Cette divine candeur respire à chaque page.

Jamais on n'écrivit plus simplement pour soi, à seule fin de décharger son cœur, sans autre témoin que Dieu. Pas une ombre de système. Marc-Aurèle, à proprement parler, n'a pas de philosophie; quoiqu'il doive presque tout au stoïcisme transformé par l'esprit romain, il n'est d'aucune école. Selon notre goût, il a trop peu de curiosité ; car il ne sait pas tout ce que pouvait savoir un contemporain de Ptolémée et de Galien ; il a sur le système du monde quelques opinions qui n'étaient pas au niveau de la plus haute science de son temps. Mais sa pensée morale, ainsi dégagée de tout lien avec un système, y gagne une singulière élévation. L'auteur du livre de l'*Imitation* lui-même, quoique fort détaché des querelles d'école, n'atteint pas jusque-là ; car sa manière de sentir est essentiellement chrétienne ; ôtez les dogmes chrétiens, son livre ne garde plus qu'une partie de son charme. Le livre de Marc-Aurèle, n'ayant aucune base dogmatique, conservera éternellement sa fraîcheur. Tous, depuis l'athée ou celui qui se croit tel, jusqu'à l'homme le plus engagé dans les croyances particulières de chaque culte, peuvent y trouver des fruits d'édification. C'est le livre le plus purement humain qu'il y ait. Il ne tranche aucune question controversée. En théologie, Marc-Aurèle flotte entre le déisme pur, le polythéisme interprété dans un sens physique, à la façon des stoïciens, et une sorte de panthéisme cosmique. Il ne tient pas plus à l'une des hypothèses qu'à l'autre, et il se sert indifféremment des trois vocabulaires, déiste, polythéiste, panthéiste. Ses considérations sont toujours à deux faces, selon que Dieu et l'âme ont ou n'ont pas de réalité. « Quitter la société des hommes n'a rien de bien terrible, s'il y a des dieux; et, s'il n'y a pas de dieux, ou qu'ils ne s'occupent pas des choses humaines, que m'importe de vivre dans un monde vide de dieux ou vide de providence? Mais certes il y a des dieux, et ils ont à cœur les choses humaines [1]. »

C'est le dilemme que nous faisons à chaque heure; car, si c'est le matérialisme le plus complet qui a raison, nous qui aurons cru au vrai et au bien, nous ne serons pas plus dupés que les autres. Si l'idéalisme a raison, nous aurons été les vrais sages, et nous l'aurons été de la seule façon qui nous convienne, c'est-à-dire sans nulle attente intéressée, sans avoir compté sur une rémunération.

Marc-Aurèle n'est donc pas un libre penseur; c'est même à peine un philosophe, dans le sens spécial du mot. Comme Jésus, il n'a pas de philosophie

1. *Pensées*, II, 11; cf. IV, 3; VI, 10; VII, 32, 50; VIII, 17; IX, 28, 39, 40; XII, 24.

spéculative; sa théologie est tout à fait contradictoire; il n'a aucune idée arrêtée sur l'âme et l'immortalité. Comment fut-il profondément moral sans les croyances qu'on regarde aujourd'hui comme les fondements de la morale? Comment fut-il éminemment religieux sans avoir professé aucun des dogmes de ce qu'on appelle la religion naturelle? C'est ce qu'il importe de rechercher.

Les doutes qui, au point de vue de la raison spéculative, planent sur les vérités de la religion naturelle ne sont pas, comme Kant l'a admirablement montré, des doutes accidentels, susceptibles d'être levés, tenant, ainsi qu'on se l'imagine parfois, à certains états de l'esprit humain. Ces doutes sont inhérents à la nature même de ces vérités, et l'on peut dire sans paradoxe que, s'ils étaient levés, les vérités auxquelles ils s'attaquent disparaîtraient du même coup. Supposons, en effet, une preuve directe, positive, évidente pour tous, des peines et des récompenses futures; où sera le mérite de faire le bien? Il n'y aurait que des fous qui, de gaieté de cœur, courraient à leur damnation. Une foule d'âmes basses feraient leur salut cartes sur table; elles forceraient en quelque sorte la main de la Divinité. Qui ne voit que, dans un tel système, il n'y a plus ni morale ni religion? Dans l'ordre moral et religieux, il est indispensable de croire sans démonstration ; il ne s'agit pas de certitude, il s'agit de foi. Voilà ce qu'oublie un certain déisme, avec ses habitudes d'affirmation intempérante. Il oublie que les croyances trop précises sur la destinée humaine enlèveraient tout mérite moral. Pour nous, on nous annoncerait un argument péremptoire en ce genre, que nous ferions comme saint Louis, quand on lui parla de l'hostie miraculeuse : nous refuserions d'aller voir. Qu'avons-nous besoin de ces preuves brutales, qui n'ont d'application que dans l'ordre grossier des faits, et qui gêneraient notre liberté? Nous craindrions d'être assimilés à ces spéculateurs de vertu ou à ces peureux vulgaires, qui portent dans les choses de l'âme le grossier égoïsme de la vie pratique. Dans les premiers jours qui suivirent l'établissement de la foi à la résurrection de Jésus, ce sentiment se produisit de la façon la plus touchante. Les vrais amis de cœur, les délicats aimèrent mieux croire sans preuve que de voir. « Heureux ceux qui n'ont pas vu et qui ont cru ! » devint le mot de la situation. Mot charmant ! symbole éternel de l'idéalisme tendre et généreux, qui a horreur de toucher de ses mains ce qui ne doit être vu qu'avec le cœur !

Notre bon Marc-Aurèle, sur ce point comme sur tous les autres, devança les siècles. Jamais il ne se soucia de se mettre d'accord avec lui-même sur Dieu et sur l'âme. Comme s'il avait lu la *Critique de la raison pratique*, il vit bien que, dès qu'il s'agit de l'infini, aucune formule n'est absolue, et qu'en pareille matière on n'a quelque chance d'avoir aperçu la vérité une fois en sa vie que si l'on s'est beaucoup contredit. Il détacha hautement la beauté morale de toute théologie arrêtée; il ne permit au devoir de dépendre d'aucune opinion métaphysique sur la cause première. Jamais l'union intime avec le Dieu caché ne fut poussée à de plus inouïes délicatesses.

Offre au gouvernement du dieu qui est au dedans de toi un être viril, mûri par l'âge, ami du bien public, un Romain[1], un empereur, un soldat à son poste, attendant le signal de la trompette, un homme prêt à quitter la vie sans regret[2]. — Il y a bien des grains d'encens destinés au même autel; l'un tombe plus tôt, l'autre plus tard dans le feu; mais la différence n'est rien[3]. — L'homme doit vivre selon la nature pendant le peu de jours qui lui sont donnés sur la terre, et, quand le moment de la retraite est venu, se soumettre avec douceur, comme une olive qui, en tombant, bénit l'arbre qui l'a produite et rend grâces au rameau qui l'a portée[4]. — Tout ce qui t'arrange m'arrange, ô *cosmos*. Rien ne m'est prématuré ni tardif,

---

1. Comp. *Pensées*, II, 5.
2. *Pensées*, III, 5.
3. *Pensées*, IV, 15.
4. *Pensées*, IV, 48.

de ce qui pour toi vient à l'heure. Je fais mon fruit de ce que portent tes saisons, ô nature ! De toi vient tout; en toi est tout; vers toi va tout.

> Cité de Cécrops, toi que j'aime,

dit le poète; comment ne pas dire:

> Cité de Jupiter, je t'aime [1] ? —

O homme ! tu as été citoyen dans la grande cité ; que t'importe de l'avoir été pendant cinq ou pendant trois années? Ce qui est conforme aux lois n'est injuste pour personne. Qu'y a-t-il donc de si fâcheux à être renvoyé de la cité non par un tyran, non par un juge inique, mais par la nature même, qui t'y avait fait entrer? C'est comme si un comédien est congédié du théâtre par le même préteur qui l'y avait engagé. « Mais, diras-tu, je n'ai pas joué les cinq actes ; je n'en ai joué que trois. » Tu dis bien ; mais, dans la vie, trois actes suffisent pour faire la pièce entière. Celui qui marque la fin est celui qui, après avoir été la cause de la combinaison des éléments, est maintenant la cause de leur dissolution ; tu n'es pour rien dans l'un ni dans l'autre de ces faits.

Pars donc content ; car celui qui te congédie est sans colère [2].

Est-ce à dire qu'il ne se révoltât pas quelquefois contre le sort étrange qui s'est plu à laisser seuls face à face l'homme, avec ses éternels besoins de dévouement, de sacrifice, d'héroïsme, et la nature, avec

---

1. *Pensées*, IV, 23. On ignore de quelle pièce est prise la citation de Marc-Aurèle.
2. *Pensées*, XII, 36.

son immoralité transcendante, son suprême dédain pour la vertu ? Non. Une fois du moins l'absurdité, la colossale iniquité de la mort le frappa. Mais bientôt son tempérament, complètement mortifié, reprend le dessus, et il se calme.

Comment se fait-il que les dieux, qui ont ordonné si bien toutes choses et avec tant d'amour pour les hommes, aient négligé un seul point, à savoir que les hommes d'une vertu éprouvée, qui ont eu pendant leur vie une sorte de commerce avec la Divinité, qui se sont fait aimer d'elle par leurs actions pieuses et leurs sacrifices, ne revivent pas après la mort, mais soient éteints pour jamais ? Puisque la chose est ainsi, sache bien que, si elle avait dû être autrement, ils n'y eussent pas manqué ; car, si cela eût été juste, cela était possible ; si cela eût été conforme à la nature, la nature l'eût comporté. Par conséquent, de cela qu'il n'en est pas ainsi, confirme-toi en cette considération qu'il ne fallait pas qu'il en fût ainsi. Tu vois bien toi-même que faire une telle recherche, c'est disputer avec Dieu sur son droit. Or nous ne disputerions pas ainsi contre les dieux, s'ils n'étaient pas souverainement bons et souverainement justes ; s'ils le sont, ils n'ont rien laissé passer dans l'ordonnance du monde qui soit contraire à la justice et à la raison [1].

Ah! c'est trop de résignation, cher maître. S'il en est véritablement ainsi, nous avons le droit de nous plaindre. Dire que, si ce monde n'a pas sa

---

1. *Pensées*, XII, 5.

contre-partie, l'homme qui s'est sacrifié pour le bien ou le vrai doit le quitter content et absoudre les dieux, cela est trop naïf. Non, il a le droit de les blasphémer ! Car enfin, pourquoi avoir ainsi abusé de sa crédulité ? Pourquoi avoir mis en lui des instincts trompeurs, dont il a été la dupe honnête ? Pourquoi cette prime accordée à l'homme frivole ou méchant ? C'est donc celui-ci qui ne se trompe pas, qui est l'homme avisé ?... Mais alors maudits soient les dieux qui placent si mal leurs préférences ! Je veux que l'avenir soit une énigme ; mais, s'il n'y a pas d'avenir, ce monde est un affreux guet-apens. Remarquez, en effet, que notre souhait n'est pas celui du vulgaire grossier. Ce que nous voulons, ce n'est pas de voir le châtiment du coupable, ni de toucher les intérêts de notre vertu. Ce que nous voulons n'a rien d'égoïste : c'est simplement d'être, de rester en rapport avec la lumière, de continuer notre pensée commencée, d'en savoir davantage, de jouir un jour de cette vérité que nous cherchons avec tant de travail, de voir le triomphe du bien que nous avons aimé. Rien de plus légitime. Le digne empereur, du reste, le sentait bien. « Quoi ! la lumière d'une lampe brille jusqu'au moment où elle s'éteint, et ne perd rien de son éclat ; et la vérité, la justice, la tempérance, qui sont en toi, s'éteindraient avec toi[1] ! » Toute la vie se passa pour lui dans cette noble hésitation. S'il pécha, ce fut par trop de piété. Moins résigné, il eût été plus juste ; car, sûrement, demander qu'il y ait un spectateur intime et sympathique des luttes que nous livrons pour le bien et le vrai, ce n'est pas trop demander.

Il est possible aussi que, si sa philosophie eût été moins exclusivement morale, si elle eût impliqué une étude plus curieuse de l'histoire et de l'univers, elle eût évité certains excès de rigueur. Comme les ascètes chrétiens, Marc-Aurèle pousse quelquefois le renoncement jusqu'à la sécheresse et à la subtilité. Ce calme qui ne se dément jamais, on sent qu'il est obtenu par un immense effort. Certes, le mal n'eut jamais pour lui nul attrait ; il n'eut à combattre aucune passion : « Quoi qu'on fasse ou quoi qu'on dise, écrit-il, il faut bien que je sois homme de bien, comme l'émeraude peut dire : « Quoi qu'on dise ou qu'on « fasse, il faut bien que je sois émeraude et que « je garde ma couleur[2]. » Mais, pour se tenir toujours sur le sommet glacé du stoïcisme, il lui fallut faire de cruelles violences à la nature et en retrancher plus d'une noble partie. Cette perpétuelle répétition des mêmes raisonnements, ces mille images

---

1. *Pensées,* XII, 15. Cf. XII, 14.
2. *Pensées,* VII, 15.

sous lesquelles il cherche à se représenter la vanité de toute chose[1], ces preuves souvent naïves de l'universelle frivolité, témoignent des combats qu'il eut à livrer pour éteindre en lui tout désir. Parfois il en résulte quelque chose d'âpre et de triste ; la lecture de Marc-Aurèle fortifie, mais ne console pas ; elle laisse dans l'âme un vide à la fois délicieux et cruel, qu'on n'échangerait pas contre la pleine satisfaction. L'humilité, le renoncement, la sévérité pour soi-même n'ont jamais été poussés plus loin. La gloire, cette dernière illusion des grandes âmes, est réduite à néant. Il faut faire le bien sans s'inquiéter si personne le saura. Il voit que l'histoire parlera de lui ; mais de combien d'indignes ne parle-t-elle pas[2] ? L'absolue mortification où il était arrivé avait éteint en lui jusqu'à la dernière fibre de l'amour-propre. On peut même dire que cet excès de vertu lui a nui. Les historiens l'ont pris au mot. Peu de grands règnes ont été plus maltraités par l'historiographie. Marius Maximus et Dion Cassius parlèrent de Marc avec amour, mais sans talent ; leurs ouvrages, d'ailleurs, ne nous sont parvenus qu'en lambeaux, et nous ne connaissons la vie de l'illustre

---

1. Voir surtout *Pensées,* VI, 13, et aussi VIII, 24, 37 ; IX, 36 ; XI, 1.

2. *Pensées,* IX, 29.

souverain que par la médiocre biographie de Jules Capitolin, écrite cent ans après sa mort, grâce à l'admiration que lui avait vouée l'empereur Dioclétien.

Heureusement la petite cassette qui renfermait les pensées des bords du Gran et la philosophie de Carnonte fut sauvée. Il en sortit ce livre incomparable, où Épictète était surpassé, ce manuel de la vie résignée, cet Évangile de ceux qui ne croient pas au surnaturel, qui n'a pu être bien compris que de nos jours. Véritable Évangile éternel, le livre des *Pensées* ne vieillira jamais ; car il n'affirme aucun dogme. L'Évangile a vieilli en certaines parties ; la science ne permet plus d'admettre la naïve conception du surnaturel qui en fait la base. Le surnaturel n'est dans les *Pensées* qu'une petite tache insignifiante, qui n'atteint pas la merveilleuse beauté du fond. La science pourrait détruire Dieu et l'âme, que le livre des *Pensées* resterait jeune encore de vie et de vérité. La religion de Marc-Aurèle, comme le fut par moments celle de Jésus, est la religion absolue, celle qui résulte du simple fait d'une haute conscience morale placée en face de l'univers. Elle n'est ni d'une race ni d'un pays. Aucune révolution, aucun progrès, aucune découverte ne pourront la changer.

CHAPITRE XVII.

LA *LEGIO FULMINATA*. — APOLOGIES D'APOLLINAIRE, DE MILTIADE, DE MÉLITON.

Un incident de la campagne contre les Quades mit en quelque sorte Marc-Aurèle et les chrétiens face à face, et causa, du moins chez ces derniers, une vive préoccupation[1]. Les Romains étaient engagés dans l'intérieur du pays[2]; les chaleurs de l'été

---

1. Pour le récit païen, voir Capitolin, 24; Dion Cassius, LXXI, 8-10 (en le dépouillant des additions de Xiphilin); Claudien, *In VI^{um} consul. Honorii*, vers 340 et suiv.; Thémistius, Discours xv à Théodose, p. 191 (édit. Petau); Colonne Antonine, Bellori et Bartoli, pl. xv. Pour la version chrétienne, voir Claude Apollinaire, dans Eus., V, v, 4; Tertullien, *Apol.*, 5, 40; *Ad Scapulam*, 4 (cf. Eus., V, v, 6); Eusèbe, V, ch. v, et *Chron.*, p. 172, 173, Schœne; lettre prétendue de Marc-Aurèle, à la suite de l'*Apol. I* de saint Justin; Xiphilin, additions à Dion Cassius, *l. c.*; Orose, VII, 15; saint Grég. de Nysse, *De quadraginta mart.*, or. II, Opp. t. III, p. 505-506. L'auteur des livres XI-XIV des *Vers Sibyllins* (IIIe siècle), quoique chrétien, admet la version païenne de Capitolin, de Thémistius et de Claudien (XII, 196 et suiv.).

2. Probablement dans la région du Gran.

avaient succédé sans transition à un long hiver. Les Quades trouvèrent moyen de couper aux envahisseurs l'approvisionnement d'eau. L'armée était dévorée par la soif, épuisée de fatigues, égarée dans une impasse, où les barbares l'attaquèrent avec tous les avantages. Les Romains répondaient faiblement aux coups de l'ennemi, et l'on pouvait craindre un désastre, quand tout à coup un terrible orage s'amoncela. Une pluie serrée tomba sur les Romains et les rafraîchit. On prétendit, au contraire, que la foudre et la grêle se tournèrent contre les Quades et les effrayèrent, au point qu'une partie d'entre eux se jeta éperdue dans les rangs des Romains.

Tout le monde crut à un miracle. Jupiter s'était évidemment prononcé pour sa race latine. La plupart attribuèrent le prodige aux prières de Marc-Aurèle. On fit des tableaux, où on voyait le pieux empereur suppliant les dieux et disant : « Jupiter, j'élève vers toi cette main qui n'a jamais fait couler le sang[1]. » La colonne Antonine consacra ce souvenir. *Jupiter Pluvius* s'y montre sous la figure d'un vieillard ailé, dont les cheveux, la barbe, les bras laissent échapper des torrents d'eau, que les Romains recueillent dans leurs casques et leurs boucliers, tandis que les bar-

---

[1]. C'était la version officielle : Capitolin, Claudien, Thémistius, *Carm. sib.*, XII.

bares sont frappés et renversés par la foudre. Quelques-uns crurent à l'intervention d'un magicien égyptien, nommé Arnouphis, qui suivait l'armée, et dont on supposa que les incantations avaient fait intervenir les dieux, en particulier Hermès aérien[1].

La légion qui avait reçu cette marque de la faveur céleste put prendre, au moins dans l'usage et pour un temps, le nom de *Fulminata* [2]. Une telle épithète n'aurait eu rien de nouveau. Tout endroit touché par la foudre était sacré chez les Romains; la légion dont les campements avaient été atteints par les carreaux célestes devait être regardée comme ayant reçu une sorte de baptême de feu; *Fulminata* devenait pour elle un titre d'honneur. Une légion, la douzième, qui, depuis le siège de Jérusalem, auquel elle prit part, fut fixée à Mélitène[3], près de l'Euphrate, dans la Petite Arménie, porta ce titre dès le temps d'Auguste, sans doute par suite d'un accident physique

1. Dion Cassius, *l. c.*; Suidas, aux mots Ἀρνοῦφις et Ἰουλιανός. Cf. Lampride, *Héliog.*, 9.
2. Κεραυνοβόλος, « frappée de la foudre », *fulminata* (comparez κεραυνοβόλιον, « endroit frappé de la foudre »). C'est à tort qu'on écrit (Eus., V, v, 4) κεραυνοβόλος, *fulminatrix*, au sens actif. Selon Apollinaire, la légion aurait reçu de l'empereur le nom de *Fulminata*; mais cela est difficile à croire.
3. Jos., *B. J.*, VII, 1, 3.

qui fit substituer cette appellation au surnom d'*Antiqua*, qu'elle avait porté jusque-là[1].

Il y avait des chrétiens autour de Marc-Aurèle ; il y en avait peut-être dans la légion engagée contre les Quades. Ce prodige admis de tous les émut. Un miracle bienveillant ne pouvait être l'ouvrage que du vrai Dieu. Quel triomphe, quel argument pour faire cesser la persécution, si l'on persuadait à l'empereur que le miracle venait des fidèles ! Dès les jours mêmes qui suivirent l'incident, une version circula, d'après laquelle l'orage favorable aux Romains aurait été le fruit des prières des chrétiens. C'est en s'agenouillant, selon l'usage de l'Église, que les soldats pieux auraient obtenu du ciel cette marque de protection, laquelle flattait, à deux points de vue, les prétentions chrétiennes : d'abord en montrant ce que pouvait sur le ciel une poignée de croyants ; puis en témoignant chez le Dieu des chrétiens d'un certain faible pour l'empire romain. Que l'empire cesse de

---

1. Dion Cassius, LV, 23; *Notitia dign.*, duché d'Arménie p. 96, Bœcking, I ; inscriptions dans Borghesi, *Œuvres compl.*, IV, p. 232-234, 263 ; Noël Desvergers, p. 91-93 ; Pauly, *Realencycl.*, IV, p. 868, 891-892 (Grotefend) ; Gruter, cxciii, 3 ; *Corpus inscr. lat.*, III, 30, etc. (v. index, p. 1142) ; Orelli, n° 517 ; Henzen, 6497 ; Letronne, *Inscr. de l'Égypte*, II, p. 328 et suiv. ; Kellermann, *Vigiles*, n°ˢ 41 et 249 ; Ch. Robert, *les Légions des bords du Rhin* (Paris, 1867), p. 16, 17.

persécuter les saints, on verra ce que ceux-ci obtiendront du ciel en sa faveur. Dieu, pour devenir le protecteur de l'empire contre les barbares, n'attend qu'une seule chose, c'est que l'empire cesse de se montrer impitoyable envers une élite qui est dans le monde le ferment de tout bien.

Cette manière de présenter les faits fut très vite acceptée et fit le tour des Églises. A chaque procès, à chaque tracasserie, on avait cette excellente réponse à faire aux autorités : « Nous vous avons sauvés. » Cette réponse gagna une force nouvelle, quand, à l'issue de la campagne, Marc-Aurèle reçut sa septième salutation impériale[1], et que la colonne qui se voit encore aujourd'hui debout à Rome s'éleva, par ordre du sénat et du peuple, portant parmi ses reliefs l'image du miracle[2]. On en prit même occasion de fabriquer une lettre officielle de Marc-Aurèle au sénat, par laquelle il défendait de poursuivre d'office les chrétiens et punissait de mort leurs dénonciateurs[3]. Non seulement le fait d'une telle lettre est inadmis-

---

1. Tillemont, *Emp.*, II, p. 373; Noël Desvergers, *Essai*, p. 94; Hænel, *Corpus legum*, p. 120 et suiv.

2. Le décret d'érection est de 174.

3. Tertullien, *Apol.*, 5 (cf. Eus., V, v, 6; *Chron.*, p. 172, 173; Orose et Xiphilin, *l. c.*). C'est probablement, pour le fond, la fausse lettre qui se lit à la suite de l'*Apol. I* de saint Justin. Le ζῶντα καίεσθαι répond à l'*et quidem tetriore* de Tertullien.

sible ; mais il est très probable que Marc-Aurèle ignora la prétention qu'élevaient les chrétiens sur le miracle dont il passait lui-même pour être l'auteur. Dans certains pays, en Égypte, par exemple, la fable chrétienne ne paraît pas avoir été connue[1]. Ailleurs, elle ne fit qu'ajouter à la dangereuse réputation de magie qui commençait à s'attacher aux chrétiens[2].

La légion du Danube, si elle prit un moment le nom de *Fulminata*, ne le garda pas officiellement. Comme la douzième légion, résidant à Mélitène, était toujours désignée par ce titre, comme, d'ailleurs, la légion de Mélitène brilla bientôt par son ardeur chrétienne, il s'opéra une confusion, et l'on supposa que ce fut cette dernière légion qui, transportée contre toute vraisemblance de l'Euphrate au Danube, fit le miracle et reçut à ce propos le nom de *Fulminata;* on oubliait qu'elle avait porté ce surnom deux cents ans auparavant[3].

Ce qu'il y a de sûr, en tout cas, c'est que la conduite de Marc-Aurèle envers les chrétiens ne fut en

---

1. *Carm. sib.*, XII, v, 194 et suiv. L'auteur est un chrétien d'Égypte, écrivant vers 260.
2. Mém. de M. Le Blant, t. XXXI des *Mém. de la Soc. des antiquaires de France.*
3. Cette confusion paraît surtout avoir été le fait d'Eusèbe.

rien modifiée[1]. On a supposé que la révolte d'Avidius Cassius, appuyée par la sympathie de la Syrie tout entière, surtout d'Antioche, indisposa l'empereur contre les chrétiens, nombreux en ces parages. Cela est bien peu probable. La révolte d'Avidius eut lieu en 172, et la recrudescence de persécutions se remarque surtout vers 176[2]. Les chrétiens se tenaient à l'écart de toute politique[3]; d'ailleurs, à propos d'Avidius, le pardon déborda du cœur aimant de Marc-Aurèle[4]. Le nombre des martyrs, cependant, ne fit qu'augmenter; dans trois ou quatre ans, la persécution atteindra le plus haut degré de fureur qu'elle ait connu avant Dèce. En Afrique, Vigellius Saturninus va tirer l'épée[5], et Dieu sait quand elle sera remise au fourreau. La Sardaigne se remplissait de déportés, qui devaient être rappelés sous Commode, par l'influence de Marcia[6]. Byzance vit des horreurs. Presque toute la communauté fut ar-

1. Tertullien, Eusèbe, Xiphilin, la *Chronique pascale,* ne soutiennent le contraire que par système.
2. Voir mes *Mél. d'histoire et de voyages,* p. 187-188.
3. Tertullien, *Ad Scap.,* 2; *Apol.,* 35.
4. Dion Cassius, LXXI, 25, 30; Capitolin, *Vie de Marc,* 25; Vulcatius, *Vie d'Avidius,* 9.
5. Tertullien, *Ad Scap.,* 3. Vigellius Saturninus fit mettre à mort les Scillitains; or l'épisode des Scillitains est de l'an 180. V. ci-après, p. 457, note 5.
6. *Philos.,* IX, 12.

rêtée, mise à la question, conduite à la mort. Byzance ayant été ruinée, quelques années après, par Septime Sévère (en 196), le gouverneur Cæcilius Capella s'écria : « Quel beau jour pour les chrétiens[1] ! »

Ce fut plus grave encore en Asie. L'Asie était la province où le christianisme atteignait le plus profondément l'ordre social. Aussi les proconsuls d'Asie étaient-ils, de tous les gouverneurs de province, les plus âpres à la persécution. Sans que l'empereur eût porté de nouveaux édits, ils alléguaient des instructions qui les obligeaient à procéder avec sévérité[2]. Ils appliquaient sans merci une loi qui, selon l'interprétation, pouvait être atroce ou inoffensive. Ces supplices répétés étaient un sanglant démenti à un siècle d'humanité. Les fanatiques, dont ces violences confirmaient les sombres rêves, ne protestaient pas; souvent ils se réjouissaient. Mais les évêques modérés rêvaient la possibilité d'obtenir de l'empereur la fin de tant d'injustices. Marc-Aurèle accueillait toutes les requêtes, et était censé les lire. Sa réputation comme philosophe et comme helléniste engageait ceux qui se sentaient quelque facilité pour écrire en grec à s'adresser à lui. L'incident de la

---

1. Épiph., LIV, 1; Tertullien, *Ad Scap.*, 3; Baronius, an 196, § 2; Tillemont, *Mém.*, II, p. 315-316.
2. Méliton, ci-après, p. 282.

guerre des Quades offrait un biais pour poser la question plus nettement que ne l'avaient pu faire Aristide, Quadratus, saint Justin.

Ainsi se produisit une série de nouvelles apologies, composées par des évêques ou des écrivains d'Asie, qui malheureusement ne se sont pas conservées. Claude Apollinaire, évêque d'Hiérapolis, brilla au premier rang dans cette campagne. Le miracle de Jupiter Pluvieux avait eu tant de publicité, qu'Apollinaire osa le rappeler à l'empereur, en rapportant l'intervention divine aux prières des chrétiens [1]. — Miltiade s'adressa aussi aux autorités romaines, sans doute aux proconsuls d'Asie, pour défendre « sa philosophie » contre les reproches injustes qu'on lui adressait [2]. Ceux qui purent lire son Apologie n'eurent pas assez d'éloges pour le talent et le savoir qu'il y déploya [3].

L'ouvrage de beaucoup le plus remarquable que produisit ce mouvement littéraire fut l'Apologie de Méliton [4]. L'auteur s'adressait à Marc-Aurèle dans la langue qu'affectionnait l'empereur :

---

1. Eusèbe, IV, xxvii ; V, v, 4 ; *Chron.*, p. 172, 173, Schœne, saint Jér., *De viris ill.*, 26.
2. Eus., V, xvii, 5 ; saint Jér., *De viris ill.*, 39.
3. Saint Jérôme, *Epist.*, 86, ad Magnum (IV, 2ᵉ part., p. 656).
4. Fragments dans Eusèbe, *H. E.*, IV, xxvi, 1, 7 et suiv.

Ce qui ne s'était jamais vu, la race des hommes pieux est en Asie persécutée, traquée, au nom de nouveaux édits[1]. D'impudents sycophantes, avides des dépouilles d'autrui, prenant prétexte de la législation existante[2], exercent leur brigandage à la face de tous, guettant nuit et jour, pour les faire saisir, des gens qui n'ont fait aucun mal... Si tout cela s'exécute par ton ordre, c'est bien ; car il ne saurait se faire qu'un prince juste commande quelque chose d'injuste ; volontiers alors nous acceptons une telle mort comme le sort que nous avons mérité. Nous ne t'adressons qu'une demande, c'est qu'après avoir examiné par toi-même l'affaire de ceux qu'on te présente comme des séditieux, tu veuilles bien juger s'ils méritent la mort ou s'ils ne sont pas plutôt dignes de vivre en paix sous la protection de la loi. Que si ce nouvel édit et ces mesures[3], qu'on ne se permettrait pas même contre des ennemis barbares, ne viennent pas de toi, nous te supplions d'autant plus instamment de ne pas nous abandonner dorénavant à un pareil brigandage public.

Nous avons déjà vu Méliton[4] faire à l'empire les plus singulières avances, pour le cas où il voudrait

---

cf., *ibid.*, IV, XIII, 8; *Chron.*, p. 172, 173, et saint Jérôme, *De viris ill.*, 27), et dans la *Chron. pascale*, p. 258, 259 (Du Cange). — L'ouvrage est sûrement postérieur à la mort de Vérus, arrivée à la fin de 169. De plus, le μετὰ τοῦ παιδός (Eus., IV, XXVI, 7) porte à en rabattre la date après 175, ou même après 177. V. Tillemont, *Mém.*, II, p. 663, 664.

1. Καινοῖς δόγμασι.
2. Ἐκ τῶν διαταγμάτων.
3. Ἡ βουλὴ αὕτη καὶ τὸ καινὸν τοῦτο διάταγμα.
4. V. ci-dessus, p. 186 et suiv.

devenir le protecteur de la vérité. Dans l'*Apologie*, ces avances sont encore plus accentuées. Méliton s'attache à montrer que le christianisme se contente du droit commun et qu'il a de quoi se faire chérir d'un vrai Romain[1].

Oui, c'est vrai, notre philosophie a d'abord pris naissance chez les barbares ; mais le moment où elle a commencé de fleurir parmi les peuples de tes États ayant coïncidé avec le grand règne d'Auguste, ton ancêtre, fut comme un heureux augure pour l'empire. C'est de ce moment, en effet, que date le développement colossal de cette brillante puissance romaine dont tu es et seras, avec ton fils[2], l'héritier acclamé de nos vœux, pourvu que tu veuilles bien protéger cette philosophie qui a été en quelque sorte la sœur de lait de l'empire, puisqu'elle est née avec son fondateur, et que tes ancêtres l'ont honorée à l'égal des autres cultes. Et ce qui prouve bien que notre doctrine a été destinée à fleurir parallèlement aux progrès de votre glorieux empire, c'est qu'à partir de son apparition, tout vous réussit à merveille. Seuls Néron et Domitien, trompés par quelques calomniateurs, se montrèrent malveillants pour notre religion ; et ces calomnies, comme il arrive d'ordinaire, ont été acceptées ensuite sans examen. Mais leur erreur a été corrigée par tes pieux parents[3], lesquels, en de fréquents rescrits, ont réprimé le zèle de ceux qui voulaient entrer dans les voies de rigueur contre nous.

1. Méliton, dans Eus., *H. E.*, IV, xxvi, 7 et suiv.
2. Ces paroles s'adressent à Marc-Aurèle. Le fils dont il s'agit est Commode. Comp. Athénagore, *Leg.*, 37.
3. Adrien et Antonin.

Ainsi, Adrien, ton aïeul, en écrivit à diverses reprises, et en particulier au proconsul Fundanus, gouverneur d'Asie. Et ton père, à l'époque où tu lui étais associé dans l'administration des affaires, écrivit aux villes de ne rien innover à notre égard, spécialement aux Larisséens, aux Thessaloniciens, aux Athéniens et à tous les Grecs[1]. Quant à toi, qui as pour nous les mêmes sentiments, avec un degré encore plus élevé de philanthropie et de philosophie, nous sommes sûrs que tu feras ce que nous te demandons.

Le système des apologistes, si chaudement soutenu par Tertullien[2], d'après lequel les bons empereurs ont favorisé le christianisme et les mauvais empereurs l'ont persécuté, était déjà complètement éclos. Nés ensemble, le christianisme et Rome avaient grandi ensemble, prospéré ensemble. Leurs intérêts, leurs souffrances, leur fortune, leur avenir, tout était en commun[3]. Les apologistes sont des avocats, et les avocats de toutes les causes se ressemblent. On a des arguments pour toutes les situations et pour tous les goûts. Il s'écoulera près de cent cinquante ans avant

---

1. Ces pièces attribuées à Antonin étaient apocryphes. Voir *l'Église chrét.*, p. 301-302. Eusèbe, IV, ch. XIII.
2. Tertullien, *Apol.*, 5.
3. L'auteur du poème sibyllin XI-XIV énonce la même idée. (XII, 30-36, 230-235). Tertullien, *Apol.*, 21, n'est qu'à moitié d'un avis contraire. Le christianisme et l'empire sont pour lui deux choses opposées; cependant les synchronismes ne laissent pas de le frapper.

que ces invitations doucereuses et médiocrement sincères soient entendues. Mais le seul fait qu'elles se présentent sous Marc-Aurèle à l'esprit d'un des chefs les plus éclairés de l'Église est un pronostic de l'avenir. Le christianisme et l'empire se réconcilieront; ils sont faits l'un pour l'autre. L'ombre de Méliton tressaillira de joie, quand l'empire se fera chrétien et que l'empereur prendra en main la cause « de la vérité ».

Ainsi l'Église faisait déjà plus d'un pas vers l'empire. Par politesse sans doute, mais aussi par une conséquence très juste de ses principes, Méliton n'admet pas qu'un empereur puisse donner un ordre injuste. On était bien aise de laisser croire que certains empereurs n'avaient pas été absolument hostiles au christianisme; on aimait à raconter que Tibère avait proposé au sénat de mettre Jésus au rang des dieux; c'était le sénat qui n'avait pas voulu[1]. La préférence décidée que le christianisme témoignera pour le pouvoir, quand il en pourra espérer les faveurs, se laisse deviner par avance. On s'efforçait de montrer, contre toute vérité, qu'Adrien et Antonin avaient cherché à réparer le mal causé par Néron et Domitien[2]. Tertullien et sa génération diront la même

---

1. Tertullien, *Apol.*, 5.
2. Voir *l'Égl. chrét.*, p. 43, 301-302.

chose de Marc-Aurèle[1]. Tertullien[2] doutera, il est vrai, qu'on puisse être à la fois césar et chrétien; mais cette incompatibilité, un siècle après lui, ne frappera personne, et Constantin se chargera de prouver que Méliton de Sardes fut un homme très sagace le jour où il démêla si bien, cent trente-deux ans d'avance, au travers des persécutions proconsulaires, la possibilité d'un empire chrétien.

Un voyage de Grèce, d'Asie et d'Orient, que l'empereur fit vers ce temps, ne changea rien à ses idées. Il traversa en souriant, mais non sans quelque ironie intérieure, ce monde des sophistes d'Athènes, de Smyrne, entendit tous les professeurs célèbres, fonda un grand nombre de nouvelles chaires à Athènes, vit particulièrement Hérode Atticus, Ælius Aristide, Adrien de Tyr[3]. A Éleusis, il entra seul dans les parties les plus reculées du sanctuaire[4]. En Palestine, les restes des populations juives et samaritaines, plongées dans la détresse par les dernières révoltes, l'accueillirent avec des acclamations bruyantes,

---

1. Tertullien, *Apol.*, 5.
2. *Apol.*, 21.
3. Dion Cassius, LXXI, 31; Philostr., *Soph.*, II, ɪ, ɪx, x, xɪ. Sur la chronologie de ce voyage, erronée dans Tillemont, comme tout ce qui se rattache à la date de la révolte d'Avidius, voir mes *Mél. d'hist. et de voy.*, p. 186 et suiv.
4. Capitolin, 27; Philostrate, II, x, 7.

sans doute des plaintes. Une odeur fétide de misère régnait dans tout le pays. Ces foules désordonnées et d'où s'exhalait la puanteur mirent sa patience à l'épreuve. Un moment, poussé à bout, il s'écria : « O Marcomans, ô Quades, ô Sarmates, j'ai trouvé enfin des gens plus bêtes que vous [1]. »

Le philosophe, chez Marc-Aurèle, avait tout étouffé, excepté le Romain. Il avait contre la piété juive et syrienne des préjugés instinctifs. Les chrétiens cependant approchaient bien près de lui. Son neveu Ummidius Quadratus avait chez lui un eunuque nommé Hyacinthe, qui était ancien de l'Église de Rome [2]. A cet eunuque était confié le soin d'une jeune fille nommée Marcia, d'une ravissante beauté, dont Ummidius fit sa concubine. Plus tard, en 183, Ummidius ayant été mis à mort, à la suite de la conspiration de Lucille, Commode trouva cette perle parmi ses dépouilles. Il se l'appropria. Le cubiculaire Eclectos suivit le sort de sa maîtresse [3]. En se prêtant aux caprices de Commode, parfois en sachant les dominer, Marcia exerça sur lui un pouvoir sans bornes. Il n'est pas probable qu'elle fut baptisée ;

---

1. Ammien Marcellin, XXII, 5.
2. C'est l'explication la plus probable de σπάδοντι πρεσβυτέρῳ. *Philos.*, IX, 12.
3. Ce nom semble bien celui d'un chrétien.

mais l'eunuque Hyacinthe lui avait inspiré un sentiment tendre pour la foi. Il continuait d'approcher d'elle et il en tirait les plus grandes faveurs, en particulier pour les confesseurs condamnés aux mines. Plus tard, poussée à bout par le monstre, Marcia fut la tête du complot qui délivra l'empire de Commode. Eclectos se retrouve encore à côté d'elle en ce moment[1]. Par une singulière coïncidence, le christianisme fut mêlé de très près à la tragédie finale de la maison Antonine, comme, cent ans auparavant, ce fut dans un milieu chrétien que se forma le complot qui mit fin à la tyrannie du dernier des Flavius.

1. Dion Cassius (ou Xiphilin), LXXII, 4; Lampride, *Comm.*, 11, 17; Hérodien, I, 16-17; Aurelius Victor, *Epit.*, 17; *Philosophumena*, IX, 12. Cf. Greppo, *Trois mém.*, p. 265 et suiv.; de Rossi, *Bull.*, 1866, p. 3 et suiv.; Aubé, *Revue arch.*, mars 1879, p. 154 et suiv.

CHAPITRE XVIII.

LES GNOSTIQUES ET LES MONTANISTES A LYON.

Il y avait près de vingt ans que la colonie asiatique de Lyon et de Vienne, malgré plus d'une épreuve intérieure, prospérait en toutes les œuvres de Christ. Grâce à elle, la prédication évangélique rayonnait déjà dans la vallée de la Saône. L'Église d'Autun, en particulier, fut, à beaucoup d'égards, une fille de l'Église gréco-asiatique de Lyon[1]. Le grec y fut longtemps la langue de la mysticité[2], et y garda durant des siècles une certaine importance liturgique[3]. Puis apparaissent, dans une sorte de pénombre matinale et incertaine, Tournus, Chalon, Dijon, Langres, dont les apôtres et les martyrs se rattachent à la colonie

---

1. Légende de saint Bénigne, etc. Tillemont, *Mém.*, III, p. 38.
2. Inscription de Pectorius; voir ci-après, p. 297, 298.
3. Bulliot, *Essai hist. sur l'abbaye de Saint-Martin d'Autun*, p. 47-50; E. Montet, *Légende d'Irénée*, p. 16-22. Voir *l'Égl. chrét.*, p. 470.

grecque de Lyon, et non à la grande évangélisation latine de la Gaule au IIIe et au IVe siècle[1].

Ainsi, de Smyrne jusqu'aux parties inaccessibles de la Gaule, s'étendait un sillon de forte activité chrétienne[2]. La communauté lugduno-viennoise était liée par une correspondance active avec les Églises mères d'Asie et de Phrygie. Les facilités qu'offrait la navigation du Rhône servaient à la prompte importation de toutes les nouveautés; tel Évangile de récente fabrique[3], tel système fraîchement éclos de la subtilité alexandrine, tel charisme mis à la mode par les sectaires d'Asie Mineure, étaient connus à Lyon ou à Vienne presque au lendemain de leur apparition. L'imagination vive des habitants était un véhicule plus puissant encore. Un mysticisme exalté, une délicatesse de nerfs allant jusqu'à l'hystérie, une chaleur de cœur capable de tous les sacrifices, mais susceptible aussi d'amener tous les égarements, étaient le caractère de ces chrétientés gallo-grec-

---

1. Légendes des saints Marcel et Valérien, de saint Bénigne, saint Andoche et saint Symphorien. Tillemont, *Mém.*, III, p. 35 et suiv., 38 et suiv.

2. Le passage II Tim., IV, 10, peut se rapporter à de très anciennes missions en Gaule. Le *Codex Sinaïticus* porte εἰς Γαλλίαν. Cf. Eus., *H. E.*, III, XIV, 8; Épiph., LI, 11 (note de Petau); Théodoret, *In II Tim.*, IV, 10.

3. Ainsi le *Protévangile de Jacques* est déjà connu à Lyon, en 177. Comp. Eusèbe, V, 1, 9, 10, à *Protév.*, 20, 24.

ques. Le vénérable Pothin, âgé de plus de quatre-vingt-dix ans, avait la tâche difficile de gouverner ces âmes, plus ardentes que soumises, et qui cherchaient dans la soumission même autre chose que le charme austère du devoir accompli.

Irénée était devenu le bras droit de Pothin, son coadjuteur, si l'on peut s'exprimer ainsi, son successeur désigné[1]. Écrivain abondant et controversiste exercé, il se mit, dès son arrivée à Lyon, à écrire en grec contre toutes les tendances chrétiennes différentes de la sienne, en particulier contre Blastus, qui voulait revenir au judaïsme, et contre Florin, qui admettait, avec les gnostiques, un Dieu du bien et un Dieu du mal[2]. Les doctrines de Valentin, par leur largeur et leur apparence philosophique, gagnaient beaucoup d'adeptes dans la population lyonnaise[3]. Irénée se fit une sorte de spécialité de les combattre. Aucun polémiste orthodoxe, avant lui, n'avait à ce point compris les profondeurs de la gnose et son caractère antichrétien[4].

---

1. Eusèbe, *H. E.*, V, ch. iv, fragment de la lettre des confesseurs à Éleuthère.

2. Eusèbe, *H. E.*, V, ch. xv et xx. J'ai donné la traduction de la belle lettre à Florin dans l'appendice à la suite de *l'Antechrist*, p. 564-565.

3. Voir Le Blant, *Inscr. chrét.*, II, n° 478.

4. Irénée, *Adv. hær.*, IV, proœm.

Valentin était une sorte de bel esprit, qui jamais sûrement n'eût réussi ni à remplacer l'Église catholique ni à en saisir la direction. Le gnosticisme remonta le Rhône en la personne d'un docteur bien plus dangereux, je veux dire de ce Markos[1] qui séduisait les femmes par une manière étrange de célébrer l'Eucharistie, et par l'audace avec laquelle il leur faisait croire qu'elles avaient le don de prophétie. Sa façon d'administrer les sacrements entraînait les plus dangereuses privautés. Feignant d'être le dispensateur de la grâce, il persuadait aux femmes qu'il était dans le secret de leurs anges gardiens, qu'elles étaient destinées à un rang éminent dans son Église, et il leur ordonnait de se préparer à l'union mystique avec lui. « De moi et par moi, leur disait-il, tu vas recevoir la Grâce. Dispose-toi comme une fiancée qui

1. Voir ci-dessus, p. 127 et suiv. Si l'on s'en tenait au passage d'Irénée, I, xiii, 7, on n'aurait pas le droit d'affirmer que Markos soit venu personnellement à Lyon ; mais l'ensemble du chapitre semble le supposer, et saint Jérôme l'a entendu ainsi. *Epist.*, 53 (*alias* 29), *ad Theodoram*, t. IV de Martianay, 2ᵉ part., p. 581. Seulement on ne voit pas sur quoi saint Jérôme s'appuie pour envoyer Markos dans la région de la Garonne, dans les Pyrénées, en Espagne, continuer ses séductions. Ces contrées avaient, au iiᵉ siècle, bien peu d'Églises. Il semble, du reste, que, dès son séjour en Asie, Markos avait été énergiquement combattu par les maîtres et les amis d'Irénée ; ce docteur cite des autorités de *presbyteri* qui semblent dirigées contre lui. Gebh. et Harn., *Patres apost.*, I, ii, p. 105, 106, 107, 112.

accueille son fiancé, pour que tu sois ce que je suis et que je sois ce que tu es. Prépare ton lit à recevoir la semence de lumière. Voici la Grâce qui descend en toi; ouvre ta bouche, prophétise! — Mais je n'ai jamais prophétisé, je ne sais pas prophétiser », répondait la pauvre femme. Il redoublait ses invocations, effrayait, étourdissait sa victime : « Ouvre la bouche, te dis-je, et parle; tout ce que tu diras sera prophétie. » Le cœur de l'initiée battait fort; l'attente, l'embarras, l'idée qu'en effet peut-être elle allait prophétiser, lui faisaient perdre la tête; elle délirait au hasard. On lui présentait ensuite ce qu'elle avait dit comme plein de sens sublimes. La malheureuse, à partir de ce moment, était perdue. Elle remerciait Markos du don qu'il lui avait communiqué, demandait ce qu'elle pouvait faire en retour, et, reconnaissant que l'abandon de tous ses biens en sa faveur était peu de chose, elle s'offrait elle-même à lui, s'il daignait l'accepter. C'étaient souvent les meilleures et les plus distinguées qui étaient ainsi surprises; car de tous les côtés déjà on parlait de pénitentes vouées au deuil pour le reste de leur vie, qui, après avoir reçu du séducteur la communion et l'initiation prophétiques, reculaient avec horreur et venaient demander à l'Église orthodoxe le pardon et l'oubli.

Un tel homme était particulièrement dangereux

à Lyon. Le caractère mystique et passionné des Lyonnaises, leur piété un peu matérielle, leur goût pour le bizarre et pour l'émotion sensible les exposaient à toutes les chutes. Ce qui se passe aujourd'hui dans le public féminin des villes du Midi de la France à l'arrivée d'un prédicateur à la mode se produisit alors[1]. La nouvelle façon de prêcher fut fort goûtée. Les plus riches dames, celles qu'on distinguait à la belle bordure de pourpre de leurs robes, furent les plus curieuses et les plus imprudentes[2]. Les chrétiennes ainsi séduites ne tardaient pas à être désabusées. Leur conscience les brûlait; leur vie désormais était fanée. Les unes confessaient leur péché en public et rentraient dans l'église; d'autres, par honte, n'osaient le faire et restaient dans la position la plus fausse, ni dedans ni dehors. D'autres, enfin, tombaient dans le désespoir, s'éloignaient de l'église et se cachaient, « avec le fruit qu'elles avaient tiré de leurs rapports avec les fils de la gnose », ajoute malicieusement Irénée[3].

1. Étudier, en particulier, Fourvières et la rue montante qui y mène, l'imagerie et les objets de religion qui y sont exposés. Lyon, d'un autre côté, est une des villes où les aberrations spirites produisent le plus de dupes et où l'aliénation mentale d'un caractère mystique est le plus ordinaire.

2. Irénée, I, XIII, 3 et suiv.; saint Jérôme, *Epist.*, 53 (29), t. IV, 2ᵉ part., col. 581, Martianay.

3. Irénée, I, ch. XIII, entier, surtout § 7.

Les ravages que ce triste séducteur fit dans les âmes furent terribles. On parlait de philtres, de poisons. Les pénitentes avouaient qu'il les avait totalement épuisées, qu'elles l'avaient aimé d'un amour surhumain, fatal, qui s'imposait à elles. On racontait surtout l'abominable conduite de Markos envers un diacre d'Asie, qui le reçut dans sa maison avec une affection toute chrétienne. Le diacre avait une femme d'une rare beauté. Elle se laissa gagner par cet hôte dangereux et perdit la pureté de la foi en même temps que l'honneur de son corps. Depuis ce temps, Markos la traîna partout avec lui, au grand scandale des Églises. Les bons frères avaient pitié d'elle et lui parlaient avec tristesse, pour la ramener; ils réussirent, non sans peine. Elle se convertit, avoua ses fautes et ses malheurs, passa le reste de sa vie dans une confession et une pénitence perpétuelles, racontant par humilité tout ce qu'elle avait souffert du magicien[1].

Ce qu'il y eut de pis, c'est que Markos fit des élèves, comme lui grands corrupteurs de femmes, se donnant le titre de « parfaits », s'attribuant la science transcendante, prétendant que « seuls ils avaient bu la plénitude de la gnose de l'ineffable Vertu », et que

1. Irénée, I, XIII, 5.

cette science les élevait au-dessus de toute puissance, si bien qu'ils pouvaient librement faire ce qu'ils voulaient. On prétendait que le mode de leur initiation était des plus inconvenants. On dressait un cabinet en forme de chambre nuptiale ; puis, avec un appareil de mysticité douteuse et des mots cabalistiques, on feignait de procéder à des noces spirituelles, calquées sur celles des syzygies supérieures. Grâce à leurs rites et à l'emploi de certaines invocations à Sophia, les markosiens croyaient même obtenir une sorte d'invisibilité, qui les faisait échapper, dans leurs chapelles nuptiales, aux yeux du souverain juge[1]. Comme tous les gnostiques, ils abusaient des onctions d'huile et de baume ; ils en composaient toute sorte de sacrements, d'apolytroses ou rédemptions, remplaçant même le baptême[2]. Leur extrême-onction sur les mourants avait quelque chose de touchant et est seule restée en usage[3].

Pothin et Irénée résistèrent énergiquement à ces guides pervers. Irénée puisa dans la lutte l'idée de son grand ouvrage *Contre les hérésies,* vaste arsenal d'arguments contre toutes les variétés du gnosticisme. Son jugement droit et modéré, la base philo-

---

1. Irénée, I, xiii, 6.
2. Irénée, I, ch. xxi; cf. xiii, 6.
3. Irénée, I, xxi, 5.

sophique qu'il donnait au christianisme, ses idées claires et purement déistes sur les rapports de Dieu et de l'homme[1], sa médiocrité intellectuelle elle-même, le préservaient des aberrations sorties d'une spéculation intempérante. La chute de ses amis, Florinus et Blastus, lui servait d'exemple. Il ne voyait de salut que dans la ligne moyenne représentée par l'Église universelle. L'autorité de cette Église, la catholicité, lui parut l'unique criterium de vérité.

Le gnosticisme, en effet, disparut de la Gaule, et par la violente antipathie qu'il inspira aux orthodoxes, et par une transformation lente, qui ne laissa subsister de ses ambitieuses théories qu'un mysticisme inoffensif. Un marbre du IIIe siècle, trouvé à Autun[2], nous a conservé un petit poème présentant, comme le huitième livre des oracles sibyllins[3], l'acrostiche ΙΧΘΥΣ. Les pieux valentiniens et les orthodoxes ont pu goûter également le style singulier de cet étrange morceau :

O race divine de l'ΙΧΘΥΣ céleste, reçois avec un cœur plein de respect la vie immortelle parmi les mortels ; rajeunis ton âme, mon très cher, dans les eaux divines, par les

1. Irénée, IV, ch. XXXVII, XXXVIII, XXXIX.
2. Le Blant, *Inscr. chrét. de la Gaule,* I, n° 4; *Corpus inscr. græc.,* n° 9890; Pohl, *Das Ichthys-Monument von Autun,* Berlin, 1880.
3. Voir *l'Église chrét.,* p. 535.

flots éternels de la Sophie qui donne les trésors. Reçois l'aliment doux comme le miel du Sauveur des saints; mange à ta faim et bois à ta soif; tu tiens l'ΙΧΘΥΣ dans les paumes de tes mains.

Le montanisme, comme le gnosticisme, visita la vallée du Rhône et y obtint de grands succès. Du vivant même de Montan, de Priscille et de Maximille, on s'entretint à Lyon avec admiration de leurs prophéties et de leurs dons surnaturels. Sortie d'un monde tout à fait voisin du montanisme[1], l'Église de Lyon ne pouvait rester indifférente au mouvement qui entraînait la Phrygie et troublait toute l'Asie Mineure. Les oracles effrayants des nouveaux prophètes, les pratiques de piété des saints de Pépuze, leurs brillants charismes, ce retour des phénomènes surnaturels primitifs de l'âge apostolique, tant de nouvelles qui arrivaient coup sur coup d'Asie et frappaient de stupeur tout le monde chrétien, ne pouvaient que les émouvoir singulièrement. C'était presque eux-mêmes qu'ils revoyaient dans ces ascètes. Leur Vettius Épagathus ne rappelait-il pas, par ses austérités, les plus célèbres nazirs[2]? La plupart trou-

---

1. Notez surtout, dans l'épître des Églises de Lyon et de Vienne aux Églises d'Asie, les idées sur le Paraclet (Eus., V, 1, 11), sur les révélations personnelles, etc.
2. Voir *l'Église chrét.*, p. 473, 476.

vèrent donc tout simple que la source des dons de Dieu ne fût pas tarie. Plusieurs membres distingués de l'Église lyonnaise étaient originaires de la Phrygie ; un certain Alexandre, médecin de profession, qui demeurait dans les Gaules depuis plusieurs années, venait de ce pays. Cet Alexandre, qui étonnait tout le monde par son amour de Dieu et par la hardiesse de sa prédication, semblait favorisé de tous les charismes apostoliques [1].

Les Lyonnais, à distance, nous font donc l'effet d'appartenir sous beaucoup de rapports au cercle piétiste d'Asie Mineure. Ils recherchent le martyre, ils ont des visions, pratiquent les charismes, jouissent d'entretiens avec le Saint Esprit ou Paraclet [2], conçoivent l'Église comme une vierge [3]. Un millénarisme ardent [4], une préoccupation constante de l'Antechrist et de la fin du monde [5] étaient en quelque sorte le sol commun où ces grands enthousiasmes puisaient leur sève. Mais une touchante docilité, jointe à un rare bon sens pratique, mettait la majorité des fidèles de Lyon en suspicion contre le mauvais esprit qui se cachait fréquemment sous ces orgueilleuses singularités.

1. Lettre des Églises de Lyon et de Vienne, dans Eus., V, 1, 49.
2. Eus., V, I, 11, 34 ; III, 3, 4. Voyez ci-après, p. 315.
3. Lettre, dans Eus., V, 1, 45.
4. Se rappeler Irénée, V, ch. XXXIII.
5. Voir ci-après, p. 340.

Quelquefois, en effet, arrivaient de Phrygie des produits bizarres, attestant une effervescence chrétienne qu'aucune raison ne dirigeait. Un certain Alcibiade, qui vint de ce pays se fixer à Lyon, étonna l'Église par ses macérations exagérées. Il pratiquait toutes les austérités des saints de Pépuze, pauvreté absolue, abstinences excessives. C'était presque toute la création qu'il repoussait comme impure, et on se demandait comment il pouvait vivre en se refusant aux besoins les plus évidents de la vie. Les pieux Lyonnais n'aperçurent d'abord en cela rien que de louable; mais la façon absolue dont le Phrygien entendait les choses les inquiétait. Alcibiade leur faisait par moments l'effet d'un égaré. Il semblait, comme Tatien et beaucoup d'autres, condamner en principe toute une classe des créatures de Dieu, et il scandalisait plusieurs frères par la manière dont il érigeait son genre de vie en précepte. Ce fut bien pis, quand, arrêté avec les autres, il s'obstina à continuer ses abstinences. Il fallut une révélation céleste pour le ramener à la raison[1], comme nous le verrons bientôt.

Irénée, si ferme dans la question du marcionisme et du gnosticisme, était, en ce qui touche le montanisme, beaucoup plus indécis. La sainteté des ascètes

---

1. Eus., *H. E.*, V, ch. III.

phrygiens ne pouvait que le toucher ; mais il voyait trop clair dans la théologie chrétienne pour ne pas apercevoir le danger des doctrines nouvelles sur la prophétie et le Paraclet. Il ne mentionne pas les montanistes parmi les hérétiques qu'il combat. Il blâme énergiquement certaines prétentions subversives, sans toutefois nommer leurs auteurs[1], et les précautions dont il s'entoure montrent bien qu'il ne veut pas mettre les piétistes de Phrygie sur le même rang que les sectes schismatiques. Homme d'ordre et de hiérarchie avant tout, il finit, ce semble, par voir en eux de faux prophètes ; mais il hésita longtemps avant de s'arrêter à cette opinion sévère. Tous les Lyonnais étaient livrés aux mêmes perplexités que lui. Dans leur embarras, ils songeaient à consulter Éleuthère, qui venait, depuis peu, de succéder à Soter sur le siège romain. Déjà l'évêque de Rome était l'autorité à laquelle on demandait la solution des cas difficiles, le conseiller des Églises divisées, le centre où se faisaient l'accord et l'unité.

---

1. *Adv. hær.,* I, xiii, 3 ; IV, xxxiii, 6. Ailleurs, II, xxxii, 4 ; III, xi, 9 ; V, vi, 1, Irénée paraît être moins défavorable aux nouveaux charismes prophétiques.

CHAPITRE XIX.

LES MARTYRS DE LYON.

Lyon et Vienne comptaient entre les centres les plus brillants de l'Église de Christ, quand un effroyable orage s'abattit sur ces jeunes Églises et mit en évidence les dons de force et de foi qu'elles contenaient dans leur sein[1].

On était en la dix-septième année du règne de Marc-Aurèle[2]. L'empereur ne changeait pas ; mais l'opinion s'irritait. Les fléaux qui sévissaient, les dangers qui menaçaient l'empire étaient considérés comme ayant pour cause l'impiété des chrétiens. De toutes parts, le peuple adjurait l'autorité de maintenir le culte national et de punir les contempteurs

---

1. Lettre des Églises de Lyon et de Vienne, conservée par fragments dans Eus., V, ɪ-ɪv. Les indices de chrétiens brûlés à Marseille ne sont pas suffisants. Le Blant, *Inscr. chrét.*, n° 548 A.
2. Eusèbe, V, proœm.: Sulpice Sévère, *Hist. sacra*, II, 32.

des dieux. Malheureusement, l'autorité cédait. Les deux ou trois dernières années du règne de Marc-Aurèle furent attristées par des spectacles tout à fait indignes d'un si parfait souverain [1].

A Lyon, la clameur populaire alla jusqu'à la rage. Lyon était le centre de ce grand culte de Rome et d'Auguste, qui était comme le ciment de l'unité gauloise et la marque de sa communion avec l'empire. Autour du célèbre autel situé au confluent du Rhône et de la Saône [2], s'étendait une ville fédérale, composée des délégués permanents des soixante peuples de la Gaule, ville riche et puissante, fort attachée au culte qui était sa raison d'être [3]. Tous les ans, le 1er août, le grand jour des foires gau-

1. Celse, dans Orig., VII, 40; VIII, 38, 53, 58, etc.
2. L'emplacement de l'autel est fixé avec certitude sur la colline Saint-Sébastien, vers l'endroit où la pente de la Croix-Rousse devient tout à fait abrupte, soit près du chevet de l'église Saint-Polycarpe, au sommet du dos d'âne de la rue du Commerce, plus près du Rhône actuel que de la Saône (là furent trouvées les tables de Claude); soit, comme on incline maintenant à le croire, à l'ancien Jardin des Plantes. Le confluent du Rhône et de la Saône était autrefois au pied de la colline, à la place des Terreaux. Voir Aug. Bernard, *le Temple d'Auguste,* Lyon, 1863; Léon Renier, Martin-Daussigny, Allmer, divers mémoires; *Revue crit.,* 12 juillet 1879, p. 31; Allmer, *Revue épigr.,* 1878, p. 2-5, 11-13, 25-26, 61-64, 89-91.
3. Rappelons que la colonie romaine avait son centre à Fourvières. La ville syro-asiate et chrétienne devait être dans les îles du confluent, vers Athanacum (Ainai). Voir *l'Église chrétienne,* p. 475.

loises[1], et jour anniversaire de la consécration de l'autel, des députés de la Gaule entière s'y réunissaient. C'était ce qu'on appelait le *Concilium Galliarum*, réunion sans grande importance politique, mais d'une haute importance sociale et religieuse[2]. On célébrait des fêtes qui consistaient en luttes d'éloquence grecque et latine et en jeux sanglants[3].

Toutes ces institutions donnaient beaucoup de force au culte national. Les chrétiens, qui ne pratiquaient pas ce culte, devaient paraître des athées, des impies. Les fables, universellement admises sur leur compte, étaient répétées et envenimées. Ils pratiquaient, disait-on, des festins de Thyeste, des incestes à la façon d'OEdipe. On ne s'arrêtait devant aucune absurdité; on alléguait des énormités impossibles à décrire, des crimes qui n'ont jamais existé[4]. Dans tous les temps, les sociétés secrètes affectant le mystère ont provoqué de tels soupçons[5]. Ajoutons que les désordres de

---

1. D'Arbois de Jubainville, *Comptes rendus de l'Acad. des sc. morales et pol.*, sept. 1880.

2. Aug. Bernard, *le Temple d'Aug. et la Nationalité gauloise*, précité (réserves de M. de Barthélemy, Paris, 1864).

3. Strabon, IV, III, 2; Tite-Live, *Épit.*, CXXXVII; Suétone, *Calig.*, 20; *Claude*, 2. Des inscriptions marquaient la place des délégués de chaque cité gauloise. Aug. Bernard, ouvrage cité.

4. Comp. Tertullien, *Apol.*, 7, 8. Minucius Félix, 8, 9; les Actes de saint Épipode, de saint Pollion.

5. Les mêmes calomnies, en effet, sont exploitées en Chine

certains gnostiques, surtout des markosiens, pouvaient y donner quelque apparence, et ce n'était pas une des moindres raisons pour lesquelles les orthodoxes en voulaient tant à ces sectaires, qui les compromettaient aux yeux de l'opinion.

Avant d'en venir aux supplices, la malveillance s'exprima en tracasseries, en vexations de tous les jours. On commença par mettre en quarantaine la population maudite à laquelle on attribuait tous les malheurs. Il fut interdit aux chrétiens de paraître dans les bains, au forum, de se montrer en public et même dans les maisons particulières. L'un d'eux venait-il à être aperçu, c'étaient d'atroces clameurs ; on le battait, on le traînait, on l'assommait à coups de pierres, on le forçait à se barricader. Seul, Vettius Épagathus, par sa position sociale, échappait à ces avanies ; mais son crédit était insuffisant pour préserver de la fureur populaire les coreligionnaires qu'il s'était donnés par un choix que tous les Lyonnais qualifiaient d'aberration.

L'autorité n'intervint que le plus tard qu'elle put, et en partie pour mettre fin à des désordres intolérables. Un jour, presque toutes les personnes con-

---

contre le christianisme (Le Blant, dans la *Revue de l'art chrétien*, 2ᵉ série, t. IV), et l'ont été au moyen âge contre les juifs, les vaudois, etc.

nues pour chrétiennes furent arrêtées, conduites au forum[1] par le tribun et par les duumvirs de la cité, interrogées devant le peuple. Tous s'avouèrent chrétiens. Le légat impérial *pro prætore* était absent ; les inculpés, en l'attendant, subirent les souffrances d'une rude prison.

Le légat impérial étant arrivé, le procès commença. La question préalable fut appliquée avec une extrême cruauté. Le jeune et noble Vettius Épagathus, qui avait échappé jusque-là aux rigueurs dont avaient souffert ses coreligionnaires, n'y put tenir. Il se présenta au tribunal et demanda à défendre les accusés, à montrer du moins qu'ils ne méritaient pas l'accusation d'athéisme et d'impiété. Un cri effroyable s'éleva. Que des gens des bas quartiers, des Phrygiens, des Asiates, fussent adonnés à des superstitions perverses, cela paraissait tout simple ; mais qu'un homme considérable, un habitant de la ville haute, un noble du pays se fît l'avocat de pareilles folies, voilà ce qui semblait tout à fait insupportable. Le légat impérial repoussa durement la juste requête de Vettius : « Et

---

1. Le forum était sur le plateau de Fourvières. Les atroces scènes qui vont suivre eurent lieu sans doute au palais du gouvernement, qui était situé à l'endroit qu'on appelle l'Antiquaille, sur la pente de Fourvières. La tradition ecclésiastique est ici d'accord avec les indications scientifiques.

toi aussi, es-tu chrétien ? » lui demanda-t-il. — « Je le suis », répondit Vettius de sa voix la plus éclatante. On ne l'arrêta pas néanmoins [1]; sans doute, dans cette ville où la condition des personnes était fort diverse, quelque immunité le couvrit.

L'instruction fut longue et cruelle. Ceux qui n'avaient pas été arrêtés et qui continuaient dans la ville d'être en butte aux plus mauvais traitements, ne quittaient pas les confesseurs; en payant, ils obtenaient de les servir, de les encourager. La grande angoisse des accusés n'était pas le supplice, c'était la crainte que quelques-uns, moins bien préparés que d'autres à ces luttes terribles, ne se laissassent aller à renier le Christ. L'épreuve, en effet, se trouva trop forte pour une dizaine de malheureux, qui renoncèrent de bouche à leur foi. La douleur que causèrent ces actes de faiblesse aux détenus et aux frères qui les entouraient fut immense. Ce qui les consola, c'est que les arrestations continuaient tous les jours;

---

1. Les mots ἀνελήφθη καὶ αὐτὸς εἰς τὸν κλῆρον τῶν μαρτύρων (§ 10) et ce qui suit veulent dire qu'Épagathus eut tout le mérite du martyre, sans en avoir eu la réalité. Il est vrai que la même formule est appliquée (§§ 26 et 48) à une arrestation réelle; mais les mots ἦν καὶ ἔστι sont décisifs, et, d'ailleurs, si Vettius Épagathus avait eu le sort des autres confesseurs, comment ne serait-il pas question de lui dans la suite? Sur le sens de κλῆρος, quand il s'agit de combats d'athlètes, voir la note de Valois.

d'autres fidèles plus dignes du martyre vinrent combler les vides que l'apostasie avait laissés dans les rangs de la phalange élue. La persécution s'étendit bientôt à l'Église de Vienne, qui d'abord, ce semble, avait été épargnée. L'élite des deux Églises, presque tous les fondateurs du christianisme gallo-grec, se trouvèrent réunis dans les prisons de Lyon, prêts à l'assaut redoutable qui allait leur être livré. Irénée ne subit pas de détention ; il fut de ceux qui entouraient les confesseurs, qui virent toutes les particularités de leur combat, et c'est à lui peut-être que nous en devons le récit. Le vieux Pothin, au contraire, fut de bonne heure, sinon dès le commencement, réuni à ses fidèles ; il suivit jour par jour leurs souffrances, et, tout mourant qu'il était, il ne cessa de les instruire, de les encourager.

Selon l'usage dans les grandes instructions criminelles [1], on arrêta les esclaves en même temps que leurs maîtres ; or plusieurs de ces esclaves étaient païens. Les tortures qu'ils voyaient infliger à leurs maîtres les effrayèrent ; les soldats de l'*officium* leur soufflèrent ce qu'il fallait dire pour échapper à la question. Ils déclarèrent que les infanticides, les repas de chair humaine, les incestes étaient des réali-

---

1. Cod. Just., IX, xli, 1; Digeste, XLVIII, xviii, 1, 8.

tés, que les monstrueux récits que l'on faisait de l'immoralité chrétienne n'avaient rien d'exagéré[1].

L'indignation du public fut alors à son comble. Jusque-là, les fidèles qui étaient restés libres avaient trouvé quelques égards chez leurs parents, chez leurs proches, chez leurs amis ; maintenant tout le monde ne leur témoigna que du mépris. On résolut de pousser l'art du tortionnaire à ses derniers raffinements pour obtenir des fidèles aussi l'aveu des crimes qui devaient reléguer le christianisme parmi les monstruosités à jamais maudites et oubliées.

Effectivement les bourreaux se surpassèrent ; mais ils n'entamèrent pas l'héroïsme des victimes. L'exaltation et la joie de souffrir ensemble les mettaient dans un état de quasi-anesthésie[2]. Ils s'imaginaient qu'une eau divine sortait du flanc de Jésus pour les rafraîchir[3]. La publicité les soutenait. Quelle gloire d'affirmer devant tout un peuple son dire et sa foi !

---

1. Comp. Justin, *Apol. II,* 12 ; Athénag., *Leg.,* 35.
2. Ce fait n'est point rare dans l'histoire des martyrs. Voir le récit du confesseur Théodore, dans Rufin, *Hist. eccl.,* I, ch. xxxvi (comp. Théodoret, *Hist. eccl.;* III, 11). Voir aussi *Acta sincera,* p. 101, 237, 287, etc. ; Actes de sainte Lucie, dans Surius, 13 déc., p. 248 ; Tertullien, *Ad mart.,* 2 ; mêmes faits observés en Chine de nos jours : Le Blant, mém. cité ci-dessus, p. 305, note.
3. Lettre, § 22. Comparez le récit de Théodore, *loc. cit.*

Cela devenait une gageure, et très peu cédaient. Il est prouvé que l'amour-propre suffit souvent pour inspirer un héroïsme apparent, quand la publicité vient s'y joindre. Les acteurs païens subissaient sans broncher d'atroces supplices; les gladiateurs faisaient bonne figure devant la mort évidente, pour ne pas avouer une faiblesse sous les yeux d'une foule assemblée. Ce qui ailleurs était vanité, transporté au sein d'un petit groupe d'hommes et de femmes incarcérés ensemble, devenait pieuse ivresse et joie sensible. L'idée que Christ souffrait en eux[1] les remplissait d'orgueil et, des plus faibles créatures, faisait des espèces d'êtres surnaturels.

Le diacre Sanctus, de Vienne, brilla entre les plus courageux. Comme les païens le savaient dépositaire des secrets de l'Église, ils cherchaient à tirer de lui quelque parole qui donnât une base aux accusations infâmes intentées contre la communauté. Ils ne réussirent même pas à lui faire dire son nom, ni le nom du peuple, ni le nom de la ville dont il était originaire, ni s'il était libre ou esclave. A tout ce qu'on lui demandait, il répondait en latin : *Christianus sum*. C'étaient là son nom, sa patrie, sa race, son tout. Les païens ne purent tirer de sa bouche d'autre

---

1. § 23. Comparez Passion de sainte Perpétue, § 15 (*Acta sinc.*, p. 101).

aveu que celui-là. Cette obstination ne faisait que redoubler la fureur du légat et des questionnaires. Ayant épuisé tous leurs moyens sans le vaincre, ils eurent l'idée de lui faire appliquer des lames de cuivre chauffées à blanc sur les organes les plus sensibles. Sanctus, pendant ce temps, restait inflexible, ne sortait pas de sa confession obstinée : *Christianus sum.* Son corps n'était qu'une plaie, une masse saignante, tordue, convulsionnée, contractée, ne présentant plus aucune forme humaine. Les fidèles triomphaient, disant que Christ savait rendre les siens insensibles et se substituait à eux, quand ils étaient dans les tortures, pour souffrir à leur place. Ce qu'il y eut d'horrible, c'est que, quelques jours après, on recommença la torture de Sanctus. L'état du confesseur était tel, que, à le toucher de la main, on le faisait bondir de douleur. Les bourreaux reprirent les unes après les autres ses plaies enflammées, on renouvela chacune de ses blessures, on répéta sur chacun de ses organes les effroyables expériences du premier jour ; on espérait ou le vaincre ou le voir mourir dans les tourments, ce qui eût effrayé les autres. Il n'en fut rien ; Sanctus résista si bien, que ses compagnons crurent à un miracle et prétendirent que cette seconde torture, faisant sur lui l'effet d'une cure, avait redressé ses membres, et rendu à son corps l'attitude humaine qu'il avait perdue.

Maturus, qui n'était encore que néophyte, se comporta aussi en vaillant soldat du Christ. Quant à la servante Blandine, elle montra qu'une révolution était accomplie. Blandine[1] appartenait à une dame chrétienne, qui sans doute l'avait initiée à la foi du Christ. Le sentiment de sa bassesse sociale ne faisait que l'exciter à égaler ses maîtres. La vraie émancipation de l'esclave, l'émancipation par l'héroïsme, fut en grande partie son ouvrage. L'esclave païen est supposé par essence méchant, immoral. Quelle meilleure manière de le réhabiliter et de l'affranchir que de le montrer capable des mêmes vertus et des mêmes sacrifices que l'homme libre ! Comment traiter avec dédain ces femmes que l'on avait vues dans l'amphithéâtre plus sublimes encore que leurs maîtresses ? La bonne servante lyonnaise avait entendu dire que les jugements de Dieu sont le renversement des apparences humaines, que Dieu se plaît souvent à choisir ce qu'il y a de plus humble, de plus laid et de plus méprisé pour confondre ce qui paraît beau et fort. Se pénétrant de son rôle, elle appelait les

---

[1] Ce petit nom d'esclave, emprunté au latin, ne permet aucune induction. Blandine a pu être Phrygienne ou Smyrniote, aussi bien qu'Allobroge ou Ségusiave.

tortures et brûlait de souffrir. Elle était petite, faible de corps[1], si bien que les fidèles tremblaient qu'elle ne pût résister aux tourments. Sa maîtresse surtout, qui était du nombre des détenus, craignait que cet être débile et timide ne fût pas capable d'affirmer hautement sa foi. Blandine fut prodigieuse d'énergie et d'audace. Elle fatigua les brigades de bourreaux qui se succédèrent auprès d'elle depuis le matin jusqu'au soir ; les questionnaires vaincus avouèrent n'avoir plus de supplices pour elle, et déclarèrent qu'ils ne comprenaient pas comment elle pouvait respirer encore avec un corps disloqué, transpercé ; ils prétendaient qu'un seul des tourments qu'ils lui avaient appliqué aurait dû suffire pour la faire mourir. La bienheureuse, comme un généreux athlète, reprenait de nouvelles forces dans l'acte de confesser le Christ. C'était pour elle un fortifiant et un anesthésique[2] de dire : « Je suis chrétienne ; on ne fait rien de mal parmi nous. » A peine avait-elle achevé ces mots, qu'elle paraissait retrouver toute sa vigueur, pour se présenter fraîche à de nouveaux combats.

Cette résistance héroïque irrita l'autorité romaine ; aux tortures de la question, on ajouta celles du séjour dans une prison, qu'on rendit le plus horrible pos-

1. Comp. Lettre, § 17 et § 42.
2. Ἀναλγησία.

sible[1]. On mit les confesseurs dans des cachots obscurs et insupportables ; on engagea leurs pieds dans les ceps, en les distendant jusqu'au cinquième trou ; on ne leur épargna aucune des cruautés que les geôliers avaient à leur disposition pour faire souffrir leurs victimes. Plusieurs moururent asphyxiés dans les cachots. Ceux qui avaient été torturés résistaient étonnamment. Leurs plaies étaient si affreuses, qu'on ne comprenait pas comment ils survivaient. Tout occupés à encourager les autres, ils semblaient animés eux-mêmes par une force divine. Ils étaient comme des athlètes émérites, endurcis à tout. Au contraire, les derniers arrêtés, qui n'avaient pas encore souffert la question, mouraient presque tous, peu après leur incarcération. On les comparait à des novices mal aguerris, dont les corps, peu habitués aux tourments, ne pouvaient supporter l'épreuve de la prison. Le martyre apparaissait de plus en plus comme une espèce de gymnastique, ou d'école de gladiateurs, à laquelle il fallait une longue préparation et une sorte d'ascèse préliminaire[2].

Quoique séquestrés du reste du monde, les

---

1. Comparez Lucien, *Toxaris*, 29.
2. Notez surtout § 11 : ἀνέτοιμοι καὶ ἀγύμναστοι. Voir le mémoire de M. Le Blant sur la préparation au martyre, dans les *Mém. de l'Académie des inscr.*, t. XXVIII, 1ʳᵉ part., p. 53 et suiv.

pieux confesseurs vivaient de la vie de l'Église universelle avec une rare intensité. Loin de se sentir séparés de leurs frères, ils se souciaient de tout ce qui occupait la catholicité. L'apparition du montanisme était la grande affaire du moment. On ne parlait que des prophéties de Montan, de Théodote, d'Alcibiade[1]. Les Lyonnais s'y intéressaient d'autant plus qu'ils partageaient beaucoup des idées phrygiennes, et que plusieurs des leurs, tels que Alexandre le médecin, Alcibiade l'ascète, étaient au moins les admirateurs et en partie les sectateurs du mouvement parti de Pépuze. Le bruit des dissentiments qu'excitaient ces nouveautés arriva jusqu'à eux. Ils n'avaient pas d'autre entretien, et ils occupaient les intervalles de leurs tourments à discuter ces phénomènes, que sans doute ils eussent aimé à trouver vrais[2]. Forts de l'autorité que le titre de prisonnier de Jésus-Christ donnait aux confesseurs, ils écrivirent sur ce sujet délicat plusieurs lettres, pleines de tolérance et de charité. On admettait que les détenus de la foi avaient, à leurs derniers jours, une sorte de mission pour pacifier les différends des Églises et trancher les questions en suspens ; on leur attri-

---

1. Ne pas confondre cet Alcibiade d'Asie avec l Alcibiade ascète, établi à Lyon.
2. Eus., V, ch. III.

buait à cet égard une grâce d'état et comme un privilège particulier [1].

La plupart des lettres écrites par les confesseurs étaient adressées aux Églises d'Asie et de Phrygie, avec lesquelles les fidèles lyonnais avaient tant de liens spirituels ; une d'elles était adressée au pape Éleuthère, et devait être portée par Irénée. Les martyrs y faisaient le plus chaleureux éloge de ce jeune prêtre.

Nous te souhaitons joie en Dieu pour toutes choses et pour toujours, père Éleuthère. Nous avons chargé de te porter ces lettres notre frère et compagnon Irénée, et nous te prions de l'avoir en grande recommandation, émulateur qu'il est du testament de Christ. Si nous croyions que la position des gens est pour quoi que ce soit dans leur mérite, nous te l'aurions recommandé comme prêtre de notre Église, titre qu'il possède réellement [2].

Irénée ne partit pas sur-le-champ ; on doit même supposer que la mort de Pothin, qui suivit de près, l'empêcha tout à fait de partir [3]. Les lettres des martyrs ne furent remises à leur adresse que plus tard, avec l'épître qui renfermait le récit de leurs héroïques combats.

---

1. Τῆς τῶν ἐκκλησιῶν εἰρήνης ἕνεκεν πρεσβεύοντες. Eus., V, III, 4. Cf. Tertullien, *De anima*, 35.

2. Eus., V, IV, 1, 2 ; saint Jérôme, *De viris ill.*, 35.

3. Irénée, en effet, succéda immédiatement à Pothin. Eus., V, v, 8.

Le vieil évêque Pothin s'épuisait tous les jours; l'âge et la prison le minaient[1]; seul, le désir du martyre semblait le soutenir. Il respirait à peine, le jour où il dut comparaître devant le tribunal; il eut cependant assez de souffle pour confesser dignement le Christ. On voyait bien, aux respects dont l'entouraient les fidèles, qu'il était leur chef religieux; aussi une grande curiosité s'attachait-elle à lui. Dans le trajet de la prison au tribunal, les autorités de la ville le suivirent; l'escouade de soldats qui l'entourait avait peine à le tirer de la presse; les cris les plus divers éclataient. Comme les chrétiens étaient appelés tantôt les disciples de Pothin, tantôt les disciples de *Christos*, plusieurs demandaient si c'était ce vieux qui était Christos. Le légat lui posa la question : « Quel est le dieu des chrétiens? — Tu le connaîtras, si tu en es digne », répondit Pothin. On le traîna brutalement, on le roua de coups; sans égard pour son grand âge, ceux qui étaient près de lui le frappaient avec les poings et les pieds; ceux qui étaient éloignés lui jetaient ce qui leur tombait sous la main; tous se seraient crus coupables du crime d'impiété, s'ils n'avaient fait ce qui dépendait d'eux pour le couvrir d'outrages; ils croyaient par là ven-

1. Il n'est pas dit clairement que Pothin ait été arrêté avec les autres; mais cela paraît le plus probable.

ger l'injure faite à leurs dieux. On ramena dans la prison le vieillard à demi mort; au bout de deux jours, il rendit le dernier soupir.

Ce qui faisait un étrange contraste et rendait la situation tragique au premier chef, c'était l'attitude de ceux que la force des tourments avait vaincus et qui avaient renié le Christ. On ne les avait pas relâchés pour cela; le fait qu'ils avaient été chrétiens impliquait l'aveu de crimes de droit commun, pour lesquels on les poursuivait, même après leur apostasie[1]. On ne les sépara pas de leurs confrères restés fidèles, et toutes les aggravations du régime de la prison dont souffrirent les confesseurs leur furent appliquées. Mais combien leur état était différent! Non seulement les renégats se trouvaient n'avoir tiré aucun avantage d'un acte qui leur avait été pénible; mais leur position était en quelque sorte pire que celle des fidèles. Ceux-ci, en effet, n'étaient poursuivis que pour le nom de chrétiens, sans qu'on formulât contre eux aucun crime spécial; les autres étaient, par leur aveu même, sous le coup d'accusations d'homicide et de monstrueuses forfaitures. Aussi leur mine faisait-elle pitié. La joie du martyre[2],

---

1. Souvent les choses se passaient autrement. Voir Minucius Félix, 28.
2. Ἡ χαρὰ τῆς μαρτυρίας. Eus., V, I, 34.

l'espérance de la béatitude promise, l'amour du
Christ, l'esprit venant du Père [1], rendaient tout léger
aux confesseurs. Les apostats, au contraire, paraissaient déchirés de remords. C'était surtout dans les
trajets de la prison au tribunal que se voyait bien la
différence. Les confesseurs s'avançaient d'un air tranquille et radieux; une sorte de majesté douce et de
grâce éclatait sur leur visage. Leurs chaînes semblaient la parure de fiancées ornées de tous leurs
atours; les chrétiens croyaient sentir autour d'eux ce
qu'ils appelaient « le parfum de Christ [2] »; quelques-
uns prétendaient même qu'une odeur exquise s'exhalait de leur corps. Bien différents étaient les pauvres
renégats. Honteux et la tête basse, sans beauté, sans
dignité, ils marchaient comme des condamnés vulgaires; les païens mêmes les traitaient de lâches et
d'ignobles, de meurtriers convaincus par leur propre
dire; le beau nom de chrétien, qui rendait si fiers
ceux qui le payaient de leur vie, ne leur appartenait
plus. Cette différence d'allure faisait la plus forte
impression. Aussi voyait-on souvent les chrétiens
qu'on arrêtait faire leur possible pour confesser de
prime abord, afin de s'ôter ensuite toute possibilité
de retour.

1. Τὸ πνεῦμα τὸ πατρικόν. Eus., *l. c.* Se rappeler le montanisme.
2. Comp. II Cor., II, 14-16, χριστοῦ εὐωδία ἐσμέν.

La grâce était parfois indulgente pour ces malheureux, qui expiaient si chèrement un moment de surprise. Une pauvre Syrienne, de complexion fragile, originaire de Byblos, en Phénicie, avait renié le nom de Christ. Elle fut mise de nouveau à la question ; on espérait tirer de sa faiblesse et de sa timidité un aveu des monstruosités secrètes qu'on reprochait aux chrétiens. Elle revint en quelque sorte à elle-même sur le chevalet, et, comme sortant d'un profond sommeil, elle nia énergiquement toutes les assertions calomniatrices : « Comment voulez-vous, dit-elle, que des gens à qui il n'est pas permis de manger le sang des bêtes[1] mangent des enfants ? » A partir de ce moment, elle s'avoua chrétienne et suivit le sort des autres martyrs.

Le jour de gloire vint enfin pour une partie de ces combattants émérites, qui fondaient par leur foi la foi de l'avenir. Le légat fit donner exprès une de ces fêtes hideuses, consistant en exhibitions de supplices et en combats de bêtes qui, en dépit du plus humain des empereurs, étaient plus en vogue que jamais[2]. Ces horribles spectacles revenaient à des

1. V. *Saint Paul*, p. 91.
2. V. *l'Antechrist*, p. 163 et suiv. ; Tertullien, *Ad Scap.*, 4; Lucien, *Peregr.*, 24; *Lucius*, 54; Comp. Philon, *In Flaccum*, 10, 11. — *Plebi ad pœnam donatus est.* Lampride, *Comm.*, 7. — *Ad spectaculum supplicii nostri.* Quint., *Declam.*, IX, 6. —

dates réglées ; mais il n'était pas rare qu'on fît des exécutions extraordinaires, quand on avait des bêtes à montrer au peuple et des malheureux à leur livrer [1].

La fête se donna probablement dans l'amphithéâtre municipal de la ville de Lyon, c'est-à-dire de la colonie qui s'étageait sur les pentes de Fourvières. Cet amphithéâtre était, à ce qu'il semble, situé au pied de la colline, vers la place actuelle de Saint-Jean, devant la cathédrale ; la rue Tramassac en devait marquer à peu près le grand axe [2]. On a pu croire

Ad spectaculum sanctorum. Actes de saint Mammaire, dans Mabillon, *Analecta*, p. 178 (nova edit.).

1. *Mart. Polyc.*, 12; Actes des saints Taraque, Probe et Andronic, 10 (Ruinart, p. 444 et suiv.).

2. L'existence de cet amphithéâtre est admise plus ou moins expressément par le P. Menestrier, *Histoire consulaire*, p. 16, 99, 100; Artaud, *Lyon souterrain*, p. 181-182 ; Chenavard, *Lyon antique restauré*, p. 14 et pl. 1; Monfalcon, *Lugd. hist. monum.*, I, plan de Lyon antique. Cf. Raverat, *Fourvière, Ainay et Saint-Sébastien* (Lyon, 1880); *Revue critique*, 12 juillet 1879; *Journal des Savants*, juillet 1881. Quelques-uns veulent que l'amphithéâtre où souffrirent les martyrs de l'an 177 ait été situé aux Minimes (c'est l'opinion ecclésiastique : de Marca, *Dissert. tres*, édit. Baluze, Paris, 1669, p. 219 ; Meynis, *les Grands souvenirs de l'Égl. de Lyon*, 1872, p. 41 et suiv.; cf. J.-A.-F. Ozanam, *Établ. du christ. à Lyon*, 1829, p. 33, 237; É. Pélagaud, dans *Lyon-Revue*, nov. 1880); mais la grande majorité des antiquaires considère la construction d'apparence circulaire qui se voit en cet endroit comme un théâtre. Spon, p. 50; Artaud, Chenavard, Monfalcon, *l. c.* Quant à l'amphithéâtre qu'on a supposé avoir existé à l'ancien Jardin des Plantes, voir ci-après, p. 331-332,

qu'il avait été achevé cinq ans auparavant[1]. Une foule exaspérée couvrait les gradins et appelait les chrétiens à grands cris. Maturus, Sanctus, Blandine et Attale furent choisis pour cette journée. Ils en firent tous les frais ; il n'y eut, ce jour-là, aucun de ces spectacles de gladiateurs dont la variété avait tant d'attrait pour le peuple.

Maturus et Sanctus traversèrent de nouveau dans l'amphithéâtre toute la série des supplices, comme s'ils n'avaient auparavant rien souffert. On les comparait aux athlètes qui, après avoir vaincu dans plusieurs combats partiels, étaient réservés pour une der-

note. Si l'on tient à conserver quelque vérité à l'assertion de Grégoire de Tours (*De glor. mart.*, c. 49), plaçant le martyre à Ainai *(Athanacum)*, on peut observer que, d'après une découverte de M. Guigue (*Revue crit.*, l. c.; Raverat, ouvr. cité, p. 17 et suiv.), la colline de saint Irénée s'est appelée *Podium Athanacense* ; mais il est difficile qu'un fait qui se serait passé à l'amphithéâtre de la place Saint-Jean, dans le vieux *Lugdunum*, ait été rapporté à une localité distincte de Lyon. Aux Minimes, l'expression se justifierait; mais on peut expliquer autrement l'expression *martyres athanacenses*. V. ci-après, p. 338, note 3.

1. On rapporte, en effet, à cet amphithéâtre une inscription donnée par Spon (p. 32, réimpr.) et Menestrier, p. 16 (de Boissieu, p. 529), qui en fixerait la dédicace aux consulats d'Orfitus et de Maximus, en 172. Mais il n'est nullement probable que cette inscription soit relative à l'amphithéâtre. M. Guigue (préf. à la *Monogr. de la cathédr. de Lyon*, par Bégulo, p. 5-6) montre que les matériaux de la cathédrale vinrent du forum de Trajan, sur la hauteur de Fourvières.

nière lutte, laquelle conférait la couronne définitive [1].
Les instruments de ces tortures étaient comme échelonnés le long de la *spina*, et faisaient de l'arène une image du Tartare [2]. Rien ne fut épargné aux victimes. On débuta, selon l'usage, par une procession hideuse [3], où les condamnés, défilant nus devant l'escouade des belluaires, recevaient de chacun d'eux sur le dos d'affreux coups de fouet. Puis on lâcha les bêtes ; c'était le moment le plus émouvant de la journée. Les bêtes ne dévoraient pas tout de suite les victimes ; ils les mordaient, les traînaient ; leurs dents s'enfonçaient dans les chairs nues, y laissaient des traces sanglantes. A ce moment, les spectateurs devenaient fous de plaisir. Les interpellations s'entrecroisaient sur les gradins de l'amphithéâtre. Ce qui faisait, en effet, l'intérêt du spectacle antique, c'est que le public y intervenait. Comme dans les combats de taureaux en Espagne, l'assistance commandait, réglait les incidents, jugeait des coups, décidait de la mort ou de la vie. L'exaspération contre les chrétiens était telle, qu'on réclamait contre eux les sup-

1. Cf. Lettre, § 42 ; Lucien, *Hermotime*, 40 ; Gruter, *Inscr.*, p. 314. Voir ci-dessus, p. 307, la note sur κλῆρος.

2. Lettre, §§ 51, 54, 55, 56. Voir l'*Antechrist*, p. 163 et suiv.

3. C'est le sens de διεξόδους, § 38 ; cf. § 43. Comparez les Actes des martyrs d'Afrique, § 18 ; Lucien, *Toxaris*, 17 ; Quintilien, *Declam.*, IX, 6 ; Martial, *De spect.*, IV (*traducta est gyris*).

plices les plus terribles. La chaise de fer rougie au feu était peut-être ce que l'art du bourreau avait créé de plus infernal ; Maturus et Sanctus y furent assis. Une repoussante odeur de chair rôtie remplit l'amphithéâtre et ne fit qu'enivrer ces furieux. La fermeté des deux martyrs était admirable. On ne put tirer de Sanctus qu'un seul mot, toujours le même : « Je suis chrétien. » Les deux martyrs semblaient ne pouvoir mourir ; les bêtes, d'un autre côté, paraissaient les éviter ; on fut obligé, pour en finir, de leur donner le coup de grâce, comme on faisait pour les bestiaires et les gladiateurs.

Blandine, pendant tout ce temps, était suspendue à un poteau et exposée aux bêtes, qu'on excitait à la dévorer. Elle ne cessait de prier, les yeux élevés au ciel. Aucune bête, ce jour-là, ne voulut d'elle. Ce pauvre petit corps nu, exposé à des milliers de spectateurs, dont la curiosité n'était retenue que par l'étroite ceinture que la loi voulait qu'on laissât aux actrices et aux condamnées[1], n'excita, paraît-il, chez les assistants aucune pitié ; mais il prit pour les autres martyrs une signification mystique. Le poteau de Blandine leur parut la croix de Jésus ; le corps

---

[1]. Comparez les Actes de sainte Thècle (Le Blant, dans l'*Annuaire de l'Associat. des études grecques*, 1877, p. 263, 268, 269).

de leur amie, éclatant par sa blancheur à l'autre extrémité de l'amphithéâtre, leur rappela celui du Christ crucifié. La joie de voir ainsi l'image du doux agneau de Dieu les rendait insensibles. Blandine, à partir de ce moment, fut Jésus pour eux. Dans les moments d'atroces souffrances, un regard jeté vers leur sœur en croix les remplissait de joie et d'ardeur.

Attale était connu de toute la ville ; aussi la foule l'appela-t-elle à grands cris. On lui fit faire le tour de l'amphithéâtre précédé d'une tablette sur laquelle était écrit en latin : HIC EST ATTALUS CHRISTIANUS. Il marchait d'un pas ferme, avec le calme d'une conscience assurée. Le peuple demanda pour lui les plus cruels supplices. Mais le légat impérial, ayant appris qu'il était citoyen romain, fit tout arrêter, et ordonna de le ramener à la prison. Ainsi finit la journée. Blandine, attachée à son poteau, attendait toujours vainement la dent de quelque bête. On la détacha et on la ramena au dépôt, pour qu'elle servît une autre fois au divertissement du peuple.

Le cas d'Attale n'était point isolé; le nombre des accusés croissait chaque jour. Le légat se crut obligé d'écrire à l'empereur, qui, vers le milieu de l'an 177, était, ce semble, à Rome[1]. Il fallut des semaines pour attendre la réponse. Durant cet inter-

1. Tillemont, *Emp.*, II, p. 390-392.

valle, les détenus surabondèrent de joies mystiques. L'exemple des martyrs fut contagieux ; tous ceux qui avaient renié vinrent à résipiscence et demandèrent à être interrogés de nouveau. Plusieurs chrétiens doutaient de la validité de telles conversions; mais les martyrs tranchèrent la question en offrant la main aux rénégats et en leur communiquant une part de la grâce qui était en eux. On admit que le vif pouvait, en pareil cas, revivifier le mort ; que, dans la grande communauté de l'Église, ceux qui avaient trop prêtaient à ceux qui n'avaient pas assez ; que celui qui avait été rejeté du sein de l'Église comme un avorton pouvait en quelque sorte y rentrer, être conçu une seconde fois, se rattacher au sein virginal, se remettre en communication avec les sources de la vie. Le vrai martyr était ainsi conçu comme ayant le pouvoir de forcer le démon à vomir de sa gueule ceux qu'il avait déjà dévorés. Son privilège devenait un privilège d'indulgence, de grâce et de charité.

Ce qu'il y avait d'admirable, en effet, dans les confesseurs lyonnais, c'est que la gloire ne les éblouissait pas. Leur humilité égalait leur courage et leur sainte liberté. Ces héros qui avaient proclamé leur foi en Christ à deux et trois reprises, qui avaient affronté les bêtes, dont le corps était couvert de brûlures, de meurtrissures, de plaies, n'osaient s'attribuer le titre de martyrs, ne permettaient même pas qu'on leur donnât ce nom[1]. Si quelqu'un des fidèles, soit par lettre, soit de vive voix, les appelait ainsi, ils le reprenaient vivement. Ils réservaient le titre de martyr, d'abord à Christ, le témoin fidèle et véritable, le premier-né des morts, l'initiateur à la vie de Dieu, puis à ceux qui avaient déjà obtenu de mourir en confessant leur foi et dont le titre était en quelque sorte scellé et entériné ; quant à eux, ils n'étaient que de modestes et humbles confesseurs, et ils demandaient à leurs frères de prier sans cesse pour qu'ils fissent une bonne fin. Loin de se montrer fiers, hautains, durs pour les pauvres apostats, comme l'étaient les montanistes purs, comme le furent certains martyrs du IIIe siècle[2], ils avaient pour eux des entrailles de mère et versaient à leur intention des larmes continuelles devant Dieu. Ils n'accusaient personne, priaient pour leurs bourreaux, trouvaient des circonstances atténuantes à toutes les fautes, absolvaient et ne damnaient pas. Quelques rigoristes les trouvaient trop indulgents pour les rénégats ; ils répondaient, par exemple, de saint Étienne : « S'il pria pour ceux qui le lapidaient, disaient-ils, n'est-il pas permis de prier pour ses frères ? »

1. Eusèbe, V, *H. E.*, chap. II.
2. Se rappeler surtout les novatiens.

Les bons esprits, au contraire, virent avec justesse que c'était la charité des détenus qui faisait leur force et leur valait le triomphe. Leur perpétuelle recommandation était la paix et la concorde ; aussi laissèrent-ils après eux, non comme certains confesseurs, courageux du reste, des déchirements pour leur mère, des discordes et des disputes pour leurs frères, mais un souvenir exquis de joie et de parfait amour [1].

Le bon sens des confesseurs ne fut pas moins remarquable que leur courage et leur charité. Le montanisme, par son enthousiasme et par l'ardeur qu'il inspirait pour le martyre, ne devait pas tout à fait leur déplaire ; mais ils en voyaient les excès. Cet Alcibiade, qui ne vivait que de pain et d'eau, était du nombre des détenus. Il voulut conserver ce régime dans la prison [2] ; les confesseurs voyaient de mauvais œil ces singularités. Attale, après le premier combat qu'il livra dans l'amphithéâtre, eut à ce sujet une vision. Il lui fut révélé que la voie d'Alcibiade n'était pas bonne, qu'il avait tort d'éviter systématiquement de se servir des choses créées par Dieu et de causer ainsi un scandale à ses frères. Alcibiade se laissa persuader et mangea désormais de toutes les nourritures sans distinction, en rendant sur elles

---

1. Eusèbe, V, 11, 7.
2. Comp. Ruinart, *Acta sinc.*, p. 226.

grâces à Dieu. Les détenus croyaient ainsi posséder dans leur sein un foyer permanent d'inspiration et recevoir directement les conseils du Saint-Esprit [1]. Mais ce qui, en Phrygie, ne provoquait guère que des abus était ici un principe d'héroïsme. Montanistes par l'ardeur du martyre, les Lyonnais sont profondément catholiques par leur modération et leur absence de tout orgueil.

La réponse impériale arriva enfin. Elle était dure et cruelle. Tous ceux qui persévéraient dans leur confession devaient être mis à mort, tous les renégats relâchés. La grande fête annuelle qui se célébrait à l'autel d'Auguste, et où tous les peuples de la Gaule étaient représentés, allait commencer [2]. L'affaire des chrétiens tombait à propos pour en relever l'intérêt et la solennité.

Afin de frapper le peuple, on organisa une sorte d'audience théâtrale, où tous les détenus furent pompeusement amenés. On leur demandait simplement s'ils étaient chrétiens. Sur la réponse affirmative, on tranchait la tête à ceux qui paraissaient avoir le droit de cité romaine, on réservait les autres pour les

1. Eusèbe, V, III, 1-3.
2. Τῆς ἐνθάδε πανηγύρεως (ἔστι δὲ αὕτη πολυάνθρωπος ἐκ πάντων τῶν ἐθνῶν συνερχομένων εἰς αὐτήν) ἀρχομένης συνεστάναι, § 47. M. Hirschfeld (Allmer, *Revue épigr.*, p. 88-89) n'offre ici qu'un tissu de confusions.

bêtes; on fit aussi grâce à plusieurs[1]. Comme il fallait s'y attendre, pas un confesseur ne faiblit. Les païens espéraient au moins que ceux qui avaient antérieurement apostasié renouvelleraient leur déclaration antichrétienne. On les interrogea séparément pour les soustraire à l'influence de l'enthousiasme des autres, on leur montra la mise en liberté immédiate comme conséquence de leur reniement. Ce fut là en quelque sorte le moment décisif, le fort du combat. Le cœur des fidèles restés libres qui assistaient à la scène battait d'angoisse. Alexandre le Phrygien, que tous connaissaient comme médecin et dont le zèle n'avait pas de bornes, se tenait aussi près que possible du tribunal et faisait à ceux qu'on interrogeait les signes de tête les plus énergiques pour les porter à confesser. Les païens le prenaient pour un possédé; les chrétiens virent dans ses contorsions quelque chose qui leur rappela les convulsions de l'enfantement, le fait par lequel l'apostat rentrait dans l'Église leur paraissant une seconde naissance[2]. Alexandre et la grâce l'emportèrent. A part un petit nombre de malheureux que les supplices avaient terrifiés, les apostats se rétractèrent et s'avouèrent

---

1. Cela résulte de Eus., V, 4, 3, où il est question de confesseurs survivants.
2. Comp. Lettre, §§ 46 et 49.

chrétiens. La colère des païens fut extrême. Ils accusèrent hautement Alexandre d'être la cause de ces rétractations coupables. On l'arrêta, on le présenta au légat : « Qui es-tu ? » lui demanda celui-ci. — « Chrétien », répondit Alexandre. Le légat irrité le condamna aux bêtes. L'exécution fut fixée au lendemain.

Telle était l'exaltation de la troupe fidèle, qu'on s'y souciait beaucoup moins de la mort épouvantable qu'on avait devant les yeux que de la question des apostats. L'horreur que les martyrs conçurent contre les relaps fut extrême. On les traita de fils de perdition, de misérables qui couvraient de honte leur Église, de gens à qui il ne restait plus une trace de foi, ni de respect pour leur robe nuptiale, ni de crainte de Dieu. Au contraire, ceux qui avaient réparé leur première faute furent réunis à l'Église et pleinement réconciliés.

Le 1er août, au matin, en présence de toute la Gaule réunie dans l'amphithéâtre[1], l'horrible spec-

---

[1] Lettre, § 47. Jusqu'à ces derniers temps, la plupart des antiquaires avaient cru à l'existence d'un amphithéâtre ou naumachie près de l'autel de Rome et d'Auguste, sur l'emplacement de l'ancien Jardin des Plantes (Jardin de la Déserte). Spon, *Ant. de Lyon*, p. 50 (réimpr.); fouilles d'Artaud (Chenavard, p. 17) et de Martin Daussigny (*Congrès de la Soc. franç. d'arch.*, Caen, 1862); Aug. Bernard, *le Temple d'Aug.*, p. 30 et suiv. M. Vermorel

tacle commença. Le peuple tenait beaucoup au supplice d'Attale, qui paraissait, après Pothin, le vrai chef du christianisme lyonnais. On ne voit pas comment le légat, qui, une première fois, l'avait arraché aux bêtes à cause de sa qualité de citoyen romain, put le livrer cette fois ; mais le fait est certain ; il est probable que les titres d'Attale à la cité romaine ne furent pas trouvés suffisants. Attale et Alexandre entrèrent les premiers dans l'arène sablée et soigneusement ratissée. Ils traversèrent en héros tous les supplices dont les appareils étaient dressés. Alexandre ne prononça pas un mot, ne fit pas en-

m'a montré d'anciens cadastres, qui placent à cet endroit l'image d'un champ ovale. Si une telle hypothèse était vraie, cet amphithéâtre n'aurait pu être qu'une dépendance de l'autel, destinée spécialement aux fêtes annuelles du mois d'août. Comme la seconde série d'exécutions de martyrs fit partie des fêtes du mois d'août (Lettre, § 47), il s'ensuivrait presque nécessairement que les scènes hideuses de cette seconde série d'exécutions se passèrent dans le petit square, décoré de rocailles artificielles et de cactus, qui borde la rue du Commerce, à mi-côte de la colline de la Croix-Rousse. Mais la cause de cet amphithéâtre paraît maintenant bien compromise. Vermorel, *Revue crit.*, 12 juillet 1879; Raverat, *Fourvières,* p. 14 et suiv., 32 et suiv.; É. Pélagaud, art. cité, p. 281; *Journal des Savants,* juillet 1881. Il faut attendre la publication des travaux de M. Vermorel. C'est probablement l'autel d'Auguste et l'exèdre où étaient les sièges des soixante peuples qui, par suite des nouvelles recherches, viendront prendre place sur les substructions de l'ancien Jardin des Plantes, au haut des rampes qui mènent de la place Sathonay à la rue du Commerce.

tendre un cri ; recueilli en lui-même, il s'entretenait avec Dieu. Quand on fit asseoir Attale sur la chaise de fer rougie et que son corps, brûlé de tous côtés, exhala une fumée et une odeur abominables [1], il dit au peuple en latin : « C'est vous qui êtes des mangeurs d'hommes. Quant à nous, nous ne faisons rien de mal. » On lui demanda : « Quel nom a Dieu ? — Dieu, dit-il, n'a pas de nom comme un homme. » Les deux martyrs reçurent le coup de grâce, après avoir épuisé avec une pleine conscience tout ce que la cruauté romaine avait pu inventer de plus atroce.

Les fêtes durèrent plusieurs jours ; chaque jour, les combats de gladiateurs furent relevés par des supplices de chrétiens. Il est probable qu'on introduisait les victimes deux à deux, et que chaque jour vit périr un ou plusieurs couples de martyrs. On plaçait dans l'arène ceux qui étaient jeunes et supposés faibles, pour que la vue du supplice de leurs amis les effrayât. Blandine et un jeune homme de quinze ans, nommé Ponticus, furent réservés pour le dernier jour. Ils furent ainsi témoins de toutes les épreuves des autres, et rien ne les ébranla. Chaque jour, on tentait sur eux un effort suprême; on cherchait à les faire jurer par les dieux : ils s'y refusaient avec

---

1. Ceux à qui ces monstruosités paraîtraient incroyables sont priés de lire Quintilien, *Decl.*, ix, 6.

dédain. Le peuple, extrêmement irrité, ne voulut écouter aucun sentiment de pudeur ni de pitié. On fit épuiser à la pauvre fille et à son jeune ami tout le cycle hideux des supplices de l'arène ; après chaque épreuve, on leur proposait de jurer. Blandine fut sublime. Elle n'avait jamais été mère ; cet enfant torturé à côté d'elle devint son fils, enfanté dans les supplices. Uniquement attentive à lui, elle le suivait à chacune de ses étapes de douleur, pour l'encourager et l'exhorter à persévérer jusqu'à la fin. Les spectateurs voyaient ce manège et en étaient frappés. Ponticus expira, après avoir subi au complet la série des tourments.

De toute la troupe sainte, il ne restait plus que Blandine. Elle triomphait et ruisselait de joie. Elle s'envisageait comme une mère qui a vu proclamer vainqueurs tous ses fils, et les présente au Grand Roi pour être couronnés. Cette humble servante s'était montrée l'inspiratrice de l'héroïsme de ses compagnons ; sa parole ardente avait été le stimulant qui maintint les nerfs débiles et les cœurs défaillants. Aussi s'élança-t-elle dans l'âpre carrière de tortures que ses frères avaient parcourue, comme s'il se fût agi d'un festin nuptial. L'issue glorieuse et proche de toutes ces épreuves la faisait sauter de plaisir. D'elle-même, elle alla se placer au bout de l'arène, pour ne perdre aucune des parures que chaque supplice devait graver sur sa chair. Ce fut d'abord une flagellation cruelle, qui déchira ses épaules. Puis on l'exposa aux bêtes, qui se contentèrent de la mordre et de la traîner[1]. L'odieuse chaise brûlante ne lui fut pas épargnée. Enfin on l'enferma dans un filet, et on l'exposa à un taureau furieux. Cet animal, la saisissant avec ses cornes, la lança plusieurs fois en l'air et la laissa retomber lourdement[2]. Mais la bienheureuse ne sentait plus rien[3]; elle jouissait déjà de la félicité suprême, perdue qu'elle était dans ses entretiens intérieurs avec Christ. Il fallut l'achever, comme les autres condamnés. La foule finit par être frappée d'admiration. En s'écoulant, elle ne parlait que de la pauvre esclave. « Vrai, se disaient les Gaulois, jamais, dans nos pays, on n'avait vu une femme tant souffrir ! »

1. Dans cette région des Gaules, il devait être difficile de se procurer des lions. Aussi aucun des martyrs n'est-il dévoré par les bêtes; ce qui ne contribua pas peu à confirmer les chrétiens dans leurs idées sur les supplices destructeurs du corps. Minucius Félix, 11. Comparez ce qui a lieu pour Polycarpe, *l'Église chrét.*, p. 460, et la légende de sainte Thècle.

2. Martial, *Spect.*, XXII (cf. XIX) : *Jactat ut impositas taurus in astra pilas.*

3. Μηδὲ αἴσθησιν ἔτι τῶν συμβαινόντων ἔχουσα. Comparez sainte Perpétue, *Passio*, § 20.

CHAPITRE XX.

RECONSTITUTION DE L'ÉGLISE DE LYON. — IRÉNÉE.

La rage des fanatiques n'était pas satisfaite. Elle s'assouvit sur les cadavres des martyrs. Les corps des confesseurs qui étaient morts étouffés dans la prison furent jetés aux chiens, et une garde fut établie jour et nuit pour qu'aucun des fidèles ne leur donnât la sépulture. Quant aux restes informes qu'on avait chaque jour traînés ou ratissés de l'arène dans le spoliaire, os broyés, lambeaux arrachés par la dent des bêtes, membres rôtis au feu ou carbonisés, têtes coupées, troncs mutilés, on les laissa également sans sépulture et comme à la voirie, exposés aux injures de l'air, avec une garde de soldats qui veilla sur eux durant six jours. Ce hideux spectacle excitait chez les païens des réflexions diverses. Les uns trouvaient qu'on avait péché par excès d'humanité, qu'on aurait dû soumettre les martyrs à des supplices plus cruels encore ; d'autres y mêlaient l'ironie, quelquefois même une nuance de pitié : « Où est leur Dieu ? disaient-ils. A quoi leur a servi ce culte qu'ils ont préféré à la vie ? » Les chrétiens éprouvaient une vive douleur de ne pouvoir cacher en terre les restes des corps saints. L'excès d'endurcissement des païens leur parut la preuve d'une malice arrivée à son comble et le signe d'un prochain jugement de Dieu[1]. « Allons ! se dirent-ils, ce n'était donc pas assez. » Et ils ajoutaient, en souvenir de leurs apocalypses : « Eh bien, que le méchant s'empire encore, que le bon s'améliore encore[2]. » Ils tentèrent d'enlever les corps pendant la nuit, essayèrent sur les soldats l'effet de l'argent et des prières ; tout fut inutile ; l'autorité gardait ces misérables restes avec acharnement. Le septième jour enfin, l'ordre vint de brûler la masse infecte et de jeter les cendres dans le Rhône, qui coulait près de là[3], pour qu'il n'en restât aucune trace sur la terre.

Il y avait en cette manière d'agir plus d'une

1. Daniel, xii, 10 ; Apoc., xxii, 11.
2. La recrudescence des idées sur l'apparition de l'Antechrist tenait toujours à une recrudescence de persécution. Eusèbe, *Hist. eccl.*, VI, 7. Le millénarisme de Népos d'Arsinoé paraît de même avoir été le contre-coup de la persécution de Valérien.
3. Le confluent de la Saône et du Rhône était autrefois aux Terreaux, si bien qu'à partir de ce point la Saône perdait son nom. L'eau qui coulait au pied de Fourvières s'appelait le Rhône.

arrière-pensée. On s'imaginait, par la disparition complète des cadavres, enlever aux chrétiens l'espérance de la résurrection. Cette espérance paraissait aux païens l'origine de tout le mal. « C'est par la confiance qu'ils ont en la résurrection, disaient-ils, qu'ils introduisent chez nous ce nouveau culte étrange, qu'ils méprisent les supplices les plus terribles, qu'ils marchent à la mort avec empressement et même avec joie. Voyons donc s'ils vont ressusciter et si leur dieu est capable de les tirer de nos mains. » Les chrétiens se rassuraient par la pensée qu'on ne peut vaincre Dieu, et qu'il saurait bien retrouver les restes de ses serviteurs [1]. On supposa, en effet, plus tard des apparitions miraculeuses qui révélèrent les cendres des martyrs [2], et tout le moyen âge crut les posséder [3], comme si l'autorité romaine ne les eût pas anéanties. Le peuple se plut à désigner ces

---

1. Voir saint Augustin, *De cura pro mortuis gerenda*, 8-10.
2. Grégoire de Tours, *De gloria mart.*, 49; Adon, 2 juin. L'homélie attribuée à saint Eucher n'en parle pas.
3. Dans l'église des Saints-Apôtres ou de Saint-Nizier, selon les uns, d'Ainai selon les autres (Tillemont, *Mém.*, III, 25-26; Spon, p. 187). Le nom de *martyres Athanacenses*, « martyrs d'Ainai » (Grégoire de Tours, *l. c.*), vient peut-être de ce qu'Ainai fut le premier quartier chrétien. Voir *l'Égl. chrét.*, p. 475. Ainai s'étendait alors sur la rive droite et comprenait la colline de Saint-Just. V. *Journal des Sav.*, juin 1881, p. 346. Cela donne une certaine valeur au vocable des *Macchabées*. Voir note suivante.

innocentes victimes sous le nom de Macchabées[1].

Le nombre des victimes avait été de quarante-huit[2]. Les survivants des Églises si cruellement éprouvées se rallièrent bien vite. Vettius Épagathus se retrouva ce qu'il était, le bon génie, le tuteur de l'Église de Lyon. Il n'en fut pas cependant l'évêque. Déjà la distinction de l'ecclésiastique par profession et du laïque qui sera toujours laïque est sensible. Irénée, disciple de Pothin, et qui avait, si on peut s'exprimer ainsi, une éducation et des habitudes cléricales, prit la place de ce dernier dans la direction de l'Église[3]. Ce fut peut-être lui qui rédigea, au nom des communautés de Lyon et de Vienne, cette admirable lettre aux Églises d'Asie et de Phrygie, dont la plus grande partie nous a été conservée, et qui renferme tout le récit des combats des martyrs[4]. C'est un des

---

1. C'est l'ancien nom de l'église, d'abord cathédrale, de Saint-Just. Voir Colonia, *Hist. litt. de Lyon,* I, p. 168 et suiv.

2. Grég. de Tours, *De gloria mart.,* 49; *Hist.,* I, 27 (comp. le martyrologe d'Adon). Bien que très inexacts, ces passages peuvent contenir un écho de la Lettre des Églises, laquelle, quand elle était complète, se terminait par un catalogue et un classement des martyrs. Voir Eusèbe, V, IV, 3.

3. Eus., V, V, 8; XXIII, 3; XXIV, 11.

4. L'esprit est le même que celui d'Irénée (voir surtout Eus., V, II, 6-7, en comp. Eus., V, XXIV, 18), opposé au gnosticisme, très indulgent pour le montanisme. Rapprochez les idées sur l'Antechrist et sur Satan, qui remplissent la lettre, du millénarisme effréné d'Irénée (Eus., III, XXXIX, 13). Notez aussi l'amitié

morceaux les plus extraordinaires que possède aucune littérature. Jamais on n'a tracé un plus frappant tableau du degré d'enthousiasme et de dévouement où peut arriver la nature humaine. C'est l'idéal du martyre, avec aussi peu d'orgueil que possible de la part du martyr. Le narrateur lyonnais et ses héros sont sûrement des hommes crédules ; ils croient à l'Antechrist qui va venir ravager le monde[1] ; ils voient en tout l'action de la Bête[2], du démon méchant auquel le Dieu bon accorde (on ne sait pourquoi) de triompher momentanément. Rien de plus étrange que ce Dieu qui se fait une guirlande de fleurs des supplices de ses serviteurs, et se plaît à classer ses plaisirs, à désigner exprès les uns pour les bêtes, les autres pour la décapitation, les autres pour l'asphyxie en prison[3]. Mais l'exaltation, le ton mystique du style, l'esprit de douceur et le bon sens relatif qui pénètrent tout le récit inaugurent une rhétorique nouvelle et font de ce morceau la perle de la littérature chrétienne au IIe siècle.

A l'épître circulaire, les frères de Gaule joignirent les lettres relatives au montanisme écrites par les

tendre de l'auteur pour Vettius Épagathus et l'absence de toute mention d'Irénée lui-même. Cf. Œcumenius, *In I Petri*, III.

1. Eus., V, I, 5.
2. Ὁ θήρ, I, 57 ; II, 6.
3. Dans Eus., V, I, 27, 36.

confesseurs dans la prison. Cette question des prophéties montanistes prenait une telle importance, qu'ils se crurent obligés de dire eux-mêmes leur avis sur ce point. Irénée fut probablement encore ici leur interprète. L'extrême réserve avec laquelle il s'explique dans ses écrits sur le montanisme, l'amour de la paix qu'il porta dans toutes les controverses, et qui fit dire tant de fois que nul n'avait été mieux nommé que lui *Irénœos* (pacifique)[1], portent à croire que son avis était empreint d'un vif désir de conciliation[2]. Avec leur jugement ordinaire, les Lyonnais se prononcèrent sans doute contre les excès, mais en recommandant une tolérance qui, malheureusement, ne fut pas toujours assez observée en ces brûlants débats.

Irénée, fixé désormais à Lyon, mais en rapports constants avec Rome, y donna le modèle de l'homme ecclésiastique accompli. Son antipathie pour les sectes (le millénarisme grossier qu'il professait, et qu'il tenait des *presbyteri* d'Asie, ne lui paraissait pas une doctrine sectaire), la vue claire qu'il avait des dangers du gnosticisme, lui firent écrire ces vastes livres de controverse, œuvre d'un esprit borné

---

1. Eusèbe, V, xxiv, 18.
2. Eusèbe appelle cet avis (κρίσιν) des frères de Gaule εὐλαβῆ καὶ ὀρθοδοξοτάτην. Il n'en eût pas porté ce jugement si la pièce avait été tout à fait favorable à Montan.

sans doute, mais d'une conscience morale des plus saines. Lyon, grâce à lui, fut un moment le centre d'émission des plus importants écrits chrétiens. Comme tous les grands docteurs de l'Église, Irénée trouve moyen d'associer à des croyances surnaturelles, qui aujourd'hui nous semblent inconciliables avec un esprit droit, le plus rare sens pratique. Très inférieur à Justin pour l'esprit philosophique, il est bien plus orthodoxe que lui et a laissé une plus forte trace dans la théologie chrétienne. A une foi exaltée, il unit une modération qui étonne; à une rare simplicité, il joint la science profonde de l'administration ecclésiastique, du gouvernement des âmes; enfin, il possède la conception la plus nette qu'on eût encore formulée de l'Église universelle. Il a moins de talent que Tertullien; mais combien il lui est supérieur pour la conduite et le cœur! Seul, parmi les polémistes chrétiens qui combattirent les hérésies, il montre de la charité pour l'hérétique et se met en garde contre les inductions calomnieuses de l'orthodoxie[1].

Les relations entre les Églises du haut Rhône et l'Asie devenant de plus en plus rares, l'influence latine environnante prit peu à peu le dessus. Irénée et les Asiates qui l'entourent suivent déjà pour la pâque

---

1. *Adv. hær.*, I, xxv, 5; III, xxv, 6, 7.

l'usage occidental¹. L'usage du grec se perdit ; le latin fut bientôt la langue de ces Églises, qui, au IV⁰ siècle, ne se distinguent plus essentiellement de celles du reste de la Gaule. Cependant les traces d'origine grecque ne s'effacèrent que très lentement ; plusieurs usages grecs se conservèrent dans la liturgie à Lyon, à Vienne, à Autun, jusqu'en plein moyen âge². Un souvenir ineffaçable fut inscrit aux annales de l'Église universelle ; ce petit îlot asiatique et phrygien, perdu au milieu des ténèbres de l'Occident, avait jeté un éclat sans égal³. La solide bonté de

---

1. V. ci-dessus, p. 202 et suiv.
2. Voir Charvet, *Hist. de la sainte Église de Vienne*, p. 133 ; Lebrun des Marrettes, *Voyage liturgique en France*, 1718, p. 27 ; Godeau, *Hist. eccl.*, I, p. 290 ; Tillemont, *Mém.*, II, p. 343 ; Mabillon, *De liturgia gallic.*, p. 280 ; Le Blant, *Manuel d'épigr. chrét.*, p. 93-94 ; ci-dessus, p. 289, et *l'Égl. chrét.*, p. 470. Inscription grecque à Lyon, au VI⁰ siècle (Le Blant, *Inscr. chrét.*, n° 46) ; à Vienne en 441 (*ibid.*, n° 415) ; à Autun (voir ci-dessus, p. 297-298). Hors de Marseille et d'Arles, l'existence d'inscriptions grecques chrétiennes ne doit pas faire croire que l'on parlât ou même que l'on cultivât la langue grecque dans le pays. Ces inscriptions viennent, en général, d'Orientaux, surtout de Syriens (Grég. de Tours, *Hist.*, VII, 31 ; VIII, 1 ; X, 26), dont l'immigration continue jusqu'au VI⁰ siècle, et qui avaient l'habitude de se faire des épitaphes grecques, en mentionnant e nom de leur village d'origine. Le Blant, *Inscr. chrét.*, t. II, p. 78. A Arles et à Marseille, le grec vécut jusqu'au VI⁰ siècle.
3. Les légendes des saints Épipode et Alexandre (Tillemont, *Mém.*, III, p. 30 et suiv. ; Ruinart, *Acta sinc.*, p. 73 et suiv. ;

nos races, associée à l'héroïsme brillant et à l'amour des Orientaux pour la gloire, produisit un épisode sublime. Blandine, en croix à l'extrémité de l'amphithéâtre, fut comme un Christ nouveau. La douce et pâle esclave, attachée à son poteau sur ce nouveau calvaire, montra que la servante, quand il s'agit de servir une cause sainte, vaut l'homme libre et le surpasse quelquefois. Ne disons pas de mal des canuts, ni des droits de l'homme. Les ancêtres de cette cause-là sont bien vieux. Après avoir été la ville du gnosticisme et du montanisme, Lyon sera la ville des vaudois, des *Pauperes de Lugduno*, en attendant qu'elle devienne ce grand champ de bataille où les principes opposés de la conscience moderne se livreront la lutte la plus passionnée. Honneur à qui souffre pour quelque chose! Le progrès amènera, j'espère, le jour où ces grandes constructions que le catholicisme moderne élève imprudemment sur les hauteurs de Montmartre, de Fourvières, seront devenues des temples de l'Amnistie suprême, et renfermeront une chapelle pour toutes les causes, pour toutes les victimes, pour tous les martyrs.

Acta SS., 22 avril), qui forment comme une suite aux Actes des quarante-huit martyrs, n'ont pas de valeur historique.

CHAPITRE XXI.

CELSE ET LUCIEN.

L'obstiné conservateur qui, en passant près des cadavres mutilés des martyrs de Lyon, se disait à lui-même : « On a été trop doux ; il faudra inventer à l'avenir des châtiments autrement sévères [1] ! » n'était pas plus borné que les politiques qui, dans tous les siècles, ont cru arrêter les mouvements religieux ou sociaux par les supplices. Les mouvements religieux et sociaux se combattent par le temps et le progrès de la raison. Le socialisme sectaire de 1848 a disparu en vingt ans sans lois de répression spéciales. Si Marc-Aurèle, au lieu d'employer les lions et la chaise rougie, eût employé l'école primaire et un enseignement d'État rationaliste, il eût bien mieux prévenu la séduction du monde par le surna-

1. Lettre dans Eus., V, ɪ, 60. Ζητοῦντές τινα περισσοτέραν ἐκδίκησιν παρ' αὐτῶν λαβεῖν.

turel chrétien. Malheureusement, on ne se plaçait pas sur le terrain véritable. Combattre les religions en maintenant, en exagérant même le principe religieux, est le plus mauvais calcul. Montrer l'inanité de tout surnaturel, voilà la cure radicale du fanatisme. Or presque personne n'était à ce point de vue. Le philosophe romain Celse, homme instruit, de grand bon sens, qui a devancé sur plusieurs points les résultats de la critique moderne, écrivit un livre contre le christianisme, non pour prouver aux chrétiens que leur façon de concevoir l'intervention de Dieu dans les choses du monde était contraire à ce que nous savons de la réalité, mais pour montrer qu'ils avaient tort de ne pas pratiquer la religion telle qu'ils la trouvaient établie.

Ce Celse était ami de Lucien[1] et semble, au fond, avoir partagé le scepticisme du grand rieur de Samosate. Ce fut à sa demande que Lucien composa le spirituel essai sur Alexandre d'Abonotique[2], où la niaiserie de croire au surnaturel est si bien exposée. Lucien, lui parlant cœur à cœur[3], le présente comme

---

1. L'identification du Celse d'Origène et du Celse de Lucien n'est pas certaine; mais elle est très vraisemblable. La date approximative se conclut d'Origène, *Contre Celse*, préf., 4; I, 8; IV, 54.

2. Lucien, *Alex.* (traité composé après l'an 180), 12, 61.

3. Lucien, *ibid.*, 61.

un admirateur sans réserve de cette grande philosophie libératrice, qui a sauvé l'homme des fantômes de la superstition, qui le préserve de toutes les vaines croyances et de toutes les erreurs. Les deux amis, exactement comme Lucrèce, tiennent Épicure pour un saint, un héros, un bienfaiteur du genre humain, un génie divin, le seul qui ait vu la vérité et osé la dire[1]. Lucien, d'un autre côté, parle de son ami comme d'un homme accompli ; il vante sa sagesse, sa justice, son amour de la vérité, la douceur de ses mœurs, le charme de son commerce. Ses écrits lui paraissent les plus utiles, les plus beaux du siècle, capables de dessiller les yeux de tous ceux qui ont quelque raison[2]. Celse, en effet, s'était donné pour spécialité de rechercher les duperies auxquelles la pauvre humanité est sujette[3]. Il avait une forte antipathie pour les goètes et les introducteurs de faux dieux, à la façon d'Alexandre d'Abonotique[4]. Quant aux principes généraux, il paraît avoir été moins ferme que Lucien. Il écrivit contre la magie[5], plutôt pour dévoiler le charlatanisme des magiciens que

---

1. Lucien, *Alexander*, 25, 45, 47, 61. Cf. *Vera hist.*, II, 18 ; *Icoroménippe*, 35.
2. Lucien, *Alex.*, 21.
3. Origène, *Contre Celse*, VII, 3, 9.
4. *Ibidem*, VII, 36.
5. *Ibidem*, I, 68 ; comp. VIII, 60, etc. ; Lucien, *Alexander*, 21.

pour montrer la vanité absolue de leur art[1]. Sa critique, en ce qui concerne le surnaturel, est identique à celle des épicuriens[2]; mais il ne conclut pas. Il met sur le même pied l'astrologie, la musique, l'histoire naturelle, la magie, la divination[3]. Il repousse la plupart des prestiges comme des impostures; mais il en admet quelques-uns. Il ne croit pas aux légendes du paganisme; mais il les trouve grandes, merveilleuses, utiles aux hommes[4]. Les prophètes, en général, lui paraissent des charlatans, et pourtant il ne traite pas de rêverie pure l'art de prédire l'avenir. Il est éclectique, déiste, ou, si l'on veut, platonicien. Sa religion ressemble beaucoup à celle de Marc-Aurèle, de Maxime de Tyr, à ce que sera plus tard celle de l'empereur Julien[5].

Dieu, l'ordre universel, délègue son pouvoir à des dieux particuliers, sorte de démons ou de ministres[6], auxquels s'adresse le culte du polythéisme. Ce culte est légitime ou du moins fort acceptable, quand on ne le porte pas à l'excès. Il devient de devoir strict,

1. Origène, *Contre Celse,* I, 6, 68 ; IV, 86, 88 ; VI, 39, 40, 41.
2. Comp. Origène, *ibid.,* I, 8, 10, 21 ; II, 60 ; III, 34, 48, 75 ; IV, 54, 75 ; V, 3.
3. Orig., *ibid.,* IV, 8, 6 ; VI, 22, 33-41 ; VII, 3.
4. *Ibid.,* I, 67.
5. Voir, par exemple, dans Orig., IV, 62, 65.
6. Orig., VIII, 28, 54, 55.

quand il est religion nationale, chacun ayant pour devoir d'adorer le divin selon la forme qui lui a été transmise par ses ancêtres. Le vrai culte, c'est de tenir toujours sa pensée élevée vers Dieu, père commun de tous les hommes [1]. La piété intérieure est l'essentiel ; les sacrifices n'en sont que le signe [2]. Quant aux adorations que l'on rend aux démons, ce sont là des obligations de peu de conséquence, auxquelles on satisfait avec un mouvement de la main et qu'on est bien bon de traiter en chose sérieuse. Les démons n'ont besoin de rien, et il ne faut pas trop se complaire dans la magie ni les opérations magiques ; mais il ne faut pas non plus être ingrat, et d'ailleurs toute piété est salutaire. Servir les dieux inférieurs, c'est être agréable au grand Dieu dont ils relèvent. Les chrétiens accordent bien des honneurs outrés à un fils de Dieu apparu récemment dans le monde ! Comme Maxime de Tyr, Celse a une philosophie de la religion qui lui permet d'admettre tous les cultes. Il admettrait le christianisme sur le même pied que les autres croyances, si le christianisme n'avait qu'une prétention limitée à la vérité.

La Providence, la divination, les prodiges des temples, les oracles, l'immortalité de l'âme, les récom-

1. Orig., VIII, 63, 66.
2. *Ibid.*, 24.

penses et les peines futures paraissent à Celse des parties intégrantes d'une doctrine d'État[1]. Il faut se rappeler que la possibilité de la magie était alors presque un dogme. On était épicurien, athée, impie, on courait risque de la vie, si on se permettait de la nier[2]. Toutes les sectes, les épicuriens exceptés, en enseignaient la réalité[3]. Celse y croit sérieusement. Sa raison lui montre la fausseté des croyances surnaturelles généralement admises; mais l'insuffisance de son éducation scientifique et ses préjugés politiques l'empêchent d'être conséquent; il maintient, au moins en principe, des croyances tout aussi peu rationnelles que celles qu'il combat. La faible connaissance que l'on avait alors des lois de la nature rendait possibles toutes les crédulités. Tacite est sûrement un esprit éclairé, et pourtant il n'ose repousser nettement les prodiges les plus puérils[4]. Les apparitions

1. Dans Orig., VII, 62, 68-70; VIII, 2, 11, 12, 13, 14, 15, 24, 28, 33, 35, 45, 48, 53, 55, 58, 60, 62, 63. Cf. Minucius Félix, Octavius, ch. VII.

2. Lucien, *Alexandre*, 25; *Philopseudès*, 10; Apulée, *Apologie*, tout entière.

3. Lucien, *Philopseudès*, 6, 7 et suiv.; *Vitarum auctio*, 2. Plus tard, le christianisme poursuivit la magie, non comme vaine, mais comme impliquant un commerce illicite entre l'homme et les démons. Cf. Paul, *Sent.*, V, XXIII, 9, 11, 12.

4. Tacite, *Hist.*, II, 50. Comparez la mention des présages dans Suétone, Dion Cassius, Hérodien et les biographes de l'Histoire Auguste.

des temples, les songes divins étaient tenus pour des choses notoires. Élien va bientôt écrire ses livres pour démontrer, par de prétendus faits, que ceux qui nient les manifestations miraculeuses des dieux « sont plus déraisonnables que des enfants », que ceux qui croient aux dieux s'en trouvent bien, tandis que les plus atroces aventures arrivent aux incrédules, aux blasphémateurs [1].

Ce que Celse est éminemment, c'est un sujet dévoué de l'empereur, un patriote. On le suppose Romain ou Italien ; il est certain que Lucien, tout loyal qu'il est, n'a pas une sympathie aussi prononcée pour l'empire. Le raisonnement fondamental de Celse est celui-ci : La religion romaine a été un phénomène concomitant de la grandeur romaine ; donc elle est vraie. Comme les gnostiques, Celse croit que chaque nation a ses dieux qui la protègent tant qu'elle les adore ainsi qu'ils veulent être adorés. Abandonner ses dieux est, pour une nation, l'équivalent d'un suicide. Celse est ainsi l'inverse en tout d'un Tatien, ennemi acharné de l'hellénisme et de la société romaine. Tatien sacrifie entièrement la civilisation hellénique au judaïsme et au christianisme. Celse attribue tout ce qu'il y a de bon chez les juifs et chez les chrétiens à

1. *Fragments sur la Providence et les Apparitions,* édit. de Hercher, fragm. 10, 43, 53, 62, 89, 98, 101.

des emprunts faits aux Hellènes. Platon et Épictète sont pour lui les deux pôles de la sagesse. S'il n'a pas connu Marc-Aurèle, il l'a sûrement aimé et admiré. D'un tel point de vue, il ne pouvait envisager le christianisme que comme un mal ; mais il ne s'arrête pas aux calomnies ; il reconnaît que les mœurs des sectaires sont douces et bien réglées[1]; ce sont les motifs de crédibilité de la secte qu'il veut discuter. Celse fit à ce sujet une véritable enquête, lut les livres des chrétiens et des juifs, causa avec eux[2]. Le résultat de ses recherches fut un ouvrage intitulé *Discours véritable*[3], qui, naturellement, n'est pas venu jusqu'à nous[4], mais qu'il est possible de reconstituer avec les citations et les analyses qu'en a données Origène[5].

Il est hors de doute que Celse a connu mieux qu'aucun autre écrivain païen le christianisme et les livres qui lui servaient de base[6]. Origène, malgré sa

---

1. Orig., *Contre Celse*, I, 27.
2. *Ibid.*, I, 12.
3. Celse paraît avoir écrit sur le même sujet deux autres livres, qui se sont perdus. Orig., *Contre Celse*, IV, 36.
4. La loi de Théodose II (an 449 après J.-C.) aurait suffi pour le faire détruire (Cod. Just., I, I, 3, § 1).
5. Voir Th. Keim, *Celsus' Wahres Wort*, Zurich, 1873 ; Aubé, *la Polémique païenne*, Paris, 1877, p. 158 et suiv.
6. M. Aubé a bien reconstitué la bibliothèque de Celse, *op. cit.*, p. 215 et suiv.

remarquable instruction chrétienne, s'étonne d'avoir tant de choses à apprendre de lui [1]. Pour l'érudition, Celse est un docteur chrétien. Ses voyages en Palestine, en Phénicie, en Égypte [2] lui ont ouvert l'esprit sur les matières d'histoire religieuse. Il a lu attentivement les traductions grecques de la Bible, la Genèse, l'Exode, les Prophètes, y compris Jonas, Daniel, Hénoch, les Psaumes. Il connaît les écrits sibyllins, et il en voit bien les fraudes [3] ; la vanité des tentatives d'exégèse allégorique ne lui échappe pas [4]. Parmi les écrits du Nouveau Testament, il connaît les quatre Évangiles canoniques et plusieurs autres, peut-être les Actes de Pilate [5]. Tout en préférant Matthieu, il se rend bien compte de différentes retouches que les textes évangéliques ont subies, surtout en vue de l'apologie [6]. Il est douteux qu'il ait tenu dans ses mains les écrits de saint Paul; comme saint Justin, il ne le nomme jamais; cependant il rappelle quelques-unes de ses maximes et n'ignore pas ses doctrines [7]. En fait de littérature ecclésiastique, il

---

1. Orig., V, 62; VI, 24, 27, 30, 38.
2. *Ibid.*, VII, 8-9. Il connaît très bien l'Égypte.
3. *Ibid.*, V, 61 ; VII, 53, 56.
4. *Ibid.*, IV, 42, 51.
5. *Acta Pil.*; A, 2 : ἐκ πορνείας γεγέννηται καὶ γόης ἐστίν.
6. Orig., II, 27.
7. *Ibid.*, V, 64 (cf. Gal., VI, 14); I, 9; VI, 12 (cf. I Cor., III,

a lu le Dialogue de Jason et Papiscus, de nombreux écrits gnostiques et marcionites, en particulier le *Dialogue céleste*, écrit dont il n'est pas question ailleurs[1]. Il ne semble pas avoir manié les écrits de saint Justin, bien que la façon dont il conçoit la théologie chrétienne, la christologie, le canon, soit exactement conforme à la théologie, à la christologie, au canon de Justin[2]. La légende juive de Jésus lui est familière. La mère de Jésus a commis un adultère avec le soldat Panthère; elle a été chassée par son mari le charpentier[3]. Jésus a fait ses miracles au moyen des sciences secrètes qu'il avait apprises en Égypte[4].

C'est surtout en exégèse que Celse nous étonne par sa pénétration. Voltaire n'a pas mieux triomphé de l'histoire biblique, des impossibilités de la Genèse, prise dans son sens naturel, de ce qu'il y a de

---

19); VI, 34 (cf. I Cor., xv, 26); VIII, 24 (cf. I Cor., x, 19); VIII, 28 (cf. I Cor., x, 20); I, 66; VIII, 44 (cf. Rom., viii, 32). Origène suppose que Celse avait lu les écrits mêmes de saint Paul. V, 17, 64; VI, 19-21.

1. Orig., VIII, 15.
2. É. Pélagaud, *Étude sur Celse*, Lyon, 1878, p. 413-420.
3. Orig., I, 28, 32, 39. Cf. *les Évangiles*, p. 189-190 (ajoutez: Élisée Vartabed, p. 191, 195, Langlois); Talm. de Jér., *Aboda zara*, ii, 2. Voir G. Rœsch, dans *Theol. Stud. und Krit.*, 1873, p. 77 et suiv.
4. Justin, *Dial.*, 69; *Apol. I*, 30; Arnobe, I, 43; Celse, dans Orig., I, 6, 28, 32, 38; Talm. de Bab., *Sanhédrin*, 107 *b*; *Schabbath*, 104 *b*.

naïvement enfantin dans les récits de la création, du déluge, de l'arche. Le caractère sanglant, dur, égoïste de l'histoire juive ; la bizarrerie du choix divin, se portant sur un tel peuple pour en faire le peuple de Dieu[1], sont bien mis en lumière. L'âpreté des railleries juives contre les autres sectes est vivement relevée comme un acte d'injustice et d'orgueil[2]. Tout le plan messianique de l'histoire judéo-chrétienne, ayant pour base l'importance exagérée que les hommes, et en particulier les Juifs, s'attribuent dans l'univers, est réfuté de main de maître[3]. Pourquoi Dieu descendrait-il ici-bas? Serait-ce pour apprendre ce qui se passe parmi les hommes? Mais ne sait-il pas toutes choses? Sa puissance est-elle si bornée, qu'il ne puisse rien corriger sans venir lui-même dans le monde ou y envoyer quelqu'un? Serait-ce pour être connu? C'est lui prêter un mouvement de vanité tout humain. Et puis pourquoi si tard? pourquoi plutôt à un moment qu'à un autre? pourquoi plutôt en tel pays qu'en tel autre? Les théories apocalyptiques de l'embrasement final[4], de la résurrection, sont de même victorieusement réfutées. Bizarre prétention de rendre

---

1. Orig., I, 16-20, 24; IV, 31, 33; VII, 18.
2. *Ibid.*, III, 19, 22, 43; V, 41.
3. *Ibid.*, III, 1, 5, 7; IV, 2, 3, 5, 6, 7, 10, 11.
4. *Ibid.*, IV, 11; V, 14.

immortels le fumier, la pourriture[1] ! Celse triomphe, en opposant à ce matérialisme religieux son idéalisme pur, son Dieu absolu, qui ne se manifeste pas dans la trame des choses finies[2].

Juifs et chrétiens me font l'effet d'une troupe de chauves-souris, ou de fourmis sortant de leur trou, ou de grenouilles établies près d'un marais, ou de vers tenant séance dans le coin d'un bourbier....., et se disant entre eux : « C'est à nous que Dieu révèle et annonce d'avance toute chose ; il n'a aucun souci du reste du monde ; il laisse les cieux et la terre rouler à leur guise pour ne s'occuper que de nous. Nous sommes les seuls êtres avec lesquels il communique par des messagers, les seuls avec lesquels il désire lier société ; car il nous a faits semblables à lui. Tout nous est subordonné, la terre, l'eau, l'air et les astres ; tout a été fait pour nous et destiné à notre service, et c'est parce qu'il est arrivé à certains d'entre nous de pécher que Dieu lui-même viendra ou enverra son propre fils pour brûler les méchants et nous faire jouir avec lui de la vie éternelle[3].

La discussion de la vie de Jésus est conduite exactement selon la méthode de Reimarus ou de Strauss. Les impossibilités du récit évangélique, si on le prend comme de l'histoire, n'ont jamais mieux été montrées[4]. L'apparition de Dieu en Jésus semble à

1. Orig., V, 14; VII, 32; VIII, 53.
2. *Ibid.*, VII, 36.
3. Celse, dans Orig., IV, 23.
4. Orig., I, 54, 67, 69, 70, 71; III, 41, 42; VI, 73, 75, 78, 81; VII, 2, 3, 14, 48.

notre philosophe messéante et inutile. Les miracles évangéliques sont mesquins ; les magiciens ambulants en font autant, sans que pour cela on les regarde comme fils de Dieu. La vie de Jésus est celle d'un misérable goëte, haï de Dieu[1]. Son caractère est irritable ; sa manière de parler, tranchante, indique un homme qui est impuissant à persuader ; elle ne convient pas à un dieu, pas même à un homme de sens[2]. Jésus aurait dû être beau, fort, majestueux, éloquent[3]. Or ses disciples avouent qu'il était petit, laid et sans noblesse. Pourquoi, si Dieu voulait sauver le genre humain, n'a-t-il dépêché son fils qu'à un coin du monde ? Il aurait dû mettre son esprit dans plusieurs corps et mander ces envoyés célestes de divers côtés, puisqu'il savait que l'envoyé destiné aux juifs serait mis à mort. Pourquoi aussi deux révélations opposées, celle de Moïse et celle de Jésus ? Jésus est, dit-on, ressuscité ? On débite cela d'une foule d'autres, Zamolxis, Pythagore, Rhampsinit[4].

Il faudrait peut-être examiner d'abord si jamais homme réellement mort est ressuscité avec le même corps. Pour-

1. Orig., I, 68, 71. Comp. II, 49.
2. *Ibid.*, II, 76.
3. Les dieux incarnés, selon les idées païennes, étaient toujours beaux. La base du succès d'Alexandre d'Abonotique fut qu'il était très bel homme.
4. Orig., II, 54, 55. Comp. III, 26, 31, 32, 33, 34, 36, 41, 42, 43.

quoi traiter les aventures des autres de fables sans vraisemblance, comme si l'issue de votre tragédie avait bien meilleur air et était plus croyable, avec le cri que votre Jésus jeta du haut du poteau en expirant, le tremblement de terre et les ténèbres ? Vivant, il n'avait rien pu faire pour lui-même ; mort, dites-vous, il ressuscita et montra les marques de son supplice, les trous de ses mains. Mais qui a vu tout cela ? Une femme à l'esprit malade, comme vous l'avouez vous-mêmes [1], ou tout autre endiablé de la même sorte, soit que le prétendu témoin ait rêvé ce que lui suggérait son esprit troublé, soit que son imagination abusée ait donné un corps à ses désirs, ce qui arrive si souvent, soit plutôt qu'il ait voulu frapper l'esprit des hommes par un récit merveilleux et, à l'aide de cette imposture, fournir matière aux charlatans..... A son tombeau se présentent, ceux-ci disent un ange, ceux-là disent deux anges, pour annoncer aux femmes qu'il est ressuscité ; car le fils de Dieu, à ce qu'il paraît, n'avait pas la force d'ouvrir seul son tombeau ; il avait besoin que quelqu'un vînt déplacer la pierre..... Si Jésus voulait faire éclater réellement sa vertu divine, il fallait qu'il se montrât à ses ennemis, au juge qui l'avait condamné, à tout le monde. Car, puisqu'il était mort et de plus dieu, comme vous le prétendez, il n'avait plus rien à craindre de personne ; et ce n'était pas apparemment pour qu'il restât caché qu'il avait été envoyé. Au besoin même, pour mettre sa divinité en pleine lumière, il aurait dû disparaître tout d'un coup de dessus la croix..... De son vivant, il se prodigue ; mort, il ne se fait voir en cachette qu'à une femmelette et à des comparses. Son supplice a eu d'innombrables témoins ;

---

[1]. Πάροιστρος. Comp. Marc, XVI, 9.

sa résurrection n'en a qu'un seul. C'est le contraire qui aurait dû avoir lieu[1].

Si vous aviez si fort envie de faire du neuf, combien il aurait mieux valu choisir pour le déifier quelqu'un de ceux qui sont morts virilement et qui sont dignes du mythe divin ! Si vous répugniez à prendre Héraclès, Asclépios ou quelqu'un des anciens héros qui déjà sont honorés d'un culte, vous aviez Orphée, homme inspiré, nul ne le conteste, et qui périt de mort violente. Peut-être direz-vous qu'il n'était plus à prendre. Soit ; mais alors vous aviez Anaxarque, qui, jeté un jour dans un mortier, comme on l'y pilait cruellement, se jouait de son bourreau. « Pilez, pilez, disait-il, l'étui d'Anaxarque ; car, pour lui-même, vous ne le toucherez pas ! » parole pleine d'un esprit divin. Ici encore, dira-t-on, vous avez été prévenus..... Eh bien, alors, que ne preniez-vous Épictète ? Comme son maître lui tordait la jambe, lui, calme et souriant : « Vous allez la casser », disait il ; et la jambe en effet s'étant brisée : « Je vous disais que vous alliez la casser ! » Qu'est-ce que votre dieu a dit de pareil dans les tourments ? Et la Sibylle, dont plusieurs parmi vous allèguent l'autorité, que ne l'avez-vous prise ? Vous auriez eu les meilleures raisons de l'appeler fille de Dieu. Vous vous êtes contentés d'introduire à tort et à travers, frauduleusement, nombre de blasphèmes dans ses livres, et vous nous donnez pour dieu un personnage qui a fini par une mort misérable une vie infâme. Tenez, vous auriez mieux fait de choisir Jonas, qui sortit sain et sauf d'un gros poisson, Daniel, qui échappa aux bêtes, ou tel autre dont vous nous contez des choses plus drôles encore [2].

1. Orig., II, 54, 55, 63, 67, 68, 70, 72, 73, 74, 75 ; V, 54.
2. Celse, dans Orig., VII, 53.

Dans ses jugements sur l'Église, telle qu'elle existait de son temps, Celse se montre singulièrement malveillant. A part quelques hommes honnêtes et doux [1], l'Église lui apparaît comme un amas de sectaires s'injuriant les uns les autres. Il y a une nouvelle race d'hommes, nés d'hier, sans patrie, ni traditions antiques, ligués contre les institutions civiles et religieuses, poursuivis par la justice, notés d'infamie, se faisant gloire de l'exécration commune [2]. Leurs réunions sont clandestines et illicites; ils s'y engagent par serment à violer les lois et à tout souffrir pour une doctrine barbare [3], qui aurait, en tout cas, besoin d'être perfectionnée et épurée par la raison grecque [4]. Doctrine secrète et dangereuse! Le courage qu'ils mettent à la soutenir est louable; il est bien de mourir pour ne pas abjurer ou feindre d'abjurer la foi qu'on a embrassée [5]. Mais encore faut-il que la foi soit fondée en raison et n'ait pas pour base unique un parti pris de ne rien examiner [6]. Les chrétiens, d'ailleurs, n'ont pas inventé le martyre; chaque croyance a donné des exemples de

1. Celse, dans Orig., I, 27.
2. *Ibid.*, I, 1.
3. *Ibid.*, I, 3; III, 14.
4. *Ibid.*, I, 2.
5. *Ibid.*, I, 8.
6. *Ibid.*, I, 9, 12.

conviction ardente [1]. Ils se raillent des dieux impuissants, qui ne savent pas venger leurs injures. Mais le dieu suprême des chrétiens a-t-il vengé son fils crucifié [2] ? Leur outrecuidance à trancher des questions où les plus sages hésitent est le fait de gens qui ne visent qu'à séduire les simples [3]. Tout ce qu'ils ont de bon, Platon et les philosophes l'ont mieux dit avant eux [4]. Les Écritures ne sont qu'une traduction, en style grossier, de ce que les philosophes, et particulièrement Platon, ont dit en un style excellent [5].

Celse est frappé des divisions du christianisme, des anathèmes que les diverses Églises s'adressent réciproquement [6]. A Rome, où, selon l'opinion la plus vraisemblable, le livre fut écrit, toutes les sectes florissaient. Celse connut les marcionites [7], les gnostiques [8]. Il vit bien, cependant, qu'au milieu de ce dédale de sectes, il y avait l'Église orthodoxe, « la grande

---

1. Celse dans Orig., VIII, 48.
2. *Ibid.*, VIII, 38, 41.
3. *Ibid.*, VI, 6, 8, 10, 11, 12.
4. *Ibid.*, V, 65; VI, 7; VII, 41, 42, 58, etc.
5. *Ibid.*, VI, 1.
6. *Ibid.*, III, 9, 10, 12, 14; V, 62, 63, 64, 65.
7. *Ibid.*, V, 62; VI, 29, 74; VII, 2.
8. *Ibid.*, V, 61, 62, 63; VI, 25, 28, 31, 33, 34, 38, 39, 40, 52; VII, 9, 40.

Église¹ », qui n'avait d'autre nom que celui de chrétienne. Les extravagances montanistes, les impostures sibyllines², ne lui inspirent naturellement que du mépris. Certainement, s'il avait mieux connu l'épiscopat lettré d'Asie, des hommes comme Méliton, par exemple, qui rêvaient des concordats entre le christianisme et l'empire, son jugement eût été moins sévère. Ce qui le blesse, c'est l'extrême bassesse sociale des chrétiens et le peu d'intelligence du milieu où ils exercent leur propagande. Ceux qu'ils veulent gagner sont des niais, des esclaves, des femmes, des enfants³. Comme les charlatans, ils évitent autant qu'ils peuvent les honnêtes gens, qui ne se laissent pas tromper, pour prendre dans leurs filets les ignorants et les sots, pâture ordinaire des fourbes⁴.

Quel mal y a-t-il donc à être bien élevé, à aimer les belles connaissances, à être sage et à passer pour tel? Est-ce là un obstacle à la connaissance de Dieu? Ne sont-ce pas plutôt des secours pour atteindre la vérité? Que font les coureurs de foire, les bateleurs? S'adressent-ils aux hommes de sens, pour leur réciter leurs boniments? Non; mais, s'ils aperçoivent quelque part un groupe d'enfants, de portefaix ou de gens grossiers, c'est là qu'ils étalent leur industrie et se

1. Celse dans Orig., V, 59.
2. *Ibid.*, V, 62 ; VII, 9 ; VIII, 45.
3. *Ibid.*, III, 44 ; VII, 42.
4. *Ibid.*, I, 27 ; VI, 14.

font admirer. Il en est de même dans l'intérieur des familles. Voici des cardeurs de laine, des cordonniers, des foulons, des gens de la dernière ignorance et tout à fait dénués d'éducation. Devant les maîtres, hommes d'expérience et de jugement, ils n'osent ouvrir la bouche ; mais surprennent-ils en particulier les enfants de la maison ou des femmes qui n'ont pas plus de raison qu'eux-mêmes, ils se mettent à débiter des merveilles. C'est eux seuls qu'il faut croire; le père, les précepteurs, sont des fous qui ignorent le vrai bien et sont incapables de l'enseigner. Ces prôneurs savent seuls comment on doit vivre ; les enfants se trouveront bien de les suivre, et, par eux, le bonheur viendra sur toute la famille. Si, pendant qu'ils pérorent, survient quelque personne sérieuse, un des précepteurs ou le père lui-même, les plus timides se taisent; les effrontés ne laissent pas d'exciter les enfants à secouer le joug, insinuant à mi-voix qu'ils ne veulent rien leur apprendre devant leur père ou leur précepteur, pour ne pas s'exposer à la brutalité de ces gens corrompus, qui les feraient châtier. Ceux qui tiennent à savoir la vérité n'ont qu'à planter là père et précepteurs, à venir avec les femmes et la marmaille dans le gynécée, ou dans l'échoppe du cordonnier, ou dans la boutique du foulon, afin d'y apprendre l'absolu. Voilà comment ils s'y prennent pour gagner des adeptes[1]..... Quiconque est pécheur, quiconque est sans intelligence, quiconque est faible d'esprit, en un mot quiconque est misérable, qu'il approche, le royaume de Dieu est pour lui [2].

On conçoit combien un pareil renversement de

1. Orig., III, 49, 50, 55.
2. *Ibid.*, III, 59.

l'autorité de la famille dans l'éducation devait être odieux à un homme qui exerçait peut-être les fonctions de précepteur. L'idée toute chrétienne que Dieu a été envoyé pour sauver les pécheurs révolte Celse. Il ne veut que la justice. Le privilège de l'enfant prodigue est pour lui incompréhensible.

Quel mal y a-t-il à être exempt de péché ? Que l'injuste, dit-on, s'abaisse dans le sentiment de sa misère, et Dieu le recevra. Mais, si le juste, confiant en sa vertu, lève les yeux vers Dieu, quoi ! sera-t-il rejeté ? Les magistrats consciencieux ne souffrent pas que les accusés se répandent en lamentations, de peur d'être entraînés à sacrifier la justice à la pitié. Dieu, dans ses jugements, serait donc accessible à la flatterie ? Pourquoi une telle préférence pour les pécheurs ?... Ces théories ne viennent-elles pas du désir d'attirer autour de soi une plus nombreuse clientèle ? Dira-t-on que l'on se propose, par cette indulgence, d'améliorer les méchants ? Quelle illusion ! On ne change pas la nature des gens ; les mauvais ne s'amendent ni par la force, ni par la douceur. Dieu ne serait-il pas injuste s'il se montrait complaisant pour les méchants, qui savent l'art de le toucher, et s'il délaissait les bons, qui n'ont pas ce talent[1] ?

Celse ne veut pas de prime accordée à la fausse humilité, à l'importunité, aux basses prières. Son Dieu est le dieu des âmes fières et droites, non le dieu du pardon, le consolateur des affligés, le patron

---

1. Orig., III, 62, 63, 65, 70, 71.

des misérables. Il voit évidemment un grand danger au point de vue de la politique, et aussi au point de vue de sa profession d'homme d'instruction publique, à laisser dire que, pour être cher à Dieu, il est bon d'avoir été coupable, et que les humbles, les pauvres, les esprits sans culture, ont pour cela des avantages spéciaux.

Écoutez leurs professeurs : « Les sages, disent-ils, repoussent notre enseignement, égarés et empêchés qu'ils sont par leur sagesse. » Quel homme de jugement, en effet, peut se laisser prendre à une doctrine aussi ridicule ? Il suffit de regarder la foule qui l'embrasse pour la mépriser. Leurs maîtres ne cherchent et ne trouvent pour disciples que des hommes sans intelligence et d'un esprit épais. Ces maîtres ressemblent assez aux empiriques qui promettent de rendre la santé à un malade, à condition qu'on n'appellera pas les médecins savants, de peur que ceux-ci ne dévoilent leur ignorance. Ils s'efforcent de rendre la science suspecte : « Laissez-moi faire, disent-ils ; je vous sauverai, moi seul ; les médecins ordinaires tuent ceux qu'ils se vantent de guérir. » On dirait des gens ivres, qui, entre eux, accuseraient les hommes sobres d'être pris de vin, ou des myopes qui voudraient persuader à des myopes comme eux que ceux qui ont de bons yeux n'y voient goutte [1].

C'est surtout comme patriote et ami de l'État que Celse se montre l'ennemi du christianisme. L'idée d'une religion absolue, sans distinction de nations,

---

1. Orig., III, 72, 77.

lui paraît une chimère [1]. Toute religion est, à ses yeux, nationale; la religion n'a de raison d'être que comme nationale [2]. Il n'aime certes pas le judaïsme ; il le trouve plein d'orgueil et de prétentions mal fondées, inférieur en tout à l'hellénisme ; mais, en tant que religion nationale des Juifs, le judaïsme a ses droits [3]. Les Juifs doivent conserver les coutumes et les croyances de leurs pères, comme font les autres peuples, bien que les Puissances auxquelles a été confiée la Judée soient inférieures aux dieux des Romains, qui les ont vaincues [4]. On est juif par naissance ; on est chrétien par choix. Voilà pourquoi Rome n'a jamais songé sérieusement à abolir le judaïsme, même après les guerres atroces de Titus et d'Adrien. Quant au christianisme, il n'est la religion nationale de personne [5]; il est la religion qu'on adopte comme protestation contre la religion nationale, par esprit de collège et de corporation.

Refusent-ils d'observer les cérémonies publiques et de rendre hommage à ceux qui y président; alors qu'ils renoncent aussi à prendre la robe virile, à se marier, à de-

---

1. Orig., VIII, 72.
2. Ibid., V, 34, 41.
3. Ibid., V, 25, 41.
4. Ibid., IV, 73; V, 25.
5. Ibid., V, 33.

venir pères, à remplir les fonctions de la vie ; qu'ils s'en
aillent tous ensemble loin d'ici, sans laisser la moindre
semence d'eux-mêmes, et que la terre soit débarrassée de
cette engeance. Mais, s'ils veulent se marier, avoir des enfants, manger des fruits de la terre, participer aux choses
de la vie, à ses biens comme à ses maux, il faut qu'ils
rendent à ceux qui sont chargés de tout administrer les
honneurs qui conviennent… Nous devons continuellement,
et dans nos paroles et dans nos actions, et même quand
nous ne parlons ni n'agissons, tenir notre âme tendue vers
Dieu. Cela posé, quel mal y a-t-il à rechercher la bienveillance de ceux qui ont reçu de Dieu leur pouvoir, et en
particulier celle des rois et des puissants de la terre ? Ce
n'est pas, en effet, sans l'intervention d'une force divine
qu'ils ont été élevés au rang qu'ils occupent[1].

En bonne logique, Celse avait tort. Il ne se
borne pas à demander aux chrétiens la confraternité politique ; il veut aussi la confraternité religieuse. Il ne se borne pas à leur dire : « Gardez vos
croyances ; servez avec nous la même patrie, laquelle
ne vous demande rien de contraire à vos principes. »
Non ; il veut que les chrétiens prennent part à des
cérémonies opposées à leurs idées. Il leur fait de
mauvais raisonnements, pour leur montrer que le
culte polythéiste ne doit pas les choquer.

Sans doute, dit-il, si l'on voulait obliger un homme pieux
à commettre quelque action impie ou à prononcer quelque

---

[1]. Celse, dans Orig., VIII, 55, 63.

parole honteuse, il aurait raison d'endurer tous les supplices plutôt que de le faire [1] ; mais il n'en est pas de même quand on vous commande de célébrer le Soleil ou de chanter un bel hymne en l'honneur d'Athéné. Ce sont là des formes de la piété, et il ne peut y avoir trop de piété. Vous admettez les anges; pourquoi n'admettez-vous pas les démons ou dieux secondaires? Si les idoles ne sont rien, quel mal y a-t-il à prendre part aux fêtes publiques? S'il y a des démons, ministres du Dieu tout-puissant, ne faut-il pas que les hommes pieux leur rendent hommage? Vous paraîtrez, en effet, d'autant plus honorer le grand Dieu que vous aurez mieux glorifié ces divinités secondaires. En s'appliquant ainsi à toute chose, la piété devient plus parfaite [2].

A quoi les chrétiens avaient droit de répondre : « Cela regarde notre conscience ; l'État n'a pas à raisonner avec nous sur ce point. Parlez-nous de devoirs civils et militaires, qui n'aient aucun caractère religieux, et nous les remplirons. » En d'autres termes, rien de ce qui tient à l'État ne doit avoir de caractère religieux. Cette solution nous paraît très simple ; mais comment reprocher aux politiques du IIe siècle de ne l'avoir pas mise en pratique, quand, de nos jours, on y trouve tant de difficultés?.

Plus admissible assurément est le raisonnement

---

1. Comp. Orig., I, 8.
2. Celse, dans Orig., VIII, 24, 65, 66.

de notre auteur en ce qui regarde le serment au nom de l'empereur. C'était là une simple adhésion à l'ordre établi, ordre qui n'était lui-même que la défense de la civilisation contre la barbarie, et sans lequel le christianisme eût été balayé comme tout le reste[1]. Mais Celse nous paraît manquer de générosité, quand il mêle la menace au raisonnement. « Vous ne prétendez pas sans doute, dit-il, que les Romains abandonnent, pour embrasser vos croyances, leurs traditions religieuses et civiles, qu'ils laissent là leurs dieux pour se mettre sous la protection de votre Très-Haut, qui n'a pas su défendre son peuple? Les Juifs ne possèdent plus une motte de terre, et vous, traqués de toutes parts, errants, vagabonds, réduits à un petit nombre, on vous cherche pour en finir avec vous[2]. »

Ce qu'il y a de singulier, en effet, c'est que, après avoir combattu à mort le christianisme, Celse, par moments, s'en trouve fort rapproché. On voit qu'au fond le polythéisme n'est pour lui qu'un embarras, et qu'il envie à l'Église son Dieu unique. L'idée qu'un jour le christianisme sera la religion de l'empire et de l'empereur miroite à ses yeux comme aux yeux de Méliton. Mais il se détourne avec horreur d'une telle perspective. Ce serait la pire manière de mourir.

1. Orig., VIII, 68.
2. Ibid., VIII, 41, 69.

« Un pouvoir éclairé et plus prévoyant, leur dit-il, vous détruira de fond en comble, plutôt que de périr lui-même par vous [1]. » Puis son patriotisme et son bon sens lui montrent l'impossibilité d'une telle politique religieuse. Le livre, qui avait commencé par les réfutations les plus aigres, finit par des propositions de conciliation. L'État court les plus grands périls; il s'agit de sauver la civilisation; les barbares débordent de tous les côtés; on enrôle les gladiateurs, les esclaves. Le christianisme perdra autant que la société établie au triomphe des barbares. L'accord est donc facile. « Soutenez l'empereur de toutes vos forces, partagez avec lui la défense du droit; combattez pour lui, si les circonstances l'exigent; aidez-le dans le commandement de ses armées. Pour cela, cessez de vous dérober aux devoirs civils et au service militaire; prenez votre part des fonctions publiques, s'il le faut pour le salut des lois et la cause de la piété [2]. »

Cela était facile à dire. Celse oubliait que ceux qu'il voulait rallier, il les avait tout à l'heure menacés des plus cruels supplices. Il oubliait surtout qu'en maintenant le culte établi, il demandait aux chrétiens d'admettre des absurdités plus fortes que celles

1. Orig., VIII, 69, 71.
2. *Ibid.*, VIII, 73-75.

qu'il combattait chez eux. Cet appel au patriotisme ne pouvait donc être entendu. Tertullien dira fièrement : « Pour détruire votre empire, nous n'aurions qu'à nous retirer. Sans nous, il n'y aurait que l'inertie et la mort. » L'abstention a toujours été la vengeance des conservateurs vaincus. Les conservateurs savent qu'ils sont le sel de la terre ; que, sans eux, il n'y a pas de société possible ; que des fonctions de première importance ne peuvent s'accomplir en dehors d'eux. Il est donc naturel que, dans leurs moments de dépit, ils disent simplement : « Passez-vous de nous? » A vrai dire, personne dans le monde romain, au temps dont nous parlons, n'était préparé à la liberté. Le principe de la religion d'État était celui de presque tous. Le plan des chrétiens est déjà de devenir la religion de l'empire. Méliton montre à Marc-Aurèle l'établissement du culte révélé comme le plus bel emploi de son autorité [1].

Le livre de Celse fut très peu lu au temps de son apparition. Il s'écoula près de soixante-dix ans avant que le christianisme s'aperçût de son existence. Ce fut Ambroise, cet Alexandrin bibliophile et savant, le fauteur des études d'Origène, qui découvrit le livre impie, le lut, l'envoya à son ami et le pria de le ré-

---

[1]. V. ci-dessus, p. 185 et suiv., 282 et suiv.

futer[1]. L'effet du livre fut donc très peu étendu. Au ive siècle, Hiéroclès et Julien s'en servirent et le copièrent presque ; mais il était trop tard. Celse n'enleva probablement pas un seul disciple à Jésus. Il avait raison au point de vue du bon sens naturel ; mais le simple bon sens, quand il se trouve en opposition avec les besoins du mysticisme, est bien peu écouté. Le sol n'avait pas été préparé par un bon ministère de l'instruction publique. Il faut se rappeler que l'empereur n'était pas lui-même exempt de toute attache au surnaturel ; les meilleurs esprits du siècle admettaient les songes médicaux et les guérisons miraculeuses dans les temples des dieux. Le nombre des rationalistes purs, si considérable au i[er] siècle, est maintenant très restreint. Les esprits qui, comme le Cæcilius de Minucius Félix, avouent une sorte d'athéisme, n'en tiennent que plus énergiquement pour le culte établi [2]. Dans la seconde moitié du iie siècle, nous ne voyons réellement qu'un seul homme qui, étant supérieur à toute superstition, eût bien le droit de sourire de toutes les folies hu-

---

1. Orig., *Contre Celse,* préf., 3, 5. Les allusions à Celse qu'on a cru remarquer dans Minucius Félix et dans Tertullien ne prouvent pas que ces derniers eussent lu dans l'original l'écrit même de Celse.

2. *Octavius,* 5, 7. V. ci-après, p. 393 et suiv. Cæcilius, d'ailleurs, admet les prédictions (§ 7).

maines et de les prendre également en pitié. Cet homme, l'esprit à la fois le plus solide et le plus charmant de son temps, c'est Lucien.

Ici plus d'équivoque. Lucien rejette absolument le surnaturel [1]. Celse admet toutes les religions; Lucien les nie toutes [2]. Celse se croit consciencieusement obligé d'étudier le christianisme dans ses sources; Lucien, qui sait d'avance à quoi s'en tenir, n'en prend qu'une notion très superficielle. Son idéal est Démonax [3], qui, à l'inverse de Celse, ne fait pas de sacrifices, ne s'initie à aucun mystère, n'a d'autre religion qu'une gaieté et une bienveillance universelles.

Cette entière différence dans le point de départ fait que Lucien est bien moins éloigné des chrétiens que ne l'est Celse. Lui qui aurait mieux que personne le droit d'être sévère pour le surnaturel des nouveaux sectaires, car il n'admet aucun surnaturel, se montre, au contraire, par moments, assez indulgent pour eux. Comme les chrétiens, Lucien est un démolisseur du paganisme, un sujet résigné, mais non affectionné de Rome. Jamais, chez lui, une inquiétude patrio-

1. *Jupiter trag.*, 22, 53.
2. L'*Assemblée des dieux* et les *Dialogues des dieux*.
3. *Démonax,* surtout § 11. Lucien étant seul à parler de ce philosophe, on se demande si c'est là un portrait idéal ou un personnage qui a réellement existé. Comparez le *Nigrinus.* Il y a, du reste, des objections contre l'attribution du *Démonax* à Lucien.

tique, un de ces soucis d'homme d'État qui dévorent son ami Celse. Son rire est le même que celui des Pères, son *diasyrmos* fait chorus avec celui d'Hermias[1]. Il parle de l'immoralité des dieux[2], des contradictions des philosophes[3], presque comme Tatien. Sa ville idéale[4] ressemble singulièrement à une Église. Les chrétiens et lui sont alliés dans la même guerre, la guerre contre les superstitions locales, contre les goètes, les oracles, les thaumaturges[5].

Le côté chimérique et utopiste des chrétiens ne pouvait que lui déplaire. Il semble bien qu'il a pensé plusieurs fois à eux en traçant, dans *les Fugitifs*, cette peinture d'un monde de bohémiens, impudents, ignorants, insolents, levant des tributs véritables sous prétexte d'aumône, austères en paroles, au fond débauchés, séducteurs de femmes, ennemis des Muses, gens au visage pâle et à la tête rasée, partisans des orgies infâmes[6]. La peinture est moins sombre, mais

---

1. Sur les affinités entre les chrétiens et les épicuriens, voir *l'Église chrétienne*, p. 309 et suiv.
2. *Ménippe*, 3 et suiv.
3. Lire surtout l'*Hermotime*.
4. *Hermotime*, 22-24. Comparez l'*Épître à Diognète*.
5. Voir surtout l'*Alexandre*.
6. *Les Fugitifs*, 12, 13, 15, 16, 17, 32, 33. Nous ne parlons pas ici du *Philopatris*, écrit qui se trouve parmi les œuvres de Lucien, mais que nous rapportons au temps de l'empereur Julien.

l'allusion est peut-être plus dédaigneuse dans *Peregrinus*. Certes, Lucien ne voit pas, comme Celse, un danger pour l'État dans ces niais sectaires[1], qu'il nous montre vivant en frères et animés les uns pour les autres de la plus ardente charité. Ce n'est pas lui qui demandera qu'on les persécute. Il y a tant de fous dans le monde! Ceux-ci ne sont pas, à beaucoup près, les plus malfaisants.

Lucien se faisait assurément une étrange idée du « sophiste crucifié qui introduisit ces nouveaux mystères et réussit à persuader à ses adeptes de n'adorer que lui »[2]. Il a pitié de tant de crédulité. Comment des malheureux qui se sont mis en tête qu'ils seront immortels ne seraient-ils pas exposés à toutes les aberrations? Le cynique qui *se vaporise*[3] à Olympie, le martyr chrétien qui cherche la mort pour être avec Christ, lui paraissent des fous du même ordre. Devant ces morts pompeuses, recherchées volontairement[4], sa réflexion est celle d'Arrius Antoninus : « Si vous tenez tant à vous griller, faites-le chez vous, à

---

1. *Peregrinus*, 13. On suppose que la fin du § 11 contenait contre les chrétiens des détails choquants, que les copistes auront fait disparaître. Bernays, *Lucian*, p. 107 et suiv.

2. *Peregr.*, 11, 13. Comp. ὁ καινὸς νομοθέτης, dans Justin, *Dial.*, 18. Cf. Lucien, *Philopseudès*, 16.

3. *Peregrinus*, § 30 (ἐξαερόω).

4. *Ibid.*, § 21.

votre aise et sans cette ostentation théâtrale. » Ce soin de recueillir les restes du martyr, de lui élever des autels, cette prétention d'obtenir de lui des miracles de guérison, d'ériger son bûcher en un sanctuaire de prophétie [1], autant de folies communes à tous les sectaires. Lucien est d'avis qu'on se contente d'en rire, quand la friponnerie ne s'y mêle pas [2]. Il n'en veut aux victimes que parce qu'elles provoquent les bourreaux.

Il fut la première apparition de cette forme du génie humain dont Voltaire a été la complète incarnation, et qui, à beaucoup d'égards, est la vérité. L'homme étant incapable de résoudre sérieusement aucun des problèmes métaphysiques qu'il a l'imprudence de soulever, que doit faire le sage au milieu de la guerre des religions et des systèmes? S'abstenir, sourire, prêcher la tolérance, l'humanité, la bienfaisance sans prétention, la gaieté. Le mal, c'est l'hypocrisie, le fanatisme, la superstition. Substituer une superstition à une superstition, c'est rendre un médiocre service à la pauvre humanité. Le re-

---

1. *Peregrinus,* § 28, 31, 39, en notant les nombreuses ressemblances qu'offre Peregrinus avec Ignace et Polycarpe.

2. Des cas comme celui de Calliste, cherchant le martyre quand il se croit perdu (*Philos.,* IX, 12), font disparaître ce qu'a d'invraisemblable, au premier coup d'œil, l'épisode de Peregrinus devenant confesseur de la foi.

mède radical est celui d'Épicure, qui tranche du même coup la religion, et son objet, et les maux qu'elle entraîne. Lucien nous apparaît ainsi comme un sage égaré dans un monde de fous. Il ne hait rien, il rit de tout, excepté de la sérieuse vertu[1].

Mais, au temps où nous arrêtons cette histoire, les hommes de ce genre deviennent rares ; on pourrait les compter[2]. Le très spirituel Apulée de Madaure est, ou du moins affecte d'être très opposé aux esprits forts[3]. Il a été revêtu d'un sacerdoce[4]. Il déteste les chrétiens comme impies[5]. Il repousse l'accusation de magie, non comme chimérique, mais comme un fait non fondé ; tout est rempli, pour lui, de dieux et de démons[6]. Le libre penseur était de la sorte un être isolé, mal vu, obligé de dissimuler. On se redisait avec terreur l'histoire d'un certain Euphronius, épicurien endurci, qui tomba malade et que ses parents portèrent dans un temple d'Escu-

---

1. Notez son admiration pour Épictète, *Adv. indoct.*, 13.
2. Lucien classe comme il suit ceux qui adhèrent fatalement à la superstition : 1° la plupart des Grecs lettrés; 2° la totalité des Grecs ignorants; 3° la totalité des barbares. *Jupiter tragœdus*, 53.
3. *De magia* (ou *Apologie*), ch. LVI. *Videant irreligiosi, videant et errorem suum recognoscant. Mét.*, XI, ch. xv.
4. *Florida,* 3.
5. *Métam.,* IX, ch. xiv, fin.
6. Lire son *Apologie* et son traité *De deo Socratis*.

lape. Là, un oracle divin lui signifia cette recette :
« Brûler les livres d'Épicure, en pétrir les cendres
avec de la cire humide, s'enduire le ventre avec
ce liniment et envelopper le tout de bandages. » On
contait aussi l'histoire d'un coq de Tanagre, qui,
blessé à la patte, se mit parmi ceux qui chantaient
un hymne à Esculape, les accompagnant de son
chant et montrant au dieu sa patte malade. Une révélation s'étant faite pour amener sa guérison, « on
vit le coq battant des ailes, allongeant le pas, dressant
le cou et agitant sa crête, proclamer la Providence,
qui plane au-dessus des créatures privées de raison »[1].

La défaite du bon sens était accomplie. Les fines
railleries de Lucien, les justes critiques de Celse, ne
pèseront que comme des protestations impuissantes.
Dans une génération, l'homme, en entrant dans la
vie, n'aura plus que le choix de la superstition[2], et
bientôt ce choix même, il ne l'aura plus.

1. Æliani fragm. 89, 98, édit. Hercher.
2. Quelques jurisconsultes font une noble exception. Voir, par exemple, l'opinion d'Ulpien sur les exorcistes. Digeste, L, XIII, loi 1, § 3, *De extraord. cognit.* Paul paraît plus crédule. *Sent.*, V, XXI, 4; XXIII, 11, 12.

CHAPITRE XXII.

NOUVELLES APOLOGIES. — ATHÉNAGORE, THÉOPHILE D'ANTIOCHE, MINUCIUS FÉLIX.

Jamais la lutte n'avait été aussi ardente qu'en ces dernières années de Marc-Aurèle. La persécution était à son plus haut période. Les attaques et les réponses se croisaient. Les partis s'empruntaient tour à tour les armes de la dialectique et de l'ironie. Le christianisme avait son Lucien dans un certain Hermias, qui se qualifie « philosophe[1] » et qui sembla prendre à tâche d'ajouter à toutes les exagérations de Tatien[2] sur les méfaits de la philosophie. Son écrit, composé probablement en Syrie[3], n'est pas une apo-

---

1. La date de cet écrit est incertaine. Il n'est cité par personne. Nous le croyons de la fin du II⁰ siècle.

2. L'écrit n'est, en quelque sorte, que le développement de Tatien, *Adv. Gr.*, § 25.

3. Notez la géographie singulière de la première phrase.

logie; c'est un sermon adressé aux fidèles assemblés[1]. L'auteur le publia sous le titre de *Diasyrmos* ou « Persiflage des philosophes du dehors ». La plaisanterie y est lourde et assez fade. Elle rappelle les essais qui se sont produits de notre temps, dans le sein du catholicisme, pour employer l'ironie de Voltaire au profit de la bonne cause, et pour faire l'apologie de la religion sur le ton d'un Tertullien en belle humeur. Les sarcasmes d'Hermias ne frappent pas seulement les prétentions exagérées de la philosophie ; elles atteignent les tentatives les plus légitimes de la science, le désir de savoir des choses qui sont aujourd'hui parfaitement découvertes et connues[2]. La science, selon l'auteur, a pour origine l'apostasie des anges[3]. Ce sont ces êtres malheureux et pervers qui ont enseigné aux hommes la philosophie, avec toutes ses contradictions. La connaissance des écoles anciennes que possède l'auteur est étendue, mais peu profonde; quant à l'esprit philosophique, on n'en fut jamais plus complètement dépourvu.

La clémence de l'empereur, son amour bien

---

1. Les mots ὦ ἀγαπητοί de la première phrase doivent être mis dans la bouche de l'auteur, et non considérés comme faisant partie de la citation de saint Paul.
2. *Diasyrmos*, 8, 9, 10.
3. *Ibid.*, 1. Comp. Clément d'Alex., *Strom.*, I, ch. XVII; VI, ch. VIII.

connu de la vérité[1] provoquaient, d'année en année, des requêtes nouvelles, où des avocats généreux de la religion persécutée essayaient de montrer ce que ces persécutions avaient de monstrueux. Commode, associé à l'empire depuis la fin de l'an 176[2], eut sa part dans ces supplications, auxquelles, chose étrange! il devait plus tard faire droit mieux que son père. « Aux empereurs Marc-Aurèle-Antonin et Marc-Aurèle-Commode, Arméniaques, Sarmatiques et, ce qui est leur plus grand titre, philosophes[3].... » Ainsi débute une apologie, écrite dans un fort bon style antique par un certain Athénagore, philosophe athénien, qui semble s'être converti au christianisme par ses propres efforts[4]. Il s'indigne de la situation exceptionnelle que l'on fait aux chrétiens, sous un règne plein de douceur et de félicité, qui donne à tout le monde la paix et la liberté[5]. Toutes les villes jouissent d'une parfaite isonomie. Il est permis à tous les peuples de vivre suivant leurs lois et leur religion. Les chrétiens, bien que très

---

1. Τὸ φιλομαθὲς καὶ φιλάληθες. Athénag., *Leg.*, 2.
2. Tillemont, *Hist. des emp.*, II, p. 389 et suiv.
3. Athénagore, *Leg.*, 1, 16. Voir Tillemont, *Mém.*, II, p. 324, 634 et suiv.
4. Titre. Cf. Méthodius, dans Epiph., hær., LXIV, 21.
5. Τὸ πρᾶον ὑμῶν καὶ ἥμερον καὶ τὸ πρὸς ἅπαντα εἰρηνικὸν καὶ φιλάνθρωπον θαυμάζοντες.

loyaux envers l'empire, sont les seuls hommes que
l'on persécute pour leur croyance[1]. Et encore, si on
se contentait de leur enlever les biens et la vie ! Mais
ce qu'il y a de plus insupportable, ce sont les calomnies officielles dont on les accable, athéisme, repas
de chair humaine, incestes.

Si les chrétiens sont coupables d'athéisme, les
philosophes sont coupables du même crime. Les
chrétiens admettent cette intelligence suprême, invisible, impassible, incompréhensible, qui est le dernier mot de la philosophie. Pourquoi leur faire un
reproche de ce qu'on loue chez les autres? Ce que
disent les chrétiens du Fils et de l'Esprit complète
la philosophie, ne la contredit pas. Le fils de Dieu,
c'est le Verbe de Dieu, raison éternelle de l'esprit
éternel. Les chrétiens rejettent les sacrifices, les
idoles, les fables immorales du paganisme. Qui peut
les en blâmer? Les dieux ne sont le plus souvent que
des hommes déifiés[2]. Les miracles de guérison qui
se font dans les temples sont l'ouvrage des démons[3].

Athénagore n'a pas de peine à démontrer que les
crimes contre nature qu'on reproche aux chrétiens
n'ont aucune vraisemblance. Il affirme la pureté par-

1. Athén., *Legatio*, 1, 2.
2. *Ibid.*, 28, 29, 30.
3. *Ibid.*, 24-27.

faite de leurs mœurs, malgré les objections que l'on tire du baiser de paix.

Selon la différence des âges, nous traitons les uns de fils et de filles, tels autres de frères et de sœurs, tels autres de pères et de mères ; mais ces titres de parenté n'entraînent aucune souillure. Le Verbe nous dit en effet[1] : « Si quelqu'un réitère le baiser[2] pour se procurer une jouissance de plaisir... »; et il ajoute : « Il faut être très scrupuleux en ce qui concerne le baiser, à plus forte raison en ce qui concerne le proscynème, puisque, s'il était souillé de la moindre pensée impure, il nous priverait de la vie éternelle. » L'espérance de la vie éternelle nous fait mépriser la vie présente et jusqu'aux plaisirs de l'âme. Chacun de nous use de son épouse selon certaines règles que nous avons posées[3] et dans la mesure qui sert à la génération des enfants ; de même que le laboureur, après avoir confié son grain à la terre, attend la moisson sans rien semer par-dessus. Vous trouverez parmi nous plusieurs personnes de l'un et de l'autre sexe qui vieillissent dans le célibat, espérant ainsi vivre plus près de Dieu... Notre doctrine est que chacun doit rester tel qu'il est né ou se contenter d'un seul mariage. Les secondes noces ne sont qu'un adultère convenablement déguisé...

Que si l'on demande à nos accusateurs s'ils ont vu ce

1. *Leg.*, 32. L'écrit cité comme inspiré par Athénagore est sans doute quelque recueil de *Didascalies* apostoliques.

2. Cf. *Saint Paul*, p. 262, et ci-après, p. 520.

3. *Leg.*, 33, ὑφ' ἡμῶν (édit. Otto). Dom Maran et plusieurs autres critiques lisent ὑφ' ὑμῶν ; mais jamais les chrétiens ne considèrent le mariage romain comme étant pratiqué parmi eux. Ὑμῶν voudrait dire Marc-Aurèle et Commode, ce qui n'est guère satisfaisant.

qu'ils disent, il n'y en a pas d'assez impudent pour le dire. Nous avons des esclaves, les uns plus, les autres moins; nous ne songeons pas à nous cacher d'eux, et néanmoins pas un d'entre eux n'a tenu encore ces propos mensongers contre nous. Nous ne pouvons souffrir la vue d'un homme que l'on fait mourir, même justement. Qui ne se porte avec empressement aux spectacles de gladiateurs et de bêtes, principalement quand c'est vous qui les donnez? Eh bien, nous avons renoncé à ces spectacles, croyant qu'il n'y a guère de différence entre regarder un meurtre et le commettre[1]. Nous tenons pour homicides les femmes qui se font avorter, et nous croyons que c'est tuer un enfant que de l'exposer[2]......

Ce que nous demandons, c'est le droit commun, c'est de n'être pas punis pour le nom que nous portons. Quand un philosophe commet un délit, on le juge pour ce délit, et on n'en rend pas la philosophie responsable. Si nous sommes coupables des crimes dont on nous accuse, n'épargnez ni âge ni sexe, exterminez avec nous nos femmes et nos enfants. Si ce sont des inventions, sans autre fondement que l'opposition naturelle du vice et de la vertu, c'est à vous d'examiner notre vie, notre doctrine, notre soumission dévouée à vous, à votre maison, à l'empire, et de nous faire la même justice que vous feriez à nos adversaires[3].

La déférence extrême, presque l'obséquiosité envers l'empire est le caractère d'Athénagore, comme

1. Comp. Théophile, *Ad Autol.*, III, 15.
2. *Leg.*, 32, 33, 34, 35.
3. *Ibid*, 2, 3.

de tous les apologistes. Il flatte en particulier les idées d'hérédité et assure Marc-Aurèle que les prières des chrétiens peuvent avoir pour effet d'assurer la succession régulière de son fils[1].

Maintenant que j'ai répondu à toutes les accusations, et que j'ai montré notre piété envers Dieu, aussi bien que la pureté de nos âmes, je ne vous demande plus qu'un signe de votre royale tête, ô princes que la nature et l'éducation ont faits si excellents, si modérés, si humains. Qui est plus digne d'être favorablement écouté du souverain que nous qui prions pour votre gouvernement, afin que la succession s'établisse parmi vous de père en fils, selon ce qui est le plus juste, et que votre empire, recevant sans cesse de nouveaux accroissements, s'étende à tout l'univers? Et, en priant ainsi, nous prions pour nous-mêmes, puisque la tranquillité de l'empire est la condition pour que nous puissions, au sein d'une vie douce et tranquille, nous appliquer tout entiers à l'observation des préceptes qui nous ont été imposés.

Le dogme de la résurrection des morts était celui qui causait le plus de difficultés aux esprits qui avaient reçu l'éducation grecque[2]. Athénagore y consacra une conférence spéciale[3], essayant de répondre

---

1. Voir ci-dessus, p. 184, note, et 283.

2. Voir Celse, ci-dessus, p. 355-356 ; Théophile, *Ad Autol.*, I, 8, 13 ; II, 14 ; le traité *De la résurrection* faussement attribué à saint Justin ; Minucius Félix, 11, 12 ; voyez ci-après p. 398-399.

3. *De resurr.*, 23. Cf. *Leg.*, 36.

aux objections tirées des cas où le corps perd son identité. L'immortalité de l'âme ne suffit pas. Des préceptes comme ceux qui concernent l'adultère, la fornication, ne regardent point l'âme, puisque l'âme n'est pas susceptible de pareils méfaits. Le corps a sa part dans la vertu; il doit avoir sa part dans la récompense. L'homme n'est complet que composé de corps et d'âme ; or tout ce qu'on dit des fins de l'homme s'applique à l'homme complet. — Nonobstant tous ces raisonnements, les païens s'obstinaient à dire : « Montrez-nous un ressuscité d'entre les morts, et, quand nous aurons vu, nous croirons[1] », et ils n'avaient pas tout à fait tort.

Théophile, évêque d'Antioche, vers l'an 170[2], est, comme Athénagore, un converti de l'hellénisme[3], qui, en se convertissant, n'a pas cru faire autre chose que changer une philosophie pour une autre meilleure. C'était un docteur très fécond, un catéchiste doué d'un grand talent d'exposition, un polémiste habile selon les idées du temps. Il écrivit contre le dualisme de Marcion et contre Hermo-

---

1. Théophile, *Ad Autol.*, I, 13.
2. Eusèbe, IV, ch. xx, xxiv; *Chronique,* an 170; saint Jérôme, *De viris ill.*, 25; *Ad Algasiam,* quæst. 6, t. IV, 1ʳᵉ part., p. 497; Mart.; *In Matth.*, proœm. Voir Tillemont, *Mém.*, III; p. 49-53, 611-612.
3. *Ad Autol.,* I, 14.

gène¹, qui niait la création et admettait une matière éternelle. Il commenta les Évangiles et en fit, dit-on, une Concorde ou Harmonie². Son principal ouvrage, qui nous a été conservé, fut un traité en trois livres adressé à un certain Autolyque³, personnage probablement fictif, sous le nom duquel Théophile représente le païen instruit, retenu dans l'erreur par les préjugés répandus contre le christianisme. Selon Théophile, on est chrétien par le cœur; ce sont les passions et les vices qui empêchent de voir Dieu. Dieu est immatériel et sans forme; mais ses œuvres le révèlent. Les dieux des païens sont des hommes qui se sont fait adorer, et les pires des hommes⁴.

Théophile parle déjà de *trinité;* mais sa trinité n'a que l'apparence de celle de Nicée; elle se compose

1. Voir ci-dessus, p. 126. C'est l'Hermogène que Tertullien prend si fort à partie dans un traité spécial, *In Hermogenem,* et dans ses différents écrits, *Præscr.,* 30, 33; *De monog.,* 16; *De anima,* 1. Cf. Clém. d'Alex., *Exc. ex script. proph.,* 56; Théodoret, *Hær. fab.,* I, 19; Philastre, 54.

2. Saint Jérôme, qui seul parle de cette Harmonie, confond peut-être Théophile et Tatien.

3. L'ouvrage a été écrit plusieurs années après l'an 180, puisque l'auteur cite Chrysérôs, qui écrivit lui-même après l'an 180 (III, 27, 28). La persécution durait encore, quoique affaiblie (III, 30); Irénée paraît avoir connu l'ouvrage de Théophile. Cf. Ad. Harnack, *Die Zeit des Ignatius* (Leipzig, 1878), p. 42-44.

4. *Ad Autol.,* I, 9; III, 3, 8.

de trois personnes : Dieu, le Verbe, la Sagesse[1]. Sa confiance en la lecture des prophètes, comme moyen de conversion des païens, peut paraître exagérée[2]. Son érudition est abondante ; mais la critique lui fait totalement défaut, et l'exégèse qu'il donne des premiers chapitres de la Genèse est très faible[3]. Que dire de l'assurance avec laquelle il cite aux païens, comme une autorité décisive, la sibylle judéo-chrétienne[4], dont il admet pleinement l'authenticité?

En somme, Théophile se rapproche bien plus de l'esprit étroit et haineux de Tatien que de l'esprit libéral de Justin et d'Athénagore. Quelquefois il admet que les philosophes et les poètes grecs ont devancé la révélation, notamment en ce qui concerne la conflagration finale du monde[5]; mais le plus souvent il les trouve entachés d'erreurs énormes[6]. Les Grecs ont pillé la Genèse en l'altérant[7]. La sagesse grecque n'est qu'un pâle, moderne et faible plagiat de Moïse[8]. De même que la mer se dessècherait, si elle n'était sans cesse alimentée par les

1. Τῆς τριάδος, *Ad Autol.*, II, 15; Cf. I, 3, 5; II, 10, 22.
2. *Ad Autol.*, I, 14; II, 9.
3. *Ibid.*, II, 10 et suiv.
4. *Ibid.*, II, 9, 31, 36, 38.
5. *Ibid.*, II, 37, 38.
6. *Ibid.*, II, 4-8; III, 1-3, 6-7, 16, 18.
7. *Ibid.*, II, 12.
8. *Ibid.*, III, 17, 20-30.

fleuves, de même le monde périrait par la méchanceté des hommes, si la Loi et les prophètes n'y entretenaient la vertu et la justice. L'Église catholique est comme une île préparée par Dieu, au milieu d'une mer d'erreurs. Mais qu'on ne s'y trompe pas : il y a les hérésies, îles de récifs, sans eau, sans fruits, pleines de bêtes féroces. Gare aux pirates qui vous y attirent et vous y perdent[1] !.... Théophile n'est tout à fait triomphant que quand il réduit à néant les calomnies absurdes dont on poursuivait ses coreligionnaires[2]. Ailleurs, il est faible, et Autolyque n'a pas tort, après de tels arguments, de persister dans son incrédulité.

La perle de cette littérature apologétique des dernières années de Marc-Aurèle est le dialogue composé par l'Africain Minucius Félix[3]. C'est le premier ouvrage chrétien écrit en latin, et déjà on y sent que

1. *Ad Autol.*, III, 14.
2. *Ibid.*, III, 4-5, 15.
3. Lactance (*Instit. div.*, V, ch. 1er) le met avant Tertullien. Saint Jérôme, au contraire, *De viris ill.*, 58 (cf. 53 et *Epist.*, 83 ad Magnum, col. 656, Mart.), le met après Tertullien et avant saint Cyprien ; mais le lien avec Fronton ne permet guère de descendre au-dessous de Marc-Aurèle ou de Commode. C'est, d'ailleurs, Tertullien qui imite Minucius, et non Minucius qui imite Tertullien. Voir Ebert, dans les *Abhandl. der phil.-hist. Classe der Sächs. Ges. der Wiss.*, V, 319 et suiv.; Keim, *Celsus*, p. 151 et suiv.; Bonwetsch, *Die Schr. Tert.*, p. 21 et suiv. On peut voir des allusions aux massacres de Lyon, dans *Octav.*, 29, 33, 37.

la littérature chrétienne latine, théologiquement inférieure, l'emportera sur la littérature chrétienne grecque, par les nuances et la virilité du style. L'auteur, originaire de Cirta[1], demeurait à Rome et y exerçait la profession d'avocat[2]. Né païen, il avait reçu l'éducation la plus distinguée et avait embrassé le christianisme par réflexion[3]. Il connaît parfaitement ses classiques, les imite, les copie quelquefois; Cicéron, Sénèque, Salluste, sont ses auteurs favoris. Parmi ses contemporains, personne n'écrivit en latin mieux que lui. Le livre de son compatriote Fronton le frappa ; il voulut répondre à l'attaque; il le fit, en calquant, ce semble, le style un peu apprêté de l'illustre rhéteur et en lui faisant plus d'un emprunt[4]. Peut-être aussi avait-il lu l'ouvrage de Celse et le vise-t-il plus d'une fois sans le nommer[5].

Un païen instruit, appartenant à la première famille de Cirta, Cæcilius Natalis[6], et deux chrétiens,

1. *Octavius,* 9, 31. Cirta est notre Constantine.
2. *Ibid.,* 2. Cf. Lactance, *Inst.,* V, 1.
3. *Octav.,* 1.
4. Voir *l'Égl. chrét.,* p. 493. Il y a beaucoup d'analogie entre les jolies amplifications d'Octavius, §§ 2, 3, 4, et les lettres de Marc-Aurèle et de Fronton. Le style du discours de Cæcilius, d'ailleurs, est plus frontonien que le reste de l'ouvrage. Minucius est coutumier du plagiat; ainsi il copie souvent Cicéron sans le citer.
5. Keim, *Celsus,* p. 156 et suiv.
6. On a trouvé à Constantine plusieurs inscriptions de l'an 210

Octavius et Minucius, se promènent au bord de la mer, près d'Ostie, pendant les vacances d'automne. Cæcilius, apercevant une statue de Sérapis, porte la main à sa bouche, selon l'usage. La discussion s'engage. Cæcilius commence par un long discours, que l'on peut considérer comme une reproduction à peu près textuelle de l'argumentation de Fronton. C'est le parfait exposé des objections qu'un Romain comme il faut opposait au christianisme. Le ton est celui d'un conservateur, qui ne dissimule pas bien son incrédulité hautaine, et défend la religion sans y croire. Sceptique sur le fond des choses, dédaigneux de toute spéculation, Cæcilius ne tient à la religion établie que par bienséance, par habitude, et parce que le dogmatisme des chrétiens lui déplaît. Les écoles de philosophie n'ont produit que des disputes ; l'esprit humain ne saurait franchir l'espace qui le sépare de la Divinité. Les plus sages y renoncent. Que dire de l'outrecuidance de certaines gens qui,

à l'an 247, provenant d'un certain *Marcus Cæcilius Quinti F. Natalis,* triumvir quinquennal (*Recueil* de Constantine, 1869, p. 695; *Corpus inscr. lat.,* VIII, 6996, 7094-7098; *Hermes,* t. XV, 1880, p. 471-474), fonction qui ne peut avoir été exercée que par un homme très avancé dans sa carrière. Il n'est pas impossible que ce Cæcilius soit identique à celui que Minucius Félix met en scène. Si l'on voit de la difficulté à cela, on peut supposer que le Cæcius Natalis de l'épigraphie est le fils du Cæcilius Natalis du Dialogue; les règles de l'onomastique latine ne s'y opposent pas.

sortis des plus basses classes, sans éducation ni science, étrangers à toute littérature, prétendent trancher des questions devant lesquelles, depuis des siècles, la philosophie délibère ? N'est-il pas bien plus sage, laissant là les questions supérieures à notre humilité, de suivre le culte établi par les ancêtres[1]? Les vieux siècles, grâce à leur ignorance et à leur simplicité, eurent des privilèges, en particulier celui de voir les dieux de près, de les avoir pour rois[2]. En pareille matière, l'antiquité est tout ; le vrai, c'est ce que l'on croit depuis longtemps. Rome a mérité de régner sur le monde en acceptant les rites du monde entier. Comment songer à changer une religion si utile[3]? Ce culte antique a vu les commencements de Rome, l'a défendue contre les barbares, a bravé au Capitole l'assaut des Gaulois. Veut-on que Rome y renonce pour plaire à quelques factieux qui abusent de la crédulité des femmes et des badauds?

Grâce à une rare habileté de langage, Cæcilius laisse entendre que tout est fabuleux et cependant vrai dans ce qui touche à la divination, aux cultes,

---

[1]. « Quanto venerabilius ac melius antistitem veritatis majorum excipere doctrinam », § 6. Cf. Celse, dans Orig., *Contre Celse,* I, 9; VIII, 36, 41.

[2]. *Octav.,* § 6.

[3]. « Religionem tam vetustam, tam utilem, tam salubrem (*Octav.,* § 8). »

aux guérisons miraculeuses, aux songes[1]. Son attitude est celle de Celse. Au fond, il est épicurien ; il croit peu à la Providence et aux interventions surnaturelles ; mais son attachement à la religion d'État le rend cauteleux.

L'homme et les animaux naissent, s'animent, grandissent par une sorte de concrétion spontanée des éléments, qui ensuite se divise, se dissout, se dissipe. Tout revient sur soi-même, retourne à sa source, sans qu'un être joue en cela le rôle de fabricateur, de juge, de créateur[2]. Ainsi la réunion des éléments ignés fait éclater sans cesse des soleils, puis des soleils encore. Ainsi les vapeurs qui s'exhalent de la terre s'agglomèrent en brouillards, s'élèvent en nuages, tombent en pluie. Les vents soufflent, la grêle crépite, le tonnerre mugit au choc des nuées, les éclairs brillent, la foudre éclate ; tout cela à tort et à travers ; la foudre s'en prend aux montagnes, frappe les arbres, touche sans choix les lieux sacrés et les lieux profanes, atteint les hommes coupables et souvent les hommes religieux. Que dire de ces forces aveugles, capricieuses, qui entraînent tout sans ordre, sans examen : dans les naufrages, le sort des bons et des méchants confondus, les mérites *ex œquo;* dans les incendies, les innocents surpris par la mort aussi bien que les malfaiteurs ; quand le ciel est infecté de virus pestilentiels ; la mort sans distinction pour tous ; au milieu des fureurs de la guerre, les plus braves succombant ; en temps de paix, la scélératesse non seulement égalée à la

1. « Etiam per quietem deos videmus, audimus, agnoscimus, quos impie per diem negamus, nolumus, pejeramus (§ 7). »

2. « Nullo artifice, nec judice, nec auctore. »

vertu, mais privilégiée, si bien que le nombre est grand de ceux pour lesquels on se demande s'il faut détester leur méchanceté ou souhaiter pour soi leur fortune? Si le monde était gouverné par une Providence supérieure et par l'autorité de quelque divinité, est-ce que Phalaris et Denys auraient mérité la couronne, Rutilius et Camille l'exil, Socrate le poison? Voici des arbres couverts de fruits, une moisson, une vendange exubérantes; la pluie gâte tout, la grêle casse tout ; tant il est vrai que la vérité est pour nous cachée, interdite, ou plutôt que le hasard sans loi règne seul au travers de l'infinie et insaisissable variété des cas[1].

Le tableau que Cæcilius, interprète des préjugés de la haute société romaine, fait des mœurs chrétiennes est des plus sombres. Ils ont raison de se cacher, ces sectaires : c'est qu'ils n'oseraient se montrer. Leurs réunions secrètes et nocturnes[2] sont des conventicules de plaisirs infâmes. Dédaignant tout ce qui est honorable, les sacerdoces, la pourpre, les honneurs publics, incapables de dire un mot dans les réunions honorables, ils se réfugient dans les coins pour dogmatiser[3]. Ces gens en haillons, à demi nus, ô comble de l'audace ! méprisent les tourments actuels par la croyance en des tourments futurs et

1. *Octavius,* 5.

2. « Nocturnis congregationibus (§ 8). » C'était un délit puni par la loi.

3. « Latebrosa et lucifuga natio, in publicum muta, in angulis garrula (§ 8). » Comparez Celse, ci-dessus, p. 362-363.

incertains. Par crainte de mourir après leur mort, ils ne craignent pas maintenant de mourir[1].

Ils se connaissent à des marques, à des signes secrets ; ils s'aiment presque avant de s'être connus. Puis la débauche devient la religion, le lien qui les enlace. Ils s'appellent sans distinction *frères* et *sœurs,* si bien que, par l'emploi de ce nom sacré, ce qui ne serait qu'adultère ou fornication devient inceste. C'est ainsi que cette vaine et folle superstition se glorifie de ses crimes. S'il n'y avait pas à ces récits un fonds de vérité, il est impossible que le bruit public, toujours sagace, répandît sur leur compte tant de choses monstrueuses. J'entends dire qu'ils vénèrent la tête de la plus ignoble bête[2], rendue sacrée à leurs yeux par la plus inepte des persuasions ; digne religion, en vérité, et faite exprès pour de telles mœurs! D'autres racontent... Sont-ce là des faussetés, je l'ignore ; ce sont au moins les soupçons que provoquent naturellement des rites occultes et nocturnes. Et, après tout, quand on leur attribue le culte d'un homme puni du dernier supplice pour ses méfaits, ainsi que la présence dans leurs cérémonies du bois sinistre de la croix, on ne fait que leur prêter les autels qui leur conviennent ; ils adorent ce qu'ils méritent.

Le tableau de l'initiation des néophytes est aussi connu qu'abominable. Un enfant, couvert de pâte et de farine, pour tromper ceux qui ne sont pas au courant, est placé devant celui qui doit être initié. On l'invite à frapper ; la croûte farineuse fait croire à tout ce qu'il y a de plus inno-

1. *Octav.*, § 8.
2. L'âne. Cf. § 28. Cf. Celse, dans Orig., VII, 40 ; Tertullien, *Apol.*, 16 ; *Ad nat.,* I, 11, 14.

cent ; l'enfant périt sous des coups occultes, aveugles. Et alors, ô horreur ! ils lèchent avidement son sang, ils s'arrachent ses membres ; désormais, leur fédération est scellée par une victime ; la connaissance mutuelle qu'ils ont de leur crime est le gage de leur silence.

Personne n'ignore ce qui concerne le festin ; on en parle de tous les côtés, et le discours de notre compatriote de Cirta[1] en fait foi. Aux jours solennels, des gens de tout âge, hommes et femmes, se réunissent pour un banquet, avec leurs enfants, leurs sœurs, leurs mères. Après un copieux repas, quand les convives sont échauffés et que l'ivresse a excité en eux le feu de l'inceste, il se passe ce qui suit. Un chien est attaché au candélabre ; on l'attire, on le fait sauter hors de l'espace où il est attaché, en lui jetant un petit gâteau. Le candélabre se renverse. Alors, débarrassés de toute lumière importune, au sein de ténèbres complaisantes pour toutes les impudeurs, ils confondent au hasard du sort les accouplements d'une lubricité infâme, tous incestes, sinon de fait, au moins par complicité, puisque le vœu de tous poursuit ce qui peut résulter de l'acte de chacun. J'en passe : car voilà déjà bien assez d'allégations, toutes ou presque toutes prouvées par le seul fait de l'obscurité de cette religion perverse. Pourquoi, en effet, s'efforcent-ils de cacher l'objet de leur culte, quel qu'il soit, quand il est constaté que le bien aime la publicité, que le crime seul cherche le secret ? Pourquoi n'ont-ils pas d'autels, de temples, d'images connues ? Pourquoi ne parlent-ils jamais en public ? Pourquoi cette horreur pour les réunions libres, si ce qu'ils adorent avec tant de mystère n'était ou punissable ou honteux ? Qu'est-ce que ce dieu unique, solitaire, en

---

1. Fronton. Cf. § 31. V. *l'Église chrétienne*, p. 493.

détresse, que ne connaît pas une nation libre, pas un royaume, pas même le degré infime de la superstition romaine ? Seule, la misérable nationalité juive honora ce dieu unique ; mais du moins elle l'honora ouvertement, avec des temples, des autels, des victimes, des cérémonies; pauvre Dieu fini, détrôné, puisqu'il est maintenant captif des dieux romains avec sa nation[1]... La plus grande, la meilleure partie de vous souffre, vous l'avouez, de la misère, du froid, de la fatigue, de la faim, et votre Dieu le permet, le dissimule! Ou il ne veut pas, ou il ne peut pas secourir les siens ; il est impuissant ou injuste[2].

Menaces, supplices, tourments, voilà votre sort ; la croix, il ne s'agit pas de l'adorer, mais d'y monter ; le feu que vous prédisez, que vous craignez, vous le subissez actuellement. Où est donc ce Dieu qui peut sauver ses serviteurs quand ils revivent, et ne peut rien pour eux pendant qu'ils vivent ? Est-ce par la grâce de votre Dieu que les Romains règnent, commandent, sont vos maîtres? Et vous, pendant ce temps, toujours en soupçon et inquiets, vous vous abstenez des plaisirs honnêtes, vous désertez les fêtes, les banquets publics, les spectacles sacrés. Comme si vous redoutiez les dieux que vous niez, vous avez en horreur les viandes dont une part a été coupée pour le sacrifice, les boissons qui ont été prélibées. Vous n'entourez pas vos têtes de fleurs ; vous refusez les parfums à vos corps, les réservant pour les funérailles ; vous déniez même les couronnes aux tombeaux ; pâles, tremblants, dignes de pitié.....
Ainsi malheureux, vous ne ressuscitez pas, et, en attendant, vous ne vivez pas. Si donc vous avez quelque sagesse,

---

1. *Octav.*, §§ 9 et 10. Comparez Celse, dans Orig., V, 25, 41 ; VIII, 69.

2. *Octav.*, § 12.

quelque sentiment du ridicule, cessez de vous perdre dans les espaces célestes, de chercher avidement les destins et les secrets de la terre. C'est assez de regarder à ses pieds, surtout pour des gens ignorants, grossiers, sans éducation, sans culture, à qui il n'est pas donné de comprendre les choses humaines, à plus forte raison qui n'ont pas le droit de disserter sur les choses divines[1].

Le mérite de l'auteur de ce curieux dialogue est de n'avoir en rien diminué la force des raisons de ses adversaires. Celse et Fronton n'avaient pas exprimé avec plus d'énergie ce qu'avaient de contraire aux plus simples idées de la science naturelle ces perpétuelles annonces de conflagration du monde par lesquelles on effrayait les simples. Les idées chrétiennes sur la résurrection ne sont pas critiquées avec moins de vigueur. D'où vient cette horreur du bûcher et de la crémation des cadavres, comme si la terre ne faisait pas en quelques années ce que le bûcher fait en quelques heures? Qu'importe au cadavre d'être broyé par les bêtes, ou noyé dans la mer, ou recouvert par la terre, ou absorbé par la flamme[2]?

Octavius répond faiblement à ces objections, inhérentes en quelque sorte à son dogme, et que le christianisme traînera avec lui durant tout le cours de son existence. Dieu, dit l'avocat du christianisme,

1. *Octav.*, § 12.
2. *Ibid.*, 11.

a créé le monde ; il peut le détruire. S'il a fait l'homme de rien, il saura bien le ressusciter. La doctrine de la conflagration est enseignée dans les philosophes [1]. Si les juifs ont été vaincus, c'est de leur faute. Dieu ne les a pas abandonnés ; ce sont eux qui ont abandonné Dieu [2].

Octavius se montre plus subtil encore, quand il prétend que le signe de la croix est la base de toute religion et en particulier de la religion romaine ; que l'étendard romain est une croix dorée ; que le trophée représente un homme en croix ; que le navire avec ses vergues, le joug d'un char, l'attitude d'un homme en prières, sont des images de la croix [3]. Son explication des augures et des oracles par l'action d'esprits pervers [4] est aussi quelque peu enfantine. Mais il réfute éloquemment les préjugés aristocratiques de Cæcilius. La vérité est la même pour tous ; tous peuvent la trouver et doivent la chercher. Dieu est évident à l'esprit ; la Providence résulte d'un coup d'œil jeté sur l'ordre du monde et sur la conscience de l'homme. Cette vérité se révèle même, quoique oblitérée, dans les traditions païennes. Au

---

1. *Octav.*, 34, 35. Orig., *Contre Celse*, IV, 20.
2. *Octav.*, 33.
3. *Ibid.*, 29. Cf. Tertullien, *Apol.*, 16.
4. *Octav.*, 27.

fond de toutes les religions et de toutes les poésies, se trouve l'idée d'un être tout-puissant, père des dieux et des hommes, qui voit tout, qui est la cause universelle. Octavius prouve sa thèse par des phrases empruntées à Cicéron. Le monothéisme est la religion naturelle de l'homme, puisque celui-ci, dans l'émotion, dit simplement : « O Dieu[1] ! « La providence de Dieu est le dernier mot de la philosophie grecque et en particulier de Platon, dont la doctrine serait divine s'il ne l'avait gâtée par trop de complaisance pour le principe de la religion d'État. Ce principe, Octavius l'attaque avec une extrême vivacité. Les raisons tirées de la grandeur de Rome le touchent peu ; cette grandeur n'est à ses yeux qu'un tissu de violences, de perfidies ou de cruautés.

Octavius excelle à montrer que les chrétiens sont innocents des crimes dont on les accuse. On les a mis à la torture ; pas un n'a avoué, et pourtant l'aveu les eût sauvés. Les chrétiens n'ont ni statues, ni temples, ni autels. Ils ont raison. Le vrai temple de la Divinité, c'est le cœur de l'homme. Quelles victimes valent une conscience, un cœur innocent ? Pratiquer la justice, c'est prier ; cultiver la vertu, c'est sacrifier ; sauver son frère, c'est la meilleure des offrandes. Chez les chrétiens, le plus pieux, c'est le

---

1. *Octav.*, § 18.

plus juste. — Octavius triomphe surtout du courage des martyrs.

Quel beau spectacle pour Dieu, quand le chrétien combat avec la douleur; quand il se recueille contre les menaces, les supplices, les tourments, quand il se rit du bruit sinistre de la mort et de l'horreur du bourreau, quand il dresse sa liberté contre les rois, les princes et qu'il s'incline devant Dieu seul, à qui il appartient, quand, triomphateur et vainqueur, il brave celui qui a prononcé sa sentence de mort! Vaincre, en effet, c'est savoir atteindre son but!... Le chrétien peut donc sembler malheureux, il ne l'est jamais. Vous élevez au ciel des hommes comme Mucius Scævola, dont la mort était assurée, s'il n'eût sacrifié sa main droite. Et combien des nôtres ont souffert sans une plainte, non seulement que leur main droite, mais que tout leur corps fût brûlé, quand il était en leur pouvoir de se faire relâcher!.. Nos enfants, nos femmes se jouent des croix, des tourments, des bêtes, de tout l'appareil des supplices, grâce à une patience qui leur est inspirée d'en haut[1].

Que les magistrats qui président à ces horreurs tremblent! Dieu ne leur laisse les honneurs et les richesses que pour les perdre; élevés plus haut, leur chute sera plus lourde. Ce sont des victimes engraissées et déjà couronnées pour la mort. Escortes, faisceaux, pourpre, noblesse du sang, quelles va-

1. *Octav.*, 37.

nités[1]! Tous les hommes sont égaux ; la vertu seule fait la différence entre eux[2].

Vaincu par ces arguments, Cæcilius, sans laisser à Minucius le temps de conclure, déclare qu'il croit à la Providence et à la religion des chrétiens[3]. Octavius, dans son exposition, est à peine sorti du pur déisme. Il ne mentionne ni Jésus, ni les apôtres, ni les Écritures. Son christianisme n'est pas la vie monacale que rêve *le Pasteur :* c'est un christianisme d'hommes du monde, qui n'empêche ni la gaieté, ni le talent, ni le goût aimable de la vie, ni la recherche de l'élégance du style[4]. Que nous sommes loin de l'ébionite ou même du juif de Galilée ! Octavius, c'est Cicéron, ou mieux Fronton, devenu chrétien. En réalité, c'est par la culture intellectuelle qu'il arrive au déisme. Il aime la nature, il se plaît à la conversation des gens bien élevés. Des hommes faits sur ce modèle n'auraient créé ni l'Évangile ni l'Apocalypse ; mais, réciproquement, sans de tels adhérents, l'Évangile, l'Apocalypse, les épîtres de Paul fussent restés les

---

1. « Vanus error hominis et inanis cultus dignitatis (§ 37). »
2. « Omnes pari sorte nascimur, sola virtute distinguimur. » (*Ibidem.*)
3. C'est là probablement une fiction de l'auteur ; les inscriptions de Constantine, en effet (v. ci-dessus, p. 390-394, note), nous montrent Cæcilius ou son fils remplissant des devoirs païens
4. *Octavius,* les premiers paragraphes

écrits secrets d'une secte fermée, qui, comme les esséniens ou les thérapeutes, eût finalement disparu.

Minucius Félix donne bien mieux que les apologistes grecs le ton qui prévaudra chez les défenseurs du christianisme en tous les temps. C'est un habile avocat, s'adressant à des gens moins versés dans la dialectique que les Grecs d'Égypte ou d'Asie, dissimulant les trois quarts de son dogme pour enlever l'adhésion à l'ensemble sans discussion du détail, prenant les apparences du lettré pour convertir les lettrés et leur persuader que le christianisme ne les oblige pas à renoncer aux philosophes et aux écrivains qu'ils admirent. « Philosophes, chrétiens... mais quoi? c'est une seule et même chose. Dogmes répugnant à la raison!... Allons donc! Mais le dogme chrétien, c'est, en propres termes, ce qu'ont dit Zénon, Aristote, Platon, rien de plus. Vous nous traitez de barbares; mais, aussi bien que vous, nous cultivons les bons auteurs. » Des croyances particulières à la religion que l'on prêche, pas un mot; pour inculquer le christianisme, on évite de prononcer le nom de Christ. Minucius Félix, c'est le prédicateur de Notre-Dame, parlant à des gens du monde faciles à contenter, se faisant tout à tous, étudiant les faiblesses, les manies des personnes qu'il veut convaincre, affectant, sous sa chape de plomb, les allures de l'homme dégagé, faussant son symbole pour le rendre acceptable. Faites-vous chrétien sur la foi de ce pieux sophiste, rien de mieux; mais souvenez-vous que tout cela est un leurre. Le lendemain, ce qui était présenté comme accessoire deviendra le principal; l'écorce amère qu'on a voulu vous faire avaler sous un petit volume et réduite à sa plus simple expression retrouvera toute son amertume. On vous avait dit que le galant homme, pour être chrétien, n'avait presque rien à changer à ses maximes; maintenant que le tour est joué, on vous apporte à payer par surcroît une note énorme. Cette religion qui n'était, disait-on, que la morale naturelle, implique, par-dessus le marché, une physique impossible, une métaphysique bizarre, une histoire chimérique, une théorie des choses divines et humaines qui est en tout le contraire de la raison.

CHAPITRE XXIII.

PROGRÈS D'ORGANISATION.

Au milieu de circonstances en apparence si difficiles, l'organisation de l'Église se complétait avec une surprenante rapidité. A l'heure où nous sommes arrivés, l'Église de Jésus est quelque chose de solide et de consistant. Le grand danger du gnosticisme, qui était de diviser le christianisme en sectes sans nombre, est conjuré. Le mot d' « Église catholique »[1] éclate de toutes parts, comme le nom de ce grand corps qui va désormais traverser les siècles sans se briser. Et on voit bien déjà quel est le caractère de cette catholicité. Les montanistes sont tenus pour des sectaires ; les marcionites sont con-

---

1. Ἐκκλησία καθολική. Épître des Smyrniotes sur le martyre de Polycarpe, titre, §§ 8, 16 (τῆς ἐν Σμύρνῃ καθολικῆς ἐκκλησίας), 19 ; Épîtres pseudo-ign., *ad Smyrn.*, 8. Comp. *Actes de saint Pione*, § 19. Dans Celse (Orig., V, 59), ἡ μεγάλη ἐκκλησία. Cf. fragm. de Muratori, lignes 55-57, 61-62, 66, 69.

vaincus de fausser la doctrine apostolique ; les différentes écoles gnostiques sont de plus en plus repoussées du sein de l'Église générale. Il y a donc quelque chose qui n'est ni le montanisme, ni le marcionisme, ni le gnosticisme, qui est le christianisme non sectaire, le christianisme de la majorité des évêques, résistant aux hérésies et les usant toutes, n'ayant, si l'on veut, que des caractères négatifs, mais préservé par ces caractères négatifs des aberrations piétistes et du dissolvant rationaliste. Le christianisme, comme tous les partis qui veulent vivre, se discipline lui-même, retranche ses propres excès. Il joint à l'exaltation mystique un fonds de bon sens et de modération, qui tuera le millénarisme, les charismes, la glossolalie, tous les phénomènes spirites primitifs. Une poignée d'exaltés, comme les montanistes, courant au martyre, décourageant la pénitence, condamnant le mariage, n'est pas l'Église. Le juste milieu triomphe ; il ne sera donné aux radicaux d'aucune sorte de détruire l'œuvre de Jésus. L'Église est toujours d'opinion moyenne ; elle est la chose de tout le monde, non le privilège d'une aristocratie. L'aristocratie piétiste des sectes phrygiennes et l'aristocratie spéculative des gnostiques sont également déboutées de leurs prétentions. Il y a dans l'Église les parfaits et les imparfaits ; tous peuvent en faire partie. Le martyre, le jeûne, le célibat sont choses excellentes ; mais on peut sans héroïsme être chrétien et bon chrétien.

Ce fut l'épiscopat qui, sans nulle intervention du pouvoir civil, sans nul appui des gendarmes ni des tribunaux, établit ainsi l'ordre au-dessus de la liberté dans une société fondée d'abord sur l'inspiration individuelle. Voilà pourquoi les ébionites de Syrie, qui n'ont pas l'épiscopat, n'ont pas non plus l'idée de catholicité. Au premier coup d'œil, l'œuvre de Jésus n'était pas née viable ; c'était un chaos. Fondée sur une croyance à la fin du monde, que les années, en s'écoulant, devaient convaincre d'erreur, la congrégation galiléenne semblait ne pouvoir que se dissoudre dans l'anarchie. La libre prophétie, les charismes, la glossolalie, l'inspiration individuelle, c'était plus qu'il n'en fallait pour tout ramener aux proportions d'une chapelle éphémère, comme on en voit tant en Amérique et en Angleterre. L'inspiration individuelle crée, mais détruit tout de suite ce qu'elle a créé. Après la liberté, il faut la règle. L'œuvre de Jésus put être considérée comme sauvée, le jour où il fut admis que l'Église a un pouvoir direct, un pouvoir représentant celui de Jésus[1]. L'Église dès

1. Matth., XVIII, 17-20.

lors domine l'individu, le chasse au besoin de son sein. Bientôt l'Église, corps instable et changeant, se personnifie dans les anciens ; les pouvoirs de l'Église deviennent les pouvoirs d'un clergé dispensateur de toutes les grâces, intermédiaire entre Dieu et le fidèle. L'inspiration passe de l'individu à la communauté. L'Église est devenue tout dans le christianisme ; un pas de plus, l'évêque devient tout dans l'Église. L'obéissance à l'Église, puis à l'évêque, est envisagée comme le premier des devoirs; l'innovation est la marque du faux ; le schisme sera désormais pour le chrétien le pire des crimes [1].

Ainsi l'Église primitive eut à la fois l'ordre et l'excessive liberté. Le pédantisme de la scolastique était encore inconnu. L'Église catholique acceptait vite les idées fécondes qui naissaient chez les hérétiques, en retranchant ce qu'elles avaient de trop sectaire. La spontanéité de la théologie dépassait tout ce qui s'est vu plus tard. Sans parler des gnostiques, qui poussent la fantaisie aux dernières limites, saint

---

[1]. Irénée, III, iv; xxiv, 1. Voir surtout saint Cyprien, *Épîtres*, 2, 3, 4, 43, 45, 48, 56, 57, 59, 63, 65, 66, 67, 72, 73. Notez πάντα μόνος αὐτὸς ὤν dans le *Peregrinus* de Lucien, § 11. Le mot λαϊκός se trouve pour la première fois dans l'épître de Clément, ch. xl; puis dans l'épître pseudo-clémentine à Jacques, § 5. Cf. Clém. d'Alex., *Strom.*, III, 12 (p. 199); V, 6 (p. 240), etc. Quant au mot κλῆρος, il a le sens d' « ordre », et il a été opposé à λαϊκός, comme *ordo* (sous-entendu *nobilissimus*) a été opposé à *plebs*.

Justin, l'auteur des *Reconnaissances*, pseudo-Hermas, Marcion, ces innombrables maîtres apparaissant de toutes parts, taillent en plein drap, si l'on peut s'exprimer ainsi ; chacun se fait une christologie à sa guise. Mais, au milieu de l'énorme variété d'opinions qui remplit le premier âge chrétien, se constitue un point fixe, l'opinion de la catholicité. Pour convaincre l'hérétique, il n'est pas nécessaire de raisonner avec lui. Il suffit de lui montrer qu'il n'est pas en communion avec l'Église catholique, avec les grandes Églises qui font remonter leur succession d'évêques jusqu'aux apôtres[1]. *Quod semper, quod ubique* devient la règle absolue de vérité. L'argument de prescription, auquel Tertullien donnera une forme si éloquente, résume toute la controverse catholique. Prouver à quelqu'un qu'il est un novateur, un tard venu dans la théologie, c'est lui prouver qu'il a tort. Règle insuffisante, puisque, par une singulière ironie du sort, le docteur même qui a développé cette méthode de réfutation d'une façon si impérieuse est mort hérétique !

La correspondance entre les Églises fut de bonne heure une habitude [2]. Les lettres circulaires des

---

1. Irénée, III, IV, 1 ; Tertullien, *Præscr.*, 36.
2. Se rappeler l'affaire du montanisme et de la pâque. Voir surtout Eusèbe, *H. É.*, V, ch. XXV.

chefs des grandes Églises, lues le dimanche à la réunion des fidèles, étaient une continuation de la littérature apostolique [1]. L'église, comme la synagogue et la mosquée, est une chose essentiellement citadine. Le christianisme (on en peut dire autant du judaïsme et de l'islamisme) sera une religion de villes, non une religion de campagnards. Le campagnard, le *paganus*, sera la dernière résistance que rencontrera le christianisme. Les chrétiens campagnards, très peu nombreux, venaient à l'église de la ville voisine [2].

Le municipe romain devint ainsi le berceau de l'Église. Comme les campagnes et les petites villes reçurent l'Évangile des grandes villes, elles en reçurent aussi leur clergé, toujours soumis à l'évêque de la grande ville. Entre les villes, la *civitas* a seule une véritable Église, avec un *épiscopos*; la petite ville est dans la dépendance ecclésiastique de la grande [3]. Cette primatie des grandes villes fut un fait capital. La grande ville une fois convertie, la petite ville et la campagne suivirent le mouvement. Le diocèse [4] fut ainsi l'unité originelle du conglomérat chrétien.

1. Denys de Corinthe et Soter, ci-dessus, p. 173 et suiv.
2. Justin, *Apol. I*, 67.
3. Concile d'Ancyre (315), canon 13.
4. Le mot παροικία, d'où est venu « paroisse », fut d'abord

Quant à la province ecclésiastique, impliquant la préséance des grandes Églises sur les petites [1], elle répondit en général à la province romaine. Le fondateur des cadres du christianisme fut Auguste. Les divisions du culte de Rome et d'Auguste furent la loi secrète qui régla tout. Les villes qui avaient un flamine ou *archiéreus* sont celles qui, plus tard, eurent un archevêque; le *flamen civitatis* devint l'évêque. A partir du IIIe siècle, le flamine duumvir occupe dans la cité le rang qui, cent ou cent cinquante ans après, fut celui de l'évêque dans le diocèse [2]. Julien essaya plus tard d'opposer ces flamines aux évêques chrétiens et de faire des curés avec les *augus-*

à peu près synonyme d'Église ou diocèse. Titre de la lettre des Smyrniotes sur le martyre de saint Polycarpe; Irénée dans Eus., V, xxiv, § 14; comp. § 9 et I, 1, 1; III, xxviii, 3; IV, xv, 2; V, v, 8; xxiii, 2; VI, xi, 1. Παροικία impliquait le sens de colonie étrangère, l'Église, à la manière des Juifs, se considérant comme étrangère ou exilée partout où elle était (comp. תושבים, ἐκκλησία παροικοῦσα Σμύρναν, etc.; *Epist.* Polyc., titre; Clém. Rom. I, titre; I Petri, i, 17, ii, 11; *Act.*, xiii, 17; Ps. xxxix, 13; *Épître à Diognète*, 5; *Constit. apost.*, VIII, 10).

1. Voir ci-dessus, p. 178, 205.

2. Allmer, *Revue épigr.*, n° 4, p. 62; n° 10, p. 154 et suiv.; Eusèbe, *H. E.*, VIII, xiv, 9; IX, iv, 2, et les notes de Valois. Dans les Actes des martyrs, c'est souvent le flamine qui poursuit. « Seditio coorta est pontificum. » Ruinart, p. 72. Cf. *ibid.*, p. 140. Voir aussi *Acta SS.*, 24 févr., p. 463; 24 août, p. 749, sans oublier Lactance, *De mort. persec.*, 36; saint Optat, p. 255, 262, édit. Du Pin.

tales[1]. C'est ainsi que la géographie ecclésiastique d'un pays est, à très peu de chose près, la géographie de ce même pays à l'époque romaine. Le tableau des évêchés et des archevêchés est celui des *civitates* antiques, selon leurs liens de subordination[2]. L'empire fut comme le moule où la religion nouvelle se coagula. La charpente intérieure, les divisions hiérarchiques furent celles de l'empire. Les anciens rôles de l'administration romaine et les registres de l'Église au moyen âge et même de nos jours ne diffèrent presque pas.

Rome était le point où s'élaborait cette grande idée de catholicité. Son Église avait une primauté incontestée. Elle la devait en partie à sa sainteté et à son excellente réputation[3]. Tout le monde reconnaissait maintenant que cette Église avait été fondée par les apôtres Pierre et Paul, que ces deux apôtres avaient souffert le martyre à Rome, que Jean même y avait été plongé dans l'huile bouillante[4]. On mon-

1. Lettre à Arsace, *archiéreus* de Galatie, p. 429 et suiv. Spanh. (p. 552 et suiv., Hertlein). D'un évêque converti au paganisme, Julien fait un ἱερεύς. Lettre sur Pégase : *Hermes* de Berlin, t. IX (1875), p. 259 (p. 603 et suiv., Hertlein).

2. Ainsi Césarée a la préséance sur Ælia Capitolina. Voir ci-dessus, p. 205.

3. Rom., I, 8; Ign., *ad Rom.*, suscr.; lettre de Denys de Cor., dans Eus., IV, 23.

4. Voir *l'Antechrist*, p. 197-199.

trait les lieux sanctifiés par ces Actes apostoliques, en partie vrais, en partie faux ¹. Tout cela entourait l'Église de Rome d'une auréole sans pareille². Les questions douteuses étaient portées à Rome pour recevoir un arbitrage, sinon une solution³. On faisait ce raisonnement que, puisque Christ avait fait de Céphas la *pierre* angulaire de son Église, ce privilège devait s'étendre à ses successeurs. L'évêque de Rome devenait l'évêque des évêques, celui qui avertit les autres. Le pape Victor (189-199) pousse cette prétention à des excès que réprime le sage Irénée; mais le coup est porté; Rome a proclamé son droit (droit dangereux!) d'excommunier ceux qui ne marchent pas en tout avec elle. Les pauvres artémonites (sorte d'ariens anticipés) ont beau se plaindre de l'injustice du sort, qui fait d'eux des hérétiques, tandis que, jusqu'à Victor, toute l'Église de Rome pensait comme eux⁴. L'Église de Rome se mettait dès lors au-dessus de l'histoire. L'esprit qui, en 1870, fera

1. Voir *l'Antechrist,* p. 191 et suiv.

2. Irénée, III, III ; Tertullien, *Præscr.,* 21, 36 ; saint Cyprien, *Epist.,* 52, 55 (ecclesiam principalem unde unitas sacerdotalis exorta est), 67, 71, 75 (Firmilien).

3. Voir, ci-dessus, ce qui concerne le montanisme et la question de la pâque. Il en fut de même au IIIᵉ siècle, dans la question des *lapsi* et du baptême des hérétiques, ainsi que dans l'affaire d'Origène.

4. Eusèbe, *H. E.,* V, xxviii, 3.

proclamer l'infaillibilité du pape se reconnaît, dès la fin du IIᵉ siècle, à des signes déjà certains. L'ouvrage dont fit partie le fragment connu sous le nom de *Canon de Muratori*, écrit à Rome vers 180, nous montre déjà Rome réglant le Canon des Églises, donnant pour base à la catholicité la Passion de Pierre, repoussant également le montanisme et le gnosticisme [1]. Les essais de symboles de foi commencent aussi, dans l'Église romaine, vers ce temps [2]. Irénée réfute toutes les hérésies par la foi de cette Église, « la plus grande, la plus ancienne, la plus illustre; qui possède, par une succession continue, la vraie tradition des apôtres Pierre et Paul; à laquelle, à cause de sa primauté [3], doit recourir le reste de l'Église ». Toute Église censée fondée par un apôtre avait un privilège; que dire de l'Église que l'on croyait avoir été fondée par les deux plus grands apôtres à la fois?

Cette préséance de l'Église de Rome ne fit que grandir au IIIᵉ siècle. Les évêques de Rome montrè-

---

1. Lignes 36 et suiv., 70 et suiv.; 73 et suiv.; 80 et suiv. Voir Credner (Völkmar), *Gesch. des neut. Kanon*, p. 341 et suiv.; Hesse, *Das muratori'sche Fragment* (Giessen, 1873); Harnack, dans le *Zeitschrift für K. G.*, III (1872), p. 358 et suiv.
2. Caspari, *Quellen zur Gesch. des Taufsymbols und der Glaubensregel*, quatre parties (Christiania, 1866-1879); Gebh. et Harn., *Patres apost.*, I, II, édit. alt., p. 115 et suiv.
3. « Propter potiorem principalitatem », Irénée, III, III, 2.

rent une rare habileté, évitant les questions théologiques, mais toujours au premier rang dans les questions d'organisation et d'administration. Le pape Corneille conduit tout dans l'affaire du novatianisme ; on l'y voit, en particulier, destituer les évêques d'Italie et leur donner des successeurs [1]. Rome était aussi l'autorité centrale des Églises d'Afrique[2]. Aurélien, en 272, juge que le véritable évêque d'Antioche est celui qui est en correspondance avec l'évêque de Rome [3]. Quand est-ce que cette supériorité de l'Église de Rome souffre une éclipse ? Quand Rome cesse d'être en réalité la capitale unique de l'empire, à la fin du IIIe siècle ; quand le centre des grandes affaires se transporte à Nicée, à Nicomédie, et surtout quand l'empereur Constantin crée une nouvelle Rome sur le Bosphore. L'Église de Rome, depuis Constantin jusqu'à Charlemagne, est en réalité déchue de ce qu'elle était au IIe et au IIIe siècle. Elle se relève plus puissante que jamais quand, par son alliance avec la maison carlovingienne, elle devient, pour huit siècles, le centre de toutes les grandes affaires de l'Occident.

1. Lettre de Corneille dans Eus., *H. E.*, VI, XLIII, 8, 10.
2. Tertullien, *Præscr.*, 21 ; saint Cyprien, *Epist.*, 52, 55, 74, 75 (Firmilien).
3. Affaire de Paul Samosate. Eus., *H. E.*, VII, 30.

On peut dire que l'organisation des Églises a connu cinq degrés d'avancement, dont quatre ont été traversés dans la période embrassée par cet ouvrage. D'abord, l'*ecclesia* primitive, où tous les membres sont également inspirés de l'Esprit. — Puis les anciens ou *presbyteri* prennent dans l'*ecclesia* un droit de police considérable et absorbent l'*ecclesia*. — Puis le président des anciens, l'*episcopos*, absorbe à peu près les pouvoirs des anciens et par conséquent ceux de l'*ecclesia*. — Puis les *episcopi* des différentes Églises, correspondant entre eux, forment l'Église catholique. — Entre les *episcopi*, il y en a un, celui de Rome, qui est évidemment destiné à un grand avenir. Le pape, l'Église de Jésus transformée en monarchie, avec Rome pour capitale, s'aperçoivent dans un lointain obscur; mais le principe de cette dernière transformation est encore faible à la fin du IIe siècle. Ajoutons que cette transformation n'a pas eu, comme les autres, le caractère universel. L'Église latine seule s'y est prêtée, et même, dans le sein de cette Église, la tentative de la papauté a fini par amener la révolte et la protestation.

Ainsi les grands organismes qui forment encore une part si essentielle de la vie morale et politique des peuples européens ont tous été créés par ces hommes naïfs et sincères, dont la foi est devenue inséparable de la culture morale de l'humanité. A la fin du IIe siècle, l'épiscopat est entièrement mûr, la papauté existe en germe. Les conciles œcuméniques étaient impossibles; l'empire chrétien pouvait seul permettre ces grandes assemblées; mais le synode provincial fut pratiqué dans les affaires des montanistes et de la pâque; la présidence de l'évêque de la capitale de la province fut admise sans contestation [1]. Un commerce épistolaire extrêmement actif était, comme aux temps apostoliques, l'âme et la condition de tout le mouvement [2]. Dans l'affaire du novatianisme, vers 252, les diverses réunions provinciales, communiquant entre elles, constituent un véritable concile par correspondance, ayant le pape Corneille pour président [3]. Dans le procès contre Privatus, évêque de Lambèse, et dans la question du baptême des hérétiques, les choses se passent d'une manière toute semblable [4].

Un écrit qui montre bien les progrès rapides de ce mouvement intérieur des Églises vers la constitution, disons mieux, vers l'exagération de l'autorité hiérarchique, c'est la correspondance supposée

---

1. Voir ci-dessus, p. 175, 178, 205.
2. Cf. Eusèbe, *H. E.*, IV, XXIII; VI, XX, 1.
3. Eusèbe, *H. E.*, VI, ch. XLIII.
4. Saint Cyprien, *Epist.*, 30, 55.

d'Ignace[1], dont la lettre censée de Polycarpe[2] est peut-être une annexe. On peut supposer que ces écrits parurent vers le temps où nous sommes arrivés[3]. Qui mieux que ces deux grands évêques martyrs, dont la mémoire était partout révérée[4], pouvait conseiller aux fidèles la soumission et l'ordre ?

Obéissez à l'évêque comme Jésus-Christ obéit au Père, et au corps presbytéral comme aux apôtres ; révérez les diacres comme le commandement même de Dieu. Que rien de ce qui concerne l'Église ne se fasse en dehors de l'évêque. En fait d'eucharistie, celle-là doit être tenue pour bonne qui est administrée par l'évêque ou par celui à qui il en a confié le soin. Là où l'évêque est visible, que là soit le peuple, de même que, là où est le Christ Jésus, là est l'Église catholique. Il n'est permis ni de baptiser, ni de faire l'agape en dehors de l'évêque ; l'approbation

---

1. Voir *les Évangiles,* p. xvii et suiv. On ne diminue pas les objections contre l'authenticité de ces Épîtres en rabaissant le martyre d'Ignace au temps d'Adrien ou d'Antonin (Harnack, *Die Zeit des Ignatius,* Leipzig, 1878). C'est dans leur style même et leur tour que les épîtres ignatiennes portent le caractère de l'apocryphe.

2. *L'Église chrétienne,* p. 442 et suiv.

3. La façon vague dont Irénée (V, xxviii, 4) parle d'Ignace, τὶς τῶν ἡμετέρων, semble indiquer que l'écrit d'où la citation est tirée était récent.

4. Comparez Διδασκαλία ou διδαχὴ Κλήμεντός, Ἰγνατίου, Πολυκάρπου, dans les Canons d'Anastase le Sinaïte et de Nicéphore, Credner, p. 241, 244.

épiscopale est la marque de ce qui plaît à Dieu, la règle ferme et sûre à suivre dans la pratique [1]...

Il convient donc que vous abondiez dans le sens de l'évêque, comme vous faites. Car votre vénérable corps presbytéral, digne de Dieu, est avec l'évêque dans le même rapport harmonique que les cordes avec la cithare. C'est par l'effet de votre union et de votre affectueuse concorde que Jésus-Christ est chanté. Que chacun de vous soit donc un chœur, afin que, pleinement d'accord et unanimes, recevant la chromatique de Dieu en parfaite unité, vous chantiez d'une seule voix par Jésus-Christ au Père, pour qu'il vous entende et qu'il vous reconnaisse, à vos bonnes actions, pour des membres de son fils [2].

Déjà on s'était servi du nom de Paul et de ses relations avec Tite et Timothée pour donner à l'Église une espèce de petit code canonique sur les devoirs des fidèles et des clercs. On fit de même sous le nom d'Ignace [3]. Une piété tout ecclésiastique prit la place de l'ardeur que, pendant plus de cent ans, entretint le souvenir de Jésus. L'orthodoxie est maintenant le souverain bien; la docilité, voilà ce qui sauve; le vieillard doit s'incliner devant l'évêque même jeune [4]. L'évêque doit s'occuper de tout, savoir le nom de

1. *Ad Smyrn.*, § 8. Cf. *ad Philad.*, § 1.
2. *Ad Eph.*, 4.
3. Voir surtout l'épître censée d'Ignace à Polycarpe, et l'épître de Polycarpe.
4. *Ad Eph.*, 3, 5; *ad Magn.*, 3-7, 13; *ad Trall.*, 2, 3, 12; *ad Philad.*, 1-4, 7, 8; *ad Smyrn.*, 8-9; *ad Polyc.*, 6.

tous ses subordonnés[1]. Ainsi, à force de pousser à outrance les principes de Paul, on arrivait à des idées qui eussent révolté Paul. Lui qui ne voulait pas qu'on fût sauvé par les œuvres, eût-il admis davantage qu'on fût sauvé par la simple soumission à des supérieurs? Par d'autres côtés, pseudo-Ignace est un disciple bien authentique du grand apôtre. A égale distance du judaïsme et du gnosticisme[2], il est un de ceux qui parlent de la manière la plus exaltée de la divinité de Jésus-Christ[3]. Le *christianisme*[4] est pour lui, comme pour l'auteur de l'épître à Diognète, une religion entièrement séparée du mosaïsme. Toutes les distinctions primitives avaient, du reste, disparu devant la tendance dominante qui entraînait les partis les plus opposés vers l'unité. Pseudo-Ignace donnait la main au judéo-chrétien pseudo-Clément[5], pour prêcher l'obéissance et le respect de l'autorité[6].

Un exemple bien frappant de cette abdication

---

1. *Ad Polyc.*, 4.
2. *Ad Magn.*, 8, 10; *ad Trall.*, 6, 7, 11; *ad Philad.*, 6, 9; *ad Smyrn.*, 2-7; Epistola Polyc., *ad Phil.*, 7.
3. *Ad Eph.*, 7.
4. *Ad Magn.*, 10; *ad Rom.*, 3; *ad Philad.*, 6. Le mot χριστιανισμός est déjà dans Celse (Orig., III, 75).
5. Voir ci-dessus, p. 90-91.
6. La synonymie d'*episcopos* et de *presbyteros* durait toujours. Epist.Polyc., titre; Irénée à Victor, dans Eus., V. ch. xxiv. Cf. Clm. Rom. I, 42.

des dissidences qui avaient rempli pendant plus de cent ans l'Église du Christ fut celui que donna Hégésippe[1]. Sorti de l'ébionisme, mais accueilli pleinement par l'Église orthodoxe, ce respectable vieillard achevait à Rome ses cinq livres de Mémoires, base première de l'histoire ecclésiastique[2]. L'ouvrage commençait à la mort de Jésus-Christ. Il est douteux cependant qu'il fût conduit selon un ordre chronologique[3]. A beaucoup d'égards, c'était un livre de polémique contre les hérésies[4] et contre les révélations apocryphes écrites par les gnostiques et les marcionites. Hégésippe montrait que beaucoup de ces apocryphes venaient d'être composés tout récemment[5].

Les Mémoires d'Hégésippe auraient pour nous un prix infini, et leur perte n'est pas moins regrettable que celle des écrits de Papias. C'était tout le trésor des traditions ébionites, rendues acceptables aux catholiques, et présentées dans un esprit de vive opposition à la gnose. Ce qui concerne les sectes

---

1. Voir ci-dessus, p. 71-73.
2. Eusèbe, IV, ch. VIII, 22; saint Jér., *De vir. ill.*, 22; Sozom., I, 1; le Syncelle, p. 337 et suiv., 345 (Paris).
3. Le récit de la mort de Jacques, frère du Seigneur, faisait partie du cinquième livre.
4. Eus., IV, VII, 15.
5. *Ibid.*, IV, XXII, 8.

juives et la famille de Jésus était très développé, évidemment d'après des renseignements particuliers. Hégésippe, dont la langue maternelle était l'hébreu, et qui ne reçut pas d'éducation hellénique, avait la crédulité d'un talmudiste. Il ne reculait devant aucune bizarrerie. Son style paraissait aux Grecs simple et plat, sans doute parce qu'il était calqué sur l'hébreu, comme celui des *Actes des Apôtres*. Nous en avons un curieux spécimen dans ce récit de la mort de Jacques[1], morceau d'un ton si singulier qu'on est tenté de croire qu'il a été emprunté à un ouvrage ébionite écrit en hébreu rythmé.

Rien ne ressemblait moins cependant à un sectaire que le pieux Hégésippe. L'idée de catholicité tient dans son esprit autant de place que chez l'auteur des épîtres pseudo-ignatiennes. Son but est de prouver aux hérétiques la vérité de la doctrine chrétienne, en leur montrant qu'elle s'enseigne uniformément dans toutes les Églises, et qu'elle y a toujours été enseignée de la même manière depuis les apôtres. L'hérésie, à partir de celle de Thébuthis (?), est venue d'orgueil ou d'ambition[2]. L'Église ro-

---

1. Eus., II, ch. xxiii. La circonstance καὶ ἔτι αὐτοῦ ἡ στήλη μένει παρὰ τῷ ναῷ (§ 18) semble provenir d'un document écrit avant l'an 70.

2. Dans Eus., IV, xxii, 5.

maine, en particulier, a remplacé pour l'autorité la vieille discipline juive, et créé en Occident un centre d'unité comme celui que constitua tout d'abord en Orient l'épiscopat des parents de Jésus, issus comme lui de la race de David [1].

On voit que le vieil Ébion était bien adouci. Après Hégésippe, on ne connaît plus cette variété du christianisme, si ce n'est au fond de la Syrie. Là, Jules Africain, vers 215, trouve encore des Nazaréens primitifs et reçoit d'eux des traditions fort analogues à celles dont vécut Hégésippe [2]. Ce dernier souffrit des progrès ou, pour mieux dire, du rétrécissement de l'orthodoxie. On le lut peu, on le copia moins encore. Origène, saint Hippolyte ignorent son existence. Seuls, les curieux d'histoire comme Eusèbe le connurent, et, de ces pages précieuses, celles-là furent sauvées que les chronographes plus modernes insérèrent dans leurs récits [3].

Un autre signe de maturité est l'épître adressée

---

1. Ἕνωσις τῆς ἐκκλησίας. Hégés., dans Eus., IV, XXII, 5.
2. Voyez les Évangiles, p. 74-75.
3. Eusèbe, H. E., II, 23 ; III, 11, 16, 20, 32 ; IV, 8, 11, 21, 22 ; le Syncelle, l. c. C'est à tort qu'on a conclu d'une note trouvée à Patmos par M. Sakkélion que l'Hégésippe complet a dû exister au XVIe siècle (Zeitschrift für K. G., II, p. 288-291). Cette note est une liste de desiderata, c'est-à-dire d'écrits perdus en grec, et non un catalogue d'ouvrages encore existants.

à un certain Diognète, personnage fictif sans doute [1], par un anonyme éloquent et assez bon écrivain [2], qui rappelle par moments Celse et Lucien [3]. L'auteur suppose son Diognète animé du désir de connaître « la nouvelle religion [4] ». Les chrétiens, répond l'apologiste, sont à égale distance et de l'idolâtrie grecque et de la superstition, de l'esprit inquiet, de la vanité des juifs [5]. Tout le travail de la philosophie grecque n'est qu'un amas d'absurdités et de duperies charlatanesques [6]. Les juifs, d'un autre côté, ont le tort

---

1. Diognète, le maître de Marc-Aurèle, n'eut pas assez de célébrité pour qu'on puisse admettre qu'il s'agit de lui.

2. *Epistola ad Diogn.*, Gebh. et Harn., *Patrum apost. Op.*, I, 2ᵉ fascic. (Lips., 1878) ou dans le *Saint Justin* d'Otto (3ᵉ édit., 1879). On a cru voir une allusion à Marc-Aurèle et Commode dans le ch. vii. Ce qui est dit de la persécution (ch. v, vii, x) répond bien aux dernières années de Marc-Aurèle. Les chapitres xi et xii sont, de l'aveu de tous, interpolés. L'écrit peut à la rigueur être du iiiᵉ siècle ; mais nous nous refusons absolument à y voir une fiction plus moderne. L'attribution à saint Justin n'est soutenable en aucune façon. Le livre n'est pas cité dans l'antiquité ecclésiastique ; mais il en est de même d'Hermias, et très peu s'en est fallu qu'il n'en fût de même d'Athénagore.

3. Comparez le tableau de la république chrétienne (ci-après, p. 425-427) à la description de la cité idéale de Lucien, *Hermotime*, 22-24.

4. Ch. i, 9.

5. Τὴν Ἰουδαίων δεισιδαιμονίαν...... πολυπραγμοσύνην, ἀλαζονείαν. Ch. i, iii, iv.

6. *Epist. ad Diogn.*, 8, 9.

d'honorer le Dieu unique de la même manière que les polythéistes adorent leurs dieux, c'est-à-dire par des sacrifices, comme si cela pouvait lui être agréable[1]. Leurs précautions méticuleuses sur la nourriture, leur superstition du sabbat[2], leur jactance à propos de la circoncision, leur préoccupation mesquine des jeûnes et des néoménies, sont ridicules. Il n'est pas permis à l'homme de distinguer entre les choses que Dieu a créées, d'admettre les unes comme pures et de rejeter les autres comme inutiles et superflues. Prétendre que Dieu défend de faire le jour du sabbat une action qui n'a rien de déshonnête, quoi de plus impie? Présenter la mutilation de la chair comme un signe d'élection, et s'imaginer que, pour cela, on est aimé de Dieu, quoi de plus grotesque?

Quant au mystère du culte chrétien, n'espère l'apprendre de personne. Les chrétiens, en effet, ne se distinguent des autres hommes ni par le pays, ni par la langue, ni par les mœurs; ils n'habitent pas des villes qui leur soient propres, ne se servent pas d'un dialecte à part ; leur vie ne se fait remarquer par aucun ascétisme particulier; ils n'adoptent pas à la légère les imaginations et les

---

1. L'auteur parle ici de la loi juive telle qu'elle est écrite. On a eu bien tort de conclure de ce passage que l'écrit était antérieur à 70. Comparez l'Épître de Barnabé, 2, 4, 9, 13, 14, 16; *Præd. Petri et Pauli*, p. 58-59, Hilg.; Clém. d'Alex., *Strom.*, VI, 5.

2. Τὴν περὶ τὰ σάββατα δεισιδαιμονίαν. Ch. IV.

rêves d'esprits agités ; ils ne s'attachent pas, comme tant d'autres, à des sectes portant le nom de tel ou tel; mais, demeurant dans les villes grecques et barbares, selon que le sort les y a placés, se conformant aux coutumes locales pour les habits, le régime et le reste de la vie, ils étonnent tout le monde par l'organisation vraiment admirable de leur république. Ils habitent des patries particulières, mais à la façon de gens qui n'y sont que domiciliés; ils participent aux devoirs des citoyens, et ils supportent les charges des étrangers. Toute terre étrangère leur est une patrie, et toute patrie leur est une terre étrangère. Ils se marient comme tout le monde, ils ont des enfants; mais jamais ils n'abandonnent leurs nouveau-nés. Ils mangent en commun, mais leur table pour cela n'est pas commune[1]. Ils sont engagés dans la chair, mais ne vivent pas selon la chair. Ils demeurent sur la terre, mais sont citoyens du ciel. Ils obéissent aux lois établies, et, par leurs principes de vie, ils s'élèvent au-dessus des lois. Ils aiment tout le monde, et ils sont persécutés par tout le monde, méconnus, condamnés. On les met à mort, et, par là, on leur assure la vie. Ils sont pauvres et ils enrichissent les autres[2]; ils manquent de tout et surabondent. Ils sont accablés d'avanies, et, par l'avanie, ils arrivent à la gloire. On les calomnie, et, l'instant d'après, on proclame leur justice; injuriés, ils bénissent[3]; ils répondent à l'insulte par le respect ; ne faisant que le bien, ils sont punis comme malfaiteurs; punis, ils se réjouissent comme si on les gratifiait de la vie. Les Juifs leur font la guerre comme

---

1. C'est-à-dire qu'on n'y mange pas indifféremment de toutes choses. Voir Otto, p. 178-179 (3ᵉ édit.).

2. Cf. II Cor., vi, 10.

3. Cf. I Cor., iv, 12.

à des gentils[1] ; ils sont persécutés par les Grecs, et ceux qui les haïssent ne sauraient dire pourquoi.

Bref, ce qu'est l'âme dans le corps, les chrétiens le sont dans le monde. L'âme est répandue entre tous les membres du corps, et les chrétiens sont répandus entre toutes les villes du monde. L'âme habite dans le corps, et pourtant elle n'est pas du corps; de même les chrétiens habitent dans le monde sans être du monde[2]. L'âme invisible est retenue prisonnière dans le corps visible ; de même la présence des chrétiens dans le monde est de notoriété publique ; mais leur culte est invisible. La chair hait l'âme et lui fait la guerre, sans que celle-ci ait d'autre tort envers elle que de l'empêcher de jouir ; le monde hait aussi les chrétiens, sans que les chrétiens aient d'autre tort que de faire de l'opposition au plaisir. L'âme aime la chair, qui la hait ; de même les chrétiens aiment ceux qui les détestent. L'âme est emprisonnée dans le corps, et pourtant elle est le lien qui conserve le corps ; de même les chrétiens sont détenus dans la prison du monde, et ce sont eux qui maintiennent le monde. L'âme immortelle habite une demeure mortelle ; de même les chrétiens sont provisoirement domiciliés dans des habitations corruptibles, attendant l'incorruptibilité du ciel. L'âme est améliorée par les souffrances de la faim, de la soif; les chrétiens, suppliciés chaque jour, se multiplient de plus en plus. Dieu leur a assigné un poste qu'il ne leur est pas permis de déserter[3].

Le spirituel apologiste nous met lui-même le doigt

1. Ὑπὸ Ἰουδαίων ὡς ἀλλόφυλοι πολεμοῦνται. Ch. v. Cf. Justin, cité dans *l'Égl. chrét.*, p. 277.
2. Jean, xvii, 11, 14, 16.
3. *Ad Diogn.*, 5, 6.

sur l'explication du phénomène qu'il veut présenter comme surnaturel. Le christianisme et l'empire se regardaient l'un l'autre comme deux animaux qui vont se dévorer, sans se rendre compte des causes de leur hostilité. Quand une société d'hommes prend une telle attitude au sein de la grande société, quand elle devient dans l'État une république[1] à part, fût-elle composée d'anges, elle est un fléau. Ce n'est pas sans raison qu'on les détestait, ces hommes en apparence si doux et si bienfaisants. Ils démolissaient vraiment l'empire romain. Ils buvaient sa force ; ils enlevaient à ses fonctions, à l'armée surtout, les sujets d'élite. Rien ne sert de dire qu'on est un bon citoyen, parce qu'on paye ses contributions, qu'on est aumônieux, rangé, quand on est en réalité citoyen du ciel et qu'on ne tient la patrie terrestre que pour une prison où l'on est enchaîné côte à côte avec des misérables. La patrie est chose terrestre ; qui veut faire l'ange est toujours un pauvre patriote. L'exaltation religieuse est mauvaise pour l'État. Le martyr a beau soutenir qu'il ne se révolte pas, qu'il est le plus soumis des sujets ; le fait d'aller au-devant des supplices[2], de mettre l'État dans l'alternative de persécuter ou de subir la loi de la théocratie est plus

---

1. Πολιτεία. *Ad Diogn.*, 5.
2. *Ad Diogn.*, 10, etc.

préjudiciable à l'État que la pire des révoltes. Ce n'est jamais sans quelque raison qu'on est l'objet de la haine de tous[1]; les nations ont, à cet égard, un instinct qui ne les trompe pas. L'empire romain sentait, au fond, que cette république secrète le tuerait. Hâtons-nous d'ajouter qu'en la persécutant violemment, il se laissait aller à la plus mauvaise des politiques et qu'il accélérait le résultat en voulant l'empêcher.

1. *Ad Diogn.*, endroits cités et ch II.

CHAPITRE XXIV.

ÉCOLES D'ALEXANDRIE, D'ÉDESSE.

Beaucoup de choses finissaient; d'autres commençaient; l'école et les livres remplaçaient la tradition. Personne n'a plus la prétention d'avoir vu ni les apôtres ni leurs disciples immédiats. Des raisonnements comme celui que faisait Papias, il y a quarante ans [1], ce dédain du livre et cette préférence avouée pour les gens qui savent d'original, ne sont plus de mise. Hégésippe sera le dernier qui aura fait des voyages pour étudier sur place la doctrine des Églises. Irénée trouve ces inquisitions inutiles [2]. L'Église est un vaste dépôt de vérité, où il n'y a qu'à puiser. Si l'on excepte les barbares qui ne savent pas écrire, personne n'a plus besoin de consulter la tradition orale.

1. Voir *l'Église chrétienne*, p. 125 et suiv.
2. Irénée, III, IV, 1, 2.

On se met donc résolument à écrire ; le docteur, l'écrivain ecclésiastique remplacent le traditioniste ; l'époque créatrice des origines est finie ; l'histoire ecclésiastique commence. Nous disons ecclésiastique et non pas cléricale. Le docteur, en effet, à l'époque où nous sommes, est très souvent laïque. Justin, Tatien, Athénagore, la plupart des apologistes ne sont ni évêques ni diacres. Les docteurs de l'école d'Alexandrie ont une place distincte en dehors de la hiérarchie cléricale. L'institution du catéchuménat servit au développement de cette institution. Des postulants, souvent gens instruits, préparés hors de l'Église à l'acceptation du baptême, réclamaient un enseignement à part, plus précis que celui des fidèles. Origène est catéchiste et prédicateur avec la permission de l'évêque de Césarée, sans avoir de rang défini dans le clergé. Saint Jérôme gardera une situation analogue qui, déjà de son temps, est pleine de difficultés. Il était naturel, en effet, que peu à peu l'Église absorbât l'enseignement ecclésiastique et que le docteur devînt membre du clergé, subordonné à l'évêque.

Nous avons vu qu'Alexandrie, par suite des disputes du gnosticisme et peut-être à l'imitation du *Musée*, eut une école catéchétique de lettres sacrées, distincte de l'Église, et des docteurs ecclésiastiques pour commenter rationnellement les Écritures[1]. Cette école, espèce d'université chrétienne, s'apprêtait à devenir le centre du mouvement de toute la théologie. Un jeune Sicilien converti, nommé Pantænus[2], en était le chef et allait porter dans l'enseignement sacré une largeur d'idées qu'aucune chaire chrétienne n'avait connue jusque-là. Tout lui plaisait, les philosophies, les hérésies, les religions les plus étranges. De tout, il faisait son miel, gnostique dans le meilleur sens, mais éloigné des chimères que le gnosticisme impliquait presque toujours. Dès lors se groupaient autour de lui quelques adolescents à la fois lettrés et chrétiens, en particulier le jeune converti Clément, âgé d'environ vingt ans, et Alexandre, futur évêque de Jérusalem, qui eut, dans la première moitié du IIIe siècle, un rôle si considérable. La vocation de Pantænus était surtout l'enseignement oral; sa parole avait un charme extrême; il laissa chez ses disciples, plus célèbres que lui, un sentiment profond. Non moins favorable que Justin à la philosophie, il concevait le christianisme comme le culte de tout ce qui est beau. Heureux génie, brillant, lumineux, bienveillant

---

1. Eusèbe, V, ch. 10, 11; VI, 6, 14, 19; saint Jér., *De viris ill.*, 36; *Épîtres*, 83 (Mart., IV, 2e part., col. 656); Clém. d'Alex., *Strom.*, I, I, p. 148.

2. Pantænus pouvait avoir vingt-cinq ans, à l'époque où nous sommes arrivés.

pour tout, il fut à son heure l'esprit le plus libéral et le plus ouvert que l'Église eût possédé jusque-là, et il marqua l'aurore d'un remarquable mouvement intellectuel, supérieur peut-être à tous les essais de rationalisme qui se sont jamais produits au sein du christianisme. Origène, à la date où nous nous arrêtons, n'est pas né encore ; mais son père Léonide nourrit en son cœur cet ardent idéalisme qui fera de lui un martyr et le premier maître du fils dont il baisera la poitrine pendant son sommeil, comme le temple du Saint-Esprit.

L'Orient païen n'inspirait pas toujours aux chrétiens la même antipathie que la Grèce. Le polythéisme égyptien, par exemple, était traité par eux avec moins de sévérité que le polythéisme hellénique. Le poète sibyllin du IIe siècle annonce à Isis et à Sérapis la fin de leur règne avec plus de tristesse que d'insulte. Son imagination est frappée de la conversion d'un prêtre égyptien, qui, à son tour, convertira ses compatriotes. Il parle en termes énigmatiques d'un grand temple élevé au vrai Dieu, qui fera de l'Égypte une sorte de terre sainte et ne sera détruit qu'à la fin des temps [1].

L'Orient, de son côté, toujours porté au syncrétisme, et d'avance sympathique à tout ce qui porte

1. *Carm. sib.*, V, 483 et suiv.

le caractère de la spéculation désintéressée, rendait au christianisme cette large tolérance. Que l'on compare au patriotisme étroit d'un Celse, d'un Fronton, l'esprit ouvert d'un penseur tel que Numénius d'Apamée; quelle différence! Sans être précisément chrétien ni juif, Numénius admire Moïse et Philon. Il égale Philon à Platon; il appelle ce dernier un Moïse attique[1], il connaît jusqu'aux compositions apocryphes sur Jamnès et Mambré[2]. A l'étude de Platon et de Pythagore, le philosophe doit, selon lui, unir la connaissance des institutions des brahmanes, des juifs, des mages, des Égyptiens[3]. Le résultat de l'enquête, on peut en être sûr d'avance, sera que tous ces peuples sont d'accord avec Platon. Comme Philon allégorise l'Ancien Testament, Numénius explique symboliquement certains faits de la vie de Jésus-Christ[4]. Il admet que la philosophie grecque est originaire de l'Orient, et doit la vraie notion de Dieu aux Égyptiens, aux Hébreux[5]; il proclame cette philosophie

---

1. Μωϋσῆς ἀττικίζων. Porphyre, *De antro nymph.*, 10; Clément d'Alexandrie, *Strom.*, I, ch. xxii, mot répété par un grand nombre de Pères.

2. Eusèbe, *Præp. evang.*, IX, 8.

3. Dans Eusèbe, *Præp. evang.*, IX, 7, 8.

4. Origène, *Contre Celse*, I, 15; IV, 51; V, 57.

5. Théodoret, *De cur. Græc. aff.*, sermo I, p. 466-467; sermo II, p. 499; sermo v, p. 547 (Paris, 1642).

insuffisante, même en ses maîtres les plus vénérés. Justin et l'auteur de l'Épître à Diognète n'en disaient guère davantage. Numénius n'appartint pas cependant à l'Église ; la sympathie et l'admiration pour une doctrine n'entraînent pas chez un éclectique l'adhésion formelle à cette doctrine. Numénius est un des précurseurs du néoplatonisme ; c'est par lui que l'influence de Philon et une certaine connaissance du christianisme pénètrent dans l'école d'Alexandrie. Ammonius Saccas, à l'heure où nous finissons cette histoire, fréquente peut-être encore l'église, d'où la philosophie ne tardera pas à le faire sortir. Clément, Ammonius, Origène, Plotin ! Quel siècle va s'ouvrir pour la ville qui nourrit tous ces grands hommes, et devient de plus en plus la capitale intellectuelle de l'Orient !

La Syrie comptait beaucoup de ces esprits indépendants, qui se montraient favorables au christianisme, sans pour cela l'embrasser. Tel fut ce Mara, fils de Sërapion [1], qui considérait Jésus comme un lé-

---

1. Lettre de Mara, fils de Sérapion, dans Cureton, *Spicil syr.*, p. 73-74. Comparez Justin, *Dial.*, 16. Voir *l'Antechrist*, p. 65 ; *les Évangiles*, p. 40, note 3 ; Land, *Anecdota syr.*, p. 30. Ce singulier ouvrage cite l'oracle sibyllin sur Samos, et parle de la dispersion des Juifs comme ayant été la conséquence immédiate de la mort de Jésus. Il est donc d'une époque où l'intervalle de 33 à 70 faisait l'effet de 0, et où la dispersion des Juifs était devenue un

gislateur excellent, et admettait que la destruction de la nationalité des Juifs était venue de ce qu'ils avaient mis à mort « leur sage roi[1] ». Tel fut aussi Longin ou l'auteur quel qu'il soit du traité *Du sublime*, lequel a lu avec admiration les premières pages de la Genèse et place le verset « Que la lumière soit, et la lumière fut » parmi les plus beaux traits qu'il connaisse[2].

Le plus original parmi ces esprits mobiles et sincères que la loi chrétienne charma, mais non d'une façon assez exclusive pour les détacher de tout le reste et faire d'eux de simples membres de l'Église, fut Bardesane d'Édesse[3]. C'était, si l'on peut s'ex-

---

fait établi depuis assez longtemps. Cette façon de traiter Jésus en législateur rappelle Lucien, *Peregrinus*, 13, et suppose un état des textes évangéliques et des institutions chrétiennes qui ne convient qu'à la fin du IIe siècle. Ce qui est dit des Romains (Cureton, p. XIII-XV) peut se rapporter à la campagne de Lucius Verus (162-165).

1. Le passage *Carm. sib.*, XII, 111, semble exprimer la même idée; mais M. Alexandre corrige le texte avec bonheur.

2. *De subl.*, sect. IX. Ce passage, interpolé ou non, a été écrit sûrement à la fin du IIe siècle ou au IIIe siècle, par un païen qui avait eu des relations avec des juifs ou des chrétiens, plutôt qu'il n'avait lu le Pentateuque (notez la forte inexactitude γενέσθω γῆ; comp. Jos., *Ant.*, prœm., 3; Galien, *De usu*, part., XI, 14). Cela convient bien à Longin; mais on sait les difficultés qui s'opposent par ailleurs à ce que le ministre de Zénobie soit l'auteur de Περὶ ὕψους.

3. Le jour de sa naissance est marqué dans la Chronique d'Édesse au 11 de tammuz de l'an 465 des Grecs = 153 de J.-C.

primer ainsi[1], un homme du monde, riche, ai-

(Assémani, *Bibl. or.*, I, p. 389; cf. *Chron. eccl.* de Barhebræus, édit. Abbeloos et Lamy, p. 145 et suiv.). Eusèbe, saint Épiphane, Théodoret le font fleurir sous Marc-Aurèle. Un passage du dialogue *De fato* (Eusèbe, *Præp.*, VI, ch. x, p. 279; Cureton, *Spicil. syr.*, p. 30) présente la conquête de l'Arabie par les Romains comme un fait récent (χθές). Or il s'agit là de la campagne de Lucius Verus, 162-165 (cf. Chron. d'Édesse, p. 390), à moins qu'il ne s'agisse de la campagne qui valut à Septime Sévère le titre d'Arabique vers l'an 200. Une grande partie des conquêtes de Lucius Verus, par exemple Hatra, pouvait s'appeler Arabie. La Chronique d'Édesse (p. 390, 393) place la chute de Marcion en 137, la naissance de Bardesane en 153, la naissance de Manès en 239. A peu près d'accord avec cette Chronique, le *Kitab el-fihrist* met Bardesane trente ans après Marcion et soixante-dix ans avant Manès (Fluegel, *Mani,* p. 85, 150-154; cf. Masoudi, t. IX, p. 337; Land, *Anecd. syr.*, I, p. 18; Aboulfaradj, *Dyn.*, p. 79, Poc.). Il ne faut pas nier cependant que d'autres autorités feraient de Bardesane un contemporain d'Héracléon et de saint Hippolyte. Voir *Philosophum.*, VI, 35; VII, 31, en comparant Tert., *Adv. Val.*, 4. Porphyre et Moïse de Khorène (supposé qu'ils parlent du même personnage) le font vivre sous Héliogabale. Eusèbe et Épiphane ont pu confondre Marc-Aurèle avec Caracalla ou Héliogabale, dont le titre impérial était Marcus Aurelius Antoninus. Ajoutons que l'Abgar chrétien avec lequel Bardesane fut en rapport paraît avoir été Abgar VIII bar Manou, qui régna de 202 à 217. Cf. Eusèbe, *Chron.*, Schœne, p. 178-179.

1. *Philosoph.*, VI, 35; VII, 31; Origène (?), *Dial. de recta in Deum fide,* sect. IV; Eus., *H. E.*, IV, ch. XXX; *Præp.*, VI, ch. IX, X; Épiphane, LVI; Théodoret, *Hær. fab.*, I, 22; *Hist. eccl.*, IV, 26; saint Jérôme, *De viris ill.*, 33; *Chron.*, an 12 de Marc-Aurèle; *In Osee,* 10; Pseudo-Aug., hær., 35; Sozom., III, ch. XVI; saint Éphrem, *Hymnes contre les hérésies,* Opp., t. II de la partie syriaque, p. 438 et suiv., 554 et suiv. (Rome, 1740); Moïse de Kho-

mable¹, libéral, instruit, bien posé à la cour, versé à la fois dans la science chaldéenne et dans la culture hellénique, une sorte de Numénius, au courant de toutes les philosophies, de toutes les religions, de toutes les sectes. Il fut sincèrement chrétien; ce fut même un prédicateur ardent du christianisme, presque un missionnaire²; mais toutes les écoles chrétiennes qu'il traversa laissèrent quelque chose dans son esprit; aucune ne le retint. Seul, Marcion, avec son austère ascétisme, lui déplut tout à fait³. Le valentinianisme, au contraire, dans sa forme orientale, fut la doctrine à laquelle il revint toujours. Il se complut aux syzygies des éons et nia la résurrection de la chair. Il préférait à cette conception matérielle les vues du spiritualisme grec sur la préexistence et la survivance de l'âme⁴. L'âme, selon lui, ne naissait ni ne mourait ; le corps n'était que son instrument pas-

rène, *Hist.*, II, 66; Photius, cod. ccxxiii; Philoxène de Maboug, dans Cureton, *Spic.*, p. v-vi.

1. Saint Éphrem, *Hymnes*, p. 438 f; Philoxène de Maboug, dans Cureton, *Spicil. syr.*, p. v, en observant pourtant que l'assertion de Philoxène n'a probablement pour base que les Dialogues, où Bardesane s'explique en effet avec beaucoup d'aménité.

2. Eusèbe, IV, xxx, 1; Moïse de Khorène, II, 66.

3. Eusèbe, *H. E.*, IV, xxx, 1; *Philos.*, VII, 31; Moïse de Khorène, *Hist.*, II, 66.

4. Dialogue, p. 13, Cureton. Harmonius alla plus loin encore dans ce sens. Sozom., III, 16.

sager. Jésus n'a pas eu de corps véritable ; il s'est uni à un fantôme. Il semble que, vers la fin de sa vie, Bardesane se rapprocha des catholiques ; mais, en définitive, l'orthodoxie le repoussa[1]. Après avoir enchanté sa génération par une prédication brillante, par son ardent idéalisme et par son charme personnel, il fut accablé d'anathèmes; on le classa parmi les gnostiques[2], lui qui n'avait jamais voulu être classé.

Un seul des traités de Bardesane trouva grâce auprès des lecteurs orthodoxes : ce fut un dialogue dans lequel il combattait la pire erreur de l'Orient, l'erreur chaldéenne, le fatalisme astrologique. La forme des entretiens socratiques plaisait à Bardesane. Il aimait à poser pour le public environné de ses amis et discutant avec eux les plus hauts problèmes de la philosophie[3]. Un des disciples nommé Philippe rédigeait ou était censé rédiger l'entretien[4]. Dans le dialogue sur la fatalité, l'interlocuteur principal de

1. Eusèbe, *H. E.*, IV, 30, paraît avoir mieux saisi qu'Épiphane (*l. c.*) la vraie marche de l'esprit de Bardesane.

2. Voir surtout les ardentes réfutations de saint Éphrem (*Hymnes*, I, II, III, LII, LIII, LV, LVI), entachées sans doute du même défaut que celles de saint Épiphane, c'est-à-dire d'une tendance à faire rentrer la doctrine en question dans les cadres généraux des erreurs gnostiques.

3. Eusèbe, *Præp.*, VI, 9, fin.

4. Cureton, p. III; Land, *Anecdota syr.*, I, p. 30, 51-53. Bardesane n'en était pas moins considéré comme auteur, de même

Bardesane est un certain Aoueid[1], entiché des erreurs de l'astrologie. L'auteur oppose à ces erreurs un raisonnement vraiment scientifique : « Si l'homme est dominé par les milieux et les circonstances, comment se fait-il que le même pays voie se produire des développements humains tout à fait différents ? Si l'homme est dominé par la race, comment se fait-il qu'une nation, changeant de religion, par exemple se faisant chrétienne, devient toute différente de ce qu'elle était ? » Les détails intéressants que l'auteur donne sur les mœurs de pays inconnus piquèrent la curiosité. Le dernier rédacteur du roman des *Reconnaissances*[2], puis Eusèbe, puis saint Césaire en firent leur profit[3]. Il est singulier qu'étant en possession

---

que les Entretiens d'Épictète, recueillis par Arrien, sont cités comme un ouvrage d'Épictète. D'autres fois, pourtant, on considérait les Dialogues comme des « livres de ses disciples ». Cf. Philoxène de Maboug, dans Cureton, p. v.

1. Pour ce nom arabe, voir Wetzstein, *Inschr. in Trach. und Hauran*, au mot Ἀουείδος; *Acta S. Barsimœi*, init., Mœsinger.

2. L'hypothèse inverse est impossible. Des traits d'actualité précise, comme ce qui est relatif à la conquête romaine et à la conversion du Manou au christianisme (p. 30, 31, 32, Cureton), manquent dans les *Reconnaissances*.

3. Outre ces citations, nous possédons le texte complet de l'ouvrage en syriaque (Cureton, *Spicil. syr.*, p. 1 et suiv.). On ne saurait affirmer que ce syriaque soit l'original de Bardesane; c'est peut-être une traduction refaite sur le grec. Le titre, *Livre des lois des pays*, que porte l'ouvrage dans le manuscrit du Mu-

d'un pareil écrit, nous devions encore nous demander
ce que Bardesane pensa sur la question de l'influence
des astres dans les actes de l'homme et dans les événements de l'histoire. Le dialogue s'exprime sur ce
point avec toute la netteté que l'on peut désirer[1].
Cependant saint Éphrem[2], Diodore d'Antioche[3],
combattent Bardesane comme ayant versé dans l'erreur de ses maîtres de Chaldée. Par moments, son
école apparaît comme une école profane d'astronomie
autant que de théologie. On y prétendait fixer par
des calculs la durée du monde à six mille ans[4]. On

sée britannique, est peut-être une précaution pour dissimuler le
nom mal famé de Bardesane. C'est à tort qu'Eusèbe dit que
l'ouvrage était adressé πρὸς Ἀντωνῖνον, ce dont saint Jérôme a fait
Marco Antonino. Le texte conservé de l'ouvrage ne porte rien de
semblable. Épiphane a πρὸς Ἀβειδὰν τὸν ἀστρονόμον, ce qui est exact.
ΑΣΤΡΟΝΟΜΟΝ a pu devenir ΑΝΤΩΝΕΙΝΟΝ, par des confusions de
lettres. Il est peu vraisemblable qu'un dialogue écrit en syriaque
ait été adressé à un empereur romain. L'hypothèse de *Avida* =
Avitus (nom d'Héliogabale) est absolument inadmissible.

1. Comparez la doctrine du Dialogue à celle de saint Éphrem,
Hymnes, IV, p. 445-447; V, p. 449 A; VI, p. 453 F; VIII, p. 458 A;
IX entier.

2. *Hymnes*, VI, p. 452 F; VIII, p. 457 F.

3. Photius, cod. CCXXIII. Il paraît que l'ouvrage de Diodore
existe complet en syriaque. W. Smith, *Dict. of greek and roman
biography*, I, p. 1015.

4. Cureton, p. 40; saint Éphrem, *Hymnes*, I, 439 E; LI, p. 550 C,
D; LIII, 553 F; *Journ. asiat.*, avril 1852, p. 298-299; Land, *Anecd.
syr.*, p. 32; Hilgenfeld, *Bardesanes*, p. 54 et suiv.

admettait l'existence d'esprits sidéraux résidant dans les sept planètes, surtout dans le soleil et la lune, dont l'union mensuelle conserve le monde en lui donnant de nouvelles forces[1].

Ce que Bardesane fut sans contestation, c'est le créateur de la littérature syriaque chrétienne. Le syriaque était sa langue; quoiqu'il sût le grec, il n'écrivait pas en cet idiome. Le travail nécessaire pour assouplir l'idiome araméen à l'expression d'idées philosophiques lui appartient tout entier. Ses ouvrages, du reste, étaient traduits en grec par ses disciples sous ses yeux. Lié avec la famille royale d'Édesse, ayant été, à ce qu'il semble, élevé en la compagnie d'Abgar VIII bar Manou, qui fut un fervent chrétien, il contribua puissamment à extirper les coutumes païennes, et eut un rôle social et littéraire des plus importants. La poésie avait toujours manqué à la Syrie; les anciens idiomes araméens n'avaient connu que le vieux parallélisme sémitique et n'en avaient pas su tirer grand'chose. Bardesane composa, à l'imitation de Valentin[2], cent cinquante hymnes, dont le rythme cadencé, en partie imité de la Grèce, ravit

---

1. Saint Éphrem, Œuvres, II, *Hymnes*, LIII, p. 553 F; LV, p. 558 E, F.

2. Tertullien, *De carne Christi*, 20; cf. Canon de Muratori, lignes 82 et suiv.

tout le monde, surtout les jeunes gens¹. C'était à la fois philosophique, poétique, chrétien. La strophe se composait de onze ou douze vers de cinq syllabes, scandés d'après l'accent². On chantait les hymnes en chœur, au son de la cithare, sur des airs grecs. L'influence civilisatrice de cette belle musique fut considérable. Presque toute l'Osrhoène se fit chrétienne. Malheureusement Abgar IX, fils d'Abgar VIII, fut détrôné en 216 par Caracalla ; ce phénomène éphémère d'une petite principauté fondée sur les principes d'un christianisme libéral disparut ; le christianisme continua de faire des progrès en Syrie, mais dans la direction orthodoxe et en s'écartant chaque jour davantage des libertés spéculatives qu'il s'était d'abord permises.

Les rapports de Bardesane avec l'empire romain sont obscurs³. Selon certaines apparences, la persé-

---

1. Saint Éphrem, *Hymnes*, I, p. 439 D ; LIII, p. 553-554.

2. Zingerle, dans *Zeitschr. der d. m. G.*, 1848, 66 et suiv. ; 1856, 116 et suiv., etc. Ce rythme avait beaucoup d'analogie avec celui de l'hymne au Christ, dans Clément d'Alexandrie, *Pædag.*, III, 12, *ad calcem*.

3. Nous ne croyons pas que Bardesane de Babylone, auteur d'un ouvrage sur l'Inde, fait d'après les récits des ambassadeurs indiens qui vinrent trouver Héliogabale, vers 220 (Porphyre, *De abstinentia*, IV, 17 ; Stobée, *Ecl.*, I, III, 56 ; cf. saint Jérôme, *In Jov.*, II, 14, p. 206, Mart.), soit identique à notre Bardesane. Voir Lassen, *Ind. Alterth.*, III, p. 62, 348 et suiv., 361, 367 et

cution des dernières années de Marc-Aurèle lui aurait donné l'idée d'adresser une apologie à cet empereur[1]. Peut-être fut-il en rapport avec Caracalla ou Héliogabale, qu'il est très facile de confondre dans les textes avec Marc-Aurèle[2]. Il semble qu'il composa un dialogue entre lui-même et un certain Apollonius, censé ami de l'empereur[3], où celui-ci l'engageait à renier le nom de chrétien. Bardesane répondait courageusement, comme Démétrius le Cynique : « L'obéissance aux ordres de l'empereur ne me débarrasserait pas de la nécessité de mourir[4]. »

Bardesane laissa un fils, nommé Harmonius, qu'il envoya faire ses études à Athènes, et qui continua l'école, en la faisant pencher encore davantage du côté

---

suiv., 416 ; *Journ. of the R. As. Soc.*, t. XIX (1862), p. 280 et suiv. Ce que notre Bardesane dit de l'Inde dans le *De fato* n'est pas assez caractérisé pour qu'on suppose qu'il a puisé à des renseignements originaux. Le Bardesane historien syrien d'Arménie, dont parle Moïse de Khorène (II, 66), me paraît aussi un autre personnage (peut-être identique au Bardesane de Babylone), que Moïse, avec son manque de critique habituel, aura pris pour l'hérésiarque. Le nom de Bardesane était très commun à Édesse, à cause de la rivière Daïsan, qui entoure la ville. On connaît encore un personnage de ce nom (Κεστοί de Jules Africain, dans les *Vet. Mathem.*, Paris, 1693, p. 300).

1. Eusèbe, IV, xxx, 2. Comp. Moïse de Khorène, II, 66.
2. Voir ci-dessus, p. 440-441, note 3.
3. Apollonius de Chalcis (?).
4. Épiph., LVI, 1.

de l'hellénisme. A l'imitation de son père, il exprima les idées les plus élevées de la philosophie grecque en hymnes syriaques[1]. Il résultait de tout cela une discipline trop distinguée eu égard à la moyenne que comportait le christianisme. Il fallait, pour être membre d'une telle Église, de l'esprit, de l'instruction. Les bons Syriens en furent effrayés. Le sort de Bardesane ressembla fort à celui de Paul de Samosate. On le traita de charmeur dangereux, de femme séductrice, irrésistible dans le secret. Ses hymnes, comme la *Thalie* d'Arius, furent traitées d'œuvre de magie[2]. Plus tard, saint Éphrem ne trouva d'autre moyen pour détrôner ces rythmes et soustraire les enfants à leur charme, que de composer des hymnes orthodoxes sur le même air[3]. Désormais, quand il se produisait dans l'Église de Syrie quelque sujet distingué, ayant de l'indépendance d'esprit et une grande connaissance des Écritures, on se disait avec terreur : « Ce sera un Bardesane[4]. »

On n'oublia pas cependant son talent et les ser-

---

1. Sozomène, III, 16 ; Théodoret, *Hist. ecclés.*, IV, 26.
2. Saint Éphrem, *Hymnes*, I, p. 439 D, E.
3. Actes de saint Éphrem, dans Assémani, *Bibl. orient.*, I, p. 47 et suiv., 148 et suiv. ; saint Éphrem, *Opp.* (partie syriaque), t. II, *Hymnes contre les hérésies* ; t. III, *Hymnes polémiques*, p. 128 ; Sozomène, III, 16 ; Théodoret, *Hist. eccl.*, IV, 26.
4. Gennadius, *Ill. vir. catal.*, ch. IV.

vices qu'il avait rendus. Le jour de sa naissance fut marqué, dans la Chronique d'Édesse, parmi les grands anniversaires de la cité. Son école dura pendant tout le IIIe siècle, mais ne produisit aucun homme bien célèbre[1]. Plus tard, le germe de dualisme qui était dans la doctrine du maître rapprocha l'école du manichéisme. Les chroniqueurs byzantins et leurs disciples les polygraphes arabes constituèrent une sorte de trinité du mal, composée de Marcion, Ibn-Daïsan, Manès. Le nom de daïsanites devint synonyme d'athée, de zendik; ces daïsanites comptèrent, pour les musulmans, parmi les sectes secrètes affiliées au parsisme, tronc maudit de toutes les hérésies[2].

1. Origène (?), *Dial. de recta fide,* Delarue, I, 834, 840.
2. Flügel, *Mani,* p. 102, 161-162, 165, 356, 361; Schahristani, *Livre des sectes,* trad. Haarbrücker, I, p. 285 et suiv., 293 et suiv.; texte arabe de Cureton, I, p. 194 et suiv.; Masoudi, VIII, p. 293; IX, p. 337; Aboul-faradj, *Dyn.,* p. 77, 79, 82, édit. Pococke. Cette association se trouve déjà dans Macarius Magnes, IV, 15, p. 184, et même dans la Chronique d'Édesse, p. 389 et 393; dans Aphraate (*Aphraates Homilien,* trad. Bickell, p. 59), et dans saint Éphrem (*Hymnes contre les hérésies,* OEuvr., partie syr., t. II). Voir Hilgenfeld, *Bardesanes,* p. 36, 49-50, 70-72; Assémani, *Bibl. or.,* I, p. 128, 145; Journal de Galland (édit. Schefer), t. I, p. 276, 285-286.

CHAPITRE XXV.

STATISTIQUE ET EXTENSION GÉOGRAPHIQUE DU CHRISTIANISME.

En cent cinquante ans, la prophétie de Jésus s'était accomplie. Le grain de sénevé était devenu un arbre qui commençait à couvrir le monde. Dans le langage hyperbolique qui est d'usage en pareille matière, le christianisme était répandu « partout »[1]. Saint Justin affirmait déjà, vers 150, qu'il n'y avait pas un coin de terre, même chez les peuples barbares, où l'on ne priât au nom de Jésus crucifié[2]. Saint Irénée s'exprime de la même manière[3]. — « Ils poussent et se répandent comme la mauvaise herbe ; leurs lieux de réunion se multiplient de toutes

---

1. *Pasteur* d'Hermas, sim. ix, 17 ; *Épitre à Diognète,* ch. vi ; voir ci-dessus, p. 425 et suiv.
2. *Dial.,* 117 ; cf. 110, 121 ; *Apol. I,* 53. Cf. Orig., *Adv. Cels.,* I, 26 ; III, 8.
3. Irénée, I, x, 1, 2 ; III, iii, 1 ; iv, 2 ; xi ; V, xx, 1.

parts[1] », disaient les malveillants. — Tertullien, d'un autre côté, écrira dans vingt ans : « Nous sommes d'hier, et déjà nous remplissons tous vos cadres, vos cités, vos places fortes, vos conseils, vos camps, vos tribus, vos décuries, le palais, le sénat, le forum ; nous ne vous laissons que vos temples. Sans recourir aux armes, auxquelles nous sommes peu propres, nous pourrions vous combattre en nous séparant de vous ; vous seriez effrayés de votre solitude[2], d'un silence qui paraîtrait la stupeur d'un monde mort. »

Jusqu'au temps d'Adrien, la connaissance du christianisme est le fait des gens qui sont dans les secrets de la police et d'un petit nombre de curieux[3]. Maintenant la religion nouvelle jouit de la plus grande publicité. Dans la partie orientale de l'empire, nul n'ignore son existence ; les lettrés en par-

---

1. Minucius Félix; 9 ; Celse, voyez ci dessus, p. 369 et suiv. Celse se contredit, selon les besoins de sa polémique, tantôt présentant les chrétiens comme réduits par les exécutions à un petit nombre de fugitifs, tantôt les adjurant de ne pas persister dans leur abstention, qui tue la patrie et la livre aux barbares.

2. *Apol.*, 1, 21, 37, 41, 42. Cf. *Ad nat.*, I, 7 ; *Ad Scapulam*, 2, 3, 4, 5 ; *Adv. Judæos*, 13. Cf. Arnobe, I, 24. Corrigez ces exagérations par Origène, *In Matth. comm. series*, p. 857, 2ᵉ col., F, Delarue.

3. Voir ci-dessus, p. 54, 56, 110, les opinions de Marc-Aurèle, d'Épictète, de Galien, d'Aristide, d'Apulée. Pour Phlégon, voir Origène, *Contre Celse*, II, 14, 33.

lent, la discutent, y font des emprunts [1]. Loin d'être renfermée dans le cercle juif, la religion nouvelle recueille dans le monde païen le plus grand nombre de ses convertis [2], et, du moins à Rome, surpasse en nombre l'Église juive, d'où elle est sortie [3]. Elle n'est ni le judaïsme ni le paganisme ; c'est une troisième religion définitive [4], destinée à remplacer tout ce qui a précédé.

Les chiffres sont, en pareille matière, impossibles à préciser, et certainement ils différaient beaucoup selon les provinces. L'Asie Mineure continuait d'être la province où la population chrétienne était le plus dense. Elle était aussi le foyer de la piété. Le montanisme semblait le ferment de l'universelle ardeur qui brûlait le corps spirituel de l'Église. Même, en le combattant, on s'animait de ce qu'il y avait en lui de flamme sacrée. A Hiérapolis et dans plusieurs

---

1. Épictète (*Dissert.*, II, ix, 20 et suiv.), Dion Cassius (LXVII, 14) confondent cependant encore les juifs et les chrétiens. Notez même, dans Lucien, *Peregr.*, 16, ce qui est dit des nourritures défendues. Voir aussi Lampride, *Carac.*, 1. Les absurdités de Plutarque sur les juifs (*Quæst. conv.*, IV, quæst. vi) nous surprennent.

2. Justin, *Apol. I*, 53.

3. II Clem., ii, 3.

4. Τρίτον γένος, *genus tertium. Petri et Pauli Præd.*, Hilg., p. 58-59 ; Tertullien, *Scorp.*, 10 ; *Ad nat.*, I, 8-9 ; *Epist ad Diogn.*, 2, 3, 4, 8-9. Voir ci-dessus, p. 424 et suiv. Cf. *Constit. apost.*, VI, 24, 25.

villes de Phrygie[1], les chrétiens devaient former la majorité de la population. Depuis le règne de Septime Sévère, Apamée de Phrygie prend sur ses monnaies un emblème biblique, l'arche de Noé, par allusion à son nom de *Kibotos*[2]. Dans le Pont, on vit, dès le milieu du IIIe siècle, des villes détruire leurs anciens temples et se convertir en masse[3]. Toute la région voisine de la Propontide participait au mouvement. La Grèce proprement dite, au contraire, s'attardait à ses vieux cultes, qu'elle ne devait abandonner qu'en plein moyen âge et presque à contrecœur[4].

En Syrie, vers 240, Origène trouve que, par rapport à l'ensemble de la population, les chrétiens sont « très peu nombreux »[5], à peu près ce qu'on dirait des protestants ou des israélites à Paris. Quand

---

1. Voir *Saint Paul*, ch. XIII. Notez l'inscription Θεῷ ὁσίῳ καὶ δικαίῳ, Θεῷ ὑψίστῳ, dans Μουσεῖον τῆς εὐαγγ. σχολῆς, 1880, p. 161, 169 (Smyrne).

2. Eckhel, 1re part., vol. III, p. 130 et suiv. L'explication d'Eckhel a définitivement prévalu et est tenue aujourd'hui pour certaine. Voir De Witte, Ch. Lenormant, dans les *Mélanges* des PP. Cahier et Martin, t. III, p. 169 et suiv., 199 et suiv.

3. Grég. de Nysse, *Vie de Grég. Thaumat.*, dans le t. III de ses Œuvres, Paris, 1638.

4. Sathas, *Docum. relat. à l'hist. de la Gr. au moyen âge*, 1re série, t. I, p. XI et suiv.

5. Πάνυ ὀλίγοι.. Orig., *Adv. Cels.*, VIII, 69. Ailleurs, *Adv. Cels.*, I, 26, il dit οὐκ ὀλίγοι.

Tertullien nous dit : *Fiunt non nascuntur christiani* [1], il nous indique par cela même que la génération chrétienne antérieure avait compté peu d'âmes. L'Église de Rome, en 251, possède quarante-six prêtres, sept diacres, sept sous-diacres, quarante-deux acolytes, cinquante-deux exorcistes, lecteurs et portiers ; elle nourrit plus de quinze cents veuves ou indigents [2], ce qui ferait supposer environ trente ou quarante mille fidèles [3]. A Carthage, vers l'an 212, les chrétiens sont le dixième de la population [4]. Toute la partie grecque de l'empire comptait des chrétientés florissantes ; il n'y avait pas une ville quelque peu importante qui n'eût son Église et son évêque. En Italie, il y avait plus de soixante évêques ; même des petites villes presque inconnues en avaient [5].

---

1. *Apol.*, 18.

2. Lettre du pape Corneille à Fabius d'Antioche, dans Eusèbe, VI, XLIII, 11-12.

3. Μετὰ μεγίστου καὶ ἀναριθμήτου λαοῦ. Saint Corneille, *l. c.* Saint Jean Chrysostome (*In Matth.*, homil. LXVI (al. LXVII), t. VII, p. 658, Montf.) dit que l'Église d'Antioche nourrissait plus de trois mille veuves ou vierges, sans compter toutes les autres personnes qui avaient besoin d'être assistées. La population chrétienne d'Antioche était alors la moitié de la population totale de la ville (*Adv. Jud.*, I, 5), c'est-à-dire d'environ cent mille âmes (voir *les Apôtres*, p. 215-216). Les rapprochements tirés des statistiques de nos jours ont ici peu de valeur.

4. Tertullien, *Ad Scap.*, 5.

5. Eusèbe, VI, XLIII, § 2 ; Corneille, *ibid.*, § 8. « Évêque », en

La Dalmatie était évangélisée[1]. Lyon, Vienne avaient des colonies chrétiennes composées d'Asiates et de Syriens, se servant du grec, mais exerçant leur apostolat sur les populations voisines qui parlaient latin ou gaulois[2]. Le monde gallo-romain et hispano-romain, néanmoins, était, en réalité, à peine entamé. Un polythéisme local très superstitieux devait offrir dans ces vastes continents une masse bien difficile à percer.

La Bretagne avait sans doute déjà vu des missionnaires de Jésus. Ses prétentions à cet égard sont fondées beaucoup moins sur les fables dont l'île des Saints, comme toutes les grandes chrétientés, entoura le berceau de sa foi[3], que sur un fait capital, savoir l'observance de la pâque selon le rite quartodéciman, c'est-à-dire à l'ancienne façon de l'Asie Mineure[4]. Il est possible que les premières Églises de Bretagne aient dû leur origine à des Phrygiens, à des Asiates, comme ceux qui fondèrent les Églises de

---

pareil cas, est synonyme de « curé »; toute paroisse avait un évêque.

1. II Tim., 4, 9. Cf. Tit., III, 12.
2. Ce sont là ces barbares qui croient en Christ, « ayant le salut écrit dans leur cœur par le ministère de l'Esprit, sans papier ni encre », dont parle Irénée, III, IV, 2.
3. Gildas, ch. VI, VII; Bède, l. I, ch. IV.
4. Voir ci-dessus, p. 204; Bède, l. II, ch. II et suiv.

Lyon, de Vienne. Origène dit que la vertu du nom de Jésus-Christ a passé les mers pour aller chercher les Bretons dans un autre monde [1].

La condition des croyants était, en général, fort humble [2]. A part quelques exceptions, toutes sujettes au doute, on ne vit aucune grande famille romaine passer au christianisme, avec ses esclaves et sa clientèle, avant Commode [3]. Un homme du monde, un chevalier, un fonctionnaire se heurtaient dans l'Église à des impossibilités. Les riches y étaient comme hors de leur élément. La vie en commun avec des gens qui n'avaient ni leur fortune ni leur rang social était pleine de difficultés, et les relations de société se trouvaient pour eux à peu près interdites [4]. Les mariages surtout présentaient d'énormes difficultés ; beaucoup de chrétiennes épousaient des païens plutôt que de se résigner à un mari pauvre [5]. De ce que l'on trouve dans les cimetières chrétiens de l'époque de Marc-Aurèle et des Sévères les noms des *Cornelii*, des *Pomponii*, des *Cœcilii* [6], il est

---

1. *In Lucam,* homel. vi, p. 939, édit. Delarue (t. III).
2. Origène, *Contre Celse,* III, 48-50.
3. Eusèbe, *H. E.,* V, xxi, 1.
4. Voir *l'Église chrétienne,* p. 393 et suiv., et ci-dessus, p. 99 et suiv.
5. Tertullien, *Ad ux.,* II, 8. Cf. *Philos.,* IX, 11.
6. De Rossi, *Bull.,* 1866, p. 24. Voir, Le Blant, *Inscr. chr.*

hasardeux de conclure qu'il y eût des fidèles portant ces grands noms par le droit du sang. La clientèle et la servilité étaient l'origine de ces ambitieux *agnomina*. — De même, l'étiage intellectuel fut d'abord assez bas[1]. Cette haute culture de la raison que la Grèce avait inaugurée fit généralement défaut dans les deux premières générations. Avec Justin, Minucius Félix, l'auteur de l'Épître à Diognète, la moyenne s'élève; bientôt avec Clément d'Alexandrie et Origène, elle s'élèvera encore; à partir du IIIe siècle, le christianisme possédera des hommes ayant avec les hommes éclairés du siècle une commune mesure.

Le grec est encore essentiellement la langue chrétienne. Les plus anciennes catacombes sont toutes grecques. Au milieu du IIIe siècle, les sépultures des papes ont des épitaphes en grec[2]. Le pape Corneille écrit aux Églises en grec[3]. La liturgie romaine est en langue hellénique; même quand le latin a pré-

---

de la Gaule, I, p. 118 et suiv.; *Revue arch.,* avril 1880, p. 322 et suiv. « de ultima fæce ». Min. Fel., 8 (cf. 36); Celse, voir ci-dessus, p. 362 et suiv.; saint Jérôme, *In Gal.,* III, prol.; Actes des martyrs, Le Blant, *Revue arch.,* l. c.

1. Justin, *Apol. II,* 10; Athénag., 11. Facilité à se laisser duper : Lucien, *Peregr.,* 13.

2. Catacombe de saint Calliste : de Rossi, *Roma sott.,* II, p. 27 et suiv. La première épitaphe latine est celle de saint Corneille, mort en 252.

3. Eusèbe, *H. E.,* VI, XLIII, 3 et suiv.

valu, on l'écrit souvent en caractères grecs; des mots grecs prononcés à la façon iotaciste, qui était celle du peuple en Orient[1], restent comme des marques d'origine[2]. Un seul pays avait réellement une Église parlant latin, c'était l'Afrique[3]. Nous avons vu Minucius Félix ouvrir la littérature latine chrétienne par un chef-d'œuvre[4]. Tertullien, dans vingt ans[5], après avoir hésité entre la langue grecque et la langue latine pour la composition de ses

---

1. *Kyrie eleïson imas, ischyros, athanatos,* etc., office du vendredi saint.

2. Voir Caspari, *Quellen zur Gesch. des Taufsymbols und der Glaubensregel,* t. III (Christiania, 1875), p. 267-466.

3. Dans les écoles de Carthage, on enseignai surtout le grec. Apulée, né à Madaure, et qui avait fait ses études à Carthage et à Athènes, ne savait pas encore le latin quand il vint à Rome. *Métam.,* l. I, ch. I. Voir aussi son *Apologie,* 2?

4. Selon certains, l'écrit dont nous possédons un fragment connu sous le nom de *Canon de Muratori* aurait été écrit primitivement en latin. Il nous paraît probable que l'original était grec. En effet, cet original fut essentiellement un ouvrage romain, écrit à Rome vers 180. Or, à Rome, a cette époque, les chrétiens écrivaient en grec. Les africanismes du texte, s'il y en a, s'expliqueraient par la supposition que le morceau fut traduit en Afrique, peu après sa composition.

5. *L'Apologétique,* le premier ouvrage de Tertullien, est de l'an 197, 198 ou 199. Voir Bonwetsch, *Die Schriften Tertullians, nach der Zeit ihrer Abfassung* (Bonn, 1878); cf. *Zeitschrift für K. G.,* II (1878), p. 572 et suiv.; Keim, *Aus dem Urchristenthum,* p. 194-198 (Zurich, 1878); Aubé, *Revue hist.,* t. XI (1879), p. 272 et suiv.

écrits[1], préférera heureusement la seconde, et présentera le phénomène littéraire le plus étrange : un mélange inouï de talent, de fausseté d'esprit, d'éloquence et de mauvais goût ; grand écrivain, si l'on admet que sacrifier toute grammaire et toute correction à l'effet soit bien écrire. Enfin l'Afrique donnera au monde un livre fondamental, la Bible latine. Une au moins des premières traductions latines de l'Ancien et du Nouveau Testament a été faite en Afrique[2] ; le texte latin de la messe, des parties capitales de la liturgie, paraissent également d'origine africaine. La *lingua volgata* d'Afrique[3] contribua ainsi dans une large part à la formation de la langue ecclésiastique de l'Occident, et ainsi elle exerça une influence décisive sur nos langues mo-

---

1. *De corona*, 6; *De virgin. vel.*, 1; *De bapt.*, 15. Je crois que l'original des Actes des martyrs scillitains, qui sont de l'an 180, était en grec. (*Acyllinus* en certains manuscrits pour *Aquilinus*. *Lœtantius* pour Καλεστίνος, και ayant été pris pour la copule.) Usener, *Acta mart. Scylit. grœce*, Bonn, 1881 ; Aubé, *Étude sur un nouveau texte des Actes des martyrs scillitains*, Paris, 1881.

2. Voir les éditions et travaux de Vercellone, Rœnsch, Reusch, Ziegler, E. Ranke, surtout Ziegler, *Die latein. Bibelübersetz. vor Hieronymus*, Munich, 1879. Le *Codex Lugdunensis*, récemment publié par M. Ulysse Robert (Paris, 1881), contient une version qui paraît africaine. Voir p. cxxv et suiv., cxli et suiv.

3. Se rappeler certaines inscriptions (par exemple Guérin, *Voy. en Tun.*, I, p. 289, 343 et suiv.); les rapprocher de Commodien et du Canon de Muratori.

dernes. Mais il résulta de là une autre conséquence ; c'est que les textes fondamentaux de la littérature latine chrétienne furent écrits dans une langue que les lettrés d'Italie trouvèrent barbare et corrompue, ce qui plus tard donna occasion de la part des rhéteurs à des objections et à des épigrammes sans fin [1].

De Carthage, le christianisme rayonna puissamment en Numidie et en Mauritanie [2]. Cirta produisait les adversaires et les défenseurs les plus ardents de la foi en Jésus [3]. Une ville perdue au fond de la province d'Afrique, Scillium [4], à cinquante lieues de Carthage, fournit, quelques mois après la mort de Marc-Aurèle [5], un groupe de douze martyrs, conduits par un certain Speratus, qui montra une fermeté inébranlable, tint tête au proconsul et ouvrit glorieusement la série des martyrs africains [5].

---

1. Arnobe, *Adv. gentes*, I, 45, 58, 59.
2. Origène, *In Luc.*, hom. VI, p. 939, Delarue.
3. Voir *l'Égl. chrét.*, p. 493, et ci-dessus, p. 390 et suiv.
4. Voir Guérin, *Voy. en Tunisie*, I, p. 308 et suiv. Notez, dans l'inscription p. 302, le nom de *Speratœ*.
5. M. Usener (*op. cit.*) a démontré ce qu'avait déjà bien entrevu M. Léon Renier (Œuvres de Borghesi, t. VIII, p. 645), savoir que les Actes des martyrs scillitains sont de l'an 180. Ruinart, *Acta sinc.*, p. 84 et suiv.; Tillemont, *Mém.*, III, p. 134 et suiv., 638 et suiv. Le texte grec, publié par M. Usener, me paraît l'original. Voir page précédente, note 1.

Édesse devenait de jour en jour un centre chrétien d'importance majeure. Placée jusque-là dans le vasselage des Parthes, l'Osrhoène était soumise aux Romains depuis la campagne de Lucius Verus (165); mais elle garda sa dynastie d'Abgars et de Manous jusque vers le milieu du IIIe siècle[1]. Cette dynastie, qui se rattachait aux Izates juifs de l'Adiabène, se montra extrêmement favorable au christianisme[2]. En 202, à Édesse, une église est détruite par une inondation[3]. L'Osrhoène possédait de nombreuses communautés chrétiennes à la fin du IIe siècle[4]. Un certain Palut, évêque d'Édesse, ordonné par Sérapion d'Antioche (190-210), resta célèbre par ses luttes contre les hérésies[5]. Enfin, Abgar VIII bar Manou (176-213)[6] embrassa définitivement le chris-

---

1. Tillemont, *Hist. des emp.*, II, p. 352-354; III, p. 114-115. Cf. Lucien, *Quom. hist. conscr.*, 22, 24.

2. C'est par erreur cependant qu'on a cru voir la croix dans l'ornement de perles que présente, sur certaines monnaies d'Édesse, la tiare de l'Abgar [de Longpérier].

3. Chron. d'Édesse, dans Assem., *Bibl. or.*, I, 391.

4. Eus., *H. E.*, V, XXIII, 3.

5. Bickell, *Conspectus rei Syr. lit.*, p. 16-17; Cureton, *Ancient syr. doc.*, p. 18, 43, 71; Mœsinger, *Acta SS. mart. edessenorum* (Inspruck, 1874), p. 97, 103-104; Zahn, *Gœtt. gel. Anz.*, 1877, p. 180 et suiv. Cf. *l'Antechrist*, p. 64-65, note.

6. De Gutschmid, dans le *Rhein. Mus.*, 2e série, t. XIX (1864), 171 et suiv.; Lipsius, *Die edessenische Abgar-Sage* (Brunswick, 1880), p. 8 et suiv.

tianisme du temps de Bardesane, et, d'accord avec ce grand homme[1], fit une rude guerre aux coutumes païennes, surtout à la pratique de l'émasculation, vice profondément enraciné dans les cultes syriens. Ceux qui continuèrent à honorer Targatha de cette étrange manière eurent la main coupée[2]. Bardesane, pour combattre la théorie des climats, fait remarquer que les chrétiens répandus en Parthie, en Médie, à Hatra et dans les pays les plus reculés, ne se conforment nullement aux lois de ces pays[3]. Le premier exemple d'un royaume chrétien, avec une dynastie chrétienne, fut donné par Édesse. Cet état de choses, qui fit beaucoup de mécontents, surtout parmi les grands, fut renversé en 246 par Caracalla[4]; mais la foi chrétienne n'en souffrit guère. Dès lors, furent probablement composées les pièces apocryphes destinées à prouver la sainteté de la ville d'Édesse, et

---

1. Cet Abgar Manou paraît aussi avoir été en rapports avec Jules Africain. Fragments des Κεστοί dans Thévenot, *Mathem. vet.*, p. 300-304; Gutschmid, *l. c.*

2. *De fato*, dans Eus., *Præp.*, VI, ch. x, p. 279, plus explicite dans Cureton, p. 31-32; Eus. (d'après Jules Africain), *Chron.*, année de Macrin; Épiphane, hær. LVI, 1.

3. Dans Eus., *l. c.*, p. 279-280; Cureton, p. 32-33. L'énumération diffère dans le syriaque, dans Eusèbe et dans le latin de *Recognitiones;* il est clair, du reste, qu'il ne faut pas la prendre trop à la rigueur.

4. Dion Cassius, LXXVII, 5, 12; Spartien, *Carac.*, 7.

surtout cette lettre prétendue de Jésus-Christ à Abgar, dont Édesse devait être si fière plus tard [1].

Ainsi fut fondée, à côté de la littérature latine des Églises d'Afrique, une nouvelle branche de littérature chrétienne : la littérature syriaque. Deux causes la créèrent, le génie de Bardesane et le besoin de posséder une version araméenne des livres saints. L'écriture araméenne était depuis longtemps employée dans ces contrées, mais n'avait pas encore servi à fixer un vrai travail littéraire. Des judéo-chrétiens posèrent la base d'une littérature araméenne en traduisant l'Ancien Testament en syriaque [2]. Puis vint la traduction des écrits du Nouveau; puis on composa des récits apocryphes. Cette Église syrienne, destinée plus tard à un vaste développement, paraît avoir

1. V. *l'Antechrist*, p. 64-65. Ajoutez G. Phillips, *the Doctrine of Addaï*. Londres, 1876 (voy. *Revue crit.*, 6 janv. 1877, p. 5-7; 6 déc. 1880, p. 447-449; *Zeitschrift für K. G.*, II, p. 92-94, 194-195); Lipsius, ouvrage cité. Comp. la Διδαχὴ Ἀδδαίου dans Lagarde, *Rel. jur. eccl. ant.*, p. 89 et suiv.; Tischendorf, *Acta apost. apocr.*, p. 261 et suiv.; saint Éphrem, *Carmina Nisibena*, p. 138 (trad. Bickell). La légende de Bérénice (la Véronique; comparez la Πετρονίκη des fables édessiennes, et Nicéphore, II, 7) est aussi rapportée à Édesse (Macarius Magnes, dans Pitra, *Spic. Sol.*, I, p. 332-333), et il y a peut-être un rapport entre la statue de l'hémorrhoïsse et le portrait du Christ que prétendait posséder la ville sainte de Syrie.

2. *L'Église chrétienne*, p. 287-288; Nœldeke, *Litt. Centralblatt*, 20 nov. 1875.

renfermé, à cette époque, les plus grandes variétés, depuis le judéo-chrétien jusqu'au philosophe comme Bardesane et Harmonius.

Les progrès de l'Église hors de l'empire romain étaient beaucoup moins rapides. L'importante Église de Bosra [1] avait peut-être des Églises suffragantes parmi les Arabes indépendants. Palmyre comptait déjà sans doute des chrétiens [2]. Les nombreuses populations araméennes soumises aux Parthes embrassaient le christianisme avec l'empressement que la race syrienne montra toujours pour le culte de Jésus [3]. L'Arménie reçut, vers le même temps, les premiers germes de christianisme, auxquels il est possible que Bardesane n'ait pas été étranger [4]. On parle de martyrs dans l'Arménie perse dès le IIIe siècle [5].

Des traditions fabuleuses, avidement accueillies à

1. Eusèbe, VI, ch. xx, xxxiii, xxxvii.
2. Zénobie et Wahballath paraissent avoir été juifs. Mommsen, *Zeitschrift für Numismatik* de Sallet, V, p. 229-231; Derenbourg, *Journal asiat.*, mars-avril 1869, p. 373 et suiv.
3. Bardesane, *Dialogue,* p. 32-33, Cureton. Notez le passage des Κεστοί déjà cité (p. 444, note) : Βαρδησάνης ὁ Πάρθος.
4. Moïse de Khorène, II, 66. Notez dans les *Philosophumena,* VII, 34, Βαρδησιάνης ὁ Ἀρμένιος.
5. Moïse de Khorène, II, ch. lxxv. L'esprit de rivalité des Syriens et des Arméniens a porté ensuite ces derniers à exagérer l'ancienneté de leurs origines et à s'attribuer Abgar comme un compatriote.

partir du IV⁰ siècle, attribuèrent au christianisme des conquêtes bien plus lointaines. Chaque apôtre fut censé avoir choisi sa part du monde pour la convertir. L'Inde surtout, par l'indécision géographique du nom qu'elle porte et l'analogie du bouddhisme avec le christianisme, fit de singulières illusions. On prétendit que saint Barthélemy y avait porté le christianisme et y avait laissé un exemplaire en hébreu de l'Évangile de saint Matthieu. Le célèbre docteur alexandrin Pantænus y serait retourné sur les traces de l'apôtre et y aurait retrouvé ledit Évangile[1]. Tout cela est douteux. L'emploi du mot *Inde* était extrêmement vague ; quiconque s'était embarqué à Clysma et avait fait la navigation de la mer Rouge était censé avoir été dans l'Inde. L'Iémen était souvent désigné par ce nom[2]. En tout cas, il ne résulta certainement des voyages de Pantænus aucune Église durable. Tout ce que les manichéens racontèrent des missions de saint Thomas dans l'Inde est fabuleux[3], et c'est

---

1. Eus., *H. E.*, V, x, 2, 3. Saint Jérôme, *De viris ill.*, 36, traduit très inexactement Eusèbe. Comp. Nicéphore, IV, 32.

2. Ἰνδοὶ οἱ καλούμενοι εὐδαίμονες. Cf. Letronne, *Mém. de l'Acad. des inscr.*, nouv. série, t. IX, p. 158 et suiv.; t. X, p. 235 et suiv.; *Journ. des Sav.*, 1842, p. 665 et suiv.; nonobstant Reinaud, *Journ. asiat.*, mai-juin 1863, p. 313 et suiv.

3. *Actes de saint Thomas*, dans Tischendorf, *Acta apost. apocr.*, p. 190 et suiv. (Le nom du roi Γουνδάφορος a seul de l'au-

artificiellement que l'on rattacha plus tard à cette légende les chrétientés syriennes qui s'établirent, au moyen âge, sur la côte de Malabar. Peut-être se mêla-t-il à ce tissu de fables quelque confusion de *Thomas* et de *Gotama*. La question de l'influence que le christianisme put exercer sur l'Inde brahmanique et en particulier dans le culte de Krichna[1] est en dehors des limites où nous devons nous arrêter.

thenticité, Reinaud, *Mém. de l'Acad. des inscr.*, t. XVIII, 2ᵉ partie, p. 95-96 ; de Gutschmid, *Rhein. Mus.*, 2ᵉ série, t. XIX, 1864, p. 161 et suiv., 182). Avant la rédaction des Actes manichéens, c'est en Parthie qu'on faisait voyager saint Thomas. Origène, dans Eusèbe, *H. E.*, III, 1 ; *Recognit.*, IX, 29. Saint Jérôme et Socrate suivent cette version, par suite de laquelle on plaça le tombeau de l'apôtre à Édesse. Saint Éphrem, *Carm. nisib.*, p. 163 (trad. Bickell, Leipzig, 1866); Germann, *Die Kirche der Thomaschristen*, Gütersloh, 1877; Lassen, *Ind. Alt.*, II, p. 1119 et suiv., 2ᵉ édit.

1. A. Weber, *Ind. Skizzen*, p. 28-29, 37-38, 92 et suiv., et autres travaux de M. Weber. Cf. Barth, *Les religions de l'Inde*, p. 131 et suiv.

CHAPITRE XXVI.

LE MARTYRE INTÉRIEUR DE MARC-AURÈLE.
SA PRÉPARATION A LA MORT.

Pendant que ces étranges révolutions morales s'accomplissaient, l'excellent Marc-Aurèle, jetant sur chaque chose un regard aimant et calme, portait partout son visage pâle, sa douce figure résignée et sa maladie de cœur. Il ne parlait plus qu'à voix basse, et il marchait à petits pas[1]. Ses forces diminuaient sensiblement ; sa vue baissait. Un jour qu'il dut déposer par fatigue le livre qu'il tenait à la main : « Il ne t'est plus permis de lire, écrivit-il ; mais il t'est toujours permis de repousser de ton cœur la violence ; il t'est toujours permis de mépriser le plaisir et la peine ; il t'est toujours permis d'être supérieur à la vaine gloire ; il t'est toujours permis de ne pas t'emporter contre les sots et les ingrats ; bien plus, il t'est permis de continuer à leur faire du bien[2]. »

1. *Hérodien*, V, II, 3-4.
2. *Pensées*, VIII, 8.

Portant la vie sans plaisir comme sans révolte, résigné au sort que la nature lui avait dévolu, il faisait son devoir de tous les jours, en ayant sans cesse à l'esprit la pensée de la mort. Sa sagesse était absolue, c'est-à-dire que son ennui était sans bornes. La guerre, la cour, le théâtre le fatiguent également, et pourtant il fait bien tout ce qu'il fait; car il le fait par devoir. Au point où il est arrivé, le plaisir et la douleur, l'amour des hommes et leur haine sont une seule et même chose. La gloire est la dernière des illusions; combien pourtant elle est vaine! Le souvenir du plus grand homme disparaît si vite! Les plus brillantes cours comme celle d'Adrien, ces grandes parades à la façon d'Alexandre, que sont-elles, si ce n'est un décor qui passe et qu'on jette au rebut. Les acteurs changent; l'inanité du jeu est la même [1].

Quand des chrétiens exaltés arriveront à comprendre qu'on ne peut plus espérer voir se réaliser le royaume de Dieu si ce n'est en fuyant au désert, les Ammonius, les Nil et les Pacôme proclameront le renoncement et le dégoût des choses comme la loi suprême de la vie. Ces maîtres de la Thébaïde n'égaleront pas en parfait détachement leur confrère couronné. Il s'était fait des procédés d'ascète, des recettes

---

[1]. *Pensées*, X, 27.

comme celles des Pères de la vie spirituelle, afin de se convaincre, par des déductions invincibles, de l'universelle vanité.

Pour mépriser le chant, la danse, le pancrace, il suffit de les diviser en leurs éléments. Pour la musique, par exemple, si tu divises chacun des accords en sons, et que tu te demandes pour chaque son : « Est-ce là ce qui te charme ? » il n'y a plus de charme. De même, pour la danse, divise le mouvement en attitudes. De même pour le pancrace. En un mot, pour tout ce qui n'est pas la vertu, réduis l'objet à ce qui le compose en dernière analyse, et, par cette division, tu arriveras à le mépriser. Applique ce procédé à toute la vie [1].

Ses prières étaient d'une humilité, d'une résignation toute chrétienne [2] :

Seras-tu donc enfin un jour, ô mon âme, bonne, simple, parfaitement une, nue, plus diaphane que le corps matériel qui t'enveloppe ? Quand pourras-tu goûter pleinement la joie d'aimer toute chose ? Quand seras-tu satisfaite, indépendante, sans aucun désir, sans la moindre nécessité d'un être vivant ou inanimé pour tes jouissances ? Quand n'auras-tu besoin ni du temps pour prolonger tes plaisirs, ni de l'espace, ni du lieu, ni de la sérénité des doux climats, ni même de la concorde des humains ? Quand seras-tu heureuse de ta condition actuelle, contente des biens présents, persuadée que tu as tout ce que tu dois avoir, que tout est bien en ce qui te concerne, que tout te

1. *Pensées*, XI, 2.
2. *Ibid.*, X, 1.

vient des dieux, que dans l'avenir tout sera également bien, je veux dire tout ce qu'ils décideront pour la conservation de l'être vivant [1], parfait, bon, juste, beau, qui a tout produit, renferme tout, enserre et comprend toutes les choses particulières, lesquelles ne se dissolvent que pour en former de nouvelles pareilles aux premières? Quand seras-tu donc telle, ô mon âme, que tu puisses vivre enfin dans la cité des dieux et des hommes, de manière à ne leur jamais adresser une plainte et à n'avoir jamais non plus besoin de leur pardon?

Cette résignation devenait de jour en jour plus nécessaire; car le mal, qu'on avait pu croire un moment maîtrisé par le gouvernement des philosophes, relevait la tête de toutes parts. Au fond, les progrès opérés par les règnes d'Antonin et de Marc-Aurèle n'avaient été que superficiels. Tout s'était borné à un vernis d'hypocrisie, à des mines extérieures qu'on avait prises pour se mettre à l'unisson des deux sages empereurs. La masse était grossière; l'armée s'affaiblissait; les lois seules avaient été améliorées. Ce qui régnait partout, c'était une profonde tristesse. Marc-Aurèle avait en un sens trop bien réussi. Le monde antique prenait le capuchon du moine, comme ces descendants de la noblesse de Versailles qui se font aujourd'hui trappistes ou chartreux. Malheur aux vieilles aristocraties qui, après les excès d'une folle

---

1. Τοῦ τελείου ζώου.

jeunesse, deviennent tout à coup vertueuses, humaines et rangées! C'est là un symptôme qu'elles vont mourir.

La sainteté de l'empereur avait obtenu, en ce qui touchait l'opinion, un résultat supérieur à celui qu'on devait attendre : elle l'avait, en quelque sorte, sacré aux yeux du peuple. C'est ici un fait honorable pour la nature humaine, et que l'histoire ne doit pas plus omettre que tant d'autres faits attristants. Marc-Aurèle fut extrêmement aimé; la popularité, si sujette à se méprendre sur la valeur des hommes, une fois au moins a été juste. Le meilleur des souverains a été le mieux apprécié. Mais la méchanceté du siècle reprenait par d'autres côtés sa revanche. Trois ou quatre fois, la bonté de Marc-Aurèle faillit le perdre. Le grand inconvénient de la vie réelle et ce qui la rend insupportable à l'homme supérieur, c'est que, si l'on y transporte les principes de l'idéal, les qualités deviennent des défauts, si bien que fort souvent l'homme accompli y réussit moins bien que celui qui a pour mobiles l'égoïsme ou la routine vulgaire. L'honnêteté consciencieuse de l'empereur lui avait fait commettre une première faute en lui persuadant d'associer à l'empire Lucius Verus, envers qui il n'avait aucune obligation. Verus était un homme frivole et sans valeur. Il fallut des prodiges de bonté et de délicatesse pour l'empêcher de faire des folies désastreuses. Le sage empereur, sérieux et appliqué, traînait avec lui dans sa litière le sot collègue qu'il s'était donné. Il le prit toujours obstinément au sérieux ; il ne se révolta pas une fois contre cet assommant compagnonnage. Comme les gens qui ont été très bien élevés, Marc-Aurèle se gênait sans cesse ; ses façons venaient d'un parti pris général de tenue et de dignité. Les âmes de cette sorte, soit pour ne pas faire de la peine aux autres, soit par respect pour la nature humaine, ne se résignent pas à avouer qu'elles voient le mal. Leur vie est une perpétuelle dissimulation.

Faustine fut, dans la vie du pieux empereur, une bien autre source de tristesse. La Providence qui veille à l'éducation des grandes âmes et travaille sans cesse à leur perfection lui prépara la plus pénible des épreuves, une femme qui ne le comprit pas. Elle commença, ce semble, par l'aimer ; peut-être même trouva-t-elle d'abord quelque bonheur dans cette villa de Lorium ou dans cette belle retraite de Lanuvium, sur les dernières pentes des monts Albains, que Marc-Aurèle décrit à Fronton comme un séjour plein des joies les plus pures[1]. Puis elle se fatigua de

1. Frontonis *Epist.*, p. 121, 125, 133, 135, 136, 141, 142, 151, 152, 153, 159, édit. Maï, 1823 (Naber, p. 80 et suiv.).

tant de sagesse. Disons tout : les belles sentences de Marc-Aurèle, sa vertu austère, sa perpétuelle mélancolie, son aversion pour tout ce qui ressemblait à une cour[1], purent sembler ennuyeuses à une femme jeune, capricieuse, d'un tempérament ardent et d'une merveilleuse beauté. Des recherches attentives ont réduit à peu de chose les faits que la calomnie s'est plu à relever contre l'épouse de Marc-Aurèle[2]. Ce qui reste à sa charge est grave encore ; elle n'aima pas les amis de son mari ; elle n'entra pas dans sa vie ; elle eut des goûts hors de lui.

Le bon empereur le comprit, en souffrit et se tut. Son principe absolu de voir les choses telles qu'elles doivent être et non telles qu'elles sont ne se démentit pas. En vain on osa le désigner sur la scène comme un mari trompé ; les comédiens eurent beau nommer au public les amants de Faustine ; il ne consentit à rien entendre. Il ne sortit pas de son implacable douceur. Faustine resta toujours « sa très bonne et très fidèle épouse ». On ne réussit jamais, même après qu'elle fut morte, à lui faire abandonner ce pieux mensonge. Dans un bas-relief qui se voit encore aujourd'hui à Rome, au musée du Capi-

---

1. *Pensées*, I, 17 ; X, 27.
2. J'ai discuté ce point en détail dans mes *Mélanges d'histoire*, p. 169 et suiv.

tole, pendant que Faustine est enlevée au ciel par une Renommée, l'excellent empereur la suit de terre avec un regard plein d'amour. Ce qu'il y a de plus extraordinaire, c'est que, dans sa belle prière intime aux dieux, qu'il écrivit sur les bords du Gran, il les remercie de lui avoir donné « une femme si complaisante, si affectueuse et si simple[1] ». Il était arrivé, dans les derniers temps, à se faire illusion à lui-même et à tout oublier. Mais quelle lutte il dut traverser pour en arriver là! Durant de longues années, une maladie intérieure le consuma lentement. L'effort désespéré qui fait l'essence de sa philosophie, cette frénésie de renoncement, poussée parfois jusqu'au sophisme, dissimulent au fond une immense blessure. Qu'il faut avoir dit adieu au bonheur pour arriver à de tels excès! On ne comprendra jamais tout ce que souffrit ce pauvre cœur flétri, ce qu'il y eut d'amertume dissimulée par ce front pâle, toujours calme et presque souriant. Il est vrai que l'adieu au bonheur est le commencement de la sagesse et le moyen le plus sûr pour trouver le bonheur. Il n'y a rien de doux comme le retour de joie qui suit le renoncement à la joie; rien de vif, de profond, de charmant comme l'enchantement du désenchanté.

1. *Pensées,* 1, 17.

Un martyre bien plus dur fut infligé à Marc-Aurèle en la personne de son fils Commode. La nature, par un jeu cruel, avait donné pour fils au meilleur des hommes une sorte d'athlète stupide, uniquement propre aux exercices du corps, un superbe garçon boucher, féroce, n'aimant qu'à tuer. Sa nullité d'esprit lui inspira la haine du monde intelligent qui entourait son père; il tomba entre les mains de goujats de bas étage qui firent de lui un des monstres les plus odieux qui aient jamais existé. Marc-Aurèle voyait mieux que personne l'impossibilité de tirer quelque chose de cet être borné, et néanmoins il ne négligea rien pour le bien élever. Les meilleurs philosophes dissertaient devant l'adolescent[1]. Lui, il écoutait, à peu près comme ferait un jeune lion qu'on doctrinerait et qui laisserait dire, en bâillant et en montrant de longues dents à ses maîtres. Marc-Aurèle fut égaré dans cette affaire par son manque de finesse pratique. Il ne sortit pas de ses phrases habituelles sur la bienveillance qu'il faut porter dans les jugements et sur les égards qu'on doit à ceux qui sont moins bons que nous[2]. Les neuf motifs d'indulgence qu'il se fait valoir à lui-même

---

1. Lampride, *Commode*, 1.
2. Voir *Pensées*, IX, 22, surtout XII, 16, une des pensées où la bonté est exagérée jusqu'à la fausseté.

nous montrent sa charmante bonhomie[1]. « Quel mal pourrait te faire le plus méchant des hommes, si tu restais obstinément doux pour lui, si, à l'occasion, tu l'exhortais paisiblement, et lui donnais sans colère, alors qu'il s'efforce de te nuire, des leçons comme celle-ci : « Non, mon enfant, nous sommes nés pour « autre chose. Ce n'est pas moi qui éprouverai le « mal, c'est toi qui t'en feras à toi-même, mon en- « fant ! » Montre-lui adroitement, par une considération générale, que telle est la règle, que ni les abeilles n'agissent comme lui, ni aucun des animaux qui vivent naturellement en troupes. N'y mets ni moquerie ni insulte ; que tout soit dit sur le ton d'une affection véritable, comme sortant d'un cœur que n'aigrit point la colère ; ne lui parle point comme on fait à l'école, ni en vue d'obtenir l'admiration des assistants ; mais parle-lui avec le même abandon que si vous étiez tous deux seuls. » Commode (si c'est de lui qu'il s'agit) fut sans doute peu sensible à cette bonne rhétorique paternelle. Il n'y avait évidemment qu'un moyen de prévenir les affreux malheurs qui menaçaient le monde : c'était, en vertu du droit d'adoption, de substituer un sujet plus digne à celui que le hasard de la naissance avait désigné. Julien

---

1. *Pensées,* XI, 18.

particularise davantage et croit que Marc-Aurèle aurait dû associer à l'empire son gendre Pompéien, qui aurait continué à gouverner dans les mêmes principes que lui[1].

Ce sont là des choses qu'il est très facile de dire quand les obstacles ne sont plus là et qu'on raisonne loin des faits. On oublie d'abord que les empereurs, depuis Nerva, qui firent de l'adoption un système politique si fécond, n'avaient pas de fils. L'adoption, avec exhérédation du fils ou du petit-fils, se voit au Ier siècle de l'empire, mais n'a pas de bons résultats. Marc-Aurèle, par principes, était pour l'hérédité directe, à laquelle il voyait l'avantage de prévenir les compétitions[2]. Dès que Commode fut né, en 161, il le présenta seul aux légions, quoiqu'il eût un jumeau; souvent il le prenait tout petit entre ses bras et renouvelait cet acte, qui était une sorte de proclamation. Marc était excellent père : « J'ai vu ta petite couvée, lui écrivait Fronton, et rien ne m'a jamais fait tant de plaisir. Ils te ressemblent à un tel degré, qu'on ne vit jamais au monde pareille ressemblance. Je te voyais doublé, pour ainsi dire; à droite, à gauche, c'était toi que je croyais

---

[1]. *Cœsares*, p. 401, édit. Hertlein.
[2]. Notez l'attention des apologistes chrétiens à flatter cette idée. V. ci-dessus, p. 283, 385.

voir. Ils ont, grâce aux dieux, la couleur de la santé et une bonne façon de crier. L'un d'eux tenait un morceau de pain bien blanc, comme un enfant royal; l'autre, un morceau de pain de ménage, en vrai fils de philosophe. Leur petite voix m'a paru si douce et si gentille, que j'ai cru reconnaître dans leur babil le son clair et charmant de ta parole[1]. » Ces sentiments étaient alors ceux de tout le monde. En 166, c'est Lucius Verus lui-même qui demande que les deux fils de Marc, Commode et Annius Verus, soient faits césars. En 172, Commode partage avec son père le titre de *Germanique*. Après la répression de la révolte d'Avidius, le sénat, pour reconnaître en quelque sorte le désintéressement de famille qu'avait montré Marc-Aurèle, demande par acclamation l'empire et la puissance tribunitienne pour Commode[2]. Déjà le mauvais naturel de ce dernier s'était trahi par plus d'un indice, connu de ses pédagogues[3]; mais comment préjuger sur quelques mauvaises notes l'avenir d'un enfant de douze ans? En 176-177, son

---

1. Front. et M.-Aur., *Epistolæ*, p. 151-152 (Maï). Comp. *ibid.*, p. 136, où Fronton revient sur la ressemblance des enfants avec leur père.

2. Vulcatius, *Vie d'Avid.*, 13 : « Commodo imperium justum rogamus. Progeniem tuam robora. Fac securi sint liberi nostri. Commodo Antonino tribunitiam potestatem rogamus. »

3. Lampride, *Commode*, 1.

père le fit *imperator*, consul, auguste. Ce fut sûrement une imprudence; mais on était lié par les actes antérieurs; Commode, d'ailleurs, se contenait encore. Vers la fin de la vie de Marc-Aurèle, le mal se décela tout à fait; à chaque page des derniers livres des *Pensées*, nous voyons la trace des souffrances intérieures du père excellent, de l'empereur accompli, qui voit un monstre grandir à côté de lui, prêt à lui succéder, et décidé à prendre en toute chose par antipathie le contre-pied de ce qu'il avait vu faire aux gens de bien.

La pensée de déshériter Commode dut sans doute venir alors plus d'une fois à Marc-Aurèle. Mais il était trop tard. Après l'avoir associé à l'empire, après l'avoir proclamé tant de fois parfait et accompli devant les légions, venir à la face du monde le déclarer indigne était un scandale. Marc-Aurèle fut pris par ses propres phrases, par ce style d'une bienveillance convenue qui lui était trop habituel. Et, après tout, Commode avait dix-sept ans; qui pouvait être sûr qu'il ne s'améliorerait pas[1]? Même après la mort de Marc-Aurèle, on put l'espérer. Commode montra d'abord l'intention de suivre les conseils des personnes de mérite dont son père l'avait entouré[2].

---

1. Dion Cassius, LXXII, 1.
2. Hérodien, I, ch. v, vi.

N'était-il pas évident, d'ailleurs, que, si Pompéien ou Pertinax succédait à Marc-Aurèle, Commode devenait sur-le-champ le chef du parti militaire, continuation de celui d'Avidius, qui avait en horreur les philosophes et les amis du sage empereur ?

Nous croyons donc qu'il faut se garder de juger légèrement la conduite de Marc-Aurèle en cette circonstance. Il eut moralement raison; mais les faits lui donnèrent tort. A la vue de ce misérable, perdant l'empire par sa vie crapuleuse, traînant honteusement parmi les valets du cirque et de l'amphithéâtre un nom consacré par la vertu, on maudissait la bonté de Marc; on regrettait que l'optimisme exagéré qui l'avait amené à prendre Verus pour collègue, et qui peut-être ne lui permit jamais de voir tous les torts de Faustine, lui eût fait commettre une faute beaucoup plus grave. Selon la voix publique, il pouvait d'autant mieux déshériter Commode qu'une légende se formait d'après laquelle Marc aurait été déchargé envers ce dernier de tout devoir paternel. Par un sentiment de pieuse indignation, on ne voulait pas admettre que Commode fût le fils de Marc-Aurèle. Pour absoudre la Providence d'une telle absurdité, on calomnia la mère. Quand on voyait l'indigne fils du meilleur des hommes combattre dans l'amphithéâtre et se comporter en histrion de bas étage:

« Ce n'est pas un prince, disait-on, c'est un gladiateur[1]. Non, ce n'est pas là le fils de Marc-Aurèle. » Bientôt on découvrit dans la troupe des gladiateurs quelque individu avec qui on lui trouva de la ressemblance, et l'on affirma que c'était là le vrai père de Commode. Le fait est que tous les monuments attestent la ressemblance de Commode avec Marc[2], et confirment pleinement à cet égard le témoignage de Fronton.

Sans reprocher à Marc-Aurèle de n'avoir pas deshérité Commode, on peut donc regretter qu'il ne l'ait pas fait. La perfection de l'homme nuisit à l'inflexibilité du souverain. Capable d'une dureté, il eût peut-être sauvé le monde, et il n'eût porté en rien la responsabilité de l'affreuse décadence qui suivit. Son tort fut d'avoir un fils. Il oublia que le césar n'est pas un homme comme un autre, que son premier devoir est d'entrer en arrangement avec le destin, de savoir deviner celui que le temps a marqué d'un signe. L'hérédité des dynasties féodales est, dans le césarisme de nulle application. Ce régime est de tous celui qui produit les fruits les meilleurs ou les plus mauvais.

---

1. Lampride, *Commode*, 1, 2, 8, 12, 13, 18, 19.
2. Noël Desvergers, *Essai sur Marc-Aurèle*, p. 74, 75; mes *Mélanges d'histoire*, p. 192. Voir surtout le buste de Commode au Musée du Capitole, à Rome.

Quand il n'est pas excellent, il est exécrable. Atroce au Ier siècle de notre ère, tandis qu'on poursuit une loi de demi-hérédité, le césarisme devint splendide au IIe, quand le principe de l'adoption l'eut définitivement emporté. La décadence commença le jour où, par une faiblesse pardonnable puisqu'elle était inévitable, le meilleur des princes que l'adoption eût portés à l'empire ne suivit pas un usage qui avait donné pour chefs à l'humanité la plus belle série de bons et grands souverains qu'elle ait jamais eue. Pour comble de malheur, il ne réussit pas à fonder l'hérédité. Pendant tout le IIIe siècle, l'empire fut aux enchères de l'intrigue et de la violence. Le monde antique y succomba.

Pendant des années, Marc-Aurèle supporta ce supplice, le plus cruel que le sort ait infligé à un homme de cœur. Ses amis d'enfance et de jeunesse n'étaient plus. Tout ce monde excellent, formé par Antonin, cette société sérieuse et distinguée qui croyait si profondément à la vertu, était descendue dans la tombe. Resté seul au milieu d'une génération qui ne le comprenait plus et désirait même être débarrassée de lui[1], à côté d'un fils qui l'abreuvait de douleur, il n'avait devant lui que l'horrible perspective d'être

---

1. *Pensées,* IX, 3 ; X, 36.

le père d'un Néron, d'un Caligula, d'un Domitien[1].

Ne maudis pas la mort; mais fais-lui bon accueil, puisqu'elle est du nombre de ces phénomènes que veut la nature. La dissolution de notre être est un fait aussi naturel que la jeunesse, la vieillesse, la croissance, la pleine maturité... Que si tu as besoin d'une réflexion toute spéciale, qui te rende bienveillant envers la mort, tu n'as qu'à considérer ce dont elle va te séparer, et le milieu moral auquel ton âme ne sera plus mêlée. Ce n'est pas qu'il faille te brouiller avec eux[2]; loin de là, tu dois les aimer, les supporter avec douceur. Seulement il faut bien te dire que ce ne sont pas des gens partageant tes sentiments que tu vas quitter; le seul motif qui pourrait nous attacher à la vie et nous y retenir, ce serait d'avoir le bonheur de nous trouver avec des hommes qui auraient les mêmes opinions que nous. Mais, à cette heure, tu vois quels déchirements dans ton intérieur, à ce point que tu t'écries : « O mort! ne tarde plus à venir, de peur que je « n'en arrive, moi aussi, à m'oublier[3]. »

— « C'était un honnête homme, c'était un sage », se dira-t-on; ce qui n'empêchera pas tel autre de se dire en lui-même : « Nous voilà donc enfin délivrés de ce pédagogue; respirons! Certes il n'était méchant pour personne d'entre nous; mais je sentais qu'au fond il nous désapprouvait! »..... Qu'au lit de mort, cette réflexion te fasse quitter la vie plus aisément : « Je sors de cette vie,

---

1. Capitolin, 28, dit qu'il allait jusqu'à désirer la mort de son fils. Cela est en contradiction avec les *Pensées*, l. c.

2. Marc-Aurèle ne désigne que d'une manière vague ceux qu'il a en vue. Il paraît bien que Commode était du nombre.

3. *Pensées*, IX, 3.

où même mes compagnons de route, pour qui j'ai tant lutté, fait tant de vœux, pris tant de peine, désirent que je m'en aille, espérant que ma mort les mettra plus à l'aise. » Quel motif pourrait donc nous faire souhaiter de demeurer plus longtemps ici?

Ne va pas, toutefois, en partant, montrer moins de bienveillance pour eux ; conserve à leur égard ton caractère habituel ; reste affectueux, indulgent, doux, et ne prends pas l'air d'un homme qui se fait tirer pour sortir..... C'est la nature qui avait formé ton lien avec eux. Voici qu'elle le rompt. Eh bien, adieu, amis, je m'en vais sans qu'il soit besoin d'employer la force pour m'arracher du milieu de vous; car cette séparation même n'a rien que de conforme à la nature [1].

Les derniers livres des *Pensées* se rapportent à cette époque, où Marc-Aurèle, resté seul avec sa philosophie, que personne ne partage plus, n'a qu'une pensée, celle de sortir tout doucement du monde. C'est la même mélancolie que dans la philosophie de Carnonte [2]; mais l'heure de la vie du penseur est bien autre. A Carnonte et sur les bords du Gran, Marc-Aurèle médite pour se rendre fort dans la vie. Maintenant, toute sa pensée n'est plus qu'une préparation à la mort [3], un exercice spirituel pour arriver paré comme il faut à l'autel. Tous les motifs par lesquels on peut chercher à se persuader que la mort n'est

1. *Pensées*, X, 36.
2. *Ibid.*, livre II.
3. *Ibid.*, XII, 1.

pas une souveraine injustice pour l'homme vertueux, il se les donne; il va jusqu'au sophisme afin d'absoudre la Providence et de prouver que l'homme, en mourant, doit être satisfait.

Le temps que dure la vie de l'homme n'est qu'un point; son être est dans un flux perpétuel; ses sensations sont obscures[1]. Son corps, composé d'éléments divers, tend de lui-même à la corruption; son âme est un tourbillon; son destin est une énigme insoluble; la gloire est une indéterminée. En un mot, tout ce qui regarde le corps est un fleuve qui s'écoule; tout ce qui regarde l'âme n'est que songe et fumée; la vie est un combat, un séjour en pays étranger; la renommée posthume, c'est l'oubli. Qui peut donc nous servir de guide? Une chose, une seule chose, c'est la philosophie. Et la philosophie, c'est de faire en sorte que le génie qui est nous reste pur de toute souillure, plus fort que les plaisirs ou les souffrances,.. acceptant les événements et le sort comme des émanations de la source d'où il vient lui-même, enfin attendant d'une humeur sereine la mort, qu'il prend pour la simple dissolution des éléments dont tout être vivant est composé. Si, pour les éléments eux-mêmes, ce n'est point un mal que de subir de perpétuelles métamorphoses, pourquoi regarder avec tristesse le changement et la dissolution de toutes choses? Ce changement est conforme aux lois de la nature, et rien n'est mal de ce qui est conforme à la nature.

Ainsi, à force d'analyser la vie, il la dissout, il la rend peu différente de la mort. Il arrive à la parfaite

---

1. *Pensées,* II, 17. Comp. IV, 3, 5.

bonté, à l'absolue indulgence, à l'indifférence tempérée par la pitié et le dédain. « Passer sa vie résigné au milieu des hommes menteurs et injustes[1] », voilà le programme du sage. Et il avait raison. La plus solide bonté est celle qui se fonde sur le parfait ennui, sur la vue claire de ce fait que tout en ce monde est frivole et sans fond réel. Dans cette ruine absolue de toute chose, que reste-t-il? La méchanceté? Oh! cela n'en vaut pas la peine. La méchanceté suppose une certaine foi au sérieux de la vie, la foi du moins au plaisir, la foi à la vengeance, la foi à l'ambition. Néron croyait à l'art; Commode croyait au cirque, et cela les rendait cruels. Mais le désabusé qui sait que tout objet de désir est frivole, pourquoi se donnerait-t-il la peine d'un sentiment désagréable? La bonté du sceptique est la plus assurée, et le pieux empereur était plus que sceptique; le mouvement de la vie dans cette âme était presque aussi doux que les petits bruits de l'atmosphère intime d'un cercueil. Il avait atteint le *nirvana* bouddhique, la paix du Christ. Comme Jésus, Çakya-Mouni, Socrate, François d'Assise, et trois ou quatre autres sages, il avait totalement vaincu la mort. Il pouvait sourire d'elle, car vraiment elle n'avait plus de sens pour lui.

1. *Pensées*, VI, 47.

CHAPITRE XXVII.

MORT DE MARC-AURÈLE. — LA FIN DU MONDE ANTIQUE.

Le 5 août 178, le saint empereur quitta Rome[1] pour retourner, avec Commode, à ces interminables guerres du Danube, qu'il voulait couronner par la formation de provinces frontières solidement constituées. Les succès furent éclatants. On semblait toucher au terme tant désiré, et qui n'avait été retardé que par la révolte d'Avidius. Quelques mois encore, et l'entreprise militaire la plus importante du II° siècle allait être terminée. Malheureusement, l'empereur était très faible. Il avait l'estomac si ruiné, qu'il vivait souvent un jour entier de quelques prises de thériaque[2]. Il ne mangeait que quand il avait à haranguer les

---

1. Ce que dit Vulcatius Gallicanus (*Avid. Cass.*, 3) d'une sorte de cours philosophique que Marc-Aurèle aurait fait avant de partir est bien peu vraisemblable.
2. Dion Cassius, LXXI, 6; Galien, *De ther.*, 2.

soldats. Vienne sur le Danube était, à ce qu'il semble, le quartier général de l'armée[1]. Une maladie contagieuse régnait dans le pays, depuis plusieurs années[2], et décimait les légions.

Le 10 mars 180, l'empereur tomba malade[3]. Il salua sur-le-champ la mort comme la bienvenue, s'abstint de toute nourriture et de toute boisson, ne parla et n'agit plus désormais que comme du bord de la tombe. Ayant fait venir Commode, il le supplia d'achever la guerre pour ne point paraître trahir l'État par un départ précipité. Le sixième jour de sa maladie, il appela ses amis et leur parla sur le ton qui lui était habituel, c'est-à-dire avec une légère ironie, de l'absolue vanité des choses et du peu de cas qu'il faut faire de la mort. Ils versaient d'abondantes larmes : « Pourquoi pleurer sur moi? leur dit-il. Songez à sauver l'armée. Je ne fais que vous précéder; adieu! » On voulut savoir à qui il recommandait son fils : « A vous, dit-il, s'il en est

1. Selon Tertullien (*Apol.*, 25), Marc-Aurèle mourut à Sirmium. Philostrate, *Soph.*, II, 1, 26, l'appuierait; mais Aurelius Victor (*Cæs.*, 16; *Epit.*, 16) l'emporte.

2. Orelli-Henzen, n° 5489.

3. Capitolin, 28; Dion Cassius, LXXI, 33, 34; Hérodien, I, II, 3 et suiv.; Aurelius Victor, *l. c.*; Tertullien, *Apol.*, 25; Théophile d'Antioche, III, 27, 28. Malgré l'assertion positive de Dion, il n'est pas probable que Commode ait en rien contribué à la mort de son père.

digne, et aux dieux immortels. » L'armée était inconsolable; car elle adorait Marc-Aurèle, et elle voyait trop bien dans quel abîme de maux on allait tomber après lui. L'empereur eut encore la force de présenter Commode aux soldats. Son art de conserver la tranquillité au milieu des plus grandes douleurs lui faisait garder, en ce moment cruel, un visage calme.

Le septième jour, il sentit sa fin approcher. Il ne reçut plus que son fils, et il le congédia au bout de quelques instants, de peur de le voir contracter le mal dont il était atteint; peut-être ne fut-ce là qu'un prétexte pour se délivrer de son odieuse présence. Puis il se couvrit la tête comme pour dormir. La nuit suivante, il rendit l'âme.

On rapporta son corps à Rome et on l'enterra dans le mausolée d'Adrien. L'effusion de la piété populaire fut touchante. Telle était l'affection qu'on avait pour lui, qu'on ne le désignait jamais par son nom ou ses titres. Chacun selon son âge l'appelait « Marc mon père, Marc mon frère, Marc mon fils ». Le jour de ses obsèques, on ne versa presque point de larmes, tous étant certains qu'il n'avait fait que retourner aux dieux, qui l'avaient prêté un moment à la terre. Durant la cérémonie même des funérailles, on le proclama « dieu propice » avec une spontanéité sans exemple. On déclara sacrilège quiconque n'aurait pas, si ses moyens le lui permettaient, son image dans sa maison. Et il n'en fut pas de ce culte comme de tant d'autres apothéoses éphémères. Cent ans après, la statue de Marc-Antonin se voyait dans un grand nombre de laraires, entre les dieux pénates. L'empereur Dioclétien avait pour lui un culte à part[1]. Le nom d'*Antonin* désormais fut sacré. Il devint, comme celui de *César* et d'*Auguste*, une sorte d'attribut de l'empire, un signe de la souveraineté humaine et civile[2]. Le *numen Antoninum*[3] fut comme l'astre bienfaisant de cet empire dont le programme admirable resta, pour le siècle qui suivit, un reproche, une espérance, un regret. On vit des âmes aussi peu poétiques que celle de Septime-Sévère en rêver comme d'un ciel perdu[4]. Même Constantin s'inclina devant cette divinité clémente et voulut que la statue d'or des Antonins comptât parmi celles des ancêtres et des tuteurs de son pouvoir[5], fondé pourtant sous de tout autres auspices.

Jamais culte ne fut plus légitime, et c'est le nôtre

1. Jules Capitolin, *Ant. Phil.*, 18, 19.
2. Capitolin, *Macrin*, 3, 7, 10; Spartien, *Sept. Sev.*, 19; *Caracalla*, 9; *Géta*, 2; Lampride, *Diadumène*, 1, 2, 3, 6; *Héliog.*, 1, 2, 3, 17, 18, 34; *Alex. Sev.*, 5-12; Capitolin, *les Gordiens*, 4.
3. Lampride, *Héliog.*, 3.
4. Spartien, *Sév.*, 20, 22.
5. Lampride, *Héliog.*, 2.

encore aujourd'hui. Oui, tous tant que nous sommes, nous portons au cœur le deuil de Marc-Aurèle, comme s'il était mort d'hier. Avec lui, la philosophie a régné. Un moment, grâce à lui, le monde a été gouverné par l'homme le meilleur et le plus grand de son siècle. Il est important que cette expérience ait été faite. Le sera-t-elle une seconde fois? La philosophie moderne, comme la philosophie antique, arrivera-t-elle à régner à son tour? Aura-t-elle son Marc-Aurèle, entouré de Frontons et de Junius Rusticus? Le gouvernement des choses humaines appartiendra-t-il encore une fois aux plus sages? Qu'importe, puisque ce règne serait d'un jour, et que le règne des fous y succéderait sans doute une fois de plus? Habituée à contempler d'un œil souriant l'éternel mirage des illusions humaines, la philosophie moderne sait la loi des entraînements passagers de l'opinion. Mais il serait curieux de rechercher ce qui sortirait de tels principes, si jamais ils arrivaient au pouvoir. Il y aurait plaisir à construire *à priori* le Marc-Aurèle des temps modernes, à voir quel mélange de force et de faiblesse créerait, dans une âme d'élite appelée à l'action la plus large, le genre de réflexion particulier à notre âge. On aimerait à voir comment la critique saurait s'allier à la plus haute vertu et à l'ardeur la plus vive pour le bien, quelle attitude garderait un penseur de cette école devant les problèmes sociaux du xix⁰ siècle, par quel art il parviendrait à les tourner, à les endormir, à les éluder ou à les résoudre. Ce qu'il y a de sûr, c'est que l'homme appelé à gouverner ses semblables devra toujours méditer sur le modèle exquis de souverain que Rome offrit en ses meilleurs jours. S'il est vrai qu'il soit possible de le dépasser en certaines parties de la science du gouvernement, qui n'ont été connues que dans les temps modernes, le fils d'Annius Verus restera toujours inimitable par sa force d'âme, sa résignation, sa noblesse accomplie et la perfection de sa bonté.

Le jour de la mort de Marc-Aurèle peut être pris comme le moment décisif où la ruine de la vieille civilisation fut décidée. En philosophie, le grand empereur avait placé si haut l'idéal de la vertu, que personne ne devait se soucier de le suivre; en politique, faute d'avoir séparé assez profondément les devoirs du père de ceux du césar, il rouvrit, sans le vouloir, l'ère des tyrans et celle de l'anarchie. En religion, pour avoir été trop attaché à une religion d'État, dont il voyait bien la faiblesse, il prépara le triomphe violent du culte non officiel, et il laissa planer sur sa mémoire un reproche, injuste, il est vrai, mais dont l'ombre même ne devrait pas se rencontrer dans une vie si pure. En tout, excepté dans les lois, l'affaiblissement était sensible. Vingt ans de bonté avaient relâché l'administration et favorisé les abus. Une certaine réaction dans le sens des idées d'Avidius Cassius était nécessaire; au lieu de cela, on eut un total effondrement. Horrible déception pour les gens de bien! Tant de vertu, tant d'amour n'aboutissant qu'à mettre le monde entre les mains d'un équarrisseur de bêtes, d'un gladiateur! Après cette belle apparition d'un monde élyséen sur la terre, retomber dans l'enfer des Césars, qu'on croyait fermé pour toujours! La foi dans le bien fut alors perdue. Après Caligula, après Néron, après Domitien, on avait pu espérer encore. Les expériences n'avaient pas été décisives. Maintenant, c'est après le plus grand effort de rationalisme gouvernemental, après quatre-vingt-quatre ans d'un régime excellent, après Nerva, Trajan, Adrien, Antonin, Marc-Aurèle, que le règne du mal recommence, pire que jamais. Adieu, vertu; adieu, raison. Puisque Marc-Aurèle n'a pas pu sauver le monde, qui le sauvera? Maintenant, vivent les fous! vive l'absurde! vivent le Syrien et ses dieux équivoques! Les médecins sérieux n'ont rien pu faire. Le malade est plus mal que jamais. Faites venir les empiriques; ils savent souvent mieux que les praticiens honorables ce qu'il faut au peuple.

Ce qu'il y a de triste, en effet, c'est que le jour

de la mort de Marc-Aurèle, si lugubre pour la philosophie et la civilisation, fut pour le christianisme un beau jour. Commode, ayant pris à tâche de faire en tout le contraire de ce qu'il avait vu, se montra bien moins défavorable au christianisme que son illustre père. Marc-Aurèle est le Romain accompli, avec ses traditions et ses préjugés. Commode n'a pas de race. Il aimait les cultes égyptiens ; lui-même, la tête rasée, présidait aux processions, portait l'Anubis, accomplissait toutes les cérémonies où se plaisaient les femmelettes. Il se fit représenter en cette attitude dans les mosaïques des portiques circulaires de ses jardins[1]. Il avait des chrétiens dans sa domesticité. Sa maîtresse Marcia était presque chrétienne et se servit du crédit que lui donnait l'amour pour soulager le sort des confesseurs condamnés aux mines en Sardaigne[2]. Le martyre des Scillitains qui eut lieu le 17 juillet 180, quatre mois par conséquent après l'avènement de Commode[3], fut sans doute la conséquence d'ordres donnés avant la mort de Marc et que le nouveau gouvernement n'avait pas encore eu le temps de retirer. Le nombre des victimes sous Commode paraît avoir été moins

1. Spartien, *Pescennius Niger*, 6.
2. Voir ci-dessus, p. 55, note 2; 287-288.
3. Voir ci-dessus, p. 457.

considérable que sous Antonin et Marc-Aurèle[1]. Tant il est vrai qu'entre les maximes romaines et le christianisme la guerre était à mort. Dèce, Valérien, Aurélien, Dioclétien, qui essayeront de relever les maximes de l'empire, seront amenés à être d'ardents persécuteurs, tandis que les empereurs étrangers au patriotisme romain, tels qu'Alexandre-Sévère, Philippe l'Arabe, les césars de Palmyre, se montreront tolérants[2].

Avec un principe moins désastreux que celui d'un despotisme militaire sans frein, l'empire, même après la ruine du principe romain par la mort de Marc-Aurèle, aurait pu vivre encore, donner la paix au christianisme un siècle plus tôt qu'il ne le fit, éviter les flots de sang que versèrent en pure perte Dèce et Dioclétien. Le rôle de l'aristocratie romaine était fini; après avoir usé la folie au Ier siècle, elle avait usé la vertu au deuxième. Mais les forces cachées de la grande confédération méditerranéenne n'étaient pas épuisées. De même que, après l'écroulement de l'édifice politique bâti sur le titre de la famille d'Auguste, il se trouva une dynastie provinciale, les Flavius, pour relever l'empire; de même, après l'écroulement de l'édifice bâti par les adop-

---

1. Eusèbe, V, ch. XXI.
2. Voir *les Évangiles*, p. 392 et suiv., 399, 404.

tions de la haute noblesse romaine, il se trouva des provinciaux, des Orientaux, des Syriens, pour relever la grande association où tous trouvaient paix et profit. Septime-Sévère refit sans élévation morale, mais non sans gloire, ce qu'avait fait Vespasien.

Certes, les hommes de cette dynastie nouvelle ne sont pas comparables aux grands empereurs du IIe siècle. Même Alexandre-Sévère, qui égale Antonin et Marc en bonté, leur est bien inférieur en intelligence, en noblesse. Le principe du gouvernement est détestable; c'est la surenchère de complaisance envers les légions, la révolte mise à prix; on ne s'adresse au soldat que la bourse au poing. Le despotisme militaire ne revêtit jamais de forme plus éhontée; mais le despotisme militaire peut avoir la vie longue. A côté de spectacles hideux, sous ces empereurs syriens qu'on dédaigne, que de réformes! Quel progrès dans la législation! Quel jour que celui (sous Caracalla) où tout homme libre, habitant de l'empire, arrive à l'égalité des droits[1]! Il ne faut pas s'exagérer les avantages qu'offrait alors cette égalité; les mots, cependant, ne sont jamais tout à fait vides en politique. On héritait de choses excellentes. Les philosophes de l'école de Marc-Aurèle avaient dis-

1. Dion Cassius, LXXVII, 9; saint Aug., *De civ. Dei*, V, 17; Ulpien, Digeste, I, v, 17.

paru ; mais les jurisconsultes les remplaçaient. Papinien, Ulpien, Paul, Gaïus, Modestin, Florentinus, Marcien [1], pendant des années exécrables, font des chefs-d'œuvre et créent véritablement le droit de l'avenir [2]. Très inférieurs à Trajan et aux Antonins pour les traditions politiques, les empereurs syriens, par cela même qu'ils ne sont pas Romains et n'ont rien des préjugés romains, font souvent preuve d'une ouverture d'esprit que ne pouvaient avoir les grands empereurs du IIe siècle, tous si profondément conservateurs. Ils permettent, encouragent même les collèges ou syndicats [3]. Se laissant aller en cet ordre jusqu'à l'excès, ils voudraient des corps de métiers organisés en castes, avec des costumes à part [4]. Ils ouvrent à deux battants les portes de l'empire. L'un d'eux, le fils de Mammée, ce bon et touchant Alexandre-Sévère, égale presque, par sa bonté plébéienne, les vertus patriciennes des beaux siècles ; les plus hautes pensées pâlissent auprès des droites effusions de son cœur.

C'est surtout en religion que les empereurs dits

---

1. Sans parler de plusieurs autres célébrités des Pandectes, qui paraissent se rattacher au temps d'Alexandre-Sévère.
2. Cod. Théod., I, IV, *De responsis prudentum*.
3. Lampride, *Alex.-Sév.*, 33.
4. Lampride, *Héliog.*, 4 ; *Alexandre-Sévère*, 27.

syriens inaugurent une largeur d'idées et une tolérance inconnues jusque-là. Ces Syriennes d'Émèse, belles, intelligentes, téméraires jusqu'à l'utopie, Julia Domna, Julia Mæsa, Julia Mammæa, Julia Soémie, ne sont retenues par aucune tradition ni convenance sociale. Elles osent ce que jamais Romaine n'avait osé ; elles entrent au sénat, y délibèrent, gouvernent effectivement l'empire, rêvent de Sémiramis et de Nitocris[1]. Voilà ce que n'eût pas fait une Faustine, malgré sa légèreté ; elle eût été arrêtée par le tact, par le sentiment du ridicule, par les règles de la bonne société romaine. Les Syriennes ne reculent devant rien. Elles ont un sénat de femmes, qui édicte toutes les extravagances[2]. Le culte romain leur paraît froid et insignifiant. N'y étant attachées par aucune raison de famille, et leur imagination se trouvant plus en harmonie avec le christianisme qu'avec le paganisme italien, ces femmes se complaisent en des récits de voyages de dieux sur la terre ; Philostrate les enchante avec son Apollonius ; peut-être eurent-elles avec le christianisme une secrète affiliation. Pendant ce temps, les dernières dames respectables de l'ancienne société, comme cette vieille fille de Marc-

---

1. Dion Cassius, LXXVIII, 23 ; Hérodien, V, 3 et suiv. ; VI, 1 et suiv. ; Lampride, *Héliog.*, 2, 4, 14.
2. Lampride, *Héliog.*, 4 ; Vopiscus, *Aurélien*, 49.

Aurèle, honorée de tous, que Caracalla fit tuer[1], assistaient obscures à une orgie qui formait avec leurs souvenirs de jeunesse un si étrange contraste.

Les provinces et surtout les provinces d'Orient, bien plus actives et plus éveillées que celles de l'Occident, prenaient définitivement le dessus. Certes Héliogabale était un insensé ; et cependant sa chimère d'un culte monothéiste central, établi à Rome et absorbant tous les autres cultes[2], montrait que le cercle étroit des idées antonines était bien brisé. Mammée et Alexandre-Sévère iront plus loin; pendant que les jurisconsultes continuent de transcrire avec la quiétude de la routine leurs vieilles et féroces maximes contre la liberté de conscience[3], l'empereur syrien et sa mère s'instruiront du christianisme, lui témoigneront de la sympathie[4]. Non content

1. Hérodien, IV, 6.
2. « Ne quis Romæ deus nisi Heliogabalus coleretur; dicebat præterea Judæorum et Samaritanorum religiones et christianam devotionem illuc transferendam, ut omnium culturarum secretum Heliogabali sacerdotium teneret. » Lampride, *Héliog.*, 3, 6, 7, 8. Cf. Dion Cassius, LXXIX, 11, 12; Hérodien, V, v, 7 et suiv.; VI, 3 et suiv.
3. Paul, *Sentent.*, V, XXI, 2 : « Qui novas et usu vel ratione incognitas religiones inducunt, ex quibus animi hominum moveantur, honestiores deportantur, humiliores capite puniuntur. » Le *De officio proconsulis* d'Ulpien contenait tout l'ancien arsenal contre les chrétiens. Cf. Lactance, *Instit.*, V, ch. XI et XII.
4. Eusèbe, VI, XXI, 3, 4; cf. saint Jér., *De viris ill.*, 54. Eusèbe

d'accorder la sécurité aux chrétiens, Alexandre introduit Jésus dans son laraire, par un éclectisme touchant. La paix semble faite, non comme sous Constantin, par l'abaissement d'un des partis, mais par une large réconciliation[1].

Il y avait certes, dans tout cela, une audacieuse tentative de réforme, rationnellement inférieure à celle des Antonins, mais plus capable de réussir; car elle était bien plus populaire, elle tenait plus de compte de la province et de l'Orient. En une telle œuvre démocratique, des gens sans ancêtres comme ces Africains et ces Syriens avaient plus de chances de succès que des gens raides et d'une tenue irréprochable, tels que les empereurs aristocrates. Mais le vice profond du système impérial se révéla pour la dixième fois. Alexandre-Sévère fut assassiné par

---

ne dit pas que Mammée se soit faite chrétienne. Orose, Cedrenus, le Syncelle, Vincent de Lérins, Aboulfaradj ne savent rien de plus qu'Eusèbe; mais ils faussent son texte et l'exagèrent. Les monnaies au type de Mammée sont toutes païennes. De Witte, *Du christ. de quelques imp.*, p. 7.

1. Lampride, *Alex.-Sev.*, 22, 28, 29; Eusèbe, *H. E.*, VI, ch. XXVIII. Voir la série des bustes d'empereurs au Musée du Capitole. Notez l'air doux et borné d'Alexandre-Sévère et des Julies; une première impression du christianisme est déjà sensible. Sur Torpacion et les chrétiens de l'entourage des Sévères, voir Tert., *Ad Scap.*, 4, et les faits groupés par M. de Ceuleneer, *Mémoires couronnés* de l'Acad. de Bruxelles, t. XLIII (1880), p. 201 et suiv.

les soldats le 19 mars 235. Il fut clair que l'armée ne pouvait plus souffrir que des tyrans. L'empire était tombé successivement de la haute noblesse romaine aux officiers de province; maintenant, il passe aux sous-officiers et aux soldats assassins. Tandis que, jusqu'à Commode, les empereurs tués sont des monstres intolérables, à présent, c'est le bon empereur, celui qui veut ramener quelque discipline, celui qui réprime les crimes de l'armée, qui est sûrement désigné pour la mort.

Alors s'ouvre cet enfer d'un demi-siècle (235-284), où sombre toute philosophie, toute civilité, toute délicatesse. Le pouvoir à l'encan, la soldatesque maîtresse de tout, par moments dix tyrans à la fois, le barbare pénétrant par toutes les fissures d'un monde lézardé, Athènes démolissant ses monuments anciens pour s'entourer de mauvais murs contre la terreur des Goths. Si quelque chose prouve combien l'empire romain était nécessaire par raison intrinsèque, c'est qu'il ne se soit pas totalement disloqué dans cette anarchie, c'est qu'il ait gardé assez de souffle pour revivre sous la puissante action de Dioclétien et fournir encore une course de deux siècles. Dans tous les ordres, la décadence est effroyable. En cinquante ans, on a oublié de sculpter [1]. La littérature latine cesse com-

---

1. Voir les séries de bustes d'empereurs. Les bustes d'A-

plètement. Il semble qu'un mauvais génie couve sur cette société, boit son sang et sa vie. Le christianisme prend pour lui ce qu'il y a de bon et appauvrit d'autant l'ordre civil. L'armée se meurt faute d'un bon recrutement d'officiers ; l'Église attire tout. Les éléments religieux et moraux d'un État ont une manière bien simple de punir l'État qui ne leur fait pas la place à laquelle ils croient avoir droit : c'est de se retirer sous leur tente ; car un État ne peut se passer d'eux. La société civile n'a dès lors que le rebut des âmes. La religion absorbe tout ce qu'il y a de meilleur. On se détache d'une patrie qui ne représente plus qu'un principe de force matérielle. On choisit sa patrie dans l'idéal, ou plutôt dans l'institution qui tient lieu de la cité et de la patrie écroulées. L'Église devient exclusivement le lien des âmes, et, comme elle grandit par les malheurs mêmes de la société civile, on se console aisément de ces malheurs, où il est facile de montrer une vengeance du Christ et de ses saints.

« S'il nous était permis de rendre le mal pour le mal, dit Tertullien, une seule nuit et quelques fa-

---

lexandre-Sévère sont déjà tout à fait mauvais. Voir aussi la répugnante mosaïque de Caracalla, au Musée de Latran. Déjà l'arc de Septime-Sévère, qui n'est postérieur que de trente ans à celui de Marc-Aurèle, et le petit arc des Changeurs, au Vélabre, sont des ouvrages grossiers.

lots, c'en serait assez pour notre vengeance[1]. » On était patient, car on était sûr de l'avenir[2]. Maintenant, le monde tue les saints ; mais demain les saints jugeront le monde. « Regardez-nous bien tous au visage, pour nous reconnaître au jugement dernier », disait aux païens l'un des martyrs de Carthage[3]. « Notre patience, disaient les plus modérés, nous vient de la certitude d'être vengés ; elle amasse des charbons ardents sur la tête de nos ennemis. Quel jour que celui où le Très-Haut comptera ses fidèles, enverra les coupables à la géhenne et fera flamber nos persécuteurs au brasier des feux éternels ! Quel spectacle immense, quels seront mes transports, mon admiration et mon rire ! Que je trépignerai en voyant gémir au fond des ténèbres, avec Jupiter et leurs propres adorateurs, tant de princes que l'on disait reçus au ciel après leur mort! Quelle joie de voir les magistrats persécuteurs du nom du Seigneur consumés par des flammes plus dévorantes que celles des bûchers allumés pour les chrétiens[4] ! »

1. *Apol.*, 37.
2. Saint Cyprien, *De bono patientiœ,* entier.
3. *Acta S. Perp.*, § 17.
4. Saint Cyprien, *Epist.*, 56, ad Thibaritanos; *liber ad Demetrianum,* la fin surtout; Tertullien, *De spect.*, 30 ; *De fuga,* 12; *Ad Scap.*, 2.

CHAPITRE XXVIII.

LE CHRISTIANISME A LA FIN DU IIe SIÈCLE.
LE DOGME.

Dans l'espace de temps qui s'est écoulé de la mort d'Auguste à la mort de Marc-Aurèle, une religion nouvelle s'est produite dans le monde ; elle s'appelle le christianisme. L'essence de cette religion consiste à croire qu'une grande manifestation céleste s'est faite en la personne de Jésus de Nazareth, être divin qui, après une vie toute surnaturelle, a été mis à mort par les Juifs, ses compatriotes, et est ressuscité le troisième jour. Ainsi, vainqueur de la mort, il attend, à la droite de Dieu, son père, l'heure propice pour reparaître dans les nues, présider à la résurrection générale, dont la sienne n'a été que le prélude, et inaugurer, sur une terre purifiée, le royaume de Dieu, c'est-à-dire le règne des saints ressuscités. En attendant, la réunion des fidèles, l'Église, représente une espèce de cité des saints actuellement vivants, toujours gouvernée par Jésus. Il était reçu, en effet, que Jésus avait délégué ses pouvoirs à des apôtres, lesquels établirent les évêques et toute la hiérarchie ecclésiastique. L'Église renouvelle sa communion avec Jésus au moyen de la fraction du pain et du mystère de la coupe, rite établi par Jésus lui-même, et en vertu duquel Jésus devient momentanément, mais réellement, présent au milieu des siens. Comme consolation, dans leur attente, au milieu des persécutions d'un monde pervers, les fidèles ont les dons surnaturels de l'Esprit de Dieu, cet Esprit qui anima autrefois les prophètes et qui n'est pas éteint. Ils ont surtout la lecture des livres révélés par l'Esprit, c'est-à-dire la Bible, les Évangiles, les lettres des apôtres et ceux des écrits des nouveaux prophètes que l'Église a adoptés pour la lecture dans les réunions publiques. La vie des fidèles doit être une vie de prière, d'ascétisme, de renoncement, de séparation du monde, puisque le monde actuel est gouverné par le prince du mal, Satan, et que l'idolâtrie n'est autre chose que le culte des démons.

Une telle religion apparaît tout d'abord comme étant sortie du judaïsme. Le messianisme juif en est le berceau. Le premier titre de Jésus, titre devenu inséparable de son nom, est *Christos*, traduction grecque du mot hébreu *Mesih*. Le grand livre sacré du culte nouveau, c'est la Bible juive; ses fêtes, au moins quant au nom, sont les fêtes juives; son prophétisme est la continuation du prophétisme juif. Mais la séparation entre la mère et l'enfant s'est faite complètement[1]. Les juifs et les chrétiens, en général, se détestent; la religion nouvelle tend à oublier de plus en plus son origine et ce qu'elle doit au peuple hébreu. Le christianisme est envisagé par la plupart de ses adhérents comme une religion entièrement nouvelle, sans lien avec ce qui a précédé.

Si nous comparons maintenant le christianisme, tel qu'il existait vers l'an 180, au christianisme du IVe et du Ve siècle, au christianisme du moyen âge, au christianisme de nos jours, nous trouvons qu'en réalité il s'est augmenté de très peu de chose dans les siècles qui ont suivi. En 180, le Nouveau Testament est clos; il ne s'y ajoutera plus un seul livre nouveau. Lentement, les Épîtres de Paul ont conquis leur place à la suite des Évangiles, dans le code sacré et dans la liturgie[2]. Quant aux dogmes, rien

---

1. Les mots ἰουδαϊσμός, χριστιανισμός sont opposés les uns aux autres dans les épîtres pseudo-ignatiennes, *ad Magn.*, 8-10; *ad Phil.*, 6. On s'étonne de trouver encore les juifs et les chrétiens confondus dans Ælius Aristide, *Opp.*, II, p. 402 et suiv., Dindorf.

2. Actes des martyrs scillitains, 7e réponse de Spérat; cf. *l'Église chrétienne*, p. 353-354.

n'est fixé; mais le germe de tout existe; presque aucune idée n'apparaîtra qui ne puisse faire valoir des autorités du Ier et du IIe siècle. Il y a du trop, il y a des contradictions; le travail théologique consistera bien plus à émonder, à écarter des superfluités qu'à inventer du nouveau. L'Église laissera tomber une foule de choses mal commencées, elle sortira de bien des impasses. Elle a encore deux cœurs, pour ainsi dire; elle a plusieurs têtes; ces anomalies tomberont; mais aucun dogme vraiment original ne se formera plus.

La Trinité des docteurs de l'an 180, par exemple, est indécise. Logos, Paraclet, Saint-Esprit, Christ, Fils, sont des mots employés confusément pour désigner l'entité divine incarnée en Jésus[1]. Les trois personnes ne sont pas comptées, numérotées, si l'on peut s'exprimer de la sorte; mais le Père, le Fils, l'Esprit, sont bien déjà désignés pour les trois termes qu'il faudra maintenir distincts, sans diviser pourtant l'indivisible Jéhovah. Le Fils grandira immensément. Cette espèce de vicaire que le monothéisme, à partir d'une certaine époque, s'est plu à donner à l'Être suprême offusquera singulièrement le Père. Les bi-

---

1. Voir, notamment, Justin, *Apol. I,* 6, et surtout Pseudo-Hermas (*l'Égl. chrét.,* ch. XXI). Pour les montanistes, voir ci-dessus, p. 212 et suiv.

zarres formules de Nicée établiront des égalités contre nature; le Christ, seule personne active de la Trinité, se chargera de toute l'œuvre de la création et de la Providence, deviendra Dieu lui-même. Mais l'épître aux Colossiens n'est qu'à un pas d'une telle doctrine; pour arriver à ces exagérations, il n'a fallu qu'un peu de logique. Marie, mère de Jésus, est elle-même destinée à grandir colossalement; elle deviendra en fait une personne de la Trinité. Déjà les gnostiques ont deviné cet avenir et inauguré un culte appelé à une importance démesurée.

Le dogme de la divinité de Jésus-Christ existe complètement; seulement, on n'est pas d'accord sur les formules qui servent à l'exprimer; la christologie du judéo-chrétien de Syrie et celle de l'auteur d'*Hermas* ou des *Reconnaissances* diffèrent considérablement; le travail de la théologie sera de choisir, non de créer. Le millénarisme des premiers chrétiens devenait de plus en plus antipathique aux Hellènes qui embrassaient le christianisme. La philosophie grecque exerçait une sorte de poussée violente pour substituer son dogme de l'immortalité de l'âme aux vieilles idées juives (ou si l'on veut persanes) de résurrection et de paradis sur terre. Les deux formules pourtant coexistaient encore. Irénée dépasse tous les millénaristes en matérialisme grossier, quand déjà, depuis cinquante ans, le quatrième Évangile, si purement spiritualiste, proclame que le royaume de Dieu commence ici-bas, qu'on le porte en soi-même. Caïus, Clément d'Alexandrie, Origène, Denys d'Alexandrie, vont bientôt condamner le rêve des premiers chrétiens et envelopper l'Apocalypse dans leur antipathie. Mais il est trop tard pour supprimer quelque chose d'important. Le christianisme subordonnera l'apparition du Christ dans les nues et la résurrection des corps à l'immortalité de l'âme; si bien que le vieux dogme primitif du christianisme sera presque oublié et relégué, comme une pièce de théâtre démodée, aux arrière-plans d'un jugement dernier qui n'a plus beaucoup de sens, puisque le sort de chacun est fixé au moment de sa mort. Beaucoup admettent que les peines des damnés ne finiront pas, et que ces peines seront un condiment de la joie des justes[1]; d'autres croient qu'elles finiront ou seront mitigées[2].

Dans la théorie de la constitution de l'Église, l'idée que la succession apostolique est la base du pouvoir de l'évêque, lequel est ainsi envisagé non comme un délégué de la communauté, mais comme le continuateur des apôtres et le dépositaire de leur autorité,

---

1. Tertullien, *De spect.*, 30.
2. *De transitu B. M. V.*, ch. vi (Enger).

prend de plus en plus le dessus. Cependant plusieurs chrétiens s'en tiennent encore à la conception beaucoup plus simple de l'*Ecclesia* de Matthieu, où tous les membres sont égaux. — Dans la fixation des livres canoniques, l'accord règne sur les grands textes fondamentaux; mais une liste exacte des écrits de la Bible nouvelle n'existe pas, et les bords, si l'on peut s'exprimer ainsi, de cette nouvelle littérature sacrée sont tout à fait indécis.

La doctrine chrétienne est donc déjà un tout si compact, que rien d'essentiel ne s'y joindra plus, et qu'aucun retranchement considérable ne sera plus possible. Jusqu'à Mahomet, et même après lui, il y aura en Syrie des judéo-chrétiens, des elkasaïtes, des ébionites. Outre ces *minim* ou nazaréens de Syrie, que les érudits d'entre les Pères[1] furent seuls à connaître, et qui ne cessaient pas encore au IVe siècle de maudire saint Paul[2] en leurs synagogues[3] et de traiter les chrétiens ordinaires de faux juifs[4], l'Orient n'a jamais

---

1. Saint Jérôme et saint Épiphane. Notez surtout la discussion de saint Jérôme et de saint Augustin. Martianay, t. IV, 2e part., col. 602 et suiv.; Vallarsi, t. I, col. 723 et suiv. Saint Augustin, bien moins versé que saint Jérôme dans l'histoire de l'Église, ignore l'existence de ces chrétientés judéo-chrétiennes d'Orient.

2. Saint Jérôme, *In Matth.*, XII, init.

3. Épiph., XXX, 18; saint Jér. *Epist.*, LXXIV, col. 623, IV, 2e part., Mart. (CXII, 13, t. I, col. 740, Vallarsi).

4. *Carm. sib.*, VII, 132 et suiv.

cessé de compter des familles chrétiennes observant le sabbat et pratiquant la circoncision. Les chrétiens de Salt et de Kérak paraissent être, de nos jours, des espèces d'ébionites. Les Abyssins sont de vrais judéo-chrétiens, pratiquant tous les préceptes juifs, souvent avec plus de rigueur que les juifs eux-mêmes. Le Coran et l'islamisme ne sont qu'un prolongement de cette vieille forme du christianisme, dont l'essence était la croyance en la réapparition du Christ, le docétisme, la suppression de la croix[1]. D'un autre côté, en plein XIXe siècle, les sectes communistes et apocalyptiques de l'Amérique font du millénarisme et d'un prochain jugement dernier la base de leur croyance, comme aux premiers jours de la première génération chrétienne.

Ainsi, dans cette Église chrétienne de la fin du IIe siècle, tout a déjà été dit. Pas une opinion, pas une direction d'idées, pas une fable qui n'ait eu son défenseur. L'arianisme était en germe dans les opinions des monarchiens[2], des artémonites, de Praxéas, de Théodote de Byzance, et ceux-ci faisaient remarquer avec raison, que leur croyance avait été celle de

---

1. Monnaies de Moavia et d'Abd-el-Mélik (Lavoix, *Arts musulmans*, p. 10). Voir *les Évangiles*, p. 421-422, 460-462; *l'Église chrétienne*, p. 285-286.

2. Voir, ci-dessus, p. 85 et suiv.

la majorité de l'Eglise de Rome jusqu'au pape Zéphyrin (vers l'an 200). Ce qui manque en cet âge de liberté sans frein, c'est ce qu'apporteront plus tard les conciles et les docteurs : savoir, la discipline, la règle, l'élimination des contradictoires. Jésus est déjà Dieu, et cependant plusieurs répugnent à l'appeler de ce nom. La séparation d'avec le judaïsme est accomplie, et pourtant beaucoup de chrétiens pratiquent encore tout le judaïsme [1]. Le dimanche a remplacé le samedi [2], ce qui n'empêche pas que certains fidèles observent le sabbat. La pâque chrétienne est distinguée de la pâque juive ; et cependant des Églises entières suivent toujours l'ancien usage. Dans la cène, la plupart se servent de pain ordinaire ; plusieurs, néanmoins, surtout en Asie Mineure, n'emploient que l'azyme. La Bible et les écrits du Nouveau Testament sont la base de l'enseignement ecclésiastique, et, en même temps, une foule d'autres livres sont adoptés par les uns, rejetés par les autres [3]. Les quatre Évan-

---

1. Ebert, sur Commodien, dans les *Abhandl. der Sächs. Ges. der Wiss.*, V, phil.-hist. Classe, p. 393, 414, 415 ; *Constit. apost.*, V, 12 ; Jean Chrysost., *Adv. judæos*, I, 1, 3, 5, 7 ; II, 1, 2 ; III, 1, 3 ; IV, 1 ; VII, 6.

2. Pseudo-Ign., *Ad Magn.*, 8, 9.

3. Comp. Tertullien, Irénée, le *Canon* dit de Muratori, en ce qui touche le *Pasteur*, les épîtres de Clément, les épîtres de Pierre, l'Apocalypse de Pierre.

giles sont fixés[1], et pourtant beaucoup d'autres textes évangéliques circulent et obtiennent faveur. La plupart des fidèles, loin d'être des ennemis de l'empire romain, n'attendent que le jour de la réconciliation et admettent déjà la pensée d'un empire chrétien; d'autres continuent à vomir contre la capitale du monde païen les plus sombres prédictions apocalyptiques. Une orthodoxie est formée et sert déjà de pierre de touche pour écarter l'hérésie ; mais, si l'on veut abuser de cette raison d'autorité, les docteurs les plus chrétiens se raillent hautement de ce qu'ils appelleront « la pluralité de l'erreur ». La primauté de l'Église de Rome commence à se dessiner; mais ceux-là mêmes qui subissent cette primauté protesteraient si on leur disait que l'évêque de Rome doit un jour aspirer au titre de souverain de l'Église universelle. En somme, les différences qui séparent de nos jours le catholique le plus orthodoxe et le protestant le plus libéral sont peu de chose auprès des dissentiments qui existaient alors entre deux chrétiens qui n'en restaient pas moins en parfaite communion l'un avec l'autre.

Voilà ce qui fait l'intérêt sans égal de cette période créatrice. Habitués à n'étudier que les périodes réflé-

---

[1]. Canon de Muratori, Irénée, Tertullien. Voir *l'Église chrétienne*, p. 502.

chies de l'histoire, presque tous ceux qui, en France, ont émis des vues sur les origines du christianisme, n'ont considéré que le IIIe et le IVe siècle, les siècles des hommes célèbres et des conciles œcuméniques, des symboles et des règles de foi. Clément d'Alexandrie et Origène, le concile de Nicée et saint Athanase, voilà, pour eux, les sommets et les hautes figures. Nous ne nions l'importance d'aucune époque de l'histoire ; mais ce ne sont pas là des origines. Le christianisme était entièrement fait avant Origène et le concile de Nicée. Et qui l'a fait? Une multitude de grands anonymes, des groupes inconscients, des écrivains sans nom ou pseudonymes. L'auteur inconnu des épîtres censées de Paul à Tite et à Timothée a plus contribué que n'importe quel concile à la constitution de la discipline ecclésiastique. Les auteurs obscurs des Évangiles ont apparemment plus d'importance réelle que leurs commentateurs les plus célèbres. Et Jésus? On avouera, j'espère, qu'il y a eu quelque cause pour laquelld ses disciples l'aimèrent jusqu'au point de le croire ressuscité et de voir en lui l'accomplissement de l'idéal messianique, l'être surhumain destiné à présider au renouvellement complet du ciel et de la terre.

Le fait, en pareille matière, est le signe du droit ; le succès est le grand criterium. En religion et en morale, l'invention n'est rien ; les maximes du sermon sur la montagne sont vieilles comme le monde ; personne n'en a la propriété littéraire. L'essentiel est de réaliser ces maximes, de les donner pour base à une société. Voilà pourquoi, chez le fondateur religieux, le charme personnel est chose capitale. Le chef-d'œuvre de Jésus a été de s'être fait aimer d'une vingtaine de personnes, ou plutôt d'avoir fait aimer l'idée en lui, jusqu'à un point qui triompha de la mort. Il en fut de même pour les apôtres et pour la seconde et la troisième génération chrétienne. Les fondateurs sont toujours obscurs ; mais, aux yeux du philosophe, la gloire de ces innommés est la gloire véritable. Ce ne furent pas de grands hommes, ces humbles contemporains de Trajan et d'Antonin, qui ont décidé de la foi du monde. Comparés à eux, les personnages célèbres de l'Église du IIIe et du IVe siècle font bien meilleure figure. Et pourtant ces derniers ont bâti sur le fondement que les premiers ont posé. Clément d'Alexandrie, Origène ne sont que des demi-chrétiens. Ce sont des gnostiques, des hellénistes, des spiritualistes, ayant honte de l'Apocalypse et du règne terrestre du Christ, plaçant l'essence du christianisme dans la spéculation métaphysique, non dans l'application des mérites de Jésus ou dans la révélation biblique. Origène avoue que, si la loi de Moïse devait être entendue au sens propre, elle serait inférieure aux lois des Romains, des Athéniens, des Spartiates[1]. Saint Paul eût presque dénié le titre de chrétien à un Clément d'Alexandrie, sauvant le monde par une *gnosis* où ne joue presque aucun rôle le sang de Jésus-Christ.

La même réflexion peut être appliquée aux écrits que nous ont laissés ces âges antiques. Ils sont plats, simples, grossiers, naïfs, analogues aux lettres sans orthographe que s'écrivent de nos jours les sectaires communistes les plus dédaignés. Jacques, Jude, rappellent Cabet ou Babick, tel fanatique de 1848 ou de 1871, convaincu, mais ne sachant pas sa langue, exprimant à bâtons rompus, d'une façon touchante, sa naïve aspiration à la conscience. Et pourtant, ce sont ces bégayements de gens du peuple qui sont devenus la seconde Bible du genre humain. Le tapissier Paul écrivait le grec aussi mal que Babick le français[2]. Le rhéteur, dominé par la considération littéraire, pour qui la littérature française commence

---

1. Origène, *In Levit.*, hom. VII, 5 : « Erubesco confiteri quia tales leges dederit Deus. » Cf. *De princ.*, 17; *In Matth.*, tom. XIV, 23; *In Epist. ad Rom.*, II, 9 et suiv. Voir aussi saint Jean Chrys., *Adv. jud.*, VII, 4.

2. Voir, dans un journal de la Commune, *la Nation souveraine* (vers le 25 avril 1871), une lettre de Babick, qui me rappela beaucoup, quand je la lus, les Épîtres chrétiennes primitives.

à Villon ; l'historien doctrinaire, qui n'estime que les développements réfléchis, et pour qui la constitution française commence aux prétendues Constitutions de saint Louis, ne peuvent comprendre ces apparentes bizarreries.

L'âge des origines, c'est le chaos, mais un chaos riche de vie; c'est la glaire féconde où un être se prépare à exister, monstre encore, mais doué d'un principe d'unité, d'un type assez fort pour écarter les impossibilités, pour se donner les organes essentiels. Que sont tous les efforts des siècles conscients si on les compare aux tendances spontanées de l'âge embryonnaire, âge mystérieux où l'être en train de se faire se retranche un appendice inutile, se crée un système nerveux, se pousse un membre? C'est à ces moments-là que l'Esprit de Dieu couve son œuvre et que le groupe qui travaille pour l'humanité peut vraiment dire :

Est Deus in nobis, agitante calescimus illo.

CHAPITRE XXIX.

LE CULTE ET LA DISCIPLINE.

L'histoire d'une religion n'est pas l'histoire d'une théologie. Les subtilités sans valeur qu'on décore de ce nom sont le parasite qui dévore les religions bien plutôt qu'elles n'en sont l'âme. Jésus n'eut pas de théologie; il eut le sentiment le plus vif qu'on ait eu des choses divines et de la communion filiale de l'homme avec Dieu. Aussi n'institua-t-il pas de culte proprement dit, en dehors de celui qu'il trouva déjà établi par le judaïsme. La « fraction du pain », accompagnée d'actions de grâces, ou *eucharistie*, fut le seul rite un peu symbolique qu'il adopta, et encore Jésus ne fit-il que lui donner de l'importance et se l'approprier; car la *beraka* (bénédiction), avant de rompre le pain, a toujours été un usage juif. Quoi qu'il en soit, ce mystère du pain et du vin, considérés comme étant le corps et le sang de Jésus, si bien que ceux qui en mangent ou en boivent participent de Jésus, devint l'élément générateur de tout un culte. L'*ecclesia* ou l'assemblée en fut la base. Jamais le christianisme ne sortit de là. L'*ecclesia*, ayant pour objet central la communion ou eucharistie, devint la *messe;* or la messe a toujours réduit le reste du culte chrétien au rang d'accessoire et de pratique secondaire.

On était loin, vers le temps de Marc-Aurèle, de la réunion chrétienne primitive, pendant laquelle deux ou trois prophètes, souvent des femmes, tombaient en extase, parlant en même temps et se demandant les uns aux autres, après l'accès, quelles merveilles ils avaient dites. Cela ne se voyait plus que chez les montanistes. Dans l'immense majorité des Églises, les anciens et l'évêque président l'assemblée, règlent les lectures, parlent seuls. Les femmes sont assises à part, silencieuses et voilées. L'ordre règne partout, grâce à un nombre considérable d'employés secondaires, ayant des fonctions distinctes[1]. Peu à peu le siège de l'*épiscopos* et les sièges des *presbyteri* constituent un hémicycle central, un chœur. L'eucharistie exige une table, devant laquelle le célébrant prononce les prières et les paroles mystérieuses. Bientôt on établit un ambon pour les lectures et les sermons, puis un

---

[1] *Constit. apost.*, VIII, ch. XI; Tertullien, *Præscr.*, 41.

cancel de séparation entre le *presbyterium* et le reste de la salle. Deux réminiscences dominent tout cet enfantement de l'architecture chrétienne : d'abord un vague souvenir du temple de Jérusalem, dont une partie était accessible aux seuls prêtres; puis une préoccupation de la grande liturgie céleste par laquelle débute l'Apocalypse. L'influence de ce livre sur la liturgie fut de premier ordre. On voulut faire sur terre ce que les vingt-quatre vieillards et les chantres zoomorphes font devant le trône de Dieu. Le service de l'Église fut ainsi calqué sur celui du ciel. L'usage de l'encens[1] vint sans doute de la même inspiration. Les lampes et les cierges étaient surtout employés dans les funérailles[2].

Le grand acte liturgique du dimanche était un chef-d'œuvre de mysticité et d'entente des sentiments populaires. C'était bien déjà la messe[3], mais la messe complète, non la messe aplatie, si j'ose le dire, écrasée comme de nos jours; c'était la messe vivante dans toutes ses parties, chaque partie conservant la signification primitive qu'elle devait plus tard si étrangement perdre. Ce mélange habilement com-

---

1. Saint Hippolyte, *De consummatione mundi*, c. XXXIV.
2. Le passage Lactance, *Instit. div.*; VI, 2, n'est pas une grave objection.
3. *Constit. apost.*, II, 57; Eusèbe, *Oratio Constantini*, 12.

posé de psaumes, de cantiques, de prières, de lectures, de professions de foi, ce dialogue sacré entre l'évêque et le peuple, préparaient les âmes à penser et à sentir en commun. L'homélie de l'évêque, la lecture de la correspondance des évêques étrangers et des Églises persécutées, donnaient la vie et l'actualité à la pacifique réunion. Puis venait la préface solennelle du mystère, annonce pleine de gravité, rappel des âmes au recueillement; puis le mystère lui-même, un canon secret, des prières plus saintes encore que celles qui ont précédé; puis l'acte de fraternité suprême, la participation au même pain, à la même coupe. Une sorte de silence solennel plane sur l'église en ce moment. Puis, quand le mystère est fini, la vie renaît, les chants recommencent, les actions de grâces se multiplient; une longue prière embrasse tous les ordres de l'Église, toutes les situations de l'humanité, tous les pouvoirs établis[1]. Puis le président, après avoir échangé avec les fidèles de pieux souhaits, congédie l'assemblée par la formule ordinaire dans les audiences judiciaires[2], et les frères

---

1. *Const. apost.*, VIII, ch. x, xi. Ces prières sont du temps des persécutions, puisqu'il s'y trouve des suffrages pour les persécuteurs et pour les confesseurs qui sont en prison ou dans les mines.

2. *Ite, missa est.* De là probablement le nom de *messe*. Comp. la λαοῖς ἄφεσις, à la fin de la messe isiaque. Apulée, *Metam.*, XI, 17. Voir Du Cange, au mot *missa*.

se séparent pleins d'édification pour plusieurs jours.

Cette réunion du dimanche était en quelque sorte le nœud de toute la vie chrétienne. Ce pain sacré était le lien universel de l'Église de Jésus. On l'envoyait aux absents à domicile, aux confesseurs en prison, et d'une Église à l'autre, surtout vers le temps de Pâques[1]; on le donnait aux enfants[2]; c'était le grand signe de la communion et de la fraternité. L'agape, ou repas du soir en commun, non distingué d'abord de la cène, s'en séparait de plus en plus et dégénérait en abus[3]. La cène, au contraire, devenait essentiellement un office du matin[4]. La distribution du pain et du vin se faisait par les anciens et par les diacres. Les fidèles les recevaient debout. Dans certains pays, surtout en Afrique, on croyait, à cause de la prière : « Donne-nous aujourd'hui notre pain

1. Justin, *Apol. I*, 65; Actes de sainte Perpétue, 1re vis.; lettre d'Irénée à Victor, ci-dessus, p. 203; Tertullien, *Ad ux.*, II, 4, 5; fait de Tarsicius, *carmen* XVIII de saint Damase. Cet usage fut interdit par le concile de Laodicée, canon 14.

2. Saint Cyprien, *De lapsis*, 25.

3. *Saint Paul*, p. 226 et suiv.; de Rossi, *Roma sott.*, III, p. 500 et suiv. Comp. Tertullien, *Apol.*, 39, et *De jej.*, 17 (sed majoris est agape, quia per hanc adolescentes tui cum sororibus dormiunt); Clém. d'Alex., *Pædag.*, II, 1; *Carm. sib.*, VIII, 498; Eusèbe, *Orat. Const.*, 12.

4. Pline, *Epist.*, X, 97; saint Cyprien, *Epist.*, 63, § 15 et 16. L'Église grecque a conservé l'usage de la messe avant le lever du soleil.

quotidien », devoir communier tous les jours. On emportait, pour cela, le dimanche, un morceau de pain bénit, que l'on mangeait chez soi en famille, après la prière du matin[1].

On se plut, à l'imitation des mystères, à entourer cet acte suprême d'un profond secret[2]. Des précautions étaient prises pour que les initiés seuls fussent présents dans l'église au moment où il se célébrait. Ce fut presque l'unique faute que commit l'Église naissante; on crut, parce qu'elle recherchait l'ombre, qu'elle en avait besoin, et cela, joint à bien d'autres indices, fournit des apparences à l'accusation de magie[3]. Le baiser sacré[4] était aussi une grande source d'édification et de dangers. Les sages docteurs recommandaient de ne pas le redoubler si l'on y sentait du plaisir, de ne pas s'y prendre à deux fois, de ne pas ouvrir les lèvres[5]. On ne tarda pas, du reste, à supprimer le danger en introduisant dans l'église la séparation des deux sexes[6].

1. Saint Cyprien, *De orat.*, ch. xviii. Le reste de cet usage se voit dans le pain bénit de nos églises.
2. *Const. apost.*, II, 57.
3. Minucius Félix, 8, 9; Tertullien, *Ad ux.*, II, 4, 5; Le Blant, *Accus. de magie*, p. 16-17.
4. Voir *Saint Paul*, p. 262-263.
5. Athénagore, *Leg.*, 32; Clém. d'Alex., *Pædag.*, III, xi, vers la fin, p. 110-111.
6. *Constit. apost.*, II, 57; VIII, 11.

L'église n'avait rien du temple¹ ; car on maintenait comme un principe absolu que Dieu n'a pas besoin de temple, que son vrai temple, c'est le cœur de l'homme juste². Elle n'avait sûrement aucune architecture qui la fît reconnaître ; c'était cependant déjà un édifice à part³ ; on l'appelait « la maison du Seigneur⁴ », et les sentiments les plus tendres de la piété chrétienne commençaient à s'y attacher. Les réunions de nuit, justement parce qu'elles étaient interdites par la loi⁵, avaient un grand charme pour l'imagination⁶. Au fond, quoique le vrai chrétien eût les temples en aversion, l'église aspirait secrètement à devenir temple⁷ ; elle le devint tout à fait au moyen âge ; la chapelle et l'église de nos jours sont bien

1. Min. Fél., 10, 32 ; Celse, dans Orig., VII, 62.
2. Clém. d'Alex., *Strom.,* V, 11 ; VII, 5. Pour les doctrines analogues des stoïciens, voir Bernays, *Die herakl. Briefe,* p. 30 et suiv.
3. *Sacraria.* Min. Fél., 9.
4. Οἶκος κυριακός. Clém. d'Alex., *Strom.,* III, 18. Vers l'an 236, églises brûlées : Orig., *In Matth. comm. series,* xxviii, p. 857, Delarue (III).
5. Porcius Latro, *Declam. in Catil.,* ch. xix ; Schœll, *Duod. tab.,* p. 151 ; Cicéron, *De legibus,* II, 9 ; Paul, *Sentent.,* V, xxiii, 9 ; Code Théod., loi 7 *de malef.* (IX, xvi) ; loi 5 *de paganis,* (XVI, x) ; Zosime, IV, 3.
6. Pline, *Epist.,* X, 97 ; Min. Félix, 8, 9 ; Tertullien, *Ad ux.,* II, 4 ; *De corona,* 3 ; *De fuga,* 14.
7. Curieuse remarque de Macarius Magnes, l. IV, ch. xxi, fin (p. 201, Blondel).

plus près de ressembler aux temples anciens qu'aux églises du IIᵉ siècle.

Une idée bientôt répandue contribua beaucoup à cette transformation ; on se figura que l'eucharistie était un sacrifice, puisqu'elle était le mémorial du sacrifice suprême accompli par Jésus. Cette imagination remplissait une lacune que la religion nouvelle semblait offrir aux yeux des gens superficiels, je veux dire le manque de sacrifices. De la sorte, la table eucharistique devint un autel, et il fut question d'offrandes, d'oblations. Ces oblations, c'étaient les espèces mêmes du pain et du vin, que les fidèles aisés apportaient, pour n'être pas à la charge de l'Église et pour que le reste appartînt aux pauvres et aux servants du culte[1]. On voit combien une telle doctrine pouvait devenir féconde en malentendus. Le moyen âge, qui abusa si fort de la messe, en y exagérant l'idée de sacrifice, devait arriver à de bien grandes étrangetés. De transformations en transformations, on en vint à la messe basse, où un homme, dans un

---

1. Clém., *Epist.*, 40, 41, 44 ; Justin, *Apol. I*, 13 ; *Dial.*, 41, 116 ; Irénée, IX, xvii, 5 ; xviii, 4, 6 ; Tertullien, *De corona*, 3 ; *De exhort. cast.*, 11 ; *De monog.*, 10 ; saint Cyprien, *De opere et eleemosynis*, 15 ; *Epist.*, 5, 34, 37, surtout 63 ; Bunsen, *Analecta ante-nicæna*, II, p. 3 et suiv. L'offrande de la messe est le dernier reste de cet usage.

petit réduit, avec un enfant qui tient la place du peuple, préside une assemblée à lui seul, dialogue sans cesse avec des gens qui ne sont pas là, apostrophe des auditeurs absents, s'adresse l'offrande à lui-même, se donne le baiser de paix à lui seul.

Le sabbat, à la fin du IIe siècle, est à peu près supprimé chez les chrétiens. Y tenir paraît un signe de judaïsme, un mauvais signe[1]. Les premières générations chrétiennes célébraient le samedi et le dimanche, l'un en souvenir de la création, l'autre en souvenir de la résurrection ; puis tout se concentra sur le dimanche. Ce n'est pas qu'on envisageât précisément ce second jour comme un jour de repos ; le sabbat était abrogé, non transféré[2] ; mais les solennités du dimanche et surtout l'idée que ce jour devait être tout entier à la joie (il était défendu d'y jeûner, d'y prier à genoux) ramenèrent l'abstention du travail servile[3]. C'est bien plus tard qu'on en vint à croire que le précepte du sabbat s'appliquait au dimanche. Les premières règles à cet égard ne concernent que les esclaves, à qui, par une pensée misé-

1. Épître à Diognète. V. ci-dessus, p. 424-425.
2. Épître dite de Barnabé, 15 ; Pseudo-Ign., *ad Magnes.*, 9 ; Conc. de Laodicée, canon 29. Voir cependant *Const. apost.*, VIII, 33.
3. Tert., *Apol.*, 16 ; *Ad nat.*, I, 13 ; *De corona,* 3 ; *De idol.,* 14 ; *De oratione,* 10, 11, 14.

ricordieuse, on veut assurer des jours fériés[1]. Le jeudi et le vendredi, *dies stationum,* furent consacrés au jeûne, aux génuflexions et au souvenir de la Passion[2]. Les fêtes annuelles étaient les deux fêtes juives, Pâques et la Pentecôte, avec les transpositions que l'on sait[3]. Quant à la fête des Palmes, elle fut à demi supprimée. L'usage d'agiter des rameaux, en criant *hosanna!* fut rattaché tant bien que mal au dimanche avant Pâques, en souvenir d'une circonstance de la dernière semaine de Jésus. Le jour anniversaire de la Passion était consacré au jeûne ; ce jour-là, on s'abstenait du saint baiser[4].

Le culte des martyrs prenait déjà une place si considérable, que les païens et les juifs en faisaient une objection, soutenant que les chrétiens révéraient plus les martyrs que le Christ lui-même[5]. On les ensevelissait en vue de la résurrection, et on y mettait des raffinements de luxe qui contrastaient avec la sim-

1. *Constit. apost.,* VIII, 33, en notant les variantes. Cf. Code Just., III, xii; Code Théod., II, viii ; XI, vii, 10; Eusèbe, *Vita Const.,* IV, 18.
2. Pseudo-Hermas, simil., v, 1 ; Tertull., *De oratione,* 14.
3. Voir *Saint Paul,* p. 270-272, et ci-dessus, p. 194 et suiv. Comp. *Const. apost.,* V, ch. xiii-xx, avec les textes donnés en note par Cotelier. Cf. *ibid.,* VIII, 33.
4. Tertullien, *De orat.,* 14.
5. Martyre de Polyc., ch. xvii, xviii ; lettre des fidèles de Lyon, dans Eus., V, i, 61.

plicité des mœurs chrétiennes; on adorait presque leurs os[1]. A l'anniversaire de leur mort, on se rendait à leur tombeau; on lisait le récit de leur martyre; on célébrait le mystère eucharistique en souvenir d'eux[2]. C'était l'extension de la commémoration des défunts, pieuse coutume qui tenait une grande place dans la vie chrétienne. Peu s'en fallait qu'on ne dît déjà la messe pour les morts. Le jour de leur anniversaire, on faisait l'offrande pour eux, comme s'ils vivaient encore; on mêlait leur nom aux prières qui précédaient la consécration; on mangeait le pain en communion avec eux[3]. Le culte des saints, par lequel le paganisme se refit sa place dans l'Église, les prières pour les morts, source des plus grands abus du moyen âge, tenaient ainsi à ce qu'il y eut dans le christianisme primitif de plus élevé et de plus pur.

Le chant ecclésiastique exista de très bonne heure et fut une des expressions de la conscience chrétienne[4]. Il s'appliquait à des hymnes, dont la com-

---

1. Lucien, *Peregr.*, 12, 13, 16; Le Blant, *Mém. de l'Acad. des inscr.*, t. XXVIII, 2ᵉ partie, p. 75; Eusèbe, *H. E.*, VII, xi, 24; xxii, 9.
2. Cypr., *Epist.*, 37.
3. Tertullien, *De cor.*, 3 : « Oblationes pro defunctis, pro natalitiis annua die facimus »; *Exh. cast.*, 11; *De monog*, 10; S. Cypr., *Epist.*, 37; de Rossi, *Roma sott.*, III, p. 495 et suiv.
4. Pline, X, 97; Justin, *Apol. I*, 13; Caïus, dans Eus.,

position était libre, et dont nous avons un spécimen dans l'hymne à Christ de Clément d'Alexandrie[1]. Le rythme était court et léger; c'était celui des chansons du temps, de celles, par exemple, que l'on prêtait à Anacréon. Il n'avait rien de commun, en tout cas, avec le récitatif des Psaumes. On en peut retrouver quelque écho dans la liturgie pascale de nos églises, qui a particulièrement conservé son air archaïque, dans le *Victimæ paschali*, dans l'*O filii et filiæ* et l'*Alleluia* judéo-chrétien. Le *carmen antelucanum* dont parle Pline, ou l'office *in galli cantu*, se retrouve probablement dans l'*Hymnum dicat turba fratrum*, surtout dans la strophe suivante, dont le son argentin nous redit presque l'air sur lequel elle était chantée :

> Galli cantus, galli plausus
> Proximum sentit diem,
> Et ante lucem nuntiemus
> Christum regem seculo[2].

Le baptême avait complètement remplacé la circoncision, dont il ne fut, à l'origine chez les juifs,

---

H. E., V, xxviii, 5; Tertullien, Clément d'Alex., etc. Pour Bardesane, voir ci-dessus, p. 442-443. Cf. Eus., *H. E.,* VII, xxiv, 4; xxx, 10; conc. de Laodicée, can. penult.

1. A la fin du *Pædagogus*.
2. Rossi, *Bullettino*, 1865, p. 55.

que le préliminaire[1]. Il était administré par une triple immersion, dans une pièce à part, près de l'église ; puis l'illuminé[2] était introduit dans la réunion des fidèles. Le baptême était suivi de l'imposition des mains, rite juif de l'ordination du rabbinat. C'était ce qu'on appelait le baptême de l'Esprit ; sans lui, le baptême de l'eau était incomplet[3]. Le baptême n'était qu'une rupture avec le passé ; c'était par l'imposition des mains qu'on devenait réellement chrétien. Il s'y joignait des onctions d'huile, origine de ce qu'on appelle maintenant la confirmation, et une sorte de profession de foi par demandes et par réponses[4]. Tout cela constituait le sceau définitif, la *sphragis*[5]. L'idée sacramentelle, l'*ex opere operato*, le sacrement conçu comme une sorte d'opération ma-

1. Talm. de Bab., *Jebamoth*, 46 *a* et suiv.; *Schabbath*, 135 *a*; Talm. de Jérus., *Kidduschin*, III, 14; *Masséket Gérim*, Kirchheim, ch. I, p. 38; ch. II, init.

2. Ὁ φωτισθείς, Justin, *Apol. I*, 65.

3. Matth., III, 14 ; Marc, I, 8; Luc, III, 16 ; Jean, I, 26, 31, 33; III, 5; *Act.*, I, 5; VIII, 16, 17, 39 ; XI, 16 ; Justin, *Dial.*, 29 ; Tertullien, *De baptismo*, 6.

4. Denys de Cor., dans Eus., *H. E.*, VII, IX, 2 ; Tertullien, *De cor.*, 3 ; *De resurr. carnis*, 8, 48. Voir Caspari, *Quellen zur Gesch. des Taufsymbols*, Christiania, 4 volumes, 1866, 1869, 1875, 1879; Gebh. et Harn., *Patr. apost.*, I, II, edit. alt., p. 115 et suiv.; Siouffi, *Relig. des Soubbas*, p. 80.

5. Clém. d'Alex., *Strom.*, II, 3. Cf. Gebhardt et Harnack, *Patr. apost.*, I, I, p. 121-122, note; Labbe, *Conc.*, II, 952.

gique, devenait ainsi une des bases de la théologie chrétienne. Au III⁰ siècle, une espèce de noviciat au baptême, le catéchuménat, s'établit; le fidèle n'arrive au seuil de l'église qu'après avoir traversé des ordres successifs d'initiation. Le baptême des enfants commence à paraître vers la fin du II⁰ siècle. Il trouvera jusqu'au IV⁰ siècle des adversaires décidés[1].

La pénitence était déjà réglée à Rome vers le temps du faux Hermas[2]. Cette institution, qui supposait une société si fortement organisée, prit des développements surprenants[3]. C'est merveille qu'elle n'ait pas fait éclater l'Église naissante. Si quelque chose prouve combien l'église était aimée et l'intensité de joie qu'on y trouvait, c'est de voir à quelles rudes épreuves on se soumettait pour y rentrer et regagner parmi les saints la place qu'on avait perdue. La confession ou l'aveu de la faute, déjà pratiquée par les juifs[4], était la première condition de la pénitence chrétienne.

Jamais, on le voit, le matériel d'un culte ne fut plus simple. Les vases de la Cène ne devinrent sacrés que lentement. Les soucoupes de verre qui y

1. Tertullien, *De bapt.*, 18.
2. Voir *l'Église chrétienne,* ch. XX et XXI.
3. Psaume XXXII entier; XXXVIII, 19; LI, 5.
4. Voir surtout Tertullien, *De pœnitentia,* 8, 12.

servaient furent les premières l'objet d'une certaine attention¹. L'adoration de la croix était un respect plutôt qu'un culte²; la symbolique restait d'une extrême simplicité³. La palme, la colombe avec le rameau, le poisson, l'ιχθυσ, l'ancre, le phénix, l'ΑΩ, le T désignant la croix⁴, et peut-être déjà le *chrisimon* ☧ pour désigner le Christ⁵; telles étaient presque les seules images allégoriques reçues. La croix elle-même n'était jamais représentée, ni dans les églises, ni dans les maisons; au contraire, le signe de la croix, fait en portant la main au front, était fréquemment répété; mais il se peut que cet usage fût particulièrement cher aux montanistes⁶.

Le culte du cœur, en revanche, était le plus développé qui fut jamais. Quoique la liberté des charismes primitifs eût déjà été bien réduite par l'épi-

---

1. Voir *Saint Paul*, p. 266.

2. Min. Félix, 9, 29; Tert., *Adv. Marc.*, III, 18; Clém. d'Alex., *Strom.*, VI, 11 (τὸ κυριακὸν σημεῖον); voir *l'Égl. chrét.*, p. 377.

3. Clém. d'Alex., *Pædag.*, III, xi, 59; de Rossi, *Roma sott.*, II, p. 308 et suiv. Pour l'ιχθυσ, voir *l'Église chrétienne*, p. 535, et ci-dessus, p. 297.

4. Epist. Barn., 9; Clém. d'Alex., *Strom.*, VI, 11.

5. De Rossi, *De christ. tit. carth.*, p. 26 et suiv. (*Spic. sol.*, t. IV); Le Blant, *Magie*, p. 17, note 1; *Zeitschrift für K. G.*, IV (1880), p. 194 et suiv.

6. Tertullien, *De corona*, 3; *Ad uxorem*, II, 5. Cf. *l'Égl. chrét.*, p. 525.

scopat; les dons spirituels, les miracles, l'inspiration directe continuaient dans l'Église et en faisaient la vie. Irénée voit en ces facultés surnaturelles la marque même de l'Église de Jésus[1]. Les martyrs de Lyon y participent encore[2]. Tertullien se croit entouré de miracles perpétuels[3]. Ce n'est pas seulement chez les montanistes que l'on attribuait le caractère surhumain aux actes les plus simples. La théopneustie et la thaumaturgie, dans l'Église entière, étaient à l'état permanent[4]. On ne parlait que de femmes spirites, qui faisaient des réponses et semblaient des lyres résonnant sous un coup d'archet divin. La *soror* dont Tertullien nous a gardé le souvenir[5] émerveille l'Église par ses visions. Comme les illuminées de Corinthe du temps de saint Paul, elle mêle ses révélations aux solennités de l'Église; elle lit dans les cœurs; elle indique des remèdes; elle voit les âmes corporellement comme des petits êtres de forme humaine, aériens, brillants, tendres et transpa-

1. *Adv. hær.*, II, xxxi, 2; xxxii, 4; IV, xx, 8; V, vi, 1. Cf. Eus., *H. E.*, V, 7.
2. Cf. Pseudo-Ign., *Ad Philad.*, 7; *ad Trall.*, 14.
3. *De anima*, 47, 51; *De idol.*, 15.
4. Saint Justin, *Dial.*, 39, 82, 87-88; Athénagore, *Leg.*, 7; Homélies pseudo-clém., i, 19; ii, 6-10, 12, 24; iii, 11, 12; viii, 10; *Constit. apost.*, VIII, 1, 7.
5. Tert., *De anima*, 9.

rents. Des enfants extatiques passaient aussi pour les interprètes que se choisissait parfois le Verbe divin[1].

La médecine surnaturelle était le premier de ces dons, que l'on considérait comme des héritages de Jésus. L'huile sainte en était l'instrument. Les païens étaient fréquemment guéris par l'huile des chrétiens[2]. Quant à l'art de chasser les démons, tout le monde reconnaissait que les exorcistes chrétiens avaient une grande supériorité; de toutes parts, on leur amenait des possédés pour qu'ils les délivrassent[3], absolument comme la chose a lieu encore aujourd'hui en Orient. Il arrivait même que des gens qui n'étaient pas chrétiens exorcisaient par le nom de Jésus. Quelques chrétiens s'en indignaient; mais la plupart s'en réjouissaient, voyant là un hommage à la vérité[4]. On ne s'arrêtait pas en si beau chemin. Comme les

1. Saint Cyprien, *Epist.*, 9. Cf. *De lapsis*, 25, 26.
2. Tert., *Ad Scap.*, 4.
3. Justin, *Apol.* II, 6 ; *Dial.*, 30, 76, 85, 121 ; Irénée, II, xxxii, 4; Tertullien, *Apol.*, 23, 27, 37; *Ad Scap.*, 4; *De idol.*, 11; *Ad ux.*, II, 4 ; *De spect.*, 29; *De exhort. cast.*, 10; *De anima*, 9, 57; Arnobe, I, 45 ; Origène, *Contre Celse*, I, 67; II, 33; III, 24; VII, 4; Lucien, *Philopseudès*, 16, etc. Voir le mém. de M. Le Blant sur l'accusation de magie, dans les *Mém. de la Soc. des Antiq. de France*, XXXI. Cf. *Comptes rendus de l'Acad. des inscr.*, 1866, p. 365-370. Déjà Moïse et Jamnès avaient eu la réputation d'exorcistes célèbres (Strabon, Pline, Apulée, Celse).
4. Marc, ix, 38 ; I Cor., xii, 1.

faux dieux n'étaient que des démons, le pouvoir de chasser les démons impliquait le pouvoir de démasquer les faux dieux[1]. L'exorciste encourait ainsi l'accusation de magie, qui rejaillissait sur l'Église tout entière[2].

L'Église orthodoxe vit le danger de ces dons spirituels, restes d'une puissante ébullition primitive, que l'Église devait discipliner, sous peine de n'être pas. Les docteurs et les évêques sensés y étaient opposés; car ces merveilles, qui ravissaient l'absurde Tertullien, et auxquelles saint Cyprien attache encore tant d'importance, donnaient lieu à de mauvais bruits, et il s'y mêlait des bizarreries individuelles dont l'orthodoxie se défiait[3]. Loin de les encourager, l'Église frappa les charismes de suspicion, et, au IIIe siècle, sans disparaître, ils devinrent de plus en plus rares. Ce ne furent plus que des faveurs exceptionnelles, dont les présomptueux seuls se crurent honorés[4]. L'extase fut condamnée[5]. L'évêque devient déposi-

---

1. Min. Félix, 27; Athénag., *Leg.*, 26; *Actes de saint Pione*, § 7; saint Cyprien, *De idol. van.*, 7; *Ad Demetrianum*, 15; Lactance, Rufin, Théodoret, etc.

2. Orig., *Contre Celse*, I, 6; VI, 39; VII, 4; Tertullien, *Ad ux.*, II, 5. Le Blant, mém. cité.

3. Origène, *Contre Celse*, VI, 32; VIII, 60; Eusèbe, *H. E.*, III, 26; Damascius, *Vie d'Isidore*, 56.

4. Origène, *Contre Celse*, VII, 8.

5. Eus., V, 17. Tertullien répondit à cette condamnation par

-taire des charismes, ou plutôt aux charismes succède le sacrement, lequel est administré par le clergé, tandis que le charisme est une chose individuelle, une affaire entre l'homme et Dieu. Les synodes héritèrent de la révélation permanente. Les premiers synodes furent tenus en Asie Mineure contre les prophètes phrygiens [1]; transporté à l'Église, le principe de l'inspiration par l'Esprit devenait un principe d'ordre et d'autorité.

Le clergé était déjà un corps bien distinct du peuple. Une grande Église complète, à côté de l'évêque et des anciens, avait un certain nombre de diacres et d'aides-diacres attachés à l'évêque et exécuteurs de ses ordres. Elle possédait, en outre, une série de petits fonctionnaires [2], anagnostes ou lecteurs, exorcistes, portiers, psaltes ou chantres, acolytes, qui servaient au ministère de l'autel, remplissaient les coupes d'eau et de vin, portaient l'eucharistie aux malades. Les pauvres et les veuves nourris par l'église, et qui y demeuraient plus ou moins, étaient considérés comme gens d'Église et

---

ses six livres sur l'extase (Saint Jér., *De vir. ill.*, 24, 40, 53). Cf. Clém. d'Alex., *Strom.*, IV, 13.

1. Mansi, *Concil.*, I, 691, 692.
2. Lettre du pape Corneille, dans Eus., *H. E.*, VI, XLIII, 11; Gilles Boucher, *Cycl.*, p. 217; Baronius, an 112, § 9.

inscrits sur ses matricules (*matricularii*)[1]. Ils remplissaient les plus bas offices, comme de balayer, plus tard de sonner les cloches, et vivaient avec les clercs du surplus des offrandes de pain et de vin. Pour les ordres élevés du clergé, le célibat tendait de plus en plus à s'établir ; au moins, les secondes noces étaient interdites[2]. Les montanistes arrivèrent vite à prétendre que les sacrements administrés par un prêtre marié étaient nuls. La castration ne fut jamais qu'un excès de zèle, bientôt condamné[3]. Les sœurs compagnes des apôtres[4], dont l'existence était établie par des textes notoires, se retrouvent dans ces sous-introduites, sortes de diaconesses servantes, qui furent l'origine du concubinat avoué des clercs au moyen âge[5]. Les rigoristes demandaient qu'elles fussent

---

1. C'est l'origine du mot *marguillier*. Voir Martigny, au mot *matricula*; Du Cange, au mot *matricularius*. Cf. saint Jérôme, *Epist. ad Innocentium*, col. 26, Mart.

2. *Philos.*, IX, 12, p. 458-460, Duncker et Schneidewin.

3. Le célibat s'appelait souvent εὐνουχία. Matth., xix, 12; Athénag., *Leg.*, 33; Clém. d'Alex., *Strom.*, III, 12; *Constit. apost.*, VIII, 10. Notez le σπάδων πρεσβύτερος dans *Philos.*, IX, 12, p. 456. Voyez ci-dessus, p. 200, note 5; conc. de Nicée, canon 1; Bunsen, *Anal. ante-nic.*, II, p. 10-11. Tertullien veut que les apôtres aient tous été continentes ou spadones.

4. I Cor., ix, 5.

5. Eus., *H. E.*, VII, xxx, 12 et suiv.; Tertullien, *De virg. vel.*, 14; Pseudo-Clément, *Epist. de virgin.*, i, 10; ii, 1-6; Cypr., *Epist.*, 62 ; Hefele, *Concil.*, I, p. 138, 206, 363; traité *De singul.*

voilées, pour prévenir les sentiments trop tendres que pouvait faire naître chez les frères leur ministère de charité[1].

Les sépultures deviennent, dès la fin du IIe siècle, une annexe de l'église et l'objet d'une diaconie ecclésiastique. Le mode de sépulture chrétienne fut toujours celui des juifs, l'inhumation, consistant à déposer le corps enveloppé du suaire dans un sarcophage, en forme d'auge, surmonté souvent d'un *arcosolium*. La crémation inspira toujours aux fidèles une grande répugnance[2]. Les mithriastes et les autres sectes orientales partageaient les mêmes idées et pratiquaient, à Rome, ce qu'on peut appeler le mode syrien de sépulture. La croyance grecque à l'immortalité de l'âme conduisait à l'incinération ; la croyance orientale en la résurrection amena l'enterrement. Beaucoup d'indices portent à chercher les plus anciennes sépultures chrétiennes de Rome vers saint Sébastien, sur la voie Appienne. Là se trouvent les

clericorum, entier; saint Jérôme, *Epist.*, ad Rust., col. 774 (Mart.). Cf. *Saint Paul*, p. 283, 284. Voir le touchant épisode de Leontius et d'Eustolium. Socrate, *H. E.*; II, 26 ; Théodoret, *H. E.*, II, 24 ; Athanase, *Apol.*, c. XXVI; *Hist. arian.*, c. XXVIII. Voir Bunsen, *op. cit.*, II, p. 5 et suiv.

1. Tertullien, *De virg. vel.*, 14. « Facile virgines fraternitas suscipit. »

2. Pseudo-Phocylide, vers 99 et suiv., Bernays, p. VII et suiv.; Minucius Félix, 11, 34.

cimetières juifs et mithriaques[1]. On croyait que les corps des apôtres Pierre et Paul avaient séjourné en cet endroit, et c'était pour cela qu'on l'appelait *Catatumbas,* « aux Tombes[2] ».

Vers le temps de Marc-Aurèle, un changement grave se produisit. La question qui préoccupe les grandes villes modernes se posa impérieusement. Autant le système de la crémation ménageait l'espace consacré aux morts, autant l'inhumation à la façon juive, chrétienne, mithriaque, immobilisait de surface. Il fallait être assez riche pour s'acheter, de son vivant, un *loculus* dans le terrain le plus cher du monde, à la porte de Rome. Quand de grandes masses de population d'une certaine aisance voulurent être enterrées de la sorte, il fallut descendre sous terre. On creusa d'abord à une certaine pro-

---

[1]. Les inscriptions chrétiennes des catacombes ne remontent qu'au commencement du iiie siècle. Les inscriptions plus anciennes qu'on y rencontre ne sont pas chrétiennes; elles ont été apportées dans les catacombes au ive siècle, avec tant d'autres matériaux étrangers pour le scellage des *loculi.* L'inscription censée de 71 (n° 1 de Rossi) est d'un christianisme douteux. Le n° 2 ne compte pas. Le n° 3 n'a pas appartenu d'abord aux catacombes. De là, on saute à l'an 204, et il s'en faut encore que l'on soit sur un terrain sûr. En somme, l'intérêt des catacombes se rapporte surtout au iiie siècle. On peut faire une exception pour la catacombe de Domitilla (de Rossi, *Bull.,* 1865, p. 33 et suiv., 189 et suiv.); mais le caractère primitif de ce monument est très incertain.

[2]. Voir *l'Antechrist,* p. 192, 193, note.

fondeur pour trouver des couches de sable suffisamment consistantes ; là, on se mit à percer horizontalement, quelquefois sur plusieurs étages, ces labyrinthes de galeries dans les parois verticales desquelles on ouvrit les *loculi*. Les juifs [1], les sabaziens, les mithriastes [2], les chrétiens adoptèrent simultanément ce genre de sépulture, qui convenait bien à l'esprit congréganiste et au goût du mystère qui les distinguaient. Mais, les chrétiens ayant continué ce genre de sépulture pendant tout le IIIe, le IVe et une partie du Ve siècle, l'ensemble des catacombes des environs de Rome est, pour sa presque totalité, un travail chrétien. Des nécessités analogues à celles qui firent creuser autour de Rome ces vastes hypogées en produisirent également à Naples, à Milan, à Syracuse, à Alexandrie.

Dès les premières années du IIIe siècle, nous voyons le pape Zéphyrin confier à son diacre Calliste le soin de ces grands dépôts mortuaires [3].

1. Catacombe juive de la Vigna Randanini, près Saint-Sébastien. Les *loculi* y sont disposés comme les *kokim* des sépultures juives de Palestine, c'est-à-dire en guise de fours, avec des sarcophages. La catacombe juive de la Porta Portese est perdue. Une troisième se trouve très près de l'église Saint-Sébastien. Toutes ces catacombes paraissent postérieures au IIe siècle.

2. V. ci-après, p. 575 et suiv.

3. *Philos.*, IX, 12, p. 456, Duncker et Schneidewin.

C'est ce qu'on appelait des cimetières ou « dortoirs[1] » ; car on se figurait que les morts y dormaient en attendant le jour de la résurrection. Plusieurs martyrs y furent enterrés. Dès lors, le respect qui s'attachait aux corps des martyrs s'appliqua aux lieux mêmes où ils étaient déposés. Les catacombes furent bientôt des lieux saints. L'organisation du service des sépultures est complète sous Alexandre-Sévère. Vers le temps de Fabien et de Corneille, ce service est une des principales préoccupations de la piété romaine[2]. Une femme dévouée nommée Lucine dépense autour des tombes saintes sa fortune et son activité[3]. Reposer auprès des martyrs, *ad sanctos, ad martyres*[4], fut une faveur. On vint annuellement célébrer les mystères sur ces tombeaux sacrés. De là des *cubicula*, ou chambres sépulcrales, qui, agrandies, devinrent des églises souterraines, où l'on se réunit en temps de persécution. Au dehors, on ajouta quelquefois des *scholæ* servant de *triclinium* pour les agapes[5]. Des assem-

---

1. Κοιμητήριον. Ce mot s'applique aussi à une tombe isolée. Voir de Rossi, *Roma sott.*, III, p. 427 et suiv.

2. G. Boucher, *Cycl.*, p. 271 ; Baronius, année 245, § 2.

3. Voir *l'Antechrist*, p. 4-5.

4. Le Blant, *Inscr.*, I, n° 44 ; Marchi, *Monum.*, p. 150; saint Augustin, *De cura pro mort. ger.*, c. VII (5) ; saint Grégoire de Nazianze, etc.

5. Hypogée de Domitille.

blées dans de telles conditions avaient l'avantage qu'on pouvait les prendre pour funéraires, ce qui les mettait sous la protection des lois[1]. Le cimetière, qu'il fût souterrain ou en plein air, devint ainsi un lieu essentiellement ecclésiastique[2]. Le *fossor*, en quelques Églises, fut un clerc de second ordre, comme l'anagnoste et le portier[3]. L'autorité romaine, qui portait dans les questions de sépulture une grande tolérance, intervenait très rarement en ces souterrains; elle admettait, sauf aux moments de fureur persécutrice[4], que la propriété des *areæ* consacrées appartenait à la communauté, c'est-à-dire à l'évêque. L'entrée des cimetières était, du reste, presque toujours masquée à l'extérieur par quelque sépulture de famille, dont le droit était hors de contestation[5].

Ainsi le principe des sépultures par confrérie l'emporta tout à fait au IIIe siècle. Chaque secte se bâtit

1. Voir *les Apôtres*, p. 356 et suiv.
2. *Areæ eorum non sint.* Tert., *Ad Scap.*, 3. Cf. Ruinart, p. 208.
3. Marchi, p. 87 et suiv.; saint Jérôme, *Epist. ad Innocentium*, col. 26 (IV, 2e part.); Code Théodosien, VII, tit. XX, loi 12; traité *De septem gradibus Ecclesiæ*, à la suite de saint Jérôme, t. XI, Vallarsi : « Primus in clericis fossariorum ordo est. »
4. Sous Valérien, sous Maximien.
5. Les catacombes chrétiennes s'ouvrent presque toujours derrière des sépultures païennes, qui en dissimulent l'ouverture. Il en est ainsi à la catacombe de saint Calliste, à celle de Flavia Domitilla, et aux deux entrées de celle de saint Prétextat.

son couloir souterrain et s'y enferma. La séparation des morts devint de droit commun. On fut classé par religion dans le tombeau; demeurer après sa mort avec ses confrères [1] devint un besoin. Jusque-là, la sépulture avait été une affaire individuelle ou de famille; maintenant, elle devient une affaire religieuse, collective; elle suppose une communauté d'opinions sur les choses divines. Ce n'est pas une des moindres difficultés que le christianisme léguera à l'avenir.

Par son origine première, le christianisme était aussi contraire aux développements des arts plastiques que l'a été l'islam. Si le christianisme fût resté juif, l'architecture seule s'y fût développée, ainsi que cela est arrivé chez les musulmans; l'église eût été, comme la mosquée, une grandiose maison de prière, voilà tout. Mais les religions sont ce que les font les races qui les adoptent. Transporté chez des peuples amis de l'art, le christianisme devint une religion aussi artistique qu'il l'eût été peu s'il fût resté entre les mains des judéo-chrétiens. Aussi sont-ce des hérétiques qui fondent l'art chrétien. Nous avons vu les gnostiques entrer dans cette voie avec une

---

1. *Ad religionem pertinentes meam.* De Rossi, *Bull.*, 1865, p. 54, 94-95 (cf. *ibid.*, août 1864, *schola sodalium Serrensium*); *Roma sotterr.*, I, p. 101 et suiv.; *Revue arch.*, avril, 1866, p. 225 et suiv., 239-240. Comparez le Collège des pæanistes, près Sainte-Agnès.

audace qui scandalisa les vrais croyants. Il était trop tôt encore; tout ce qui rappelait l'idolâtrie était suspect. Les peintres qui se convertissaient étaient mal vus, comme ayant servi à détourner vers de creuses images les hommages dus au Créateur[1]. Les images de Dieu et du Christ, j'entends les images isolées qui eussent pu sembler des idoles, excitaient l'appréhension, et les carpocratiens, qui avaient des bustes de Jésus et leur adressaient des honneurs païens, étaient tenus pour des profanes[2]. On observait à la lettre, au moins dans les églises, les préceptes mosaïques contre les représentations figurées[3]. L'idée de la laideur de Jésus, subversive d'un art chrétien, était généralement répandue[4]. Il y avait des portraits peints de Jésus, de saint Pierre, de saint Paul; mais on voyait à cet usage des inconvénients[5]. Le fait de la statue de l'hémorroïsse paraît à Eusèbe avoir besoin d'excuse; cette excuse, c'est que la femme qui témoigna ainsi sa reconnaissance

1. Tertullien, *In Hermog.*, 1; *De monog.*, 16.
2. Irénée, I, xxv, 6.
3. Clém. d'Alex., *Cohort.*, 4; *Strom.*, I, 15; III, 4; V, 5, 6, 14; VI, 17; VII, 4; Macarius Magnes, dans Pitra, *Spic. Sol.*, I, p. 324-325; conc. d'Elvire, canon 36.
4. Tertullien, *Adv. Jud.*, 14; *De carne Christi*, 9; Clém. d'Alex. *Pædag.*, III, 1 (αἰσχρός); Orig., *Contre Celse*, VI, 75 (δυσειδής).
5. Eusèbe, *H. E.*, VII, xviii, 4.

au Christ agit par un reste d'habitude païenne et par une confusion d'idées pardonnable[1]. Ailleurs[2], Eusèbe repousse comme tout à fait profane le désir d'avoir des portraits de Jésus.

Les *arcosolia* des tombeaux appelaient quelques peintures. On les fit d'abord purement décoratives, dénuées de toute signification religieuse : vignes, rinceaux de feuillage, vases, fruits, oiseaux. Puis on y mêla des symboles chrétiens; puis on y peignit quelques scènes simples, empruntées à la Bible et auxquelles on trouvait une saveur toute particulière en l'état de persécution où l'on était : Jonas sous son cucurbite ou Daniel dans la fosse aux lions[3], Noé et sa colombe, Psyché, Moïse tirant l'eau du rocher, Orphée charmant les bêtes avec sa lyre[4], et surtout le Bon Pasteur[5], où l'on n'avait guère qu'à copier un des types les plus répandus de l'art païen[6]. Les

---

1. Eus. *H. E.*, VII, ch. xviii, 4, ... ἐθνικῇ συνηθείᾳ ... ἀπαραλλάκτως. Cf. Macarius Magnes, dans Pitra, *Spic. Sol.*, I, p. 332-333.

2. Lettre à Constantia, dans l'édition de Migne, II, col. 1545 et suiv., ou dans Pitra, *Spic. Sol.*, I, p. 383 et suiv.

3. Comp. Clém. Rom., *Epist.*, 45; Celse dans Orig., VII, 53 (en gardant ἐπὶ τῇ κολοκύντῃ, Delarue, p. 732, note; Aubé, p. 368, note 1); Tertullien, saint Cyprien.

4. Cimetière de saint Calliste.

5. Tertullien, *De pudic.*, 7, 10. Cf. vision de Perpétue, *Acta*, 4, *in habitu pastoris*.

6. Guigniaut, *Rel. de l'ant.*, planches, fig. 908 et suiv.

sujets historiques de l'Ancien ou du Nouveau Testament n'apparaissent qu'à des époques plus récentes. La table, les pains sacrés, les poissons mystiques, des scènes de pêche, le symbolisme de la Cène, sont, au contraire, représentés dès le IIIe siècle[1].

Toute cette petite peinture d'ornement, exclue encore des églises et qu'on ne tolérait que parce qu'elle tirait peu à conséquence, n'a rien absolument d'original. C'est bien à tort qu'on a vu dans ces essais timides le principe d'un art nouveau. L'expression y est faible; l'idée chrétienne tout à fait absente; la physionomie générale indécise. L'exécution n'en est pas mauvaise; on sent des artistes qui ont reçu une assez bonne éducation d'atelier; elle est bien supérieure, en tout cas, à celle qu'on trouve dans la vraie peinture chrétienne qui naît plus tard. Mais quelle différence dans l'expression! Chez les artistes du VIIe, du VIIIe siècle, on sent un puissant effort pour introduire dans les scènes représentées un sentiment nouveau; les moyens matériels leur manquent tout à fait. Les artistes des cata-

1. En général, on a exagéré l'ancienneté des peintures des catacombes. (De Rossi, *Bull.*, 1863, p. 22, 83, 94; 1865, p. 36; *Roma sott.*, I, p. 346 et suiv.; *Revue archéol.*, sept. et oct. 1880). La plupart sont du IVe siècle, une petite partie du IIIe. L'hypogée de Domitille peut être antérieur (de Rossi, *Bull.*, 1865, p. 36, 42, 45; 1874, 5, 35, 122-125; 1875, 1-43, 45-47).

combes, au contraire, sont des peintres du genre pompéien, convertis pour des motifs parfaitement étrangers à l'art, et qui appliquent leur savoir-faire à ce que comportent les lieux austères qu'ils décorent.

L'histoire évangélique ne fut traitée par les premiers peintres chrétiens que partiellement et tardivement. C'est ici surtout que l'origine gnostique de ces images se voit avec évidence. La vie de Jésus que présentent les anciennes peintures chrétiennes est exactement celle que se figuraient les gnostiques et les docètes, c'est-à-dire que la Passion n'y figure pas. Du prétoire à la résurrection, tous les détails sont supprimés [1], le Christ, dans cet ordre d'idées, n'ayant pas pu souffrir en réalité [2]. On se débarrassait ainsi de l'ignominie de la croix, grand scandale pour les païens. A cette époque, ce sont les païens qui montrent par dérision le dieu des chrétiens comme crucifié; les chrétiens s'en défendent presque [3]. En représentant un crucifix, on eût craint de provoquer les blasphèmes des ennemis et de paraître abonder dans leur sens.

L'art chrétien était né hérétique; il en garda longtemps la trace [4]; l'iconographie chrétienne se

1. Le Blant, *Sarcoph. d'Arles*, p. 18; *Journ. des sav.*, octobre 1879, p. 636.
2. Voir *les Évangiles*, p. 421-422.
3. Minucius Félix, 9, 29.
4. Pour la statue de l'hémorroïsse, qui paraît avoir été une

dégagea lentement des préjugés au milieu desquels elle était née. Elle n'en sortit que pour subir la domination des apocryphes, eux-mêmes plus ou moins nés sous une influence gnostique. De là une situation longtemps fausse. Jusqu'en plein moyen âge, des conciles, des docteurs autorisés condamnent l'art; l'art, de son côté, même rangé à l'orthodoxie, se permet d'étranges licences. Ses sujets favoris sont empruntés, pour la plupart, à des livres condamnés, si bien que les représentations forcent les portes de l'église, quand le livre qui les explique en est depuis longtemps expulsé[1]. En Occident, au XIIIe siècle, l'art s'émancipe tout à fait; mais il n'en est pas de même dans le christianisme oriental. L'Église grecque et les Églises orientales ne triomphent jamais complètement de cette antipathie pour les images qui est portée à son comble dans le judaïsme et l'islamisme. Elles condamnent la ronde bosse et se renferment dans une imagerie hiératique d'où l'art sérieux aura beaucoup de peine à sortir[2].

On ne voit pas que, dans la vie privée, les chré-

représentation allégorique des gnostiques, voir ci-dessus, p. 460, note 1, et *l'Église chrétienne*, p. 172, note.

1. Voir *l'Église chrétienne*, ch. XXVI et XXVII.

2. Le grand reproche que les vieux croyants faisaient aux églises du patriarche Nicon, c'est « qu'on y voyait des Christs qui ressemblaient à des hommes ». [Tourguenief.]

tiens se fissent scrupule de se servir des produits de l'industrie ordinaire qui ne portaient aucune représentation choquante pour eux. Bientôt, cependant, il y eut des fabricants chrétiens, qui, même sur les objets usuels, remplacèrent les anciens ornements par des images appropriées au goût de la secte (bon pasteur, colombe, poisson, navire, lyre, ancre)[1]. Une orfèvrerie, une verrerie sacrée se formèrent, en particulier, pour les besoins de la Cène[2]. Les lampes ordinaires portaient presque toutes des emblèmes païens; il y eut bientôt dans le commerce des lampes au type du bon pasteur, qui probablement sortaient des mêmes officines que les lampes au type de Bacchus ou de Sérapis[3]. Les sarcophages sculptés, représentant des scènes sacrées, apparaissent vers la fin du IIIe siècle[4]. Comme les peintures chrétiennes, ils ne s'écartent guère, sauf pour le sujet, des habitudes de l'art païen du même temps.

1. Tertullien, *De pudic.*, 7, 10; Clément d'Alex., *Pædagogus*, III, 11.
2. Voir *Saint Paul*, p. 266; Tertullien, *De pudic.*, 7, 10.
3. Le Blant, *Revue arch.*, janv. 1875, p. 1 et suiv., lampes ANNISER; *Revue crit.*, 1874, II, p. 224.
4. De Rossi, *Inscr. christ.*, n°s 12, 73, 118, 275; Bottari, *Rom. sott.*, t. I, tav. 15; Le Blant, *Sarcoph. d'Arles*, p. 3 et suiv.

CHAPITRE XXX.

LES MŒURS CHRÉTIENNES.

Les mœurs des chrétiens étaient la meilleure prédication du christianisme. Un mot les résumait : la piété. C'était la vie de bonnes petites gens, sans préjugés mondains, mais d'une parfaite honnêteté. L'attente messianique s'affaiblissant tous les jours, on passait de la morale un peu tendue qui convenait à un état de crise [1] à la morale stable d'un monde assis. Le mariage revêtait un haut caractère religieux. On n'eut pas besoin d'abolir la polygamie : les mœurs juives, sinon la loi juive, l'avaient à peu près supprimée en fait [2]. Le harem ne fut, à vrai dire, chez les anciens juifs, qu'un abus exceptionnel,

---

1. Voir *Saint Paul*, ch. IX.
2. Voir *Saint Paul*, p. 245. Même les anciennes mœurs juives supposent la monogamie (Gen., II, 24 ; Eccl., IX, 9 ; le portrait de la femme forte, etc.). La Thora, tout en permettant la polygamie, y met beaucoup d'obstacles.

un privilège de la royauté. Les prophètes s'y montrèrent toujours hostiles ; les pratiques de Salomon et de ses imitateurs furent un objet de blâme et de scandale¹. Dans les premiers siècles de notre ère, les cas de polygamie devaient être très rares chez les Juifs ; ni les chrétiens ni les païens ne leur en font le reproche. Par la double influence du mariage romain² et du mariage juif³, naquit ainsi cette haute idée de la famille qui est encore de nos jours la base de la civilisation européenne, si bien qu'elle est devenue comme une partie essentielle du droit naturel. Il faut reconnaître cependant que, sur ce point, l'influence romaine a été supérieure à l'influence juive, puisque c'est seulement par l'influence des codes modernes, tirés du droit romain, que la polygamie a disparu chez les juifs.

L'influence romaine ou, si l'on veut, aryenne⁴, est aussi plus sensible que l'influence juive dans la

---

1. *Deutér.*, XVII, 17.
2. *Maris et feminæ æterna conjunctio.*
3. Le type en est dans le livre de *Tobie*. « Se réjouir avec la femme de sa jeunesse » a toujours été l'idéal de la vie juive. Schuhl, *Sentences et prov. du Talm.*, nᵒˢ 79, 699, 740.
4. Virgile, *Æn.,* IV, 23 et suiv.; Plutarque, *Quæst. rom.*, 105; Tite-Live, X, 23 ; Val. Max., II, 1, 3 ; Jos., *Ant.,* XVIII, vi, 6 ; Diod. de Sic., XIII, 12 ; Denys d'Halic., VIII, 56. Voir surtout Pausanias, II, xxi, 7.

défaveur qui frappait les secondes noces [1]. On les envisageait comme un adultère convenablement déguisé [2]. Dans la question du divorce, où certaines écoles juives avaient porté un relâchement blâmable [3], on ne se montrait pas moins rigoriste [4]. Le mariage ne pouvait être rompu que par l'adultère [5] de la femme. « Ne pas séparer ce que Dieu a uni » devint la base du droit chrétien [6].

Enfin l'Église se mettait en pleine contradiction avec le judaïsme, par le fait de considérer le célibat, la virginité, comme un état préférable au mariage [7]. Ici, le christianisme, précédé du reste en cela par

---

1. *Saint Paul*, p. 244-245. Cf. *Philos.*, IX, 12.
2. Εὐπρεπὴς μοιχεία. Athénagore, *Leg.*, 33 ; Theoph., *Ad Autol.*, III, 15 ; Minucius Félix, 31 ; Tertullien, *De monogamia*.
3. Jos., *Ant.*, IV, VIII, 23 ; XVI, VII, 3 ; Mischna, *Eduioth*, II, 7. Akiba en était venu, dit-on, à permettre le divorce au mari qui trouvait une autre femme plus agréable que la sienne. Cf. Matth., XIX, 3.
4. Matth., V, 31-32 ; XIX, 3 et suiv. ; Marc, X, 4 et suiv. ; Luc, XVI, 18 ; I Cor., VII, 10 et suiv., 39 ; Rom., VII, 2 et suiv.
5. Cette restriction ne se trouve que dans le texte de Matthieu. L'Église catholique a réussi, à force de subtilités, à s'en débarrasser.
6. Les prophètes, précurseurs du christianisme, avaient fait opposition au divorce comme à la polygamie. Malach., II, 13 et suiv. Rome, ici encore, donna l'idéal du mariage austère : Val. Max., II, I, 4 ; Denys d'Halic., II, 25 ; Plutarque, *Quæst. rom.*, 14.
7. *Saint Paul*, p. 244 ; saint Cyprien, *De habitu virg.*, 22, 23.

les thérapeutes[1], se rapprochait, sans s'en douter, des idées qui, chez les anciens peuples aryens, présentent la vierge comme un être sacré. La synagogue a toujours tenu le mariage pour obligatoire[2]; à ses yeux, le célibataire est coupable d'homicide; il n'est pas de la race d'Adam, car l'homme n'est complet que quand il est uni à la femme[3]; le mariage ne doit pas être différé au delà de dix-huit ans[4]. On ne faisait d'exception que pour celui qui se livre à l'étude de la Loi et qui craint que la nécessité de subvenir aux besoins d'une famille ne le détourne du travail. « Que ceux qui ne sont pas comme moi absorbés par la Loi peuplent la terre »[5], disait Rabbi ben Azaï.

Les sectes chrétiennes qui restèrent rapprochées du judaïsme conseillèrent, comme la synagogue, les

---

1. Matth., xix, 10-11; I Cor., vii; Apoc., xiv, 4; Eusèbe, *H. E.*, II, xvii, 18, 19; VI, v, 1; xli, 18; *De mart. Pal.*, V, 3; VII, 1; IX, 6.

2. Hors les cas assez rares de virginité religieuse, les maximes d'État de Rome étaient aussi très contraires au célibat. Varron dans saint Augustin, *De civ. Dei*, XIX, 1, 2; Val. Max., II, ix, 1.

3. Talm. de Bab., *Iebamoth*, fol. 62 *b* et suiv.; *Eben ha-ezer*, ch. i, art. 1 (Sautayra et Charleville, p. 39-40); Schuhl, *Sentences*, n°s 823-825.

4. Mischna, traité *Aboth*, v, 21. Cf. Syncelle, *Chronogr.*, p. 84 (Paris, 1652).

5. Talm. de Bab., *Iebamoth*, 63 *b*.

mariages précoces, et même voulurent que les pasteurs eussent l'œil ouvert sur les vieillards, qu'il importait de soustraire au danger de l'adultère[1]. Tout d'abord, cependant, le christianisme versa dans le sens de Ben Azaï. Jésus, quoique ayant vécu plus de trente ans, ne s'était pas marié. L'attente d'une fin prochaine du monde rendait inutile le souci de la génération, et l'idée s'établit qu'on n'est parfait chrétien que par la virginité[2]. « Les patriarches eurent raison de veiller à la multiplication de leur postérité ; le monde alors était jeune ; maintenant, au contraire, toutes choses déclinent et tendent vers leur fin[3]. » Les sectes gnostiques et manichéennes n'étaient que conséquentes en interdisant le mariage et en blâmant l'acte générateur[4]. L'Église orthodoxe, toujours moyenne, évita cet excès[5] ; mais la continence, même la chasteté dans le mariage[6], furent recommandées ; une honte excessive s'attacha à l'exé-

1. Epist. Clem. ad Jac., 7; *Constit. apost.,* IV, 11 ; Épiph., *Hær.,* xxx, 18.
2. Grég. de Tours, I, 42 ; IX, 33 ; Socrate, IV, 23 ; Sozom., I, 14; Actes des martyrs, Le Blant, *Comptes rendus de l'Acad. des sc. mor. et pol.,* 1879, 1ᵉʳ semestre, p. 388 et suiv.
3. Tertullien, *Ad ux.,* I, 5 ; le même, *De exhort. cast.,* 5-6 ; Eusèbe, *Démonstr. évang.,* I, 9.
4. I Tim., iv, 13 ; Irénée, I, xxviii, 1.
5. Concile de Gangres.
6. Tertullien, *Ad ux.,* I, 5, 6 ; Clém. d'Alex., *Strom.,* VI, 12.

cution des volontés de la nature ; la femme prit une horreur folle du mariage[1] ; la timidité choquante de l'Église en tout ce qui touche aux relations légitimes des deux sexes provoquera un jour plus d'une raillerie fondée[2].

Par suite du même courant d'idées, l'état de viduité était envisagé comme sacré ; les veuves constituaient un ordre ecclésiastique[3]. La femme doit toujours être subordonnée[4] ; quand elle n'a plus son mari pour lui obéir, elle sert l'Église. La modestie des dames chrétiennes répondait à ces sévères principes, et, dans plusieurs communautés, elles ne devaient sortir que voilées[5]. Il ne tint qu'à peu de chose que l'usage du voile recouvrant toute la figure,

1. Jean Chrys., *De virgin.*, 10.
2. *Penes sanctos officia sexus, cum honore ipsius necessitatis, tanquam sub oculis Dei, modeste et moderate transiguntur;* Tertullien, *Ad uxorem,* II, 3. — *Modesta in occulto matrimonii dissimulatio;* le même, *De resurr. carnis,* 8. Comparez Minucius Félix : *Tantum abest incesti cupido ut nonnullis rubori sit etiam pudica conjunctio* (ch. xxxi), et saint Ambroise: *Licet bona conjugia, tamen habent quod inter se ipsi conjuges erubescant. Exhort. virg.,* I, vi, 36 ; *In Luc.,* I, 43 ; saint Jérôme, *In Tit.,* ii, p. 427 (Mart.).
3. Lettre de Corneille, dans Eusèbe, *H. E.,* VI, xliii, 11.
4. Ephes., v, 22-32 ; I Tim., ii, 9 et suiv.
5. Clém. d'Alex., *Pædagogus,* III, ch. ii, xi et xii ; Tertullien, *De virginibus velandis ; Constit. apost.,* I, ch. viii, sub fin. Cf. I Cor., xi, 5.

à la façon de l'Orient [1], ne devînt universel pour les femmes jeunes ou non mariées. Les montanistes regardèrent cet usage comme obligatoire ; s'il ne prévalut pas, ce fut par suite de l'opposition que provoquèrent les excès des sectaires phrygiens ou africains, et surtout par l'influence des pays grecs et latins, qui n'avaient pas besoin, pour fonder une vraie réforme des mœurs, de ce hideux signe de débilité physique et morale.

La parure, du moins, fut tout à fait interdite [2]. La beauté est une tentation de Satan ; pourquoi ajouter à la tentation ? L'usage des bijoux, du fard, de la teinture des cheveux, des vêtements transparents fut une offense à la pudeur [3]. Les faux cheveux sont un péché plus grave encore ; ils égarent la bénédiction du prêtre, qui, tombant sur des cheveux morts, détachés d'une autre tête, ne sait où se poser [4]. Les arrangements même les plus modestes de la chevelure furent tenus pour dangereux ; saint Jérôme, partant

---

1. Clém. d'Alex., *l. c.*, p. 110 : ἡ γυνὴ κεκαλύφθω τὰ πάντα..... πρὸς τῶν ὀμμάτων τὴν αἰδῶ καὶ τὴν ἀμπεχόνην θεμένη.

2. Se rappeler I Petri, III, 3 ; Tim., II, 8-10; *Testament des douze patriarches*, Ruben, 3, 4, 5.

3. Tertullien, les deux traités *De cultu feminarum;* Clém. d'Alex., *Pædag.*, III, ch. XI, p. 106, 107; saint Cyprien, *De lapsis*, 6.

4. Clém. d'Alex., *Pædag.*, III, ch. XI, p. 106.

de là, considère les cheveux des femmes comme un simple nid à vermine et recommande de les couper[1].

Le défaut du christianisme apparaît bien ici. Il est trop uniquement moral; la beauté, chez lui, est tout à fait sacrifiée. Or, aux yeux d'une philosophie complète, la beauté, loin d'être un avantage superficiel, un danger, un inconvénient, est un don de Dieu, comme la vertu. Elle vaut la vertu; la femme belle exprime aussi bien une face du but divin, une des fins de Dieu, que l'homme de génie ou la femme vertueuse. Elle le sent, et de là sa fierté. Elle sent instinctivement le trésor infini qu'elle porte en son corps; elle sait bien que, sans esprit, sans talent, sans grande vertu, elle compte entre les premières manifestations de Dieu. Et pourquoi lui interdire de mettre en valeur le don qui lui a été fait, de sertir le diamant qui lui est échu? La femme, en se parant, accomplit un devoir; elle pratique un art, art exquis, en un sens le plus charmant des arts. Ne nous laissons pas égarer par le sourire que certains mots provoquent chez les gens frivoles. On décerne la palme du génie à l'artiste grec qui a su résoudre le plus délicat des problèmes, orner le corps humain, c'est-

---

1. *Epist.* 93, Opp., t. IV, 2ᵉ partie, col. 757, Mart.

à-dire orner la perfection même, et l'on ne veut voir qu'une affaire de chiffons dans l'essai de collaborer à la plus belle œuvre de Dieu, à la beauté de la femme ! La toilette de la femme, avec tous ses raffinements, est du grand art à sa manière. Les siècles et les pays qui savent y réussir sont les grands siècles, les grands pays, et le christianisme montra, par l'exclusion dont il frappa ce genre de recherches, que l'idéal social qu'il concevait ne deviendrait le cadre d'une société complète que bien plus tard, quand la révolte des gens du monde aurait brisé le joug étroit imposé primitivement à la secte par un piétisme exalté.

C'était, à vrai dire, tout ce qui peut s'appeler luxe et vie mondaine qui se voyait frappé d'interdiction [1]. Les spectacles étaient tenus pour abominables, non seulement les spectacles sanglants de l'amphithéâtre, que tous les honnêtes gens détestaient, mais encore les spectacles plus innocents, les scurrilités. Tout théâtre, par cela seul que des hommes et des femmes s'y rassemblent pour voir et être vus, est un lieu dangereux [2]. L'horreur pour les thermes, les gymnases, les bains, les xystes, n'était pas moindre, à

1. Clém. d'Alex., *Pædag.*, III, ch. xi.
2. Minucius Félix, 37; Clém. d'Alex., *l. c.*, p. 109; Tertullien, *De spectaculis*, entier.

cause des nudités qui s'y produisaient. Le christianisme héritait en cela d'un sentiment juif. Ces lieux publics étaient fuis par les juifs, à cause de la circoncision, qui les y exposait à toute sorte de désagréments[1]. Si les jeux, les concours, qui faisaient pour un jour d'un mortel l'égal des dieux, et dont les inscriptions conservaient le souvenir, tombent tout à fait au III° siècle, c'est le christianisme qui en est la cause. Le vide se faisait autour de ces institutions antiques; on les taxait de vanité. On avait raison; mais la vie humaine est finie quand on a trop bien réussi à prouver à l'homme que tout est vanité.

La sobriété des chrétiens égalait leur modestie. Les prescriptions relatives aux viandes étaient presque toutes supprimées, le principe « tout est pur pour les purs » avait prévalu[2]. Beaucoup cependant s'imposaient l'abstinence des choses ayant eu vie[3]. Les jeûnes étaient fréquents[4], et provoquaient chez

---

1. Les juifs et les premiers chrétiens eurent sans doute leurs bains à part. Irénée, III, III, 4. Puis le bain fut interdit par les rigoristes. Tertullien, *De jej.*, 1, 10, 15. Le moyen âge hérita de la même antipathie. Cf. S. Jér., *Epist.*, p. 757 (Mart.).

2. Tit., I, 15. Cf. *Saint Paul*, p. 480-481.

3. Commodien, *Carmen*, vers 944-945 (édit. Pitra).

4. Tertullien, *De jejunio; De cultu femin.*, II, 9; *Constit. apost.*, V, 15.

plusieurs cet état de débilité nerveuse qui fait verser d'abondantes larmes. La facilité à pleurer fut considérée comme une faveur céleste, le don des larmes [1]. Les chrétiens pleuraient sans cesse; une sorte de tristesse douce était leur état habituel. Dans les églises, la mansuétude, la piété, l'amour se peignaient sur leur figure. Les rigoristes se plaignaient que souvent, au sortir du lieu saint, cette attitude recueillie fît place à la dissipation [2]; mais, en général, on reconnaissait les chrétiens rien qu'à leur air. Ils avaient en quelque sorte des figures à part [3], de bonnes figures, empreintes d'un calme n'excluant pas le sourire d'un aimable contentement. Cela faisait un contraste sensible avec l'allure dégagée des païens, qui devait souvent manquer de distinction et de retenue. Dans l'Afrique montaniste, certaines pratiques, en particulier celle de faire à tout propos le signe de la croix sur le front, décelaient encore plus vite les disciples de Jésus [4].

Le chrétien était donc, par essence, un être à part, voué à une profession même extérieure de vertu, un ascète enfin. Si la vie monastique n'apparaît que vers

1. Voir Le Blant, *Gazette archéol.*, 1875, p. 73-83.
2. Clém. d'Alex., *Pædag.*, III, ch. xi, p. 110.
3. Voir *Saint Paul*, p. 437.
4. Tertullien, *De corona militis*, 3.

la fin du IIIe siècle[1], c'est que, jusque-là, l'Église est un vrai monastère, une cité idéale où se pratique la vie parfaite. Quand le siècle entrera en masse dans l'Église, quand le concile de Gangres, en 325, aura déclaré que les maximes de l'Évangile sur la pauvreté, sur le renoncement à la famille, sur la virginité, ne sont pas à l'adresse des simples fidèles[2], les parfaits se créeront des lieux à part, où la vie évangélique[3], trop haute pour le commun des hommes, puisse être pratiquée sans atténuation. Le martyre avait offert, jusque-là, le moyen de mettre en pratique les préceptes les plus exagérés du Christ, en particulier sur le mépris des affections du sang[4]; le monastère va suppléer au martyre, pour que les conseils de Jésus soient pratiqués quelque part. L'exemple de l'Égypte, où la vie monastique avait

1. Ὁ μονήρης βίος, dans Clém. d'Alex., *Strom.*, VII, 12, p. 314, désigne le célibat et la vie retirée, par opposition au mariage et à la vie ordinaire. Le fait de Narcisse, Eus., *H. E.*, VI, IX, 6, est un cas tout à fait individuel. Commodien s'appelle déjà *mendicus Christi*; mais le sens de cette expression est obscur. Cf. *Constit. apost.*, VIII, 10, οἱ ἐν ἐγκρατείᾳ καὶ εὐλαβείᾳ, distincts des simples εὐνοῦχοι ou célibataires.

2. Labbe, *Conc.*, II, p. 414 et suiv.

3. C'était ce qu'on appelait « la vie apostolique », reproduisant strictement l'idéal des *Actes des apôtres*.

4. Le Blant, *Comptes rendus de l'Acad. des sc. mor. et pol.*, 1879, 1er semestre, p. 383 et suiv.

toujours existé¹, put contribuer à ce résultat ; mais le monachisme était dans l'essence même du christianisme. Dès que l'Église s'ouvrit à tous, il était inévitable qu'il se formât de petites Églises pour ceux qui prétendaient vivre comme Jésus et les apôtres de Jérusalem avaient vécu².

Une grosse lutte s'indiquait pour l'avenir. La piété chrétienne et l'honneur mondain seront deux antagonistes qui se livreront de rudes combats. Le réveil de l'esprit mondain sera le réveil de l'incrédulité. L'honneur se révoltera et soutiendra qu'il vaut bien cette morale qui permet d'être un saint sans être toujours un galant homme. Il y aura des voix de sirènes pour réhabiliter toutes les choses exquises que l'Église a déclarées profanes au premier chef. On reste toujours un peu ce qu'on a été d'abord. L'Église, association de saintes gens, gardera ce caractère, malgré toutes ses transformations. Le mondain sera son pire ennemi. Voltaire montrera que ces frivolités diaboliques, si sévèrement exclues d'une société piétiste, sont à leur manière bonnes et nécessaires. Le

1. Voir *les Apôtres*, p. 78 et suiv. ; *Journ. asiat.*, fév.-mars 1868, p. 280 et suiv. ; *Comptes rendus de l'Acad. des inscr.*, 1869, p. 54 et suiv. ; *Arch. des miss. scient.*, 3ᵉ série, t. IV, p. 479 et suiv. (Revillout). Lire surtout Porphyre, *De abstin. anim.*, IV, 6.

2. Lire attentivement Clém. d'Alex., *Strom.*, VII, ch. XII.

Père Canaye essayera bien de montrer que rien n'est plus galant que le christianisme et qu'on n'est pas plus gentilhomme qu'un jésuite. Il ne convaincra pas (1) d'Hocquincourt. En tout cas, les gens d'esprit seront inconvertissables. On n'amènera jamais Ninon de Lenclos, Saint-Évremond, Voltaire, Mérimée, à être de la même religion que Tertullien, Clément d'Alexandrie et le bon Hermas.

(1) ah! St Evremonte!

CHAPITRE XXXI.

RAISONS DE LA VICTOIRE DU CHRISTIANISME.

C'est par la nouvelle discipline de la vie qu'il introduisait dans le monde que le christianisme a vaincu. Le monde avait besoin d'une réforme morale; la philosophie ne la donnait pas : les religions établies, dans les pays grecs et latins, étaient frappées d'incapacité pour l'amélioration des hommes. Entre toutes les institutions religieuses du monde antique, le judaïsme seul éleva contre la corruption des temps un cri de désespoir. Gloire éternelle et unique, qui doit faire oublier bien des folies et des violences ! Les Juifs sont les révolutionnaires du 1er et du 11e siècle de notre ère. Respect à leur fièvre ! Possédés d'un haut idéal de justice, convaincus que cet idéal doit se réaliser sur cette terre, n'admettant pas ces atermoiements dont se contentent si facilement ceux qui croient au paradis et à l'enfer, ils ont la soif du bien, et ils le conçoivent sous la forme d'une petite vie synagogale, dont la vie chrétienne n'est que la transformation ascétique. Des groupes peu nombreux d'humbles et pieuses gens, menant entre eux une vie pure et attendant ensemble le grand jour qui sera leur triomphe et inaugurera sur la terre le règne des saints, voilà le christianisme naissant[1]. Le bonheur dont on jouissait dans ces petits cénacles devint une puissante attraction. Les populations se précipitèrent, par une sorte de mouvement instinctif, dans une secte qui satisfaisait leurs aspirations les plus intimes et ouvrait des espérances infinies.

Les exigences intellectuelles du temps étaient très faibles; les besoins tendres du cœur étaient très impérieux. Les esprits ne s'éclairaient pas, mais les mœurs s'adoucissaient[2]. On voulait une religion qui enseignât la piété, des mythes qui offrissent de bons exemples, susceptibles d'être imités, une sorte de

---

1. Καινοὺς οὐρανοὺς καὶ γῆν καινὴν προσδοκῶμεν, ἐν οἷς δικαιοσύνη κατοικεῖ. II Petri, III, 13.

2. Les inscriptions en sont la meilleure preuve. Voir Le Blant, *Inscr. chrét. de la Gaule*, I, p. 172-173 : *affectionis plena erga omnes homines . . . mater omnium, . . . ob egregiam ad omnes mansuetudinem*. Voir *les Apôtres*, p. 347, 320. Il est souvent difficile de distinguer par ces sortes de formules une sépulture chrétienne d'une sépulture païenne. Notez une *sodalitas pudicitiæ servandæ*, Spon, *Misc.*, p. 70, n° 1; Orelli, n° 2401; Fabretti, p. 462, n° 11

morale en action, fournie par les dieux. On voulait une religion honnête ; or le paganisme ne l'était pas. La prédication morale suppose le déisme ou le monothéisme ; le polythéisme n'a jamais été un culte moralisateur. On voulait surtout des assurances pour une vie ultérieure où fussent réparées les injustices de celle-ci. La religion qui promet l'immortalité et assure qu'on reverra un jour ceux qu'on a aimés l'emporte toujours. « Ceux qui n'ont pas d'espérance »[1] sont bien vite vaincus. Une foule de confréries, où ces croyances consolantes étaient professées, attiraient de nombreux adeptes. Tels étaient les mystères sabaziens et orphiques, en Macédoine ; en Thrace[2], les mystères de Dionysos. Vers le IIe siècle, les symboles de Psyché prennent un sens funéraire et deviennent une petite religion d'immortalité, que les chrétiens adoptent avec empressement[3]. Les idées sur l'autre vie, hélas ! comme tout ce qui est affaire de goût et de sentiment, sont ce qui subit le plus

---

1. Οἱ μὴ ἔχοντες ἐλπίδα. I Thess., IV, 13.

2. Voir surtout l'inscription de Doxato. Heuzey, *Miss. de Macéd.*, p. 128 et suiv. Cf. Plutarque, *Consol. ad uxorem*, 10 ; Frœhner, *Vases du prince Nap.*, p. 34 et 35 ; Macrobe, *Sat.*, VII, XVI, 8 ; Servius, *in Georg.*, I, 166.

3. Collignon, *Mythe de Psyché* (Paris, 1877), p. 35 et suiv., 56 et suiv. ; 80 et suiv. L'image de Psyché figure à la catacombe de Flavie Domitille. De Rossi, *Roma sott.*, I, p. 187.

facilement les caprices de la mode. Les images qui, à cet égard, ont un moment contenté notre soif passent bien vite; en fait de rêves d'outre-tombe, on veut toujours du nouveau; car rien ne supporte longtemps l'examen.

La religion établie ne donnait donc aucune satisfaction aux besoins profonds du siècle. Le dieu antique n'est ni bon ni mauvais; c'est une force. Avec le temps, les aventures que l'on contait de ces prétendues divinités étaient devenues immorales. Le culte aboutissait à l'idolâtrie la plus grossière, parfois la plus ridicule[1]. Il n'était pas rare que des philosophes, en public, se livrassent à des attaques contre la religion officielle, et cela aux applaudissements de leurs auditeurs[2]. Le gouvernement, en voulant s'en mêler, ne fit que tout abaisser. Les divinités de la Grèce, depuis longtemps identifiées aux divinités de Rome, avaient leur place de droit dans le Panthéon. Les divinités barbares subirent des identifications analogues et devinrent des Jupiter, des Apollon, des Esculape. Quant aux divinités locales, elles se sauvèrent par le culte des dieux Lares. Auguste avait

---

1. Sénèque, *Lettres*, XLI, 1, et dans saint Augustin, *De civ. Dei*, VI, 10; scholies sur Juvénal, x, 55; Épictète, *Dissert.*, III, IV, 7; Suétone, *Caius*, 5. Cf. *Querolus*, p. 247 et suiv. (J. Havet).
2. Tertullien, *Apol.*, 46.

introduit dans la religion un changement des plus considérables en relevant et en réglant le culte des dieux Lares[1], surtout des Lares de carrefour, et en permettant d'adjoindre aux deux Lares consacrés par l'usage un troisième Lare, le Génie de l'empereur. Les Lares gagnèrent à cette association l'épithète d'augustes (*Lares augusti*), et, comme les dieux locaux durent pour la plupart leur maintien légal à leur titre de Lares, presque tous furent aussi qualifiés d'augustes (*numina augusta*)[2]. Autour de ce culte complexe, un clergé se forma, composé du flamine, sorte d'archevêque représentant l'État, et des sévirs augustaux, corporations d'ouvriers et de petits bourgeois, particulièrement attachées aux Lares ou divinités locales. Mais le Génie de l'empereur écrasa naturellement ses voisins; la vraie religion de l'État fut le culte de Rome, de l'empereur[3] et de l'administration[4]. Les Lares restèrent de très

---

1. Suétone, *Aug.*, 31; L. Renier, dans les *Comptes rendus de l'Acad. des inscr.*, 1872, p. 410 et suiv., 419, 455; Allmer, *Revue épigr.*, n° 4, p. 56-57.

2. *Camulus Augustus, Borvo Augustus*, etc. *Sanctitati Jovis et Augusti*. Allmer, *Revue épigr.*, n° 9, p. 135; cf. n° 10, p. 153 et suiv.

3. *Comptes rendus de l'Acad. des inscr.*, 1872, p. 462, 463.

4. Il y eut jusqu'à un Génie des contributions indirectes. Inscr. dans le *Bull. de l'Inst. archéol. de Rome,* 1868, p. 8 et 9;

petits personnages. Jéhovah, le seul dieu local qui résista obstinément à l'association auguste, et qu'il fut impossible de transformer en un innocent fétiche de carrefour, tua et la divinité d'Auguste et tous les autres dieux qui se prêtèrent si facilement à devenir les parèdres de la tyrannie. La lutte dès lors fut établie entre le judaïsme et le culte bizarrement amalgamé que Rome prétendait imposer. Rome échouera en ce point. Rome donnera au monde le gouvernement, la civilisation, le droit, l'art d'administrer; mais elle ne lui donnera pas la religion. La religion qui se répandra, en apparence malgré Rome, en réalité grâce à elle, ne sera en rien la religion du Latium ou la religion bâclée par Auguste; ce sera la religion que tant de fois Rome avait cru détruire, la religion de Jéhovah.

Nous avons assisté aux nobles efforts de la philosophie pour répondre aux exigences des âmes que la religion ne satisfaisait plus. La philosophie avait tout vu, tout exprimé en un langage exquis[1]; mais il

cf. *ibid.,* 1869, p. 18 : *Numini Augustorum et Genio portorii publici.* (Desjardins.)

1. *Cultus autem deorum est optimus idemque castissimus atque sanctissimus plenissimusque pietatis, ut eos semper pura, integra, incorrupta et mente et voce veneremur. Non enim philosophi solum, verum etiam majores nostri superstitionem a religione separaverunt.* Cicéron, *De nat. deor.,*

fallait que cela se dît sous forme populaire, c'est-à-dire religieuse. Les mouvements religieux ne se font que par des prêtres[1]. La philosophie avait trop raison. La récompense qu'elle offrait n'était pas assez tangible. Le pauvre, la personne sans instruction, qui ne pouvaient approcher d'elle, étaient en réalité sans religion, sans espérance. L'homme est né si médiocre, qu'il n'est bon que quand il rêve. Il lui faut des illusions pour qu'il fasse ce qu'il devrait faire par amour du bien. Cet esclave a besoin de crainte et de mensonges pour accomplir son devoir. On n'obtient des sacrifices de la masse qu'en lui promettant qu'elle sera payée de retour. L'abnégation du chrétien n'est, après tout, qu'un calcul habile, un placement en vue du royaume de Dieu.

La raison aura toujours peu de martyrs. On ne se dévoue que pour ce qu'on croit; or ce qu'on croit, c'est l'incertain, l'irrationnel; on subit le raisonnable, on ne le croit pas. Voilà pourquoi la raison ne pousse pas à l'action; elle pousse plutôt à l'abstention. Aucune grande révolution ne se produit dans l'humanité sans idées très arrêtées, sans préjugés,

---

II, 28. *Puras Deus non plenas aspicit manus.* Publius Syrus. Voir surtout le beau passage de Galien, *De usu partium,* III, 10 (t. III, p. 237, Kuhn).

1. Les anciens l'avaient très bien aperçu. Strabon, I, II, 8; Maxime de Tyr, dissert. x.

sans dogmatisme. On n'est fort qu'à la condition de se tromper avec tout le monde. Le stoïcisme, d'ailleurs, impliquait une erreur qui lui nuisit beaucoup devant le peuple. A ses yeux, la vertu et le sentiment moral étaient identiques. Le christianisme distingue ces deux choses. Jésus aime l'enfant prodigue, la courtisane, âmes bonnes au fond, quoique pécheresses. Pour les stoïciens, tous les péchés sont égaux; le péché est irrémissible. Le christianisme a des pardons pour tous les crimes. Plus on a péché, plus on lui appartient. Constantin se fera chrétien parce qu'il croit que les chrétiens seuls ont des expiations pour le meurtre d'un fils par son père. Le succès qu'eurent, à partir du IIe siècle, les hideux tauroboles, d'où l'on sortait couvert de sang, prouvent combien l'imagination du temps était acharnée à trouver les moyens d'apaiser des dieux supposés irrités. Le taurobole est, entre tous les rites païens, celui dont les chrétiens redoutent le plus la concurrence[1]; il fut en

1. Firmicus Maternus, *De err. prof. rel.*, XXVII, 8, XXVIII, 4; Prudence, hymne 10. Cf. Capitolin, *Ant. Phil.*, 13; Lampride, *Heliog.*, 7; poème découvert par M. Delisle, vers 57 et suiv.; Orelli-Henzen, 1904, 2322 et suiv.; 2354-2355, 2364, 6034 et suiv.; Gruter, 29, 12; Mommsen, *Inscr. R. N.*, n°s 1398-1402, 2602, 2604, 4078, 4735, 5307, 5308; *Corpus inscr. lat.*, IV, n°s 497-509; marbres de Lectoure, *Mém. de la Soc. des ant. de Fr.*, t. III (1837), p. 121 et suiv.; *Comptes rendus de l'Acad. des inscr.*, 1872, p. 473-474; Allmer, *Rev. épigr.*, n° 1, p. 6 et suiv.;

quelque sorte le dernier effort du paganisme expirant contre le mérite chaque jour plus triomphant du sang de Jésus.

On avait pu espérer un moment que les confréries de *cultores deorum* donneraient au peuple l'aliment religieux dont il avait besoin[1]. Le II° siècle vit leur éclat[2] et leur décadence. Le caractère religieux s'y effaça peu à peu. Dans certains pays, elles perdirent même leur destination funéraire et devinrent des tontines, des caisses d'assurance et de retraite[3], des associations de secours mutuels[4]. Seuls, les collèges voués au culte des dieux orientaux (pastophores, isiastes, dendrophores, religieux de la Grande Mère) conservèrent des dévots. Il est clair que ces dieux parlaient beaucoup plus au sentiment religieux que les dieux grecs et italiotes. On se grou-

---

n° 10, p. 153; n° 11, p. 167 et suiv.; Spon, *Ant. de Lyon*, réimpr., p. 31, 352 et suiv.; de Boissieu, *Inscr. de Lyon*, p. 21 et suiv.

1. Voir *les Apôtres*, p. 351 et suiv. On a trop nié le caractère primitivement religieux de ces confréries. Foucart, *Des associations religieuses chez les Grecs* (Paris, 1873). La vérité a été bien vue par M. Boissier (*Rev. archéol.*, févr. 1872, p. 81 et suiv.).

2. Les inscriptions concernant ces confréries datent du règne de Nerva.

3. L. Renier, *Inscriptions romaines de l'Algérie*, 70; Boissier, *l. c.*, p. 91 et suiv.

4. *Mém. de l'Acad. des inscr.*, savants étrangers, t. VIII, 2ᵉ part., p. 184 et suiv.

pait autour d'eux ; leurs fidèles devenaient vite confrères et amis, tandis qu'on ne se groupait guère, au moins par le cœur, autour des dieux officiels[1]. En religion, il n'y a que les sectes peu nombreuses qui réussissent à fonder quelque chose.

Il est si doux de s'envisager comme une petite aristocratie de la vérité, de croire que l'on possède, avec un groupe de privilégiés, le trésor du bien ! L'orgueil y trouve sa part ; le juif, le métuali de Syrie, humiliés, honnis de tous, sont au fond impertinents, dédaigneux ; aucun affront ne les atteint ; ils sont si fiers entre eux d'être le peuple d'élite ! De nos jours, telle misérable association de spirites donne plus de consolation à ses membres que la saine philosophie ; une foule de gens trouvent le bonheur dans ces chimères, y attachent leur vie morale. A son jour, *l'abracadabra* a procuré des jouissances religieuses, et, avec un peu de bonne volonté, on y a pu trouver une sublime théologie.

Le culte d'Isis eut ses entrées régulières en

---

1. Le paganisme, tel que le présente, sous Constantin, Firmicus Maternus, est bien plus la religion d'Isis, de Mithra, de la Vierge Céleste que le vieux culte grec ou romain. Voir le poème à la suite de Prudence, découvert par M. Delisle. *Bibl. de l'éc. des chartes,* 6ᵉ série, t. III, p. 297 et suiv. Cf. *Bullettino* de Rossi, 1868, p. 49 et suiv. ; *Revue archéol.,* juin 1868 (Ch. Morel), p. 451 et suiv. ; *Hermes,* t. IV (Mommsen), p. 350 et suiv.

Grèce dès le IVe siècle avant Jésus-Christ[1]. Tout le monde grec et romain en fut à la lettre envahi[2]. Ce culte, tel que nous le voyons représenté dans les peintures de Pompéi et d'Herculanum[3], avec ses prêtres tonsurés et imberbes, vêtus d'une sorte d'aube, ressemblait fort à nos offices ; chaque matin, le sistre, comme la cloche de nos paroisses, appelait les dévots à une sorte de messe accompagnée de prône, de prières pour l'empereur et l'empire, d'aspersions d'eau du Nil, d'*Ite missa est*[4]. Le soir, avait

---

1. Inscription du Pirée, lignes 42-45, dans Foucart, *Des associations*, p. 128 et suiv., 187 et suiv. Voir Pausanias, I, XLI, 3 ; II, IV, 6 ; XIII, 7 ; X, XXXII, 3.

2. Voir *les Apôtres*, p. 342 ; *Corpus inscr. lat.*, I, n° 1034 ; II, 33, 984 ; Cic., *De divin.*, I, 58 ; Ovide, *Am.*, II, XIII, 11, 17 ; Dion Cass., XLVII, 15 ; LIII, 2 ; Orelli-Henzen, 1871 et suiv., 2305 et suiv., 2335, 2351, 2352, 5832 et suiv., 5962, 6027-6030, 6385, 6666 ; Mommsen, *Inscr. R. N.*, 1090 ; Gruter, 27, 2 ; 82 et suiv. ; *Corpus inscr. gr.*, n°^s 2955, 5993 et suiv., 6003 et suiv. ; Franz, *Elem. epigr. gr.*, p. 333-334. *Pausarii Isidis*, à Arles, *Bull. de la Soc. des antiq. de France*, 1876, p. 207-208. Lampes à Isis et à Sérapis, Louvre, Biblioth. nat., Bellori, Passeri.

3. Comparez la célèbre peinture d'Herculanum, Bœttiger, *Die Isisvesper*, dans la *Minerva*, 1809 ; Millin, *Mag. encycl.*, 1810, t. II ; les peintures de Pompéi au musée de Naples ; les sculptures, hiéroglyphes et objets divers de culte égyptien, provenant de Pompéi et d'Herculanum, au même musée. Voir aussi les peintures de la maison découverte à Rome, près de la Farnésine.

4. Juv., VI, 525 et suiv. ; Servius, *ad Æn.*, II, 116 ; Apulée, *Met.*, XI entier.

lieu le salut ; on souhaitait le bonsoir à la déesse ; on lui baisait les pieds. Il y avait des pompes bizarres, des processions burlesques dans les rues [1], où les confrères portaient leurs dieux sur leurs épaules [2]. D'autres fois, ils mendiaient en un accoutrement exotique, qui faisait rire les vrais Romains [3]. Cela ressemblait assez aux confréries de pénitents des pays méridionaux. Les isiastes avaient la tête rasée ; ils étaient vêtus d'une tunique de lin, où ils voulaient être ensevelis [4]. Il s'y joignait des miracles en petit comité, des sermons, des prises d'habit [5], des prières ardentes, des baptêmes, des confessions, des pénitences sanglantes [6]. Après l'initiation, on éprouvait une vive dévotion, comme celle du moyen âge envers la Vierge ; on ressentait une volupté rien qu'à voir l'image de la déesse [7]. Les purifications, les expiations tenaient l'âme en éveil. Il s'établissait surtout entre les comparses de ces pieuses comédies un senti-

---

1. Apulée, *Mét.*, XI, 8.
2. Lampride, *Comm.*, 19.
3. Val. Max., VII, III, 8 (Rom.).
4. Plut. (ut fertur), *De Is. et Os.*, 3 et suiv. ; Artémidore, *Onirocritique*, I, 23.
5. Apulée, *Métam.*, XI, 15, 25.
6. Ovide, *Pont.*, I, 1, 51 ; Apulée, *Mét.*, XI, 23 ; Juvénal, VI, 523 ; Sénèque, *De vita beata*, 27 ; Lampride, *Commode*, 9.
7. Apulée, *Mét.*, XI, 24, 25. *Una quæ es omnia, dea Isis*, Orelli, 1871.

ment tendre de confraternité; ils devenaient père, fils, frère, sœur, les uns des autres[1]. Ces petites franc-maçonneries, avec des mots de passe comme l'ιχθυς des chrétiens, créaient des liens secrets et profonds[2].

Osiris, Sérapis, Anubis partagèrent la faveur d'Isis[3]. Sérapis, en particulier, identifié avec Jupiter, devint un des noms divins qu'affectionnèrent le plus ceux qui aspiraient à un certain monothéisme[4] et surtout à des relations intimes avec le ciel. Le dieu égyptien a la présence réelle; on le voit sans cesse; il se communique par des songes, par des apparitions continues; la religion entendue de la sorte est un perpétuel baiser sacré entre le fidèle et sa divinité[5]. C'étaient surtout les femmes qui se portaient vers ces cultes étrangers[6]. Le culte national les laissait froides. Les courtisanes, notamment, étaient presque toutes

1. Apulée, *Métam.*, XI, 52. *Complexus sacerdotem et meum jam parentem.*

2. *Occultis se notis et insignibus noscunt et amant mutuo pene antequam noverint.* Min. Fél., 9. Cf. Lucien, *Peregr.*, 13.

3. Lampride, *Commode*, 9; poème découvert par M. Delisle, vers 50, 91 et suiv.

4. Dion Cassius, LI, 16; LIII, 2; Suétone, *Vesp.*, 7; *Corpus inscr. gr.*, n°ˢ 5993 et suiv., 6434 *b;* Rutilius Namatianus, *Itin.*, I, vers 375. Sur les pierres gravées portant ΕΙΣ ΖΕΥΣ ΣΕΡΑΠΙΣ, voir *Bulletin de la Soc. des antiquaires de France,* 1859, p. 191 et suiv.

5. Apulée, *Métam.*, XI, 19. Cf. Orelli, n° 6029.

6. Tite-Live, XXXIX, 15; Plutarque, *Marius,* 17; Ovide,

dévotes à Isis et à Sérapis[1]; les temples d'Isis passaient pour des lieux de rendez-vous amoureux[2]. Les idoles de ces sortes de chapelles étaient parées comme des madones[3]. Les femmes avaient une part au ministère ; elles portaient des titres sacrés[4]. Tout inspirait la dévotion et contribuait à l'excitation des sens : pleurs, chants passionnés, danses au son de la flûte, représentations commémoratives de la mort et de la résurrection d'un dieu[5]. La discipline morale, sans être sérieuse, en avait les apparences. Il y avait des jeûnes, des austérités, des jours de continence. Ovide et Tibulle se plaignent du tort que ces féeries font à leurs plaisirs, d'un ton qui montre bien que la déesse ne demandait à ces belles dévotes que des mortifications bien limitées.

Une foule d'autres dieux étaient accueillis sans opposition, avec bienveillance même[6]. La Junon cé-

Fastes, IV, 309; Juvénal, VI, 523; Strabon, VII, III, 4; Plutarque, *Præc. conjug.*, 19.

1. Catulle, X, 26 ; Tibulle, I, III, 23.
2. Ovide, *De arte am.*, I, 78; Juvénal, VI, 489.
3. Mommsen, *Inscr. regni Neapol.*, n° 5354; *Corpus inscr. lat.*, II, 3386.
4. Orelli-Henzen, n.° 1491, 6385; Mommsen, *Inscr. regni Neap.*, 1398, 1399.
5. Schol. sur Juv., VIII, 29.
6. Lucien, *Conc. deorum*, 1, 9, 10 ; *Jupiter trag.*, 8; Maxime de Madaure, dans saint Augustin, *Ép.*, I, 16.

leste¹, la Bellone asiatique², Sabazius³, Adonis⁴, la déesse de Syrie⁵ avaient leurs fidèles. Les soldats étaient le véhicule de ces cultes divers, grâce à l'habitude qu'ils avaient d'embrasser successivement les religions⁶ des pays où ils passaient. Revenus chez eux, ils consacraient un temple, un autel à leurs souvenirs de garnison. De là ces dédicaces au Jupiter de Baalbek, à celui de Dolica⁷, qu'on trouve dans toutes les parties de l'empire.

Un dieu oriental surtout balança un moment la fortune du christianisme, et faillit devenir l'objet d'un de ces cultes à propagande universelle qui s'emparent de parties entières de l'humanité. *Mitra* est, dans la mythologie aryenne primitive, un des noms du soleil⁸. Ce nom devint, chez les Perses des temps

---

1. Mommsen, *Inscr. R. N.*, n° 4608.
2. Sénèque, *De vita beata*, 27.
3. Val. Max., I, III, 2; Orelli, n° 1259; Μουσεῖον τῆς εὐαγγ. σχολῆς, p. 164 et suiv. (Smyrne, 1880.)
4. Ovide, *De arte am.*, I, 75.
5. Suét., *Néron*, 56.
6. *Religio* : Apulée, *Métam.*, XI, 25; Orelli, 2338, 2339; Mommsen, *Inscr. R. N.*, 2556.
7. *Corpus inscr. lat.*, III, 1614; Orelli, 1232-1235.
8. J. Darmesteter, *Ormazd et Ahriman*, p. 62 et suiv.; le même, *the Zend-Avesta*, I, p. LX et suiv.; A. Maury, *Croy. et lég.*, p. 159 et suiv.; Max Müller, *Relig. de l'Inde*, p. 237 et suiv. (trad. Darmesteter).

achéménides, un dieu de premier ordre[1]. On entendit parler de lui pour la première fois, dans le monde gréco-romain, vers l'an 70 avant Jésus-Christ[2]. La vogue lui vint lentement[3]. C'est seulement au IIe et au IIIe siècle que le culte de Mithra, savamment organisé sur le type des mystères qui avaient déjà si profondément ému l'ancienne Grèce, obtint un succès extraordinaire[4].

Ses ressemblances avec le christianisme étaient si frappantes, que saint Justin et Tertullien y voient

---

1. Inscr. cunéif. : Norris, *Journal of the R. As. Soc.*, XV, p. 159; Benfey, *Keilinschriften*, p. 67. Monnaies de Kanerkès : Lassen, *Ind. Alt.*, II, p. 837. Textes zoroastriens : Windischmann, *Mithra*, Leipzig, 1857; Spiegel, *Khorda Avesta*, p. 79 et suiv.; Kossowicz, *Decem Send. exc.*, p. 71 et suiv.; de Harlez, *Avesta*, II, p. 226 et suiv.; le même dans la *Bibliothèque orientale*, de Maisonneuve, t. V, p. 445 et suiv.; Hovelacque, *l'Avesta*, p. 176 et suiv. Noms achéménides, *Mitradate, Mitrobate*, etc. Hérodote, I, 131; Xénophon, *Cyrop.*, VIII, v, 53; *OEcon.*, IV, 24; Plutarque, *Artax.*, 4; *Alex.*, 30; *De Is. et Os.*, 46 (pris de Théopompe); Duris, dans Müller, *Fragm. hist. gr.*, II, p. 472 et suiv.; Strabon, XI, xiv, 9; XV, iii, 13; Quinte-Curce, IV, xlviii, 12.

2. Plutarque, *Pompée*, 24.

3. Orelli-Henzen, n° 5844.

4. *Corpus inscr. gr.*, n°⁵ 6008 et suiv.; Orelli-Henzen, n°⁵ 1901, 2340 et suiv., 5845-5847, 6042 b; Mommsen, *Inscr. R. N.*, 2481; Stace, *Thébaïde*, I, 720; Dion Cassius, LXIII, 5; Porphyre, *De abstin.*, II, 56; IV, 16; Marini, *Arv.*, p. 529; Lucien, *Deorum conc.*, 9; *Jupiter trag.*, 8; Commodien, *Instr.*, xiii, vers 169 et suiv.; Firmicus Maternus, 5; Lajard, *Rech. sur le culte de Mithra* (1867) et *Introduction*, atlas (1847).

un plagiat satanique[1]. Le mithriacisme avait le baptême[2], l'eucharistie, les agapes[3], la pénitence, les expiations, les onctions. Ses chapelles ressemblaient fort à de petites églises. Il créait un lien de fraternité entre les initiés. Nous l'avons dit vingt fois, c'était là le grand besoin du temps. On voulait des congrégations où l'on pût s'aimer, se soutenir, s'observer les uns les autres, des confréries offrant un champ clos (car l'homme n'est pas parfait) à toute sorte de petites poursuites vaniteuses, au développement inoffensif d'enfantines ambitions de synagogues. A beaucoup d'autres égards, le mithriacisme ressemblait à la franc-maçonnerie. Il y avait des grades, des ordres d'initiation, portant des noms bizarres[4], des épreuves successives, un jeûne de cinquante jours, des terreurs, des flagellations[5]. Une vive piété

1. Saint Justin, *Apol.*, I, 66; *Dial.*, 70, 78; Celse, dans Orig., VI, 22; Commodien, *Instr.*, l. c.; Tertullien, *De præscr.*, 40; *De corona*, 15; *De baptismo*, 5; saint Augustin, *In Joh.*, tract. VII, 6. Cf. *Saint Paul*, p. 269; *l'Égl. chrét.*, p. 374. Voir Le Blant, *Inscr. chrét.*, II, p. 71-73.

2. Voir le *Mihir yasht*, 122, Windischmann.

3. *Revue arch.*, août 1872, p. 70.

4. Gruter, p. 27, 1087; Orelli-Henzen, 2335, 2340-2356, 584; Tertullien, *De cor.*, 15; *Adv. Marc.*, I, 13; Porphyre, *De abstin.*, IV, 16; *De antro nymph.*, 15, 16; saint Jérôme, *Epist.*, 57, *ad Lætam*, Mart., p. 594; Suidas, au mot Μίθρας. Voir *Bull. de corr. arch.*, 1868, p. 98.

5. Lampride, *Commode*, 9; Tertullien, *De cor.*, 15; saint

se développait à la suite de ces exercices. On croyait à l'immortalité des initiés, à un paradis pour les âmes pures[1]. Le mystère de la coupe, si ressemblant à la Cène chrétienne, des réunions du soir[2], analogues à celles de nos congrégations pieuses, en des « antres » ou petits oratoires[3], un clergé nombreux[4], où les femmes étaient admises[5], des expiations taurobolaires[6], affreuses, mais saisissantes, répondaient bien aux aspirations du monde romain vers une sorte de religiosité matérialiste. L'immoralité des anciennes

Grégoire de Nazianze, *Orat. stelit.*, I, in Jul., p. 77, éd. Col.; *ibid.*, p. 89 (§§ 70 et 89, Paris); *Orat.*, XXXIX, p. 626, et le commentaire d'Élie de Crète, Nicetas, Nonnus, II, 325, 501, 510-511. Voir surtout les curieux monuments trouvés sur l'Esquilin. *Bullettino della Commissione archeol. municipale*, II (Rome, 1874), p. 224 et suiv.

1. Catacombe mithriaque de la voie Appienne, attenante au cimetière de Prétextat, tombe de Vibia et Vincentius. Garrucci, *Tre sepolcri* (Naples, 1852), et dans le t. IV des *Mél. d'archéol.* des pères Cahier et Martin (Paris, 1856). Cf. *Revue archéol.*, févr. 1872, p. 124-125.

2. Ἐκκλησία, συναγωγή.

3. Mithræum de saint Clément : de Rossi, *Bullettino*, 2ᵉ série, 1870; F. Gori, dans le *Buonarroti*, série II, vol. V, nov.-déc. 1870; *Revue archéol.*, août 1872, p. 65 et suiv. Antre mithriaque à Ostie, sous Commode (Rossi).

4. *Sacerdos, antistes, hierophantes.* Voir *Revue archéol.*, mai 1866, p. 323 et suiv.; Orelli, 1597, 2353. *Septem pii sacerdotes*, dans le tombeau de Vincentius.

5. *Revue archéol.*, l. c.

6. *Corpus inscr. gr.*, n° 6012 b.

sabazies phrygiennes n'avait pas disparu, mais était masquée par une teinture de panthéisme et de mysticité, parfois par un scepticisme tranquille à la façon de l'Ecclésiaste [1].

On peut dire que, si le christianisme eût été arrêté dans sa croissance par quelque maladie mortelle, le monde eût été mithriaste. Mithra se prêtait à toutes les confusions, avec Attis, avec Adonis, avec Sabazius, avec Mên [2], qui étaient déjà en possession depuis longtemps de faire couler les larmes des femmes. Les soldats aussi affectionnaient ce culte. En rentrant dans leurs foyers, ils le portaient aux provinces frontières, sur le Rhin, sur le Danube. Aussi le mithriacisme résista-t-il plus que les autres cultes au christianisme. Il fallut, pour l'abattre, les coups terribles que lui porta l'empire chrétien. C'est dans les années 376 et 377 qu'on trouve le nombre

1. Inscription au moins très équivoque du tombeau de Vincentius (sur le sens de *benefac*, voir Le Blant, *Revue arch.*, juin 1875, p. 358-362); inscription décidément obscène de M. Aurelius, vis-à-vis; à côté, Vénus *aversa*. Garrucci, *l. c.*; Orelli-Henzen, n° 6042. Comparez les trouvailles de l'Esquilin mentionnées ci-dessus, p. 578, note.

2. Maury, *Rel. de la Gr.*, III, p. 93, 131-132. La tombe de Vincentius renferme des particularités qui la rapprochent à la fois des superstitions sabaziennes, mithriaques et même du christianisme. *Angelus bonus, ... bonorum judicio judicati.* Voir *Revue arch.*, nov. et déc. 1874; janv. 1875.

le plus considérable de monuments élevés par les adorateurs de la Grande Déesse et de Mithra[1]. Des familles sénatoriales très respectables y restèrent attachées, rebâtirent à leurs frais les antres détruits, et, à force de legs et de fondations, essayèrent de donner l'éternité à un culte frappé de mort[2].

Les mystères étaient la forme ordinaire de ces cultes exotiques et la cause principale de leurs succès. L'impression que laissaient les initiations était très profonde, de même que la franc-maçonnerie de nos jours, bien que tout à fait creuse, sert d'aliment à beaucoup d'âmes. C'était une sorte de première communion : un jour, on avait été un être pur, privilégié, présenté au public pieux comme un bienheureux, comme un saint, couronne en tête, cierge à la main. Des spectacles étranges, des apparitions de poupées gigantesques, des alternatives de lumière et de ténèbres, des visions de l'autre vie que l'on croyait

---

1. Le Blant, *Inscr. chrét.*, I, p. 497.
2. De Rossi, *Bull.*, 1865, p. 8 ; 1867, p. 76 ; 1868, 53, 57, 69 ; Henzen, *Bull. de corr. arch.*, 1867, p. 174-176 ; 1868, p. 90-98 ; *Revue arch.*, août 1872, p. 73 ; Himerius, *Orat.*, VII, 2, p. 510, édit. Wernsdorf ; Julien, *Orat.*, IV, p. 201 ; *Cæs.*, p. 432, Hertlein ; Socrate, III, 2 ; Soz., V, 7 ; Philostorge, VII, 2 ; Photius, cod., CCLXXXV, p. 483 ; poème découvert par M. Delisle, v. 47 et suiv. ; Mommsen, dans l'*Hermes*, IV, p. 350 et suiv. ; saint Jérôme, *Epist.*, 57, ad Lætam, col. 591 ; Paulin de Nole, *Poema ultimum*, ou *Adv. pag.*, v. 110 (édition de Migne, col. 701-702).

réelles, inspiraient une ferveur de dévotion dont le souvenir ne s'effaçait plus [1]. Il s'y mêlait plus d'un sentiment équivoque et dont les mauvaises mœurs de l'antiquité abusaient [2]. Comme dans les confréries catholiques, on se croyait lié par un serment; on y tenait, même quand on n'y croyait guère ; car il s'y attachait l'idée d'une faveur spéciale, d'un caractère qui vous séparait du vulgaire. Tous ces cultes orientaux disposaient de plus d'argent que ceux de l'Occident [3]. Les prêtres y avaient plus d'importance que dans le culte latin [4]; ils formaient un clergé, avec des ordres divers [5], une milice sainte, retirée du monde, ayant ses règles [6]. Ces prêtres avaient un air grave et, comme on dirait maintenant, ecclésiastique [7]; ils avaient la tonsure, des mitres, un costume à part [8].

---

1. Apulée, XI, 21, 23, 24, 25.
2. *Mystes* (Hor., *Od.*, II, x, 10) désigne un enfant, voué au blanc, au bleu, comme on dirait aujourd'hui, habillé presque en jeune fille. Voir l'inscription de M. Aurelius. Garrucci, *l. c.*
3. Lucien, *Jup. trag.*, 8.
4. Apulée, *Métam.*, XI, 15, 25 ; Orelli, inscriptions déjà citées et inscriptions mithriaques en général, n°s 2340 et suiv.
5. *Corpus inscr. gr.*, n° 6000.
6. Apulée, XI, 15 ; Tertullien, *De corona*, dernier paragr.
7. Servius, *ad Æn.*, VI, 661; Ch. Müller, *Fragm. historicorum græcorum*, III, p. 497.
8. *De Is. et Os.*, 3.

Une religion fondée, comme celle d'Apollonius de Tyane, sur la croyance au voyage d'un Dieu sur la terre avait des chances particulières de succès. L'humanité cherche l'idéal ; mais elle veut que l'idéal soit une personne ; elle n'aime pas une abstraction. Un homme incarnation de l'idéal, et dont la biographie pût servir de cadre à toutes les aspirations du temps, voilà ce que demandait l'opinion religieuse. L'Évangile d'Apollonius de Tyane n'eut qu'un demi-succès ; celui de Jésus réussit complètement. Les besoins d'imagination et de cœur qui travaillaient les populations étaient justement ceux auxquels le christianisme donnait une pleine satisfaction. Les objections que présente la croyance chrétienne à des esprits amenés par la culture rationnelle à l'impossibilité d'admettre le surnaturel n'existaient pas alors. En général, il est plus difficile d'empêcher l'homme de croire que de le faire croire. Jamais siècle, d'ailleurs, ne fut plus crédule que le IIe siècle. Tout le monde admettait les miracles les plus absurdes ; la mythologie courante, ayant perdu son sens primitif, atteignait les dernières limites de l'ineptie. La somme de sacrifices que le christianisme demandait à la raison était moindre que celle que supposait le paganisme. Se convertir au christianisme n'était donc pas un acte de crédulité ; c'était presque un acte de bon sens relatif. Même au point de vue du rationaliste, le christianisme pouvait être envisagé comme un progrès ; ce fut l'homme religieusement éclairé qui l'adopta. Le fidèle aux anciens dieux fut le *paganus*[1], le paysan, toujours réfractaire au progrès, en arrière de son siècle ; comme un jour, au xx° siècle peut-être, les derniers chrétiens seront à leur tour appelés *pagani*, « des ruraux ».

Sur deux points essentiels, le culte des idoles et les sacrifices sanglants, le christianisme répondait aux idées les plus *avancées* du temps, comme l'on dirait aujourd'hui, et faisait une sorte de jonction avec le stoïcisme[2]. L'absence d'images, qui valait au culte chrétien, de la part du peuple, l'accusation d'athéisme[3], plaisait aux bons esprits[4], révoltés par l'idolâtrie officielle[5]. Les sacrifices sanglants impliquaient aussi les idées les plus offensantes pour la

---

1. Voir *Bull. della commissione arch. comunale di Roma*, oct.-déc. 1877, p. 244 et suiv.

2. Cf. Bernays, *Die heraklitischen Briefe* (Berlin, 1869), p. 25-26, 30-37, 60. Saint Justin avait probablement lu les fausses lettres d'Héraclite. Bernays, *op. cit.*, p. 35-36.

3. *Judœa gens contumelia numinum insignis*. Pline, *H. N.*, XIII, 4 (9).

4. Voir Strabon, XVI, II, 35, 36. Cf. lettre apocryphe de Marc-Aurèle, à la suite de saint Justin.

5. Comme comble de sottise, voir Sénèque, *Fragm.*, 36 (édit. Haase).

divinité[1]. Les esséniens, les elkasaïtes, les ébionites, les chrétiens de toute-secte, héritiers en cela des anciens prophètes[2], eurent sur ce point un admirable sentiment du progrès[3]. La chair se vit exclue même du festin pascal[4]. Ainsi fut fondé le culte pur. Le côté inférieur de la religion, ce sont les pratiques qui sont censées opérer d'elles-mêmes. Jésus, par le rôle qu'on lui a prêté, sinon par son fait personnel, a marqué la fin des pratiques. Pourquoi parler de sacrifices? Celui de Jésus vaut tous les autres. De pâque? Jésus est le vrai agneau pascal. De la *Thora?* L'exemple de Jésus vaut beaucoup mieux[5]. C'est par ce raisonnement que saint Paul a détruit la Loi, que le protestantisme a tué le catholicisme. La foi en Jésus a ainsi tout remplacé. Les excès mêmes du christianisme ont été le principe de sa force ; par ce dogme que Jésus a tout fait pour la justification de son fidèle, les œuvres ont été frappées d'inutilité, tout culte autre que la foi a été découragé.

1. Lucien, *De sacrificiis* ; Théophraste, *De pietate,* edit. Bernays (Berlin, 1866); Galien, *De usu part.,* III, 10 (t. III, p. 237). Cf. *De monarchia,* attribué à Justin, § 4; Clém. d'Alex., *Strom.,* V, 14; Eusèbe, *Præp. evang.,* XIII, 13 (θεῷ δὲ θῦε διὰ τέλους δίκαιος ὤν).
2. Isaïe, ch. I; Ps. XL, L, LI.
3. Hilgenfeld, *Nov. Test. extra can. rec.,* IV, p. 34, 37.
4. *Ibid.,* p. 37 bas.
5. Voir *Saint Paul,* p. 486; *l'Antechrist,* p. 225.

Le christianisme avait donc une immense supériorité sur la religion d'État que Rome patronnait et sur les différents cultes qu'elle tolérait. Les païens le comprenaient vaguement. Alexandre Sévère ayant eu la pensée d'élever un temple à Christ, on lui apporta de vieux textes sacrés d'où il résultait que, s'il donnait suite à cette idée, tous se feraient chrétiens, et que les autres temples seraient abandonnés[1]. En vain Julien essayera d'appliquer au culte officiel l'organisation qui faisait la force de l'Église[2]; le paganisme résistera à une transformation contraire à sa nature. Le christianisme s'imposera et s'imposera tout entier à l'empire. La religion que Rome répandra dans le monde sera justement celle qu'elle a le plus vivement combattue, le judaïsme sous forme chrétienne. Loin qu'il faille être surpris du succès du christianisme dans l'empire romain, il faut bien plutôt s'étonner que cette révolution ait été si lente à s'accomplir.

Ce qui était profondément atteint par le christianisme, c'étaient les maximes d'État, base de la politique romaine. Ces maximes se défendirent énergiquement pendant cent cinquante ans, et retardèrent l'avènement du culte désigné pour la victoire. Mais

1. Lampride, *Alex. Sév.*, 51.
2. Tillemont, *Mém.*, VII, p. 416-420.

cet avènement était inévitable. Méliton avait raison[1]. Le christianisme était destiné à être la religion de l'empire romain. L'Occident se montrait encore bien réfractaire; l'Asie Mineure et la Syrie, au contraire, comptaient des masses denses de populations chrétiennes augmentant chaque jour en importance politique. Le centre de gravité de l'empire se transportait de ce côté. On sentait déjà qu'un ambitieux aurait la tentation de s'appuyer sur ces foules, que la mendicité mettait entre les mains de l'Église et que l'Église, à son tour, mettrait dans la main du césar qui lui serait favorable. Le rôle politique de l'évêque ne date pas de Constantin. Dès le IIIe siècle, l'évêque des grandes villes d'Orient se montre comme un personnage analogue à ce qu'est, de nos jours, l'évêque en Turquie, chez les chrétiens grecs, arméniens, etc. Les dépôts des fidèles, les testaments, la tutelle des pupilles, les procès, toute l'administration, en un mot, de la communauté lui sont confiés. C'est un magistrat à côté de la magistrature publique[2], bénéficiant de toutes les fautes de celle-ci. L'Église,

---

1. Voir ci-dessus, p. 283 et suiv.
2. Notez le rôle extraordinaire de saint Babylas à Antioche. Sur Paul de Samosate, voir ci-après, p. 648-649. Les lettres de l'empereur Gallien aux évêques sont bien remarquables (Eus., *H. E.*, VII, ch. XIII).

au IIIᵉ siècle, est déjà une vaste agence d'intérêts populaires, suppléant à ce que l'empire ne fait pas. On sent qu'un jour, l'empire défaillant, l'évêque héritera de lui. Quand l'État refuse de s'occuper des problèmes sociaux, ceux-ci se résolvent à part, au moyen d'associations qui démolissent l'État.

La gloire de Rome, c'est d'avoir essayé de résoudre le problème de la société humaine sans théocratie, sans dogme surnaturel. Le judaïsme, le christianisme, l'islamisme, le bouddhisme sont, au contraire, de grandes institutions embrassant la vie humaine tout entière sous forme de religions révélées. Ces religions sont la société humaine elle-même ; rien n'existe en dehors d'elles. Le triomphe du christianisme fut l'anéantissement de la vie civile pour mille ans. L'Église, c'est la commune si l'on veut, mais sous forme religieuse. Pour être membre de cette commune-là, il ne suffit pas d'y être né ; il faut professer un dogme métaphysique, et, si votre esprit se refuse à croire ce dogme, tant pis pour vous. L'islamisme ne fit qu'appliquer le même principe. La mosquée, comme la synagogue et l'église, est le centre de toute vie. Le moyen âge, règne du christianisme, de l'islamisme et du bouddhisme, est bien l'ère de la théocratie. Le coup de génie de la Renaissance a été de revenir au droit romain, qui est essentiellement le droit laïque, de revenir à la philosophie, à la science, à l'art vrai, à la raison, en dehors de toute révélation. Qu'on s'y tienne. Le but suprême de l'humanité est la liberté des individus. Or la théocratie, la révélation ne créeront jamais la liberté. La théocratie fait de l'homme revêtu du pouvoir un fonctionnaire de Dieu[1]; la raison fait de lui un mandataire des volontés et des droits de chacun.

1. Λειτουργοὶ θεοῦ. Rom., XIII, 6.

CHAPITRE XXXII.

RÉVOLUTION SOCIALE ET POLITIQUE AMENÉE PAR LE CHRISTIANISME.

Ainsi, à mesure que l'empire baisse, le christianisme s'élève. Durant le IIIe siècle, le christianisme suce comme un vampire la société antique, soutire toutes ses forces et amène cet énervement général contre lequel luttent vainement les empereurs patriotes. Le christianisme n'a pas besoin d'attaquer de vive force; il n'a qu'à se renfermer dans ses églises. Il se venge en ne servant pas l'État, car il détient presque à lui seul des principes sans lesquels l'État ne saurait prospérer. C'est la grande guerre que nous voyons aujourd'hui faite à l'État par nos conservateurs. L'armée, la magistrature, les services publics ont besoin d'une certaine somme de sérieux et d'honnêteté. Quand les classes qui pourraient fournir ce sérieux et cette honnêteté se confinent dans l'abstention, tout le corps souffre.

L'Église, au IIIe siècle, en accaparant la vie, épuise la société civile, la saigne, y fait le vide. Les petites sociétés tuèrent la grande société. La vie antique, vie tout extérieure et virile, vie de gloire, d'héroïsme, de civisme, vie de forum, de théâtre, de gymnase, est vaincue par la vie juive, vie antimilitaire, amie de l'ombre, vie de gens pâles, claquemurés. La politique ne suppose pas les hommes trop détachés de la terre. Quand l'homme se décide à n'aspirer qu'au ciel, il n'a plus de pays ici-bas. On ne fait pas une nation avec des moines ou des yoguis ; la haine et le mépris du monde ne préparent pas à la lutte de la vie. L'Inde, qui, de tous les pays connus, a le plus versé dans l'ascétisme, n'est, depuis un temps immémorial, qu'une terre ouverte à tous les conquérants. Il en fut de même à quelques égards de l'Égypte. La conséquence inévitable de l'ascétisme est de faire considérer tout ce qui n'est pas religieux comme frivole et inférieur. Le souverain, le guerrier, comparés au prêtre[1], ne sont plus que des rustres, des brutaux ; l'ordre civil est tenu pour une tyrannie gênante. Le christianisme améliora les mœurs du monde ancien ; mais, au point de vue militaire et

---

1. *Constit. apost.*, II, 34.

patriotique, il détruisit le monde ancien. La cité et l'État ne s'accommoderont plus tard avec le christianisme qu'en faisant subir à celui-ci les plus profondes modifications.

« Ils habitent sur la terre, dit l'auteur de l'Épître à Diognète[1] ; mais, en réalité, ils ont leur patrie au ciel. » Effectivement, quand on demande au martyr sa patrie : « Je suis chrétien », répond-il[2]. La patrie et les lois civiles, voilà la mère, voilà le père, que le vrai gnostique, selon Clément d'Alexandrie[3], doit mépriser pour s'asseoir à la droite de Dieu. Le chrétien est embarrassé, incapable quand il s'agit des affaires du monde[4] ; l'Évangile forme des fidèles, non des citoyens. Il en fut de même pour l'islamisme et le bouddhisme. L'avènement de ces grandes religions universelles mit fin à la vieille idée de patrie ; on ne fut plus Romain, Athénien ; on fut chrétien, musulman, bouddhiste. Les hommes désormais vont être rangés d'après leur culte, non d'après leur

1. Ἐπὶ γῆς διατρίβουσιν, ἀλλ' ἐν οὐρανῷ πολιτεύονται. Cf. Tert., *Apol.*, 38, et l'*uranopolis* des stoïciens. Clém. d'Alex., *Strom.*, IV, xxvi, fin.

2. Actes de saint Pione, § 18 ; Le Blant, *Inscr.*, I, p. 122-123 ; *Man. d'épigr. chrét.*, p. 5-8 ; Jean Chrys., *Homil. in sanctum Lucianum*, Montf., II, p. 528.

3. Clém. d'Alex., *Strom.*, IV, 4.

4. *Infructuosi in negociis dicimur.* Tertullien, *Apol.*, 42. Cf. Ælius Aristide, *Opp.*, II, p. 403, édit. Dindorf.

patrie; ils se diviseront sur des hérésies, non sur des questions de nationalité.

Voilà ce que vit parfaitement Marc-Aurèle, et ce qui le rendit si peu favorable au christianisme. L'Église lui parut un État dans l'État[1]. « Le camp de la piété », ce nouveau « système de patrie fondé sur le *Logos* divin[2] », n'a rien à voir avec le camp romain, lequel ne prétend nullement former des sujets pour le ciel. L'Église, en effet, s'avoue une société complète, bien supérieure à la société civile ; le pasteur vaut mieux que le magistrat[3]. L'Église est la patrie du chrétien, comme la synagogue est la patrie du juif ; le chrétien et le juif vivent dans le pays où ils se trouvent comme des étrangers[4]. A peine même le chrétien a-t-il un père et une mère[5]. Il ne doit rien à l'empire et l'empire lui doit tout ; car c'est la présence des fidèles, disséminés dans le monde romain, qui arrête le courroux céleste et sauve l'État de sa

---

1. L'auteur de l'épître à Diognète (voir ci-dessus, p. 426) admet cette définition. Voir aussi Celse, dans Orig., VIII, vers la fin.

2. Ἴδιον στρατοπέδον εὐσεβείας . . . ἄλλο σύστημα πατρίδος κτισθὲν λόγῳ θεοῦ. Origène, VIII, 73, 75.

3. Orig., *Contre Celse*, III, 30.

4. *Épître à Diogn.*, 6.

5. L'indication de la filiation et de la patrie est rare dans les inscriptions chrétiennes. Le Blant, *Inscr.*, I, p. 124 et suiv., 128 et suiv. Il en est de même pour l'hérédité. *Ibid.*, p. 131-133.

ruine [1]. Le chrétien ne se réjouit pas des victoires de l'empire ; les désastres publics lui paraissent une confirmation des prophéties qui condamnent le monde à périr par les barbares et par le feu [2]. Le cosmopolitisme des stoïciens [3] avait bien aussi ses dangers ; mais un ardent amour de la civilisation et de la culture grecque servait de contrepoids aux excès de leur détachement.

A beaucoup d'égards, certainement, les chrétiens étaient des sujets loyaux. Ils ne se révoltaient jamais ; ils priaient pour leurs persécuteurs. Malgré leurs griefs contre Marc-Aurèle, ils ne prirent aucune part à la révolte d'Avidius Cassius. Ils affectaient les principes du légitimisme le plus absolu. Dieu donnant la puissance à qui il lui plaît, il faut obéir sans examen à celui qui la possède officiellement. Mais cette apparente orthodoxie politique n'était au fond que le culte du succès. « Il n'y a jamais eu parmi nous de partisan d'Albin, de partisan de Niger », dit avec ostentation Tertullien [4], sous le

1. *Épître à Diogn.*, 6.
2. Lire la plaisante scène du *Philopatris*. A partir de la fin du IVe siècle, les choses changent. L'empire est devenu chrétien, et mourir pour lui, c'est mourir pour l'Église. Le Blant, *le Détachement de la patrie*, p. 23-25.
3. Zénon, Chrysippe, Sénèque, Épictète, Marc-Aurèle, surtout Épictète, *Diss.*, I, 9 ; II, 10 ; III, 24 ; Plut., *De fort. Alex.*, 6.
4. Tertullien, *Ad Scap.*, 2.

règne de Septime-Sévère. Mais, vraiment, en quoi Septime-Sévère était-il plus légitime qu'Albin et que Pescennius Niger ? Il réussit mieux qu'eux, voilà tout. Le principe chrétien : « Il faut reconnaître celui qui exerce le pouvoir », devait contribuer à établir le culte du fait accompli, c'est-à-dire le culte de la force. La politique libérale ne doit rien et ne devra jamais rien au christianisme[1]. L'idée du gouvernement représentatif est le contraire de celle que professèrent expressément Jésus, saint Paul, saint Pierre[2], Clément Romain.

Le plus important des devoirs civiques, le service militaire, les chrétiens ne pouvaient le remplir. Ce service impliquait, outre la nécessité de verser le sang, qui paraissait criminelle aux exaltés, des actes que les consciences timorées trouvaient idolâtriques[3]. Il y eut sans doute plusieurs soldats chrétiens au IIe siècle[4]; mais bien vite l'incompatibilité des deux professions se révélait, et le soldat quittait le cein-

---

1. « Tolerare Christi famuli jubentur...... pessimam etiam, si ita necesse est, flagitiosissimamque rempublicam, et, in illa angelorum quadam sanctissima atque augustissima curia cælestique republica, ubi Dei voluntas lex est, clarissimum sibi locum etiam ista tolerantia comparare. » Saint Augustin, *De civ. Dei,* II, 19.

2. Ou celui qui tint la plume pour lui dans la *I[a] Petri.*

3. Le Blant, dans les *Comptes rendus de l'Acad. des sc. mor. et pol.,* 1879, 1er sem., p. 379 et suiv.

4. Voir ci-dessus, p. 276 et suiv.

turon ou devenait martyr[1]. L'antipathie était absolue; en se faisant chrétien, on quittait l'armée. « On ne sert pas deux maîtres », était le principe sans cesse répété[2]. La représentation d'une épée ou d'un arc sur une bague était défendue[3]. « C'est assez combattre pour l'empereur que de prier pour lui[4]. » Le grand affaiblissement qui se remarque dans l'armée romaine à la fin du IIe siècle, et qui éclate surtout au IIIe siècle, a sa cause dans le christianisme. Celse aperçut ici le vrai avec une merveilleuse sagacité[5]. Le courage militaire, qui, selon le Germain, ouvre seul la Walhalla, n'est point par lui-même une vertu aux yeux du chrétien. S'il est employé pour une bonne cause, à la bonne heure; sinon, il n'est que barbarie. Certes, un homme très brave à la guerre peut être un homme de médiocre moralité; mais une société de parfaits serait si faible! Pour

---

1. Tertullien, *De corona*, 14; *De fuga in persec.*, 14; *De idol.*, 19; Eusèbe, *H. E.*, VIII, IV; Actes de saint Maximilien.

2. Saint Martin, saint Victricius, saint Taraque. Voir Le Blant, *Inscr. chrét.*, I, p. 84-87; *Comptes rendus de l'Acad. des sc. mor. et pol.*, loc. cit. Διὰ τὸ ἐχθρὸν εἶναι τὸ τοιοῦτο αὐτοῖς διὰ τὸν θεὸν ὃν φοροῦσι κατὰ συνείδησιν. Rescrit supposé de Marc-Aurèle.

3. Clém. d'Alex., *Pædag.*, III, XI, p. 106.

4. Orig., *Contre Celse*, VIII, 73.

5. Orig., *Contre Celse*, VIII, 73, 74, 75. Οὐ συστρατευόμεθα μὲν αὐτῷ (βασιλεῖ) κἂν ἐπείγῃ. Comp. saint Augustin, *Epist.*, CXXXVIII, *ad Marcellinum*, c. II, § 15.

avoir été trop conséquent, l'Orient chrétien a perdu toute valeur militaire. L'islam en a profité, et a donné au monde le triste spectacle de cet éternel chrétien d'Orient, partout le même malgré la différence des races, toujours battu, toujours massacré, incapable de regarder en face un homme de guerre, offrant perpétuellement son cou au sabre, victime peu intéressante, car elle ne se révolte pas et ne sait pas tenir une arme, même quand on la lui met dans la main.

Le chrétien fuyait aussi les magistratures, les charges publiques, les honneurs civils. Poursuivre ces honneurs, ambitionner ces fonctions, ou seulement les accepter, c'était donner une marque de foi à un monde que, par principes, on déclarait condamné et entaché à fond d'idolâtrie [1]. Une loi de Septime-Sévère [2] permit aux « adeptes de la superstition juive » d'arriver aux honneurs, avec dispense des obligations contraires à leur croyance. Sûrement, les chrétiens pouvaient profiter de ces dispenses ; ils ne le firent pas. Couronner sa porte à l'annonce des jours de fête, prendre part aux divertissements, aux réjouissances publiques, était une apostasie [3]. Même

1. Tertullien, *De pallio*, 5.
2. Dig., L, II, 3, § 3. *Eis qui judaïcam superstitionem sequantur*.
3. Tertullien, *De idol.*, 15; *De spect.*, 26; *De corona*, 13; *Constit. apost.*, II, 62.

interdit à l'égard des tribunaux. Les chrétiens n'y doivent jamais porter leurs procès; ils doivent s'en tenir à l'arbitrage de leurs pasteurs [1]. L'impossibilité des mariages mixtes [2] achevait d'élever un mur infranchissable entre l'Église et la société. Il était défendu aux fidèles de se promener dans les rues, de se mêler aux conversations publiques; ils ne devaient se voir qu'entre eux [3]. Même les auberges ne pouvaient être communes; les chrétiens en voyage se rendaient à l'église et y participaient aux agapes, aux distributions des restes des offrandes sacrées [4].

Une foule d'arts et de métiers, dont la profession entraînait des rapports avec l'idolâtrie, étaient interdits aux chrétiens [5]. La sculpture et la peinture, en particulier, devenaient presque sans objet; on les

1. I Cor., vi, 1 et suiv.; Clém. Rom., 48; Pseudo-Clém. *ad Jac.*, 10; *Homil.*, iii, 67. Voir ci-dessus, p. 97. Cf. Tertullien, *De pudic.*, 2. Il en était de même chez les juifs et même chez les philosophes (Lucien, *Eunuch.*, 4).

2. I Cor., vii, 39; Tertullien, *Ad ux.*, II, 2, 3, 6, 7, 8; *De monog.*, 11; saint Cyprien, *De lapsis*, 6; concile d'Elvire, ch. xv, xvi. Le judaïsme ne les admit jamais, pas plus que le christianisme. Exode, xxiv, 16; Deutér., xxiii, 3; Esdras, x, 2, 7, 10; Nehem., xiii, 30; Talm. de Bab., *Aboda zara*, 36 b. Voir aussi Maimonide, *Unions prohibées*, ch. xii; *Eben haézer*, I, p. 88 et suiv.

3. *Constit. apost*, I, 4; II, 62.

4. Actes coptes dits du concile de Nicée, dans les *Arch. des miss.*, 3ᵉ série, t. IV, p. 468 et suiv. (Revillout).

5. Tertullien, *De idol.* entier.

traitait comme des ennemies [1]. Là est l'explication d'un des faits les plus singuliers de l'histoire, je veux dire de la disparition de la sculpture dans la première moitié du IIIe siècle. Ce que le christianisme tua d'abord dans la civilisation antique, ce fut l'art. Il tua plus lentement la richesse; mais, à cet égard, son action n'a pas été moins décisive. Le christianisme fut, avant tout, une immense révolution économique. Les premiers devinrent les derniers, et les derniers devinrent les premiers. Ce fut vraiment la réalisation du royaume de Dieu, selon les juifs. Un jour, Rab Joseph, fils de Rab Josué ben Lévi, étant tombé en léthargie, son père lui demanda, quand il fut revenu à lui : « Qu'as-tu vu dans le ciel? — J'ai vu, répondit Joseph, le monde renversé : les plus puissants étaient au dernier rang; les plus humbles au premier. — C'est le monde normal que tu as vu, mon fils [2]. »

L'empire romain, en rabaissant la noblesse et en réduisant presque à rien le privilège du sang, augmenta, au contraire, les avantages de la fortune. Loin d'établir l'égalité effective entre les citoyens, l'empire romain, ouvrant à deux battants les portes de la cité romaine, créa une différence profonde, celle des *honestiores* (les notables, les

---

[1]. Tertullien, *Contre Hermogène.*
[2]. Talm. de Bab., *Pesahim,* 50 a.

riches) et des *humiliores* ou *tenuiores* (les pauvres)[1]. En proclamant l'égalité politique de tous, on introduisit l'inégalité dans la loi, surtout dans la loi pénale. La pauvreté rendait presque illusoire le titre de citoyen romain[2], et le grand nombre était pauvre. L'erreur de la Grèce, qui avait été le mépris de l'ouvrier et du paysan[3], n'avait point disparu[4]. Le christianisme ne fit d'abord rien pour le paysan; il nuisit même aux populations rurales par l'institution de l'épiscopat, à l'influence et aux bienfaits duquel les villes seules avaient part; mais il eut une influence de premier ordre sur la réhabilitation de l'ouvrier. Une des recommandations que l'Église fait à l'artisan est de s'acquitter de son métier avec goût et application[5]. Le mot d'*operarius* se relève ; dans leurs épitaphes, l'ouvrier et l'ouvrière chrétiens sont loués d'avoir été de bons travailleurs[6].

1. Duruy, *Hist. rom.*, V, p. 487 et suiv. Cf. Paul, V, XXII, 1.
2. Digeste, XLVIII, II, 10, *De accusationibus.*
3. Platon, *Républ.*, V, III, 4; Aristote, *Polit.*, III, 5 ; IV, 8; Xénoph., *Œcon.*, IV, 2 ; Plut., *Périclès*, 2.
4. Cic., *Tusc.*, V, 36; *De off.*, I, 42 ; *Pro Flacco*, 18; *Pro domo sua,* 33 ; Sénèque, *De benef.,* VI, 18; Val. Max., V, II, 10; Suétone, *Claude,* 22; Dion Chrys., *Or.*, XXIV, t. II, p. 43, Reiske; Celse, dans Orig., I, 28, 29.
5. *Constit. apost.,* I, 4.
6. De Rossi, *Inscr. christ.,* I, p. 49, n° 62 (AMATRIX PAVPERORVM ET OPERARIA); *Bull.*, 1865, p. 52-53 (LABORVM

L'ouvrier, gagnant honnêtement sa vie de tous les jours, tel était bien, en effet, le chrétien idéal. L'avarice était pour l'Église primitive le crime suprême[1]. Or, le plus souvent, l'avarice, c'était la simple épargne [2]. L'aumône était considérée comme un devoir strict. Le judaïsme en avait déjà fait un précepte[3]. Dans les Psaumes et les livres prophétiques, l'*ébion* est l'ami de Dieu, et donner à l'*ébion*, c'est donner à Dieu [4]. Aumône, en hébreu, est synonyme de justice (*sedaka*). Il fallut limiter l'empressement des gens pieux à se justifier de la sorte; un des préceptes d'Ouscha interdit de donner au pauvre plus du cinquième de son bien[5]. Le christianisme, qui fut à son origine une société d'*ébionim*, accepta pleinement l'idée que le riche, s'il ne donne son superflu, est un détenteur du bien d'autrui. Dieu donne toute sa création à tous. « Imitez l'égalité de

AVTRIX); Garrucci, *Dissert. arch.*, II, p. 464 (CVM LABORONÆ SVÆ); Marchi, *Monum.*, p. 27 (AMICVS PAVPERVM).

1. I Cor., v, 10, 11; vi, 10, etc.

2. Il faut envisager comme une exception le curieux tableau que présente *Philosoph.*, IX, 12.

3. Prov. III, 27-28; x, 2; xi, 4; xxii, 9; xxviii, 27; Dan., iv, 24; Talm. de Jér., *Peah*, i, 1; Talm. de Bab., *Kethouboth*, 50 *a;* Josèphe, *Contre Apion*, II, 39. Voir surtout le fils de Sirach, le livre de Tobie, les *Actes*, etc.

4. Ps. xl, 2, etc.

5. Talm. de Jér., *Peah*, i, 1.

Dieu, et personne ne sera pauvre », lisons-nous dans un texte qui fut quelque temps tenu pour sacré [1]. L'église elle-même devenait un établissement de charité. Les agapes et les distributions faites du superflu des offrandes nourrissaient les pauvres, les voyageurs [2].

C'était le riche qui, sur toute la ligne, était sacrifié [3]. Il entrait peu de riches dans l'Église, et leur position y était des plus difficiles [4]. Les pauvres, fiers des promesses évangéliques, les traitaient avec un air qui pouvait sembler arrogant [5]. Le riche devait se faire pardonner sa fortune, comme une dérogation à l'esprit du christianisme. En droit, le royaume de Dieu lui était fermé [6], à moins qu'il ne purifiât sa richesse par l'aumône ou ne l'expiât par le martyre [7].

1. Μιμήσασθε ἰσότητα θεοῦ, καὶ οὐδεὶς ἔσται πένης. *Cerygma Petri et Pauli,* Hilg., IV, p. 59, 65.

2. Voir ci-dessus, p. 597.

3. La même antipathie se remarque chez les philosophes. Lucien, *Nigrinus,* 12 et suiv.

4. Tertullien, *Ad ux.,* II, 8; *Apol.,* 3; *Ad nat.,* I, 4; Min. Félix, 36; Clém. d'Alex., *Quis dives salvetur,* 2; Actes des martyrs, voir Le Blant, *Rev. arch.,* avril 1880, p. 234 et suiv.

5. Clém. d'Alex., *Quis dives salv.,* 3; Pseudo-Ign.,*ad Polyc.,* 4.

6. Hermas, vis. III, 2, 6; mand. IX, 3 et suiv.; Minucius Félix, 16; Tertull., *De pat.,* 7; saint Cyprien, *De lapsis,* 11; Orig., *Contre Celse,* VII, 18.

7. Clém. d'Alex., *Quis dives salv.;* Origène, *Exhort. ad mart.,* 14, 15; Le Blant, *Revue arch.,* avril 1880, p. 326-327.

On le tenait pour un égoïste, qui s'engraissait de la sueur des autres[1]. La communauté de biens, si elle avait jamais existé, n'existait plus; ce qu'on appelait « la vie apostolique », c'est-à-dire l'idéal de la primitive Église de Jérusalem, était un rêve perdu dans le lointain; mais la propriété du fidèle n'était qu'une demi-propriété; il y tenait peu, et l'Église y participait en réalité autant que lui[2].

C'est au IV° siècle que la lutte devint grande et acharnée. Les classes riches, presque toutes attachées à l'ancien culte, luttent énergiquement; mais les pauvres l'emportent[3]. En Orient, où l'action du christianisme fut bien plus complète ou, pour mieux dire, moins contrariée que dans l'Occident, il n'y eut plus guère de riches à partir du milieu du V° siècle. La Syrie et principalement l'Égypte devinrent des pays tout ecclésiastiques et tout monastiques. L'église et le monastère, c'est-à-dire les deux formes de la communauté, y furent seuls riches[4]. La conquête arabe, se précipitant sur ces pays, après quelques batailles à la frontière, ne trouva plus qu'un troupeau

1. *Dum modo lœtentur saginati vivere porci.* Commodien, *Carmen apol.*, v. 19.
2. Lucien, *Peregr.*, 13.
3. Lire surtout Salvien.
4. Voir les inscriptions chrétiennes de Syrie, notamment celle de saint Christophe (*Kabr-Hiram*).

à conduire. Une fois la liberté du culte assurée, les chrétiens d'Orient se soumirent à toutes les tyrannies. En Occident, les invasions germaniques et d'autres causes ne laissent pas le paupérisme triompher complètement. Mais la vie humaine est suspendue pour mille ans. La grande industrie devient impossible; par suite des fausses idées répandues sur l'usure, toute opération de banque, d'assurance[1], est frappée d'interdiction. Le juif seul peut manier l'argent[2]; on le force à être riche; puis on lui fait un reproche de cette fortune à laquelle on l'a condamné. C'est ici la plus grande erreur du christianisme. Il fit bien pis que de dire aux pauvres : « Enrichissez-vous aux dépens du riche » ; il dit : « La richesse n'est rien. » Il coupa le capital par la racine; il défendit la chose la plus légitime, l'intérêt de l'argent; en ayant l'air de garantir au riche sa richesse, il lui en retrancha les fruits; il la rendit improductive. La funeste terreur répandue sur toute la société du moyen âge par le prétendu crime d'usure fut l'obstacle qui s'opposa, durant plus de dix siècles, au progrès de la civilisation.

La somme de travail dans le monde diminua

---

1. Voir le mémoire de M. Jourdain, *Mém. de l'Acad. des inscr.*, t. XXVIII, 1ʳᵉ partie. Cf. *Philos.*, IX, 12.

2. Voir surtout les conciles de Tolède, sous les Visigoths.

considérablement. Des pays, comme la Syrie, où le confortable ne rapporte pas autant de jouissance qu'il coûte de peine, et où l'esclavage est ainsi une condition de la civilisation matérielle, furent abaissés d'un degré dans l'échelle humaine. Les ruines antiques y restèrent comme les vestiges d'un monde disparu et incompris. Les joies de l'autre vie, non acquises par le travail, furent autant de pris sur ce qui porte l'homme à l'action. L'oiseau du ciel, le lis ne labourent ni ne sèment, et cependant ils occupent par leur beauté un rang de premier ordre dans la hiérarchie des créatures. Grande est la joie du pauvre quand on vient ainsi lui annoncer le bonheur sans travail. Le mendiant à qui vous dites que le monde va être à lui, et que, passant sa vie à ne rien faire, il est un noble dans l'Église, si bien que ses prières sont de toutes les plus efficaces, ce mendiant-là devient vite dangereux. On l'a vu dans le mouvement des derniers messianistes de Toscane. Les paysans endoctrinés par Lazaretti, ayant perdu l'habitude du travail, ne voulurent plus reprendre leur vie habituelle. Comme en Galilée, comme dans l'Ombrie du temps de François d'Assise, le peuple s'imagina conquérir le ciel par la pauvreté. Après de tels rêves, on ne se résigne pas à reprendre le joug. On se fait apôtre, plutôt que de reprendre la chaîne qu'on avait crue brisée. Il est si dur de se courber tout le jour sous un labeur humiliant et ingrat!

Le but du christianisme n'était en rien le perfectionnement de la société humaine, ni l'augmentation de la somme de bonheur des individus. L'homme tâche de s'arranger le moins mal possible sur la terre, quand il prend au sérieux la terre et les quelques jours qu'il y passe. Mais, quand on lui dit que la terre est sur le point de finir, que la vie n'est qu'une épreuve d'un jour, l'insignifiante préface d'un idéal éternel, à quoi bon l'embellir? On ne s'applique pas à décorer, à rendre commode la masure où l'on ne fait qu'attendre un instant. C'est surtout dans la relation du christianisme avec l'esclavage que ceci apparut avec évidence. Le christianisme contribua éminemment à consoler l'esclave, à rendre son sort meilleur; mais il ne travailla pas directement à supprimer l'esclavage. Nous avons vu que la grande école de jurisconsultes sortie des Antonins est toute possédée de cette idée que l'esclavage est un abus, qu'il faut doucement supprimer. Le christianisme ne dit jamais : « L'esclavage est un abus. » Néanmoins, par son idéalisme exalté, il servit puissamment la tendance philosophique qui, depuis longtemps, se faisait sentir dans les lois et dans les mœurs.

Le christianisme primitif fut un mouvement

essentiellement religieux. Tout ce qui, dans l'organisation sociale du temps, n'était pas lié avec l'idolâtrie lui parut bon à garder. L'idée ne vint jamais aux docteurs chrétiens de protester contre le fait établi de l'esclavage. C'eût été là une façon d'agir révolutionnaire, tout à fait contraire à leur esprit. Les droits de l'homme ne sont en rien une chose chrétienne. Saint Paul reconnaît complètement la légitimité de la possession chez le maître. Pas un mot, dans toute l'ancienne littérature chrétienne, pour prêcher la révolte à l'esclave, ni pour conseiller au maître l'affranchissement, ou seulement pour agiter le problème de droit public que fait naître chez nous l'esclavage. Ce sont des sectaires dangereux, comme les carpocratiens, qui parlent de supprimer les différences de personnes[1]. Les orthodoxes admettent la propriété comme absolue, qu'elle ait pour objet un homme ou une chose. L'affreux sort de l'esclave ne les touche pas à beaucoup près autant que nous[2]. Pour quelques heures que dure la vie,

---

1. Clém. d'Alex., *Strom.*, III, II.
2. Pierre d'Alexandrie, dans Lagarde, *Reliquiæ juris eccl. ant.*, p. 66; saint Augustin, *De serm. domini in monte*, I, 59 (Opp. III, 2ᵉ part., col. 192); conc. de Gangres, canon 3; Léon le Grand, *Epist.* (Hardouin, *Conc.*, I, 1752 et suiv.); conc. de Carth. de 419, canon 129; IIIᵉ conc. de Rome sous Symmaque; Grég. le Grand, *Epist.*, l. IX, ép. 65.

qu'importe la condition de l'homme? « As-tu été appelé esclave, ne t'en soucie pas; si tu peux te libérer, profites-en... L'esclave est l'affranchi du Seigneur; l'homme libre est l'esclave du Christ... En Christ, il n'y a plus de Grec ni de Juif, d'esclave ni d'homme libre, d'homme ni de femme[1]. » Les mots *servus* et *libertus* sont extrêmement rares sur les tombes chrétiennes[2]. L'esclave et l'homme libre sont également *servus Dei*, comme le soldat est *miles Christi*. L'esclave, d'un autre côté, se dit hautement l'affranchi de Jésus[3].

Soumission et attachement consciencieux de l'esclave envers le maître, douceur et fraternité de la part du maître à l'égard de l'esclave, à cela se borne, en pratique, la morale du christianisme primitif sur ce point délicat[4]. Le nombre des esclaves et des affranchis était très considérable dans l'Église[5]. Jamais

1. Voir *Saint Paul*, p. 257, 436-437. Cf. Pseudo-Ign., *ad Polyc.*, 4; Tatien, *Adv. Gr.*, 4, 11; Tertullien, *De cor.*, 13; *De pat.*, 15; Lactance, *Instit.*, V, 15.

2. Le Blant, *Inscr. chrét.*, I, p. 86, 117 et suiv.; de Rossi, *Bull.*, 1866, p. 24-25.

3. Réponse d'Évelpiste, dans les Actes de saint Justin, 4. Comp. Le Blant, *Inscr.*, I, p. 122 et suiv.

4. Éphes., VI, 5-9; Col., III, 22; Tit., II, 9; I Petri, II, 18; *l'Égl. chrét.*, p. 99; Barnabé, 19; Clém. d'Alex., *Pœdag.*, III, ch. XI et XII; Pseudo-Ign., *ad Polyc.*, 4.

5. Le Blant, *Inscr.*, I, p. 118 et suiv.; Tertullien, *Apol.*, 1, 3; Ælius Aristide, *Opp.*, II, p. 405 (Dindorf).

celle-ci ne conseilla au maître chrétien qui avait des esclaves chrétiens de les affranchir ; elle n'interdit même pas les châtiments corporels, qui sont la conséquence presque inévitable de l'esclavage[1]. Sous Constantin, la faveur de la liberté parut rétrograder[2]. Si le mouvement qui part des Antonins se fût continué dans la seconde moitié du IIIe siècle et dans le IVe siècle, la suppression de l'esclavage fût venue par mesure légale et avec rachat. La ruine de la politique libérale et les malheurs du temps firent perdre tout le terrain que l'on avait gagné. Les Pères de l'Église parlent de l'ignominie de l'esclavage et de la bassesse des esclaves dans les mêmes termes que les païens[3]. Jean Chrysostome, au IVe siècle, est à peu près le seul docteur qui conseille formellement au maître l'affranchissement de son esclave comme une bonne action[4]. Plus tard, l'Église posséda des esclaves et les traita comme tout le monde, c'est-

---

1. *Philosoph.*, IX, 12 ; *Constit. apost.*, IV, 6, 12 ; conc. d'Elvire, canon 5 ; Jean Chrys., *Adv. jud.*, VIII, 6 ; saint Grég. le Grand, *Epist.*, IX, ép. 65. Voir, au contraire, Clém. d'Alex., *Pæd.*, III, XII, p. 113.

2. Wallon, *Hist. de l'escl.*, livre III, ch. x, § 1 et 2.

3. Saint Augustin, *In Ps.*, XCIX, § 7 ; Salvien, *De gubern. Dei*, IV, 2 ; Jean Chrys., *De virgin.*, 52.

4. Jean Chrys., hom. XL, 5, *in Epist. I ad Cor.;* hom. XXII, 2, *in Eph.;* argum. *in Philem.;* hom. XI, 3, *in Acta Apost.;* sermo V, 1, *in Gen.* Cf. saint Grég. le Grand, *Epist.*, VI, 12.

à-dire assez durement[1]. La condition de l'esclave d'Église fut même empirée par une circonstance : savoir l'impossibilité d'aliéner le bien de l'Église. Qui était son propriétaire ? qui pouvait l'affranchir ? La difficulté de résoudre la question éternisa l'esclavage ecclésiastique et amena ce singulier résultat que l'Église, qui en réalité a tant fait pour l'esclave, a été la dernière à posséder des esclaves[2]. Les affranchissements se faisaient en général par testament ; or l'Église n'avait pas de testaments à faire. L'affranchi ecclésiastique restait sous le patronat d'une maîtresse qui ne mourait pas[3].

C'est d'une façon indirecte et par voie de conséquence que le christianisme contribua puissamment à changer la situation de l'esclave et à hâter la fin de l'esclavage. Le rôle du christianisme, dans la question de l'esclavage, a été celui d'un conservateur éclairé, qui sert le radicalisme par ses principes, tout en tenant un langage très réactionnaire. En montrant

---

1. Saint Grégoire le Grand, *Epist.*, IX, 102 ; X, 3, 66 ; XI, 23 ; XII, 25, 36, 46.
2. Concile d'Épone, serfs de saint Claude.
3. *Liberti Ecclesiæ, quia nunquam moritur eorum patrona, a patrocinio ejus nunquam discedant.* 4ᵉ conc. de Tolède (en 633), can. 68, 70, 74 ; 4ᵉ conc. d'Orl. (en 541), can. 9 ; Décret, 1ᵃ pars, dist. LIV ; 2ᵃ pars, causa XII, quæst. 2, ch. LV et suiv. Voir *Revue crit.*, 26 avril 1880, p. 332.

l'esclave capable de vertu, héroïque dans le martyre[1], égal de son maître et peut-être son supérieur au point de vue du royaume de Dieu, la foi nouvelle rendait l'esclavage impossible. Donner une valeur morale à l'esclave, c'est supprimer l'esclavage. Les réunions à l'église, à elles seules, eussent suffi pour ruiner cette cruelle institution. L'antiquité n'avait conservé l'esclavage qu'en excluant les esclaves des cultes patriotiques[2]. S'ils avaient sacrifié avec leurs maîtres, ils se seraient relevés moralement. La fréquentation de l'église était la plus parfaite leçon d'égalité religieuse. Que dire de l'eucharistie, du martyre subi en commun? Du moment que l'esclave a la même religion que son maître, prie dans le même temple que lui, l'esclavage est bien près de finir[3]. Les sentiments de Blandine et de sa « maîtresse charnelle »[4] sont ceux d'une mère et d'une fille. A l'église, le maître et l'esclave s'appelaient frères[5]. Même sur la matière la plus délicate, celle du mariage[6], on voyait des mira-

1. Se rappeler Blandine, Félicité, Potamiène.
2. Caton, *De re rustica*, 143.
3. On peut objecter l'esclavage musulman; mais cet esclavage est plutôt une institution tutélaire qu'une vraie servitude.
4. Σαρκίνη δέσποινα. Lettre des Églises, dans Eus.; V, I, 18.
5. Lactance, *Div. inst.*, V, 16.
6. De Rossi, *Bull.*, 1866, p. 23, 25 et suiv.; Tert., *Ad ux.*, II, 8; *Philos.*, IX, 11.

cles, certains affranchis épouser des dames nobles, des *feminæ clarissimæ*.

Comme il est naturel de le supposer, le maître chrétien amenait le plus souvent ses esclaves à la foi, sans y mettre pourtant une indiscrétion qui eût peuplé l'Église de sujets indignes [1]. C'était une bonne action d'aller au marché à esclaves et, en se laissant guider par la grâce, de choisir quelque pauvre corps à vendre pour lui assurer le salut. « Acheter un esclave, c'est gagner une âme » [2] devint un proverbe courant. Un genre de prosélytisme, plus ordinaire et plus légitime encore, consistait à recueillir les enfants trouvés, qui devenaient alors *alumni* chrétiens [3]. Parfois, certaines Églises rachetaient à leurs frais un de leurs membres de condition servile. Cela excitait fort les désirs des malheureux moins favorisés. Les docteurs orthodoxes n'encourageaient pas ces dangereuses prétentions : « Qu'ils continuent de servir pour la gloire de Dieu, afin qu'ils obtien-

---

1. Voir Tertullien, *De idol.*, 17 ; concile d'Elvire, can. 41 ; *Constit. apost.*, VIII, 32 (Lagarde, *Reliquiæ*, p. 87). Notez l'épisode de Carpophore et Calliste, *Philos.*, IX, 12.

2. *Constit. apost.*, II, 62. Σωμάτιον πρίασθαι καὶ ψυχὴν περιπαιήσασθαι. Cf. *ibid.*, IV, 9.

3. Ce mot est fréquent dans les inscriptions. Le Blant, 1, p. 126, 409-414 ; de Rossi, *Bull.*, 1866, p. 24-25. Cf. Tertullien, *Apol.*, 9, 42. Notez aussi les noms de *Projectus, Projecticius*.

nent de Dieu une liberté bien meilleure[1]. » L'esclave ou plutôt l'affranchi arrivait aux plus importantes fonctions ecclésiastiques, pourvu que son patron ou son maître n'y fît pas d'opposition[2].

Ce que le christianisme a fondé, c'est l'égalité devant Dieu. Clément d'Alexandrie[3], Jean Chrysostome surtout[4] ne manquent jamais une occasion de consoler l'esclave, de le proclamer frère de l'homme libre et aussi noble que lui, s'il accepte son état et sert pour Dieu, volontiers et de cœur. Dans sa liturgie, l'Église a une prière « pour ceux qui peinent dans l'amer esclavage[5] ». Déjà le judaïsme avait professé sur le même sujet des maximes relativement humaines[6]. Il avait ouvert aussi large que possible la porte des affranchissements[7]. L'esclavage entre Hébreux était

1. Pseudo-Ign., *Ad Polyc.*, 4.
2. Exemple de Calliste (*Philos.*, IX); plus tard l'intendant de Simplicia (Grégoire de Nazianze, *Epist.*, 79). *Const. apost.*, VIII, 73; *Can. apost.*, 81; Bunsen, *Analecta ante-nicœna*, III, p. 30.
3. Ἄνθρωποι γάρ εἰσιν ὡς ἡμεῖς· ὁ γὰρ θεὸς πᾶσιν τοῖς ἐλευθέροις καὶ τοῖς δούλοις ἐστίν, ἂν σκοπῇς, ἴσος. Clém. d'Alex., *Pædag.*, III, xii, surtout p. 113. Cf. *Strom.*, IV, 19.
4. Opp., I, 784; IV, 290; X, 164, 165; XI, 165, 166; XII, 346.
5. *Constit. apost.*, VIII, 10. Cf. Clém. d'Alex., *Strom.*, II, 18; saint Cyprien, *Epist.*, 60.
6. Deutér., v, xvi, xxiii; Prov., xxx, 10; Talm. de Bab., *Ghittin*, 45 a; cf. Maimonide, traité de *l'Esclavage*. Jésus, fils de Sirach, est cependant très dur, xxxiii, 25 et suiv.
7. Inscr. de Crimée, *Journ. asiat.*, juin 1868, p. 525 et suiv.

fort adouci[1]. Les esséniens et les thérapeutes allèrent plus loin : ils déclarèrent la servitude contraire au droit naturel et se passèrent complètement du travail servile[2]. Le christianisme, moins radical, ne supprima point l'esclavage, mais il supprima les mœurs de l'esclavage. L'esclavage est fondé sur l'absence de l'idée de fraternité entre les hommes; l'idée de fraternité en est le dissolvant. A partir du v° siècle, l'affranchissement, le rachat des captifs furent les actes de charité les plus recommandés par l'Église[3].

Ceux qui ont prétendu voir dans le christianisme la doctrine révolutionnaire des droits de l'homme et dans Jésus un précurseur de Toussaint Louverture se sont trompés complètement. Le christianisme n'a inspiré aucun Spartacus; le vrai chrétien ne se révolte pas. Mais, hâtons-nous de le dire, ce n'est point Spartacus qui a supprimé l'esclavage : c'est bien plutôt Blandine; c'est surtout la ruine du monde gréco-romain. L'esclavage antique n'a, en réalité, jamais été aboli ; il est tombé ou plutôt il s'est transformé. L'inertie où s'enfonça l'Orient à partir du triomphe complet de l'Église, au v° siècle, rendit

1. Zadoc Kahn, *l'Escl. selon la Bible et le Talm.*, p. 25, 116, 141; Rabbinowicz, *Législ. civ. du Th.*, p. LVI et suiv.

2. Philon, *De vita cont.*, 9.

3. Voir les faits groupés par M. Paul Allard, *les Escl. chrét.*, p. 327 et suiv., 337 et suiv.

l'esclave inutile. Les invasions barbares en Occident eurent un effet analogue. L'espèce de détachement général qui s'empara de l'humanité à la suite de la chute de l'empire romain amena d'innombrables affranchissements [1]. L'esclave fut une victime survivante de la civilisation païenne, reste presque inutile d'un monde de luxe et de loisir. On crut racheter son âme des terreurs de l'autre vie en délivrant ce frère souffrant ici-bas [2]. L'esclavage, d'ailleurs, devint surtout rural et impliqua un lien entre l'homme et la terre, qui devait un jour devenir la propriété [3]. Quant au principe philosophique que l'homme ne doit appartenir qu'à lui-même, c'est bien plus tard qu'il apparaît comme un dogme social. Sénèque, Ulpien l'avaient proclamé d'une façon théorique; Voltaire, Rousseau et la révolution française en firent la base de la foi nouvelle de l'humanité.

---

[1]. Nombreuses chartes d'affranchissement « à l'approche du soir du monde ».

[2]. Affranchissements par testament, *pro redemptione animæ suæ*, vers l'an 500. Le Blant, *Inscr. chrét. de la Gaule,* n°⁵ 374 et 379, ou *pro remedio animæ* (Le Blant, II, p. 7-8).

[3]. La substitution de *sclavus* à *servus* se fit quand les Othons vendirent en masse les populations slaves d'au delà de l'Elbe. Voir le *Polyptyque* d'Irminon de M. Guérard, I, p. 283.

CHAPITRE XXXIII.

L'EMPIRE CHRÉTIEN.

Des raisons anciennes et profondes voulaient donc, nonobstant les apparences contraires, que l'empire se fît chrétien [1]. La doctrine chrétienne sur l'origine du pouvoir semblait faite exprès pour devenir la doctrine de l'État romain. L'autorité aime l'autorité. Des hommes aussi conservateurs que les évêques devaient avoir une terrible tentation de se réconcilier avec la force publique, dont ils reconnaissaient que l'action s'exerce le plus souvent pour le bien. Jésus avait tracé la règle. L'effigie de la monnaie était pour lui le criterium suprême de la légitimité, au delà duquel il n'y avait rien à chercher. En plein règne de Néron, saint Paul écrivait : « Que chacun soit soumis aux puissances régnantes ; car il n'y a pas de puissance qui ne

1. *Les Apôtres,* p. 316, note 2.

vienne de Dieu. Les puissances qui existent sont ordonnées par Dieu ; en sorte que celui qui fait de l'opposition aux puissances résiste à l'ordre établi par Dieu[1]. » Quelques années après, Pierre, ou celui qui écrivit en son nom l'épître connue sous le nom de *Prima Petri*, s'exprime d'une façon presque identique[2]. Clément est également un sujet on ne peut plus dévoué de l'empire romain[3]. Enfin, un des traits de saint Luc, nous l'avons vu, c'est son respect pour l'autorité impériale et les précautions qu'il prend pour ne pas la blesser[4].

Certes, il y avait des chrétiens exaltés qui partageaient entièrement les colères juives et ne rêvaient que la destruction de la ville idolâtre, identifiée par eux avec Babylone. Tels étaient les auteurs d'apocalypses et les auteurs d'écrits sibyllins. Pour eux, Christ et César étaient deux termes inconciliables[5]. Mais les fidèles des grandes Églises avaient de tout autres idées. En 70, l'Église de Jérusalem, avec un

---

1. Rom., XIII, 1-7. Cf. Tit., III, 1. Voir *Saint Paul*, p. 475 et 476.

2. I Petri, II, 13 et suiv.; IV, 14-16; Voir *l'Antechrist*, p. 116.

3. Voir *les Évangiles*, p. 329 et suiv.

4. *Les Apôtres*, p. 22 et suiv.; *Saint Paul*, p. 133-134; *les Évangiles*, p. 444.

5. « Si aut cæsares non essent necessarii seculo aut si et christiani potuissent esse cæsares. » Tertullien, *Apol.*, 21.

sentiment plus chrétien que patriotique, abandonna la ville révolutionnaire et alla chercher la paix au delà du Jourdain. Dans la révolte de Bar-Coziba, la séparation fut encore plus caractérisée. Pas un seul chrétien ne voulut prendre part à cette tentative d'un aveugle désespoir. Saint Justin, dans ses Apologies, ne combat jamais le principe de l'empire; il veut que l'empire examine la doctrine chrétienne, l'approuve, la contre-signe en quelque sorte et condamne ceux qui la calomnient[1]. Nous avons vu le premier docteur du temps de Marc-Aurèle, Méliton, évêque de Sardes, faire des offres de service bien plus caractérisées encore, et présenter le christianisme comme la base d'un empire héréditaire et de droit divin[2]. Dans son traité de la Vérité, conservé en syriaque, Méliton s'exprime à la façon d'un évêque du IVe siècle, exposant à un Théodose que son premier devoir est de procurer le triomphe de la vérité (sans nous dire, hélas! à quel signe on reconnaît la vérité). Tous les apologistes flattent l'idée favorite des empereurs, celle de l'hérédité en ligne directe et les assurent que l'effet des prières chrétiennes sera que leur fils règne après eux[3]. Que l'empire devienne chrétien, et les

1. *Apol. II,* 14.
2. Voir ci-dessus, p. 283.
3. Ἵνα παῖς μὲν παρὰ πατρὸς κατὰ τὸ δικαιότατον διαδέχησθε τὴν βασι-

persécutés d'aujourd'hui trouveront que l'ingérence de l'État dans le domaine de la conscience est parfaitement légitime.

La haine entre le christianisme et l'empire était la haine de gens qui doivent s'aimer un jour. Sous les Sévères, le langage de l'Église reste ce qu'il fut sous les Antonins, plaintif et tendre. Les apologistes affichent une espèce de légitimisme, la prétention que l'Église a toujours salué tout d'abord l'empereur[1]. Le principe de saint Paul portait ses fruits : « Toute puissance vient de Dieu; celui qui tient l'épée la tient de Dieu pour le bien. »

Cette attitude correcte à l'égard du pouvoir tenait à des nécessités extérieures tout autant qu'aux principes mêmes que l'Église avait reçus de ses fondateurs. L'Église était déjà une grande association; elle était essentiellement conservatrice; elle avait besoin d'ordre et de garanties légales. Cela se vit admirablement dans le fait de Paul de Samosate, évêque d'Antioche sous Aurélien[2]. L'évêque d'Antioche pouvait déjà passer, à cette époque, pour un haut personnage. Les biens de l'Église étaient

λίαν. Athénagore, *Leg.*, 37; Tertullien, *Apol.*, 30. Comparez FVNDATORI QVIETIS, dans l'inscription de l'Arc de Constantin.

1. Voir ci-dessus, p. 593-594.
2. Voir Eusèbe, *H. E.*, VII, 36.

dans sa main; une foule de gens vivaient de ses faveurs. Paul était un homme brillant, peu mystique, mondain, un grand seigneur profane, cherchant à rendre le christianisme acceptable aux gens du monde et à l'autorité. Les piétistes, comme on devait s'y attendre, le trouvèrent hérétique et le firent destituer. Paul résista et refusa d'abandonner la maison épiscopale. Voilà par où sont prises les sectes les plus altières; elles possèdent, or qui peut régler une question de propriété ou de jouissance, si ce n'est l'autorité civile? La question fut déférée à l'empereur, qui était pour le moment à Antioche, et l'on vit ce spectacle original d'un souverain infidèle et persécuteur chargé de décider qui était le véritable évêque. Aurélien montra, dans cette circonstance, un bon sens laïque assez remarquable. Il se fit apporter la correspondance des deux évêques, nota celui qui était en relation avec Rome et l'Italie, et conclut que celui-là était l'évêque d'Antioche.

Le raisonnement théologique que fit, dans cette circonstance, Aurélien prêterait à bien des objections; mais un fait devenait évident, c'est que le christianisme ne pouvait plus vivre sans l'empire, et que l'empire, d'un autre côté, n'avait rien de mieux à faire que d'adopter le christianisme comme sa religion. Le monde voulait une religion de congrégations, d'églises ou de synagogues, de chapelles, une religion où l'essence du culte fût la réunion, l'association, la fraternité. Le christianisme remplissait toutes ces conditions. Son culte admirable, sa morale pure, son clergé savamment organisé, lui assuraient l'avenir.

Plusieurs fois, au IIIe siècle, cette nécessité historique faillit se réaliser. Cela se vit surtout au temps de ces empereurs syriens, que leur qualité d'étrangers et la bassesse de leur origine mettaient à l'abri des préjugés, et qui, malgré leurs vices, inaugurent une largeur d'idées et une tolérance inconnues jusque-là. La même chose se revit sous Philippe l'Arabe [1], en Orient sous Zénobie, et, en général, sous les empereurs que leur origine mettait en dehors du patriotisme romain.

La lutte redoubla de rage quand les grands réformateurs, Dioclétien et Maximien, crurent pouvoir donner à l'empire une nouvelle vie. L'Église triompha par ses martyrs ; l'orgueil romain plia ; Constantin vit

---

[1]. Sur le christianisme de Philippe et de sa femme Otacilia Severa, voir Tillemont, *Emp.*, III, p. 262 et suiv., 494 et suiv.; De Witte, *Du christ. de quelques emper.*, p. 7 et suiv.; Aubé, *Revue archéol.*, sept. 1880. Notez surtout Denys d'Alex., dans Eus., *H. E.*, VII, x, 3 ; XLI, 9. Sur Salonine, voir De Witte, *ibid.*, p. 13 et suiv.; *Notice sur Cavedoni*, p. 33. Ce qui rend croyables les liens de Philippe avec l'Église, c'est que le christianisme était très répandu dans le Hauran, sa patrie.

la force intérieure de l'Église, les populations de l'Asie Mineure, de la Syrie, de la Thrace, de la Macédoine, en un mot de la partie orientale de l'empire, déjà plus qu'à demi chrétiennes. Sa mère, qui avait été servante d'auberge à Nicomédie, fit miroiter à ses yeux un empire d'Orient, ayant son centre vers Nicée, et dont le nerf serait la faveur des évêques et de ces multitudes de pauvres matriculés à l'Église, qui, dans les grandes villes, faisaient l'opinion. Constantin inaugura ce qu'on appelle « la paix de l'Église », et ce qui fut en réalité la domination de l'Église. Au point de vue de l'Occident, cela nous étonne; car les chrétiens n'étaient encore, en Occident, qu'une faible minorité; en Orient, la politique de Constantin fut non seulement naturelle, mais commandée.

La réaction de Julien fut un caprice sans portée. Après la lutte, vint l'union intime et l'amour. Théodose inaugure l'empire chrétien, c'est-à-dire la chose que l'Église, dans sa longue vie, a le plus aimée, un empire théocratique, dont l'Église est le cadre essentiel, et qui, même après avoir été détruit par les barbares, reste le rêve éternel de la conscience chrétienne, au moins dans les pays romans. Plusieurs crurent, en effet, qu'avec Théodose le but du christianisme était atteint. L'empire et le christianisme s'identifièrent à un tel point l'un avec l'autre que beaucoup de docteurs conçurent la fin de l'empire comme la fin du monde, et appliquèrent à cet événement les images apocalyptiques de la catastrophe suprême. L'Église orientale, qui ne fut pas gênée dans son développement par les barbares, ne se détacha jamais de cet idéal ; Constantin et Théodose restent ses deux pôles ; elle y tient encore, du moins en Russie. Le grand affaiblissement social qui est la conséquence nécessaire d'un tel régime se manifesta bientôt. Dévoré par le monachisme et la théocratie, l'empire d'Orient fut comme une proie offerte à l'islam ; le chrétien, en Orient, devint une créature d'ordre inférieur. On arrive de la sorte à ce résultat singulier que les pays qui ont créé le christianisme ont été victimes de leur œuvre[1]. La Palestine, la Syrie, l'Égypte, Chypre, l'Asie Mineure, la Macédoine, sont aujourd'hui des pays perdus pour la civilisation et assujettis au joug le plus dur d'une race non chrétienne.

Heureusement, les choses se comportèrent en Occident d'une tout autre manière. L'empire chrétien d'Occident périt bientôt. La ville de Rome reçut de Constantin le coup le plus grave qui l'ait jamais frappée. Ce qui réussit avec Constantin, ce fut sans

---

1. Voir la carte, dans le volume de Tables.

doute le christianisme ; mais ce fut avant tout l'Orient. L'Orient, c'est-à-dire la moitié de l'empire parlant grec, avait, depuis la mort de Marc-Aurèle, pris de plus en plus le dessus sur l'Occident, parlant latin. L'Orient était plus libre, plus vivant, plus civilisé, plus politique. Déjà Dioclétien avait transporté à Nicomédie le centre des affaires. En bâtissant une *Nouvelle Rome*, sur le Bosphore, Constantin réduisit la vieille Rome à n'être plus que la capitale de l'Occident. Les deux moitiés de l'empire devinrent ainsi presque étrangères l'une à l'autre. Constantin est le véritable auteur du schisme entre l'Église latine et l'Église grecque. On peut dire aussi qu'il posa la cause éloignée de l'islamisme. Les chrétiens parlant syriaque et arabe, persécutés ou mal vus par les empereurs de Constantinople, devinrent un élément essentiel de la clientèle future de Mahomet.

Les cataclysmes qui suivirent la division des deux empires, les invasions des barbares, qui épargnèrent Constantinople et tombèrent sur Rome de tout leur poids, réduisirent l'antique capitale du monde à un rôle borné, souvent humble. Cette primauté ecclésiastique de Rome, qui éclate avec tant d'évidence au IIe et au IIIe siècle, n'existe plus depuis que l'Orient a une existence et une capitale séparées. L'empire chrétien, c'est l'empire d'Orient, avec ses conciles œcuméniques, ses empereurs orthodoxes, son clergé de cour. Cela dura jusqu'au VIIIᵉ siècle. Rome, durant ce temps, prenait sa revanche, par le sérieux et la profondeur de son esprit d'organisation. Quels hommes que saint Damase, saint Léon, Grégoire le Grand! Avec un courage admirable, la papauté travaille à la conversion des barbares; elle se les attache, elle en fait ses clients, ses sujets.

Le chef-d'œuvre de sa politique fut son alliance avec la maison carlovingienne et le coup hardi par lequel elle rétablit dans cette maison l'empire d'Occident, mort depuis 324 ans. L'empire d'Occident, en effet, n'était détruit qu'en apparence. Ses secrets vivaient dans le haut clergé romain. L'Église de Rome gardait en quelque sorte le sceau du vieil empire, et elle s'en servit pour authentiquer subrepticement l'acte inouï du jour de Noël de l'an 800. Le rêve de l'empire chrétien recommença. Au pouvoir spirituel il faut un bras séculier, un vicaire temporel. Le christianisme, n'ayant pas dans sa nature cet esprit militaire qui est inhérent à l'islamisme, par exemple, ne pouvait tirer de son sein une milice; il devait donc la demander hors de lui, à l'empire, aux barbares, à une royauté constituée par les évêques. De là au califat musulman, il y a l'infini. Même au moyen âge, quand la papauté admet et proclame l'idée d'une chrétienté armée, le pape ni ses légats n'arrivent jamais à être des chefs militaires. Un saint empire, avec un Théodose barbare, tenant l'épée pour protéger l'Église du Christ, voilà l'idéal de la papauté latine. L'Occident n'y échappa que grâce à l'indocilité germanique et au génie paradoxal de Grégoire VII. Le pape et l'empereur se brouillèrent à mort; les nationalités, que l'empire chrétien de Constantinople avait étouffées, purent se développer en Occident, et une porte fut ouverte à la liberté.

Cette liberté ne fut presque en rien l'œuvre du christianisme. La royauté chrétienne vient de Dieu; le roi fait par les prêtres est l'oint du Seigneur. Or le roi de droit divin a bien de la peine à être un roi constitutionnel. Le trône et l'autel deviennent ainsi deux termes inséparables. La théocratie est un virus dont on ne se purge pas. Le protestantisme et la Révolution furent nécessaires pour qu'on arrivât à concevoir la possibilité d'un christianisme libéral, et ce christianisme libéral, sans pape ni roi, n'a pas encore assez fait ses preuves pour qu'on ait le droit de parler de lui comme d'un fait acquis et durable dans l'histoire de l'humanité.

CHAPITRE XXXIV.

TRANSFORMATIONS ULTÉRIEURES.

Ainsi une religion faite pour la consolation intérieure d'un tout petit nombre d'élus devint, par une fortune inouïe, la religion de millions d'hommes, constituant la partie la plus active de l'humanité. C'est surtout dans les victoires de l'ordre religieux qu'il est vrai de dire que les vaincus font la loi aux vainqueurs. Les foules, en entrant dans les petites églises de saints, y portent leurs imperfections, parfois leurs souillures. Une race, en embrassant un culte qui n'avait pas été fait pour elle, le transforme selon les besoins de son imagination et de son cœur.

Dans la primitive conception chrétienne, un chrétien était parfait; le pécheur, par cela seul qu'il était pécheur, cessait d'être chrétien. Quand des villes entières arrivèrent à se convertir en masse, tout fut changé. Les préceptes de dévouement et d'abnégation évangéliques devinrent inapplicables; on en fit des conseils, destinés uniquement à ceux qui aspiraient à la perfection. Et cette perfection, où pouvait-elle se réaliser? Le monde, tel qu'il est fait, l'exclut absolument; celui qui, dans le monde, pratiquerait l'Évangile à la lettre, jouerait le rôle d'une dupe et d'un idiot. Reste le monastère. La logique reprenait ses droits. La morale chrétienne, morale de petite Église et de gens retirés du monde, se créait le milieu qui lui était nécessaire. L'Évangile devait aboutir au couvent; une chrétienté ayant ses organismes complets ne peut pas se passer de couvents[1], c'est-à-dire d'endroits où la vie évangélique, impossible ailleurs, puisse se pratiquer. Le couvent est l'Église parfaite; le moine est le vrai chrétien[2]. Aussi les œuvres les plus efficaces du christianisme ne sont-elles exécutées que par les ordres monastiques. Ces ordres, loin d'être une lèpre qui serait venue attaquer par le dehors l'œuvre de Jésus, étaient les conséquences internes, inévitables, de l'œuvre de Jésus. En Occident, ils eurent plus d'avantages que d'in-

1. L'Angleterre et l'Amérique échappent à cette nécessité par leurs petites congrégations, qui sont presque des couvents à leur manière.
2. Voir surtout la Vie de saint Martin.

convénients ; car la conquête germanique maintint en face du moine une puissante caste militaire ; l'Orient, au contraire, fut réellement rongé par un monachisme qui n'avait de la perfection chrétienne que l'apparence la plus mensongère.

Une moralité médiocre et un penchant naturel à l'idolâtrie, telles étaient les tristes dispositions qu'apportaient dans l'Église les masses qu'on y fit entrer, en partie par la force, depuis la fin du IVe siècle. L'homme ne change pas en un jour ; le baptême n'a pas d'effets miraculeux instantanés. Ces multitudes païennes, à peine évangélisées, restaient ce qu'elles étaient la veille de leur conversion : en Orient, méchantes, égoïstes, corrompues ; en Occident, grossières et superstitieuses. Pour ce qui touche à la morale, l'Église n'avait qu'à maintenir ses règles, déjà presque toutes écrites en des livres tenus pour canoniques. En ce qui touche à la superstition, la tâche était bien plus délicate. Les changements de religion ne sont, en général, qu'apparents. L'homme, quelles que soient ses conversions ou ses apostasies, reste fidèle au premier culte qu'il a pratiqué et plus ou moins aimé. Une foule d'idolâtres, nullement changés au fond et transmettant les mêmes instincts à leurs enfants, entrèrent dans l'Église. La superstition se mit à couler à pleins bords dans la communauté religieuse qui jusque-là en avait été la plus exempte.

Si l'on excepte quelques sectes orientales, les chrétiens primitifs sont les moins superstitieux des hommes. Le chrétien, le juif pouvaient être fanatiques : ils n'étaient pas superstitieux comme l'étaient un Gaulois, un Paphlagonien. Chez eux, pas d'amulettes, pas d'images saintes, pas d'objet de culte en dehors des hypostases divines. Les païens convertis ne pouvaient se prêter à une telle simplicité. Le culte des martyrs fut la première concession arrachée par la faiblesse humaine à la mollesse d'un clergé qui voulait se faire tout à tous, pour gagner tous à Jésus-Christ. Les corps saints eurent des vertus miraculeuses, devinrent des talismans ; les lieux où ils reposaient furent marqués d'une sainteté plus particulière que les autres sanctuaires consacrés à Dieu. L'absence de toute idée des lois de la nature ouvrit bientôt la porte à une thaumaturgie effrénée. Les races celtiques et italiotes, qui forment la base de la population de l'Occident, sont les plus superstitieuses des races. Une foule de croyances que le premier christianisme eût trouvées sacrilèges passèrent ainsi dans l'Église. Celle-ci fit ce qu'elle put ; ses efforts pour améliorer et élever de grossiers catéchumènes sont une des plus belles pages de l'histoire humaine ;

pendant cinq ou six siècles, les conciles sont occupés à combattre les anciennes superstitions naturalistes; mais les purs se virent débordés. Saint Grégoire le Grand en prend son parti et conseille aux missionnaires [1] de ne pas supprimer les rites et les lieux saints des Anglo-Saxons, mais seulement de les consacrer au culte nouveau.

Ainsi arriva un phénomène singulier : la végétation touffue de fables et de croyances païennes que le christianisme primitif se croyait appelé à détruire se conserva en grande partie. Loin de réussir, comme l'islam, à supprimer « les temps de l'ignorance », c'est-à-dire les souvenirs antérieurs, le christianisme laissa vivre presque tous ces souvenirs, en les dissimulant sous un léger vernis chrétien. Grégoire de Tours est aussi superstitieux qu'Élien ou Ælius Aristide. Le monde, aux vi^e, viie, viiie, ixe, xe siècles, est plus grossièrement païen qu'il ne l'a jamais été. Jusqu'aux progrès de l'instruction primaire de nos jours, nos paysans n'avaient pas abandonné un seul de leurs petits dieux gaulois. Le culte des saints a été le couvert sous lequel s'est rétabli le polythéisme. Cet envahissement de l'esprit idolâtrique a tristement déshonoré le catholicisme moderne. Les folies de

---

1. Greg. papæ *Epist.*, XI, 71 (76).

Lourdes et de la Salette, la multiplication des images miraculeuses, le Sacré-Cœur, les vœux, les pèlerinages font du catholicisme contemporain, au moins dans certains pays, une religion aussi matérielle que tel culte de Syrie combattu par Jean Chrysostome ou supprimé par les édits des empereurs. L'Église eut, en effet, deux attitudes à l'égard des cultes païens : tantôt lutte à mort, comme cela eut lieu à Aphaca et dans la Phénicie; tantôt compromis, la vieille croyance acceptant plus ou moins complaisamment une teinture chrétienne. Tout païen qui embrasse le christianisme, au IIe ou au IIIe siècle, a horreur de sa vieille religion; celui qui le baptise lui demande de détester ses anciens dieux. Il n'en est pas de même pour le paysan gaulois, pour le guerrier franc ou anglo-saxon; sa vieille religion est si peu de chose, qu'elle ne vaut pas la peine d'être haïe ou sérieusement combattue.

La complaisance que le christianisme, devenu la religion des foules, montra pour les cultes anciens, il l'eut aussi pour beaucoup de préjugés grecs. Il parut avoir honte de son origine juive et fit tout pour la dissimuler. Nous avons vu les gnostiques et l'auteur de l'*Épître à Diognète* affecter de croire que le christianisme est né spontanément, sans relation avec le judaïsme. Origène, Eusèbe n'osent pas le dire, car ils savent trop bien les faits; mais saint Jean Chrysostome et, en général, les pères qui ont reçu une éducation très hellénique, ignorent les vraies origines du christianisme et ne veulent pas les connaître. Ils rejettent toute la littérature judéo-chrétienne et millénaire; l'Église orthodoxe en pourchasse les ouvrages; les livres de ce genre ne se sauvent que quand ils sont traduits en latin ou en langues orientales[1]. L'Apocalypse de Jean n'échappe que parce qu'elle tient par ses racines au cœur même du Canon. Des essais de christianisme unitaire, sans métaphysique ni mythologie, d'un christianisme peu distinct du judaïsme rationnel, comme fut la tentative de Zénobie et de Paul de Samosate, sont coupés par la base. Ces tentatives eussent produit un christianisme simple, continuation du judaïsme, quelque chose d'analogue à ce que fut l'islam. Si elles avaient réussi, elles eussent prévenu sans doute le succès de Mahomet chez les Arabes et les Syriens. Que de fanatisme on eût ainsi évité! Le christianisme est une édition du judaïsme accommodée au goût indo-européen; l'islam est une édition du judaïsme, accommodée au

---

[1]. Ainsi le livre d'Hénoch, l'Assomption de Moïse, les Apocalypses d'Esdras et de Baruch, et même saint Irénée, parce qu'il est millénaire à l'excès. Papias, Hégésippe se sont perdus pour la même cause.

goût des Arabes. Mahomet ne fit, en somme, que revenir au judéo-christianisme de Zénobie, par réaction contre le polythéisme métaphysique du concile de Nicée et des conciles qui suivent.

La séparation de plus en plus forte entre le clergé et le peuple était une autre conséquence des conversions en masse qui eurent lieu au IV° et au V° siècle. Ces foules ignorantes ne pouvaient qu'écouter. L'Église arriva bien vite à n'être plus qu'un clergé. Loin que cette transformation ait contribué à élever la moyenne intellectuelle du christianisme, elle l'a abaissée. L'expérience prouve que les petites Églises sans clergé sont plus libérales que les grandes. En Angleterre, les quakers et les méthodistes ont plus fait pour le libéralisme ecclésiastique que l'Église établie. Contrairement à ce qui arriva au II° siècle, où nous voyons cette belle autorité raisonnable des *episcopi* et des *presbyteri* retrancher les excès et les folies, ce qui désormais fera loi dans le clergé, ce sont les besoins de la partie la plus basse. Les conciles obéissent à des tourbes monacales, à des fanatismes infimes. Dans tous les conciles, c'est le dogme le plus superstitieux qui l'emporte. L'arianisme, qui eut le rare mérite de convertir les Germains avant leur entrée dans l'empire, et qui aurait pu donner au monde un christianisme susceptible de devenir rationnel, est étouffé par la grossièreté d'un clergé qui veut l'absurde. Au moyen âge, ce clergé devient une féodalité. Le livre démocratique par excellence, l'Évangile, est confisqué par ceux qui prétendent l'interpréter, et ceux-ci en dissimulent prudemment les hardiesses.

Le sort du christianisme a donc été de sombrer presque dans sa victoire, comme un navire qui serait près de couler par le fait des grossiers passagers qui s'y entassent. Jamais fondateur n'a eu de sectateurs qui lui aient moins ressemblé que Jésus. Jésus est bien plus un grand Juif qu'un grand homme; ses disciples ont fait de lui ce qu'il y a de plus antijuif, un homme-Dieu. Les additions faites à son œuvre par la superstition, la métaphysique et la politique, ont tout à fait masqué le grand prophète, si bien que toute réforme du christianisme consiste en apparence à supprimer les fioritures qu'y ont ajoutées nos ancêtres païens, pour revenir à Jésus tout pur. Mais la plus grave erreur que l'on puisse commettre en histoire religieuse est de croire que les religions valent par elles-mêmes, d'une manière absolue. Les religions valent par les peuples qui les acceptent. L'islamisme a été utile ou funeste, selon les races qui l'ont adopté. Chez les peuples abaissés de l'Orient, le christianisme est une religion fort médiocre, inspirant très peu de vertu. C'est chez nos races occidentales, celtiques, germaniques, italiotes, que le christianisme a été réellement fécond.

Produit tout à fait juif à son origine, le christianisme est de la sorte arrivé à dépouiller, avec le temps, presque tout ce qu'il tenait de la race, si bien que la thèse de ceux qui le considèrent comme la religion aryenne par excellence est vraie à beaucoup d'égards. Pendant des siècles, nous y avons mis nos manières de sentir, toutes nos aspirations, toutes nos qualités, tous nos défauts. L'exégèse d'après laquelle le christianisme serait sculpté intérieurement dans l'Ancien Testament est la plus fausse du monde. Le christianisme a été la rupture avec le judaïsme, l'abrogation de la Thora. Saint Bernard, François d'Assise, sainte Élisabeth, sainte Thérèse, François de Sales, Vincent de Paul, Fénelon, Channing ne sont en rien des juifs. Ce sont des gens de notre race, sentant avec nos viscères, pensant avec notre cerveau. Le christianisme a été la donnée traditionnelle sur laquelle ils ont brodé leur poème; mais le génie leur est bien propre. Saint Bernard, interprétant les Psaumes, est le plus romantique des hommes. Chaque race, en s'attachant aux disciplines du passé, se les attribue, les fait siennes. La Bible a ainsi porté des fruits qui ne sont pas les siens ; le judaïsme n'a été que le sauvageon sur lequel la race aryenne a produit sa fleur. En Angleterre, en Écosse, la Bible est devenue le livre national de la branche aryenne qui ressemble le moins aux Hébreux. Voilà comment le christianisme, si notoirement juif d'origine, a pu devenir la religion nationale des races européennes, qui lui ont sacrifié leur ancienne mythologie.

Le renoncement à nos vieilles traditions ethniques devant la sainteté chrétienne, renoncement au fond peu sérieux, a été en apparence si absolu, qu'il a fallu près de quinze cents ans pour que le fait accompli ait pu être remis en question. Le grand éveil des esprits nationaux qui s'est produit au XIXe siècle, cette espèce de résurrection des races mortes dont nous sommes les témoins, ne pouvait manquer de ramener le souvenir de notre abdication devant les fils de Sem et de provoquer, à cet égard, quelque réaction. Quoique assurément personne, hors des cabinets de mythologie comparée, ne puisse plus songer à réveiller les mythologies germaniques, pélasgiques, celtiques et slaves, il eût mieux valu pour le christianisme que ces images dangereuses eussent été supprimées tout à fait, comme la chose a eu lieu lors de l'établissement de l'islam. Des races qui prétendent à la noblesse et à l'originalité en toute chose se sont trouvées blessées d'être en religion les vassales d'une famille méprisée. Les germanistes fougueux n'ont pas caché leurs froissements ; quelques celtomanes ont manifesté le même sentiment. Les Grecs, retrouvant leur importance dans le monde par les souvenirs de l'ancien hellénisme, ne se sont pas non plus dissimulé que le christianisme avait été pour eux une apostasie. Grecs, Germains, Celtes se sont consolés en se disant que, s'ils avaient accepté le christianisme, ils l'avaient du moins transformé et en avaient fait leur propriété nationale. Il n'en est pas moins vrai que le principe moderne des races a été nuisible au christianisme. L'action religieuse du judaïsme est apparue colossale. On a vu les défauts d'Israël en même temps que sa grandeur ; on a eu honte de s'être fait juif, de même que les patriotes germains exaltés se sont crus obligés de traiter d'autant plus mal le xviie et le xviiie siècle français, qu'ils lui devaient davantage.

Une autre cause a miné fortement, de nos jours, la religion que nos aïeux pratiquèrent avec un si plein contentement. La négation du surnaturel est devenue un dogme absolu pour tout esprit cultivé. L'histoire du monde physique et du monde moral nous apparaît comme un développement ayant ses causes en lui-même et excluant le miracle, c'est-à-dire l'intervention de volontés particulières réfléchies. Or, au point de vue du christianisme, l'histoire du monde n'est qu'une série de miracles. La création, l'histoire du peuple juif, le rôle de Jésus, même passés au creuset de l'exégèse la plus libérale, laissent un reliquat de surnaturel qu'aucune opération ne peut ni supprimer, ni transformer. Les religions sémitiques monothéistes sont au fond ennemies de la science physique, qui leur paraît une diminution, presque une négation de Dieu. Dieu a tout fait et fait tout encore, voilà leur universelle explication. Le christianisme, bien que n'ayant pas porté ce dogme aux mêmes exagérations que l'islam, implique la révélation, c'est-à-dire un miracle, un fait tel que la science n'en a jamais constaté. Entre le christianisme et la science, la lutte est donc inévitable ; l'un des deux adversaires doit succomber.

Du XIIIe siècle, moment où, par suite de l'étude des livres d'Aristote et d'Averroès, l'esprit scientifique commence à se réveiller dans les pays latins, jusqu'au XVIe siècle, l'Église, disposant de la force publique, réussit à écraser son ennemi ; mais, au XVIIe siècle, les découvertes scientifiques sont trop éclatantes pour pouvoir être étouffées. L'Église est encore assez forte pour troubler gravement la vie de Galilée, pour inquiéter Descartes, mais non pour empêcher leurs découvertes de devenir la loi des esprits. Au xviiie siècle, la raison triomphe; vers 1800, presque aucun homme instruit ne croit plus au surnaturel. Les réactions qui ont suivi n'ont été que des arrêts sans conséquence. Si beaucoup d'esprits timides, par crainte des grandes questions sociales, s'interdisent d'être logiques, le peuple des villes et des campagnes s'éloigne de plus en plus du christianisme, et le surnaturel perd chaque jour quelqu'un de ses adhérents.

Qu'a fait le christianisme pour se mettre en garde contre cet assaut formidable, qui l'emportera, s'il n'abandonne certaines positions désespérées? La réforme du xvie siècle fut assurément un acte de sagesse et de conservation. Le protestantisme diminuait le surnaturel quotidien; il revenait en un sens au christianisme primitif, et réduisait à peu de chose la partie idolâtrique et païenne du culte. Mais le principe du miracle, surtout en ce qui regarde l'inspiration des livres, était conservé. Cette réforme, d'ailleurs, n'a pu s'étendre au christianisme tout entier; elle a été gagnée de vitesse par le rationalisme, qui probablement supprimera la matière à réformer avant que la réforme ait été faite. Le protestantisme ne sauvera le christianisme que s'il arrive au rationalisme complet, s'il fait sa jonction avec tous les libres esprits, dont le programme peut être ainsi résumé :

« Grand et splendide est le monde, et, malgré toutes les obscurités qui l'entourent, nous voyons qu'il est le fruit d'une tendance intime vers le bien, d'une suprême bonté. Le christianisme est le plus frappant de ces efforts qui s'échelonnent dans l'histoire pour l'enfantement d'un idéal de lumière et de justice. Bien que la première bouture en soit juive, le christianisme est devenu avec le temps l'œuvre commune de l'humanité ; chaque race y a mis le don particulier qui lui fut départi, ce qu'il y a de meilleur en elle. Dieu n'y est pas exclusivement présent; mais il y est présent plus qu'en tout autre développement religieux et moral. Le christianisme est, de fait, la religion des peuples civilisés; chaque nation l'admet en des sens divers, selon son degré de culture intellectuelle. Le libre penseur, qui s'en passe tout à fait, est dans son droit ; mais le libre penseur constitue un cas individuel hautement respectable ; sa situation intellectuelle et morale ne saurait encore être celle d'une nation ou de l'humanité.

« Conservons donc le christianisme avec admiration pour sa haute valeur morale, pour sa majestueuse histoire, pour la beauté de ses livres sacrés. Ces livres assurément sont des livres ; il faut leur appliquer les règles d'interprétation et de critique qu'on applique à tous les livres; mais ils constituent les archives religieuses de l'humanité; même les parties faibles qu'ils renferment sont dignes de respect. De même pour le dogme; révérons, sans nous en faire les esclaves, ces formules sous lesquelles quatorze siècles ont adoré la sagesse divine. Sans admettre ni miracle particulier ni inspiration limitée, inclinons-nous devant le miracle suprême de cette grande Église, mère inépuisable de manifestations sans cesse variées. Quant au culte, cherchons à en éliminer quelques scories choquantes; tenons-le, en tout cas, pour chose secondaire, n'ayant d'autre valeur que les sentiments qu'on y met. »

Si beaucoup de chrétiens étaient entrés dans de tels sentiments, on eût pu espérer un avenir pour le christianisme. Mais, à part les congrégations protestantes libérales, les grandes masses chrétiennes n'ont en rien modifié leur attitude. Le catholicisme continue de s'enfoncer, avec une espèce de rage désespérée, dans sa foi au miracle. Le protestantisme orthodoxe reste immobile. Pendant ce temps, le rationalisme populaire, conséquence inévitable des progrès de l'instruction publique et des institutions démocratiques, rend les temples déserts, multiplie les mariages et les funérailles purement civils. On ne ramènera pas le peuple des grandes villes aux anciennes églises, et le peuple des campagnes n'y va que par habitude ; or une église ne tient pas sans peuple ; l'église est le lieu du peuple. Le parti catholique, d'un autre côté, a fait, en ces dernières années, tant de fautes, que sa force politique est comme épuisée. Une redoutable crise aura donc lieu dans le sein du catholicisme. Il est probable qu'une partie de ce grand corps persévérera dans son idolâtrie et restera, à côté du mouvement moderne, comme un contre-courant parallèle d'eau stagnante et croupie. Une autre partie vivra, et, abandonnant les erreurs surnaturelles, s'unira au protestantisme libéral, à l'israélitisme éclairé, à la philosophie idéaliste, pour marcher vers la conquête de la religion pure, « en esprit et en vérité ».

Ce qui est hors de doute, quel que soit l'avenir religieux de l'humanité, c'est que la place de Jésus y sera immense. Il a été le fondateur du christianisme, et le christianisme reste le lit du grand fleuve religieux de l'humanité. Des affluents venant des points les plus opposés de l'horizon s'y sont mêlés. Dans ce mélange, aucune source ne peut plus dire : « Ceci est mon eau. » Mais n'oublions pas le ruisseau primitif des origines, la source dans la montagne, le cours supérieur, où un fleuve devenu ensuite large comme l'Amazone roula d'abord dans un pli de terrain large d'un pas. C'est le tableau de ce cours supérieur que j'ai voulu faire; heureux si j'ai présenté dans sa vérité ce qu'il y eut sur ces hauts sommets de sève et de force, de sensations tantôt chaudes, tantôt glaciales, de vie divine et de commerce avec le ciel ! Les créateurs du christianisme occupent à bon droit le premier rang dans les hommages de l'humanité. Ces hommes nous furent très inférieurs dans la connaissance du réel ; mais ils n'eurent point d'égaux en conviction, en dévouement. Or c'est là ce qui fonde. La solidité d'une construction est en raison de la somme de vertu, c'est-à-dire de sacrifices, qu'on a déposée en ses fondements.

Dans cet édifice démoli par le temps, que de pierres excellentes, d'ailleurs, qui pourraient être réemployées telles qu'elles sont, au profit de nos constructions modernes ! Qui mieux que le judaïsme messianiste nous enseignera l'inébranlable espérance en un avenir heureux, la foi dans une destinée brillante pour l'humanité, sous le gouvernement d'une aristocratie de justes? Le royaume de Dieu n'est-il pas l'expression parfaite du but final que poursuit l'idéaliste? Le Sermon sur la montagne en reste le code accompli ; l'amour réciproque, la douceur, la bonté, le désintéressement seront toujours les lois essentielles de la vie parfaite. L'association des faibles est la solution légitime de la plupart des problèmes que soulève l'organisation de l'humanité ; le christianisme peut donner sur ce point des leçons à tous les siècles. Le martyr chrétien restera, jusqu'à la fin des temps, le type du défenseur des droits de la conscience. Enfin l'art difficile et dangereux de gouverner les âmes, s'il est relevé un jour, le sera sur les modèles fournis par les premiers docteurs chrétiens. Ils eurent des secrets qu'on n'apprendra qu'à leur école. Il y a eu des professeurs de vertu plus austères, plus fermes peut-être ; mais il n'y a jamais eu de pareils maîtres en la science du bonheur. La volupté des âmes est le grand art chrétien, à tel point que la société civile a été obligée de prendre des précautions pour que l'homme ne s'y ensevelît pas. La patrie et la famille sont les deux grandes formes naturelles de l'association humaine. Elles sont toutes deux nécessaires ; mais elles ne sauraient suffire. Il faut maintenir à côté d'elles la place d'une instiution où l'on reçoive la nourriture de l'âme, la consolation, les conseils ; où l'on organise la charité ; où l'on trouve des maîtres spirituels, un directeur. Cela s'appelle l'Église ; on ne s'en passera jamais, sous peine de réduire la vie à une sécheresse désespérante, surtout pour les femmes. Ce qui importe, c'est que la société ecclésiastique n'affaiblisse pas la société civile, qu'elle ne soit qu'une liberté, qu'elle ne dispose d'aucun pouvoir temporel, que l'État ne s'occupe pas d'elle, ni pour la contrôler, ni pour la patronner. Pendant deux cent cinquante ans, le christianisme donna, de ces petites réunions libres, des modèles accomplis.

FIN DE *MARC-AURÈLE*.

TABLE

DES MATIÈRES

		Pages.
Préface		I
Chap.		
I.	Avènement de Marc-Aurèle.	1
II.	Progrès et réformes. — Le droit romain.	18
III.	Le règne des philosophes.	32
IV.	Persécutions contre les chrétiens.	53
V.	Grandeur croissante de l'Église de Rome. — Écrits pseudo-clémentins.	69
VI.	Tatien. — Les deux systèmes d'apologie	102
VII.	Décadence du gnosticisme	113
VIII.	Le syncrétisme oriental. — Les ophites. —Future apparition du manichéisme	130
IX.	Suite du marcionisme. — Apelle.	148
X.	Tatien hérétique. —Les encratites.	162
XI.	Les grands évêques de Grèce et d'Asie. — Méliton	172
XII.	La question de la Pâque	194
XIII.	Dernière recrudescence de millénarisme et de prophétisme. — Les montanistes.	207
XIV.	Résistance de l'Église orthodoxe.	225
XV.	Triomphe complet de l'épiscopat. — Conséquences du montanisme	238

TABLE DES MATIÈRES.

Chap.		Pages.
XVI.	Marc-Aurèle chez les Quades. — Le livre des *Pensées*.	249
XVII.	La *Legio fulminata*. — Apologies d'Apollinaire, de Miltiade, de Méliton	273
XVIII.	Les gnostiques et les montanistes à Lyon	289
XIX.	Les martyrs de Lyon	302
XX.	Reconstitution de l'Église de Lyon. — Irénée.	336
XXI.	Celse et Lucien	345
XXII.	Nouvelles apologies.—Athénagore, Théophile d'Antioche, Minucius Félix.	379
XXIII.	Progrès d'organisation	405
XXIV.	Écoles d'Alexandrie, d'Édesse	430
XXV.	Statistique et extension géographique du christianisme	447
XXVI.	Le martyre intérieur de Marc-Aurèle. — Sa préparation à la mort	464
XXVII.	Mort de Marc-Aurèle. — La fin du monde antique	484
XXVIII.	Le christianisme à la fin du IIe siècle. — Le dogme.	501
XXIX.	Le culte et la discipline	515
XXX.	Les mœurs chrétiennes	547
XXXI.	Raisons de la victoire du christianisme	561
XXXII.	Révolution sociale et politique amenée par le christianisme	589
XXXIII.	L'empire chrétien	615
XXXIV.	Transformations ultérieures	626

PARIS. — Impr. J. CLAYE. — A. QUANTIN et Cⁱᵉ, rue Saint-Benoît. [741]

www.ingramcontent.com/pod-product-compliance
Lightning Source LLC
Chambersburg PA
CBHW050103230426
43664CB00010B/1424